Martin Zierold
Gesellschaftliche Erinnerung

W
DE
G

Media and Cultural Memory/ Medien und kulturelle Erinnerung

Edited by/Herausgegeben von
Astrid Erll · Ansgar Nünning

5

Walter de Gruyter · Berlin · New York

Martin Zierold

Gesellschaftliche Erinnerung

Eine medienkulturwissenschaftliche Perspektive

Walter de Gruyter · Berlin · New York

D 6

♾ Gedruckt auf säurefreiem Papier,
das die US-ANSI-Norm über Haltbarkeit erfüllt.

ISSN 1613-8961

ISBN-13: 978-3-11-057680-1
ISBN-10: 3-11-057680-5

Bibliografische Information Der Deutschen Bibliothek

Die Deutsche Bibliothek verzeichnet diese Publikation in der Deutschen
Nationalbibliografie; detaillierte bibliografische Daten sind im Internet
über http://dnb.ddb.de abrufbar.

Printed in Germany
Einbandgestaltung: Christopher Schneider, Berlin

Vorwort

„Er hat eine Theorie, das ist gut. Letzten Endes
ist es doch immer besser, eine Theorie zu haben."
(Michel Houellebecq, *Ausweitung der Kampfzone*)

Es gibt in den Kulturwissenschaften wohl nur wenige Themen, zu denen in den letzten Jahren ähnlich viel geforscht und publiziert worden ist wie zu der Frage, wie Gesellschaften mit ihrer Vergangenheit in ihrer Gegenwart umgehen. Für die Virulenz dieses Diskurses gibt es viele Gründe, ein fast immer genannter sind die tiefgreifenden aktuellen Veränderungen des Mediensystems, die auch für die Erinnerungsprozesse in Gesellschaften nicht folgenlos bleiben können. Manche befürchten angesichts neuer Medientechnologien, diese erzeugten eine ‚absolute Gegenwart', in der für die Reflexion von historischen Voraussetzungen des Jetzt kein Platz mehr sein werde; andernorts dagegen erhofft man sich von unermesslich umfangreichen digitalen Archiven eine Art allumfassendes Gedächtnis, in dem alle Vergangenheit verfügbar gehalten werden kann.

Angesichts dieser Debatte war es für mich als ausgebildeten Kommunikationswissenschaftler überraschend, dass sich gerade dieses auf mediale Entwicklungen fokussierte Fach bisher kaum an der Diskussion beteiligt hat. Die vorliegende Arbeit ist ein Versuch, die Distanz zwischen dem kulturwissenschaftlichen Diskurs und kommunikationswissenschaftlichen Fragestellungen zu überbrücken. Damit versteht sie sich als Beitrag zu dem Projekt, die Kommunikationswissenschaft für eine medienkulturwissenschaftliche Perspektive zu öffnen, wie es u. a. von Siegfried J. Schmidt angeregt wird.

Aufbauend auf einer Systematisierung und Kritik bisheriger Theorieentwürfe wird hier eine Modellierung von Gedächtnis und Erinnerung vorgeschlagen, in deren Mittelpunkt der Zusammenhang zwischen gegenwärtigen Medienentwicklungen und gesellschaftlichen Erinnerungsprozessen steht. Dieses Theorieangebot richtet sich gleichermaßen an die Kommunikationswissenschaft, in der es das Interesse am Themenkomplex zu stärken hofft, wie an die Kulturwissenschaften, für die es eine neue mögliche Perspektive aufzuzeigen sucht.

Wie jede wissenschaftliche Arbeit verdankt auch diese dem Gespräch mit Freunden, Kollegen und Studierenden viel. Mein Dank gilt allen, die mich im Lauf der letzten Jahre mit Anregungen, Kritik und Lob unterstützt, gefördert und motiviert haben. Genannt seien nur einige: zuerst Siegfried J. Schmidt, ohne den diese Arbeit in vielerlei Hinsicht nicht denkbar wäre. Maik Gizinskis und Anselm Nölles stoische Bereitschaft zur Lektüre und Kritik meiner Manuskripte war sehr viel größer, als man sie selbst von besten Freunden erhofft. Christoph Jacke, Christiane Jasper, Sebastian Jünger, Katrin Keller und Guido Zurstiege haben nicht nur inhaltlich wichtige Anregungen beigetragen, sondern auch eine zugleich herausfordernde und freundschaftliche Atmosphäre geschaffen, in der ich sehr gerne gearbeitet habe. Astrid Erll und Ansgar Nünning gilt mein Dank für motivierenden Ansporn aus dem Gießener Sonderforschungsbereich „Erinnerungskulturen" und nicht zuletzt für die Möglichkeit, in dieser Reihe zu publizieren.

Meiner Familie danke ich für die finanzielle, vor allem aber für alle menschliche Unterstützung – hervorzuheben ist hier noch meine schärfste und damit beste Lektorin: meine Mutter. Schließlich seien zwei Freunde genannt, die im Leben den Unterschied machen: Christian Bockskopf und (sowieso!) Julia Vogt.

Wien, im Juli 2006

Inhaltsverzeichnis

Einleitung

Es gibt keinen voraussetzungslosen Anfang, weder für einzelne Menschen noch für Gesellschaften. Die Geschichte eines Menschen fängt nicht erst mit seiner Geburt an, auch nicht mit seiner Zeugung, denn schließlich mussten sich seine Eltern zunächst kennenlernen, selbst geboren werden usw. *ad infinitum*. Man kann an mehr oder minder willkürlichen Punkten beginnen, eine Geschichte zu erzählen, doch immer nimmt die Geschichte Voraussetzungen in Anspruch.[1] Auch Gesellschaften können keine ‚Stunde Null‘ schaffen, die keinerlei Vergangenheit hat – das zeigt die deutsche Geschichte, und es gilt selbst für so radikale Umwälzungen wie die Französische Revolution, wie etwa der Sozialhistoriker Paul Connerton verdeutlich hat (vgl. 1989: 6ff.).

Jede Gegenwart ist somit geprägt von Voraussetzungen, die in der Vergangenheit geschaffen wurden. Zunehmend wird jedoch in den Kulturwissenschaften (und den Feuilletons) die Sorge geäußert, moderne Gesellschaften könnten blind für ihre Voraussetzungen werden und ihre Vergangenheit vergessen, sie könnten, kurz gesagt, ‚gedächtnislos‘ werden. Die Verantwortung für das vermeintliche Verschwinden des Gedächtnisses wird dabei häufig u. a. neuen Medienentwicklungen zugeschrieben: Die deutsche Kulturwissenschaftlerin Aleida Assmann prognostizierte jüngst, mit den modernen Medien, die Artefakte ihrer Materialität berauben, „verschwindet [.] weit mehr als nur eine geheimnisvolle Aura; mit ihr verschwinden Realität, Geschichte und Gedächtnis" (2004: 58).

Auf den ersten Blick ist die Sorge um das Vergangenheitsbewusstsein moderner Gesellschaften verwunderlich. Denn wer nur wenige Wochen die Debatten in den Feuilletons der Tageszeitungen, die Fernsehsendungen der Guido Knopps, die Kinocharts mit ihren *History-Blockbustern* oder auch die Titelbilder des *SPIEGEL* verfolgt, stellt eher fest, dass geschichtsträchtige Themen *en vogue* sind. Sie spielen in den Medien eine prominente Rolle,[2] und auch die Kulturwissenschaften widmen sich dem Thema ‚Gedächtnis und

---

1   Die Unmöglichkeit eines voraussetzungslosen Anfangs wird ausführlich behandelt in Siegfried J. Schmidts Aufsatz „Vom Anfang" (2002).

2   Dies gilt in einem Jahr, in dem sich das Ende des 2. Weltkriegs zum 60. Mal jährt, wohl verstärkt, findet aber auch jenseits der Jahrestagsagenda seine Bestätigung. Das *Deutschland Trend Buch* der Bundeszentrale für politische Bildung widmet dem Thema ‚Erinnerungskultur‘ gar ein eigenes Kapitel als bedeutendem gesellschaftlichen Trend (vgl. Rüsen/Jaeger 2001).

Erinnerung' intensiv: Kaum eine Publikation, die einen grundlegenden Überblick über die Kulturwissenschaften geben will, verzichtet auf den Hinweis, in der Auseinandersetzung mit gesellschaftlichen Erinnerungsprozessen und der Untersuchung eines ,kollektiven', ,kulturellen' oder auch ,sozialen' Gedächtnisses[3] habe sich ein ,neues Paradigma' oder doch zumindest ein ,Leitbegriff' gefunden.[4]

Wie kann angesichts eines solch breiten Interesses an der Vergangenheit in den Medien einerseits und angesichts des intensiven Bemühens um eine Analyse kollektiven Gedächtnisses in der Wissenschaft andererseits dennoch der Eindruck einer Krise entstehen? Der französische Historiker Pierre Nora bringt die Bedenken in einem viel zitierten Ausspruch auf den Punkt: „Nur deshalb spricht man so viel vom Gedächtnis, weil es keines mehr gibt." (1998: 11) Offenbar nährt eine Reihe von Faktoren Sorgen um die Zukunft der Erinnerung (vgl. u. a. Erll 2003: 156f.): Nicht nur der bereits angesprochene Medienwandel wird von vielen Wissenschaftlern angesichts der vermeintlichen Schnelllebigkeit elektronischer und digitaler Medientechnologien mit Sorge gesehen. Besonders in Deutschland ist ein wichtiger Aspekt das Aussterben der letzten Zeitzeugen des Holocaust. Die bisher etablierten Formen der Erinnerung an dieses zentrale Thema deutscher Vergangenheit über mündliche Erzählungen von Opfern in Schulen, bei Gedenkfeiern und anderen Anlässen sind bald nicht mehr möglich. Solche gravierenden Veränderungen in der Erinnerung an ein als besonders relevant bewertetes Thema können zu allgemeinen Bedenken über die Zukunft der Erinnerung führen.[5]

Dass sich durch die beschriebenen Veränderungen auch die Formen ändern, in denen Gesellschaften ihre Vergangenheit thematisieren und reflektieren, ist kaum abzustreiten. Es bleibt aber fraglich, ob die dramatischen Szenarien, die bisweilen entwickelt werden, adäquat sind oder ob Dystopien vom Ende aller Realität nicht eher den Blick auf die differenzierten und zum Teil durchaus widersprüchlichen Entwicklungen verstellen.

Ausgerechnet die Medien- und Kommunikationswissenschaft hat sich bisher dem Thema gesellschaftlicher Erinnerung nur wenig gewidmet: Weder die Omnipräsenz geschichtlicher Themen in ,den Medien'[6] scheint ihr Interesse geweckt zu haben noch die Tatsache, dass in Nachbardisziplinen ein

---

3   Die Liste der in den verschiedenen Arbeiten vorangestellten Adjektive ließe sich noch um zahllose Alternativen erweitern.

4   Derartige Einschätzungen finden sich z. B. bei Jaeger/Liebsch 2004; Fauser 2003: 116; A. Nünning/V. Nünning 2003: 13; Erll 2003: 156; A. Assmann 2002: 27; J. Assmann 2002: 11; Oesterle 2001: 149; Böhme/Matussek/Müller 2000: 147.

5   Vgl. auch Kapitel 4.1, das einen Überblick über die Geschichte der gesellschaftlichen Gedächtnisforschung gibt. Dort werden vertiefend weitere Gründe für das steigende Interesse am Gedächtnisdiskurs erörtert.

6   Von ,den Medien' soll hier nur vorerst in dieser undifferenzierten Form die Rede sein. Der Begriff wird in Kapitel 1.4 und insbesondere in Kapitel 6.2 ausführlich betrachtet.

Gedächtnisdiskurs floriert, der Medien eine zentrale Bedeutung zuspricht.[7] Gerade die Kommunikationswissenschaft als empirisch orientierte Disziplin, die Erfahrung in der Analyse des Zusammenhangs von Medien und Gesellschaft hat, könnte an die Stelle der bisherigen pauschalen Urteile eine differenziertere Perspektive stellen. Somit wäre eine Integration der Kommunikationswissenschaft, so die grundlegende Annahme der vorliegenden Arbeit, sowohl von Vorteil für den Gedächtnisdiskurs als auch für die Kommunikationswissenschaft selbst: Während sie insbesondere mit Blick auf Medientheorie und -analyse ihre spezifischen Fach-Kompetenzen einbringen und so die Debatte bereichern kann, eröffnet sie sich zugleich selbst ein relevantes Themengebiet, das derzeit in Nachbardisziplinen als eines der wichtigsten Themen für die Analyse historischer und gegenwärtiger Gesellschaften gilt.

Auch wenn somit *für die Kommunikationswissenschaft* ein bisher wenig bearbeitetes Gebiet betreten wird, darf nicht suggeriert werden, es würde Neuland entdeckt. Vielmehr soll angegeben werden, wo die Kommunikationswissenschaft ihren Ort in einer produktiven Auseinandersetzung mit Gedächtnis und Erinnerung finden kann. Es muss somit ein erstes und zentrales Ziel der vorliegenden Arbeit sein, bisherige Überlegungen zum Thema Gedächtnis vorzustellen. Die Literaturlage ist allerdings mittlerweile so diffus, dass sie nicht umfassend zu würdigen ist. Dies gilt insbesondere für die nahezu unüberschaubare Zahl von exemplarischen Studien, die zum Gedächtnis bestimmter Gruppen, zum Erinnern an bestimmte historische Anlässe in verschiedenen Epochen usw. erstellt wurden. Hier werden gezielt lediglich die *theoretischen* Überlegungen aus dem kulturwissenschaftlichen Diskurs vorgestellt. Dadurch soll die nötige Grundlage für kommunikationswissenschaftliche Anschlüsse geschaffen werden, während zugleich Defizite bisheriger Ansätze ersichtlich werden, die die Kommunikationswissenschaft mit ihren spezifischen Kompetenzen bearbeiten kann; denn so ergiebig und anschlussfähig der kulturwissenschaftliche Gedächtnisdiskurs in der Vergangenheit war (und auch künftig sein kann), so ist er doch zugleich bis heute vor allem von zwei Defiziten gekennzeichnet: Der erwähnt großen Zahl *exemplarischer* Studien, die kaum noch zu überschauen sind, stehen nur sehr wenige *theoretisch fundierende* Arbeiten gegenüber, und insbesondere die Thematisierung von modernen Medienentwicklungen der Gegenwart ist, wie angedeutet, auf der Basis der bisherigen kulturwissenschaftlichen Terminologie nur selten über Pauschalurteile hinausgekommen.

Eine alternative Perspektive auf Erinnerungsprozesse der Gesellschaft könnte diese Problemfelder gezielt bearbeiten. Hierzu soll im Anschluss an die Systematisierung und Kritik bisheriger Ansätze ein erster Vorschlag einer

---

7 Vgl. für derartige Einschätzungen jüngst den Sammelband von Erll/Nünning 2004 sowie exemplarisch A. Assmann 1996; A. Assmann/J. Assmann 1994.

medienkulturwissenschaftlichen Terminologie und Modellierung von Gedächtnis und Erinnerung entwickelt werden, die gleichermaßen an den
bisherigen Diskurs anschließt und zugleich kommunikationswissenschaftliche
Überlegungen integrieren kann. Eine solche alternative Modellierung sollte
den bisher dominanten Begriff ‚kulturelles Gedächtnis‘ insofern besonders
ernst nehmen, als sie angesichts der bisherigen theoretischen Defizite ein
explizites und hinreichend abstraktes Konzept von ‚Kultur‘ zugrunde legen
muss. Ferner ist eine klare begriffliche Bestimmung und Unterscheidung von
‚Gedächtnis‘ und ‚Erinnerung‘ im sozialen Kontext notwendig. Ziel der vorliegenden Arbeit kann dabei keine abschließende Antwort auf Fragen der Art
sein, ‚was‘ denn nun das Gedächtnis der Gesellschaft sei. Als produktiver und
erkenntnistheoretisch unproblematischer hat sich gerade in der kommunikationswissenschaftlichen Forschung der letzten Jahre ohnehin die Frage nach
Prozessen anstelle der Postulierung von Entitäten erwiesen (vgl. exemplarisch Schmidt 2003b: 92ff.). Aus der Frage ‚Was ist (kulturelles, kollektives,
soziales) Gedächtnis?‘ wird dann ‚Wie funktioniert Gedächtnis für Aktanten
und Gesellschaften?‘.

Am Ende soll dabei ein alternativer, medientheoretisch fundierter Be-
schreibungsvorschlag stehen. Dabei gilt auch hier mit Siegfried J. Schmidt
das Diktum von der ‚Endgültigkeit der Vorläufigkeit‘: Die vorliegende Arbeit
zielt bewusst nicht darauf, eine abgeschlossene Theorie vorzustellen und somit
die theoretische Diskussion im vermeintlichen Idealfall zu beenden. Sie wäre
im Gegenteil dann erfolgreich, wenn sie eine neuerliche theoretische Diskussion und daran anschließende empirische Forschung anstoßen könnte und
hierzu für Kommunikations- und Kulturwissenschaft hilfreiche Anregungen
liefert. Die vorliegende Untersuchung will einen ersten Schritt hin zu einem
dringend benötigten integrativen Beschreibungsmodell wagen, anstatt das
bestehende Arsenal an eben nicht durch einen theoretischen Bezugsrahmen
systematisch verbundenen Arbeiten um eine weitere exemplarische Studie zu
erweitern. Es geht mithin darum, einen Vorschlag zu entwickeln, wie in
einem sozialen Kontext sinnvoll und zugleich wissenschaftlich produktiv von
Erinnerung und Gedächtnis gesprochen werden kann.[8]

Aus dem Ziel, ein in den Kulturwissenschaften etabliertes Forschungsgebiet auch für die Kommunikationswissenschaft attraktiv zu machen, ergibt
sich dabei für die vorliegende Arbeit ein disziplinärer Spagat, da kulturwissenschaftliche Ansätze mit Blick auf mögliche kommunikationswissenschaftliche Anknüpfungspunkte diskutiert werden müssen. Ein Bemühen,
Forschungsinteressen der beiden Diskurse in der Auseinandersetzung mit
Gedächtnis und Erinnerung zusammenzuführen, kann für alle beteiligten

---

8   Teile der vorliegenden Arbeit basieren auf Überlegungen, die der Verfasser bereits im Rahmen
    seiner Magisterarbeit entwickelt hat (vgl. Zierold 2003).

Disziplinen auch als Öffnung hin zu einer Medienkulturwissenschaft verstanden werden, wie sie etwa Schmidt skizziert hat (vgl. 2003). Bevor das Vorgehen der vorliegenden Arbeit detaillierter dargelegt wird, soll daher zunächst eine genauere Verortung ihrer Überlegungen im Kontext von Kultur-, Medienkultur- und Kommunikationswissenschaft erfolgen.

Gedächtnis und Erinnerung in der Kommunikationswissenschaft

Die Liste der an der Diskussion um Gedächtnis und Erinnerung beteiligten Disziplinen ist lang: Die Gießener Literaturwissenschaftlerin Astrid Erll etwa nennt „Psychologie, Kognitions- und Neurowissenschaft, Sozial- und Geschichtswissenschaft, Altertumswissenschaft, Religionsgeschichte, Kunst- und Literaturwissenschaft" (2003: 157). Doch so lang diese Aufzählung ist, so auffallend ist die Abwesenheit der Kommunikationswissenschaft. Wenn Erll in einem Einführungsaufsatz formuliert, dass „die Forschung zum Verhältnis von Medialität und kollektivem Gedächtnis noch am Anfang [steht]" (2003: 180), so lässt sich dies auch als Wunsch nach einer stärkeren Beteiligung von spezifisch medienorientierten Disziplinen wie der Kommunikationswissenschaft verstehen.

Zwar scheint es im Fach durchaus ein Bewusstsein für die Relevanz des Themas zu geben. In der Einführung in die Kommunikationswissenschaft *Die Wirklichkeit der Medien* (Merten/Schmidt/Weischenberg 1994) findet sich beispielsweise der Aufsatz „Das Gestern im Heute. Medien und soziales Gedächtnis". Es ist jedoch bezeichnend, dass die Verfasser, Aleida und Jan Assmann, keine kommunikationswissenschaftlichen Fachvertreter sind, sondern aus Anglistik und Ägyptologie stammen. In anderen Einführungen oder Nachschlagewerken für das Fach fehlt das Thema ‚Gedächtnis und Erinnerung' sogar ganz.[9]

Wenn Nicolas Pethes und Jens Ruchatz, die Herausgeber eines Lexikons zu *Gedächtnis und Erinnerung* (2001), dieser Analyse scheinbar widersprechend bemerken, die Thematik sei „in der Neurobiologie ebenso beheimatet [.] wie in der Medienwissenschaft" (2001a: 5), verweisen sie zum einen auf nur wenig verbreitete Ansätze aus einer in literaturwissenschaftlicher Tradition stehenden Medienwissenschaft, die vor allem an einzelnen Medienangeboten

---

9   Vgl. exemplarisch Burkart 2002; Ludes 1998; Merten 1999; Noelle-Neumann/Schulz/Wilke 1994; Schmidt/Zurstiege 2000.

die Thematisierung von Gedächtnis und Erinnerung untersucht.[10] Zum anderen erwähnen sie interdisziplinär ansetzende Publikationen wie den Sammelband *Gedächtnis* (Schmidt 1991), der – als „eines der bestfundierten disziplinübergreifenden Projekte der Gedächtnisforschung" (Pethes/Ruchatz 2001a: 12) gewürdigt – aufgrund der Fachzugehörigkeit des Herausgebers zumindest auch der Kommunikations- und Medienwissenschaft (zwischen denen Pethes und Ruchatz nicht differenzieren) zugeordnet wird.[11]

In der breiten Kommunikationswissenschaft scheint das Interesse an dem Themengebiet jedoch gering. Auf der Homepage der *Deutschen Gesellschaft für Publizistik und Kommunikationswissenschaft* (DGPuK), die u. a. die verschiedenen Fachgruppen vorstellt, findet sich der Begriff „Gedächtnis" nicht (vgl. DGPuK o. J.), und auch eine Befragung von Kommunikationswissenschaftlern durch das *Institut für Publizistikwissenschaft* (IPMZ) der Universität Zürich, in der immerhin 22 ‚Themenbereiche' als Antwortmöglichkeit für Tätigkeitsschwerpunkte der Befragten vorgesehen waren, sah kein entsprechendes (oder auch nur verwandtes) kommunikationswissenschaftliches Themenfeld vor (vgl. IPMZ 2004).

In der amerikanischen Kommunikationswissenschaft hingegen wächst das Interesse an Fragen nach der Rolle von Medien und des Journalismus bei der Konstruktion kollektiver Erinnerung. Insbesondere die Kommunikationswissenschaftler Barbie Zelizer und Michael Schudson haben durch prominente Studien zur Erinnerung an den Holocaust (vgl. Zelizer 1998), an die Kennedy-Ermordung (vgl. Zelizer 1992; 1992a) und an die Watergate-Affäre (vgl. Schudson 1992) das Themengebiet in Amerika gefördert.[12] Auch die Zeitschrift *The Communication Review* widmete „Cultural Memory" 1997 eine Sonderausgabe (vgl. Schudson 1997; 1997a), Zelizer beschrieb bereits 1995 in einem Aufsatz einen Entwurf von „Memory Studies". Es kann allerdings kaum die Rede davon sein, dass sich in der Folge ein entsprechendes Forschungsfeld im Fach etabliert hätte. Die amerikanischen Kommunikationswissenschaftler beteiligen sich lediglich intensiver an der interdis-

---

10   Vgl. für eine exemplarische Arbeit dieser Art Wenzel 2000. Oftmals stammen Beiträge auch von Literaturwissenschaftlern, die sich medienwissenschaftlichen Fragestellungen öffnen, vgl. die Beiträge in Karpf/Kiesel/Visarius 1998; Wende 2002.

11   Neben Schmidt, der sich kontinuierlich dem Thema ‚Gedächtnis und Erinnerung' widmet (vgl. 1991a; 1996: insbes. 315-319; 2000: insbes. 107-110; 2001; 2003a; 2003b: u. a. 44, 89, 110ff.), sind vor allem Gebhard Rusch (vgl. 1987, 1991) und Peter M. Hejl (vgl. 1991) als an theoretischen Arbeiten zum Thema interessierte Vertreter der Medien- und Kommunikationswissenschaft zu nennen.

12   Für weitere Arbeiten zu ähnlichen Fragen vgl. auch die als ‚Best Book in American Culture Studies' prämierte Veröffentlichung von dem Kommunikationswissenschaftler Gary R. Edgerton und dem Filmwissenschaftler Peter C. Rollins zu Geschichtsdarstellungen im Fernsehen 2001; sowie in den letzten Jahren u. a. Hoskins 2003; Kitch 2003; Owen 2002; Kitch 2000; Edy 1999; Kitch 1999; Peri 1999; Barnhurst/Wartella 1998; Schudson 1997a; Sturken 1997; Bourdon 1992; K. Lang/G. E. Lang 1990.

ziplinären Debatte als ihre europäischen und insbesondere deutschen Kollegen.

In Deutschland sind die wenigen kommunikationswissenschaftlichen Arbeiten zum Themengebiet kaum an konkreten empirischen Studien orientiert; eine Ausnahme ist etwa Karin Böhme-Dürrs vergleichende Arbeit zur Holocaust-Erinnerung in amerikanischen und deutschen Nachrichtenmagazinen (vgl. 1999). Die Mehrheit der Beiträge besteht aus generellen Abhandlungen in Form von Aufsätzen, die im Stil der Globalbetrachtung fragen „Wie erinnerungsfähig ist das Fernsehen?" (Kirchmann/Filk 2000; vgl. auch Zimmermann 1991) bzw. über „Kollektives Gedächtnis und kollektive Vernachlässigung" (Ludes 1999) philosophieren. Solche sporadischen Beiträge sind eher ein Indiz für die geringe Etablierung des Themas im Fach als für seine Akzeptanz. In dem ersten Band der ambitionierten Reihe „Medien und kulturelle Erinnerung", *Medien des kollektiven Gedächtnisses* (Erll/Nünning 2004), finden sich geschichtswissenschaftliche, kulturanthropologische sowie literatur- und politikwissenschaftliche Beiträge – von der Kommunikationswissenschaft fehlt jedoch jede Spur. Immerhin haben Jan D. Reinhardt und Michael Jäckel im jüngsten Band der Schriftenreihe der DGPuK, *Mythen der Mediengesellschaft*, einen Aufsatz veröffentlicht, der eine kommunikationswissenschaftliche Auseinandersetzung mit dem Zusammenhang von Massenmedien mit Gedächtnis und Erinnerung anmahnt. Es gelte für das Fach hier, eine „Theorielücke" zu schließen (2005: 94).

In der Vergangenheit aber scheint für die Kommunikationswissenschaft das Themenfeld ,Gedächtnis' in der Regel nicht als gesellschaftlich relevantes Phänomen, sondern, wenn überhaupt, eher in Verbindung mit Fragen der Medien- oder speziell der Werbewirkungsforschung von Interesse gewesen zu sein, so im Zusammenhang mit Fragen nach der Erinnerbarkeit von Werbeanzeigen, -spots oder Nachrichtenbeiträgen bei einzelnen Aktanten.[13] Kommunikationswissenschaftler finden unter dem Schlagwort ,Gedächtnis' bis heute daher eher Überlegungen der Unternehmenskommunikation zum „Verfalldatum von Slogans" (Hausberger 1998) als zum in Nachbardisziplinen beliebten Gedächtnisdiskurs.

Es gibt durchaus gute Gründe, warum sich die Kommunikationswissenschaft – und mit ihr die meisten Sozialwissenschaften – dem „Trend [der Gedächtnisforschung; MZ] bislang weitgehend verweigert" haben (J. Assmann 2002a: 400). Hier sind wohl vor allem die geringe Theorieorientierung des kulturwissenschaftlichen Diskurses und das Fehlen einer für sozialwis-

---

13   Vgl. hierzu etwa den Hinweis bei dem Hirnforscher Markowitsch 2002: 88; sowie für kommunikationswissenschaftliche Thematisierungen exemplarisch Gibbons/Vogl/Grimes 2003; Gunter/Tohala/Furnham 2001; Leshner/Coyle 2000; Sundar et. al. 1998; Armstrong/Sopory 1997; Lang/Dhillon/Dong 1995; Lang/Friestad 1993; Lang/Geiger/Strickwerda 1993, sowie früh Kellermann 1985.

senschaftliche Methoden anschlussfähigen Empirie zu nennen, die für viele
Sozialwissenschaftler eine Beteiligung wenig attraktiv erscheinen lässt. Statt
sich jedoch vornehm zurückzuhalten, so das schon angeführte Plädoyer der
vorliegenden Arbeit, sollte die Kommunikationswissenschaft in die Diskussion einsteigen, mit ihrer Kompetenz helfen, vorhandene Defizite zu beheben,
und sich damit selbst ein vielversprechendes Themenfeld erschließen. Eine
Möglichkeit, wie dies gelingen kann, wird im Folgenden unter dem Überbegriff ‚Medienkulturwissenschaft‘ erörtert.

Medienkulturwissenschaft: Eine integrative Perspektive

Der Begriff ‚Medienkulturwissenschaft‘ mag zunächst nur nach einem weiteren Schlagwort klingen. Schon die bisherige, nicht weiter problematisierte
Rede von der oder den Kulturwissenschaft(en) ist im Grunde so nicht haltbar.[14]Auch wenn die Zahl der Einführungen und Lexika für die Kulturwis-
senschaft(en) (und somit deren Etablierung) zunimmt, gibt es noch keinen
Konsens, *was* dieser neue Begriff eigentlich bezeichnen soll. Dabei herrscht
weder Übereinstimmung über die Grundlagen wie den Kulturbegriff oder die
methodische Orientierung noch über die strukturelle Verortung: Kulturwis-
senschaft(en) wird (bzw. werden) hier als eine völlig neue Disziplin gesehen,
dort als eine Art Dach über die bisherigen geisteswissenschaftlichen Fächer,
andernorts ‚nur‘ als eine neue Forschungsrichtung innerhalb oder zwischen
etablierten Disziplinen. So spiegelt sich die unübersichtliche theoretische
Situation auch in den unterschiedlichen Versuchen wider, ‚Kulturwissen-
schaft(en)‘ universitär zu verankern: Sie reichen von Neugründungen von
Studiengängen über Umbenennungen ganzer, zum Teil gar mehrerer Fachbe-
reiche bis hin zu zum Teil eher marginalen Änderungen allein innerhalb der
Studieninhalte etablierter Fächer.

---

14   Es soll nicht verschwiegen werden, dass es auch ‚die‘ Kommunikationswissenschaft in einem
     vollkommen einheitlichen Verständnis nicht gibt und insbesondere die diffusen Überlappun-
     gen von Medien- und Kommunikationswissenschaft eine präzise Positionierung erschweren.
     Dennoch kann sich die Kommunikationswissenschaft im Vergleich zu der oder den Kultur-
     wissenschaft(en) auf ein deutlich klarer umrissenes Forschungsinteresse mit dem Schwerpunkt
     massenmedialer Phänomene und eine weithin übereinstimmend akzeptierte sozialwissenschaft-
     liche Methodik beziehen, die ihr eine größere Einheitlichkeit verleihen. Es ließe sich gar die
     These vertreten, dass die hier favorisierte medienkulturwissenschaftliche Öffnung sowohl der
     Kulturwissenschaft(en) als auch der Kommunikationswissenschaft für beide Seiten ganz unter-
     schiedlich zu bewerten wäre: Für die Kulturwissenschaft könnte sie eine theoretische Fundie-
     rung und Systematisierung der bisher zum Teil unverbundenen Forschungsinteressen bieten
     und somit zu einer Fokussierung der vielfältigen Forschungsfragen beitragen. Die Kommuni-
     kationswissenschaft dagegen könnte von einer medienkulturwissenschaftlichen Orientierung
     gerade durch die Eröffnung neuer Forschungsfelder (wie der Erinnerungsforschung) profitie-
     ren und so eine Erweiterung erfahren.

Ist es angesichts dieser ohnehin schon unübersichtlichen Lage sinnvoll, das diffuse Feld der Kulturwissenschaft(en) nun um ein weiteres Label ‚Medienkulturwissenschaft' zu ergänzen? Unter bestimmten Bedingungen, so jedenfalls die Argumentation der vorliegenden Arbeit, kann dies durchaus hilfreich sein, nämlich genau dann, wenn mit dem Begriff nicht ein weiteres unscharfes Feld bezeichnet werden soll, sondern eine klare Grundlegung der zentralen Begriffe (Medien, Kultur, Wissenschaft) geleistet wird, verbunden mit dem Anliegen, eine Systematisierung der bisherigen weitläufigen Ansätze vorzunehmen.

Im Folgenden wird ein Entwurf von Schmidt (vgl. 2003) zugrunde gelegt, der durch seine hohe theoretische Abstraktion besonders geeignet scheint, als Grundlage für die Auseinandersetzung mit ganz unterschiedlichen Phänomenbereichen zu dienen. Im Anschluss an Schmidt wird dabei mit dem Begriff ‚Medienkulturwissenschaft' nicht primär das Ziel verbunden, eine neue wissenschaftliche *Disziplin* zu begründen. Vielmehr geht es um eine medienkulturwissenschaftliche *Perspektive*:

> Medienkulturwissenschaft ist nicht fixiert auf einzelne Medienangebote oder bestimmte kulturelle Phänomene, sondern versucht, die Mechanismen zu ergründen, die unseren Umgang mit solchen Phänomenen bestimmen, die wir aus guten Gründen für kulturelle Phänomene halten, und dabei möglichst genau die Rolle der Medien zu explizieren. (Ebd.: 353)

Schmidt versteht Medienkulturwissenschaft als notwendig interdisziplinär und sieht durchaus Vorteile darin, wenn diese statt als neue Disziplin „als eigene Forschungsrichtung im Rahmen ganz unterschiedlicher disziplinärer Verortung" entwickelt wird (ebd.: 368). Insofern eine solche Perspektive von klaren medientheoretischen Konzeptionen ausgeht, kann sie für die Kommunikationswissenschaft attraktiv sein und inter- bzw. transdisziplinäre Zusammenarbeit fördern.[15]

Der Themenkomplex ‚Gedächtnis und Erinnerung' ist besonders geeignet, eine solche Sicht zu entwickeln. Erll konstatiert, dass „bei dem Versuch, kollektives Gedächtnis und Erinnerungskulturen zu theoretisieren, [.] transdisziplinär ausgerichtete Forschungsansätze einen hohen Erkenntniswert bewiesen [haben]" (2003: 157; vgl. auch Zelizer 1995: 216). Zugleich bemerken jedoch Pethes und Ruchatz, die Gedächtnisforschung sei ein „Paradebeispiel dafür, wie weit Methoden und Fragestellungen trotz der engen Verwandtschaft des Gegenstands in den einzelnen Disziplinen voneinander entfernt sein können" (2001a: 5). Ein gemeinsames Bemühen um eine Er-

---

15 An dieser Stelle soll keine Debatte um die Begriffe der ‚Ko-', ‚Inter-' oder ‚Transdisziplinarität' eröffnet werden. Für einen Überblick kann die Diskussion um den Status der Medienwissenschaft zur Illustration dienen (vgl. exemplarisch Schmidt 2002b; Rusch 2002).

neuerung des Gedächtnisdiskurses auf der Basis expliziter Begriffe könnte
hier Abhilfe leisten.[16]

So wie Schmidt für die Medienkulturwissenschaft eine solche „*gemeinsame*
Konstruktion eines Grundlagendesigns" (Schmidt 2002b: 59; Hervorhebung
durch den Verfasser; MZ) unter Beteiligung aller Disziplinen einfordert, wäre
auch für die Gedächtnis- und Erinnerungsforschung ein übergreifendes
Bemühen um eine theoretische Grundlegung zu begrüßen, worauf fachspezi-
fische Anschlüsse folgen können. Für die vorliegende Arbeit folgt daraus
eine konsequente Verortung im ‚Sowohl-als-auch‘ zwischen dem existierenden Gedächtnisdiskurs und der Kommunikationswissenschaft. Einerseits
werden Quellen aus ganz verschiedenen Disziplinen herangezogen, die aus
kulturwissenschaftlichen Bereichen bis hin zu Neurobiologie oder Psychologie stammen. Diese werden aber zugleich um kommunikationswissenschaftliche Überlegungen ergänzt, so dass ein möglicher medienkulturwissenschaftlicher Entwurf entsteht, der nicht auf ein einzelnes Fach
festgelegt ist, sondern auf einer abstrakteren Ebene ansetzt und so Anschlüsse der verschiedenen Disziplinen ermöglicht.

Bestehende Modelle werden dabei im Anschluss an den Soziologen Dirk
Baecker nicht notwendigerweise im Modus vermeintlicher ‚Werktreue‘[17]
genutzt:

> „Werktreu" zu verfahren hieße ja im Prinzip abzuschreiben, hieße, sich nach der In-
> tention des Autors zu erkundigen, sie ernst zu nehmen und sie dann treffen oder
> verfehlen zu können. Ich meine: Welchen Theoretiker […] kann es interessieren, ei-
> nem anderen Theoretiker gegenüber treu zu sein? […] Das Interesse ist aber […] ei-
> nes an der Erfassung möglichst vieler, und zwar möglichst verschiedener Sachverhal-
> te. […] Wenn man dann mit Leuten zu tun hat, die nur auf Werktreue achten, und
> dies für Ideenreichtum halten, dann ist das ihr Problem. (1997: 92f.)

Dass sich eine solche Perspektive der Beobachtung wissenschaftlicher Beobachtungen, mithin eine Beobachtung zweiter Ordnung, als ausgesprochen
fruchtbar erweisen kann, hat der Kommunikationswissenschaftler Guido
Zurstiege in Bezug auf das Themenfeld ‚Werbung‘ deutlich gemacht:

> Verabschiedet man sich von *der einen* theoretischen Klammer, die *a priori* alles zu-
> sammenhält, und orientiert sich stattdessen am Untersuchungsgegenstand, dann er-
> weisen sich die unterschiedlichen Ansätze und Positionen als Elemente eines umfas-
> senden Beschreibungs- und Erklärungszusammenhangs, die mal auf der Grundlage
> unterschiedlicher Kategorien den gleichen Ausschnitt beleuchten und mal auf der

---

16   Pethes und Ruchatz klingen weniger optimistisch, wenn sie folgern, dass „eine integrale
     Theorie darüber, was ‚das‘ Gedächtnis ‚ist‘, sich kaum mehr verfassen lässt" (2001a: 5). Aller-
     dings geht es ja auch hier gerade nicht um eine solche, abschließende Theorie, sondern um den
     Anstoß einer neuen Diskussion, die durchaus verschiedene Disziplinen integrieren soll.

17   Vgl. hierzu auch Gizinski 2005: 14.

Grundlage der gleichen Kategorien unterschiedliche Perspektiven eröffnen. (2005: 48[18])

Das Ergebnis dieser Überlegungen bleibt zunächst das Ergebnis der Arbeit eines Einzelnen und ist nicht mehr als ein Vorschlag für eine künftige Modellierung von Gedächtnis und Erinnerung im sozialen Kontext. Ihr Ziel ist es nicht, eine *wahre* Beschreibung des Phänomenbereichs zu liefern, sondern einen kohärenten, expliziten und wissenschaftlich praktikablen Entwurf zur theoretischen Diskussion zu stellen. Somit ist die vorliegende Arbeit nur ein erster Schritt auf dem Weg hin zu einer medienkulturwissenschaftlichen Debatte um Medien, Gedächtnis und Erinnerung.

Aufbau der Arbeit

Mit der Etablierung einer medienkulturwissenschaftlichen Perspektive ist, wie dargelegt worden ist, eine explizite Grundlegung der zentralen Begriffe ‚Wissenschaft‘, ‚Kultur‘ und ‚Medien‘ zu verbinden. Daher sollen in der vorliegenden Arbeit, bevor auf das Thema ‚Gedächtnis und Erinnerung‘ eingegangen wird, zunächst in Kapitel 1.4 die grundlegenden Termini als Orientierungsrahmen für das weitere Vorgehen skizziert werden. Im Anschluss daran folgt als Konsequenz aus dem Anspruch, ein explizites, reflektiertes Theorieangebot entwickeln zu wollen, zunächst ein metaphern- und wissenschaftstheoretischer Exkurs (Kapitel 2). Die Rede von einem ‚gesellschaftlichen Gedächtnis‘ oder von ‚gesellschaftlicher Erinnerung‘ als metaphorische Übertragung aus dem Kontext kognitiver Prozesse auf soziale Zusammenhänge wird hier grundsätzlich theoretisch reflektiert. Dabei soll gezeigt werden, dass Thematisierungen von Gedächtnis notwendig auf Metaphern zurückgreifen müssen und auch die – traditionell der metaphorischen Rede eher skeptisch gegenüberstehende – (Sozial-)Wissenschaft Metaphern als kreatives Element der Weiterentwicklung ihrer Beobachtungs- und Beschreibungsmodelle nutzen kann, wenn die Verwendung reflektiert erfolgt.

Zu einem solchen reflektierten Gebrauch metaphorischer Begriffe gehört unter anderem auch eine zumindest grundlegende Kenntnis des Herkunftsbereichs einer metaphorischen Übertragung – in diesem Fall also psychologischer und neurobiologischer Gedächtnis- und Erinnerungsbegriffe. Daher werden in Kapitel 3 die zentralen Theorien zu Gedächtnis und Erinnerung im kognitiven Kontext vorgestellt. In der Auseinandersetzung mit den rele-

---

18 Hervorhebung im Original. Hervorhebungen, die in Zitaten aus dem Original übernommen werden, sind im Folgenden nicht mehr gesondert gekennzeichnet. Ferner werden in der vorliegenden Arbeit Zitate in ‚alter‘ Rechtschreibung *nicht* den Regeln der neuen Rechtschreibung angepasst.

vanten Modellen können wesentliche Grundlagen auch für die Beobachtung
gesellschaftlicher Zusammenhänge entwickelt werden. Ein erster wichtiger
Aspekt ist hier die klare Unterscheidung der Begriffe ‚Gedächtnis' und
‚Erinnerung', die in Psychologie und Neurobiologie viel deutlicher getrennt
werden, als dies in den kulturwissenschaftlichen, metaphorischen Übertragungen auf Gesellschaft bisher der Fall ist: Indem gezeigt wird, wie Gedächtnis an *allen* kognitiven Prozessen konstruktiv mitwirkt und wie die Formulierung von Erinnerungen lediglich *eine* Leistung ist, die Gedächtnis in
Anspruch nimmt, wird zugleich deutlich, dass eine Differenzierung der
Konzepte ‚Gedächtnis' und ‚Erinnerung' auch für die Kulturwissenschaften
eine produktive theoretische Option darstellen kann.

In Bezug auf individuelle Erinnerungsprozesse können außerdem bereits
die Konstruktivität jeder Erinnerung (Kapitel 3.2) und die zentrale Rolle von
Erinnerungen für das individuelle Identitätsmanagement (Kapitel 3.3) herausgearbeitet werden. Beides sind wichtige Aspekte, die auch für Gesellschaften relevant sind: Sie unterstreichen, dass Erinnerungen als kontingente
Konstrukte immer abhängig von der kulturellen Programmierung des Umgangs mit Vergangenheit sind und so stets im Hinblick auf ihre erinnerungs-
bzw. identitätspolitische Relevanz perspektiviert werden können.

Vor dem Hintergrund dieser Überlegungen werden im vierten Kapitel
die kulturwissenschaftlichen Ansätze zu Gedächtnis und Erinnerung im
sozialen Kontext in den Blick genommen. Im Anschluss an eine kurze
Forschungsgeschichte (Kapitel 4.1) werden in Kapitel 4.2 die wichtigsten
theoretischen Modelle skizziert, angefangen von den ersten Beschreibungen
eines ‚kollektiven Gedächtnisses' durch den französischen Soziologen Maurice Halbwachs über die im deutschsprachigen Raum dominante Terminologie des ‚kulturellen Gedächtnisses' von A. und J. Assmann bis zu aktuellen
Weiterentwicklungen und Ausdifferenzierungen dieses Konzepts.

Die bisherigen kulturwissenschaftlichen Thematisierungen des Zusammenhangs von Medien und Gedächtnis bzw. Erinnerung werden anschließend separat dargestellt (Kapitel 4.3), da sie für das spezifisch kommunikationswissenschaftliche Interesse an medialen Phänomenen von zentraler
Bedeutung sind. Die bereits angedeuteten Defizite des kulturwissenschaftlichen Diskurses, die nicht zuletzt eine Beteiligung der Kommunikationswissenschaft an der Debatte besonders wünschenswert erscheinen lassen, werden in Kapitel 4.4 ausführlich herausgearbeitet.

Die hier geübte Kritik an bisherigen Ansätzen wird von manchen kulturwissenschaftlichen Vertretern geteilt, so dass gerade jüngst einige vielver-
sprechende Arbeiten versucht haben, explizitere theoretische Konzepte zu
entwickeln und auch die Analyse medialer Phänomene der Gegenwart differenzierter zu betreiben als bisher. Die in diesem Kontext entstandenen
Entwürfe eignen sich für die in der vorliegenden Arbeit angestrebte medien-

kulturwissenschaftliche Perspektive als wichtige Anknüpfungsmöglichkeiten und werden daher zum Abschluss des vierten Kapitels vorgestellt (Kapitel 4.5).

Im fünften Kapitel soll schließlich eine alternative theoretische Fundierung der Begriffe ‚Gedächtnis' und ‚Erinnerung' entwickelt werden. Nachdem kulturwissenschaftliche Modelle ausführlich diskutiert worden sind, wird in Kapitel 5.1 zunächst auf die wenigen Thematisierungen von Gedächtnis in einem gesellschaftlichen Kontext eingegangen, die in den Sozialwissenschaften im Kontext der Systemtheorie entstanden sind. Hier unterscheiden sich die Vorschläge von Peter M. Hejl grundlegend von Arbeiten in der Tradition Niklas Luhmanns, daher werden die beiden alternativen Modelle getrennt vorgestellt. Auch die Möglichkeit einer Zusammenführung der kulturwissenschaftlichen Modelle mit systemtheoretischen Überlegungen, wie sie die Literaturwissenschaftlerin Mirjam-Kerstin Holl vorgeschlagen hat, wird hier diskutiert.

Anschließend wird in Kapitel 5.2 eine alternative Perspektive auf ‚Gedächtnis' entwickelt, die gleichermaßen auf Überlegungen der Systemtheorie wie auf das Schmidt'sche Konzept von Kultur als Programm zurückgreift. Da sich die hier vorgeschlagene Terminologie weit von der in den Kulturwissenschaften vorherrschenden Verwendung des Gedächtnisbegriffs entfernt, wird im Anschluss ein Begriffsvergleich vorgenommen, der aufzeigen soll, wie auch Arbeiten in der kulturwissenschaftlichen Tradition von der hier entworfenen Perspektive profitieren können.

Auf dieser Grundlage stellt Kapitel 5.3 ausführlich einen Erinnerungsbegriff vor, der für den theoretischen Rahmen der skizzierten Medienkulturwissenschaft produktiv sein kann. Der Begriff wird zunächst abstrakt entwickelt und erst in einem zweiten Schritt auf gesellschaftliche Zusammenhänge bezogen. Auf die bereits angesprochenen Aspekte der Selektivität von Erinnerungen und der Notwendigkeit einer kulturellen Orientierung von Erinnerungsprozessen wird danach eingegangen. Eine Zusammenfassung, verbunden mit Hinweisen zu möglichen weiteren Differenzierungen, die etwa für empirische Anschlüsse relevant sein können, steht am Ende des fünften Kapitels.

Während die Entwicklung der Begriffe ‚Gedächtnis' und ‚Erinnerung' bewusst abstrakt gehalten werden soll und so auch mediale Zusammenhänge zunächst – soweit möglich – ausgeblendet werden, wird anknüpfend an die Begriffsfundierung ausführlich auf den Zusammenhang von Medien und gesellschaftlichen Erinnerungsprozessen eingegangen. Da, wie schon angedeutet wurde, bisherige Überlegungen insbesondere in Bezug auf moderne Medienentwicklungen sehr pauschal ausgefallen sind, werden anfangs zwei Ansätze zur Differenzierung entwickelt: Zunächst soll ein Exkurs über die Rolle von Traditionen in der Moderne anhand soziologischer Konzepte den

Blick für die Vielschichtigkeit und auch die Widersprüchlichkeit gesellschaftlicher Bezugnahmen auf die Vergangenheit schärfen (Kapitel 6.1). Der Exkurs kann erste Hinweise liefern, wie die Entwicklungen gesellschaftlicher Erinnerungsprozesse angesichts ‚neuer' Medientechnologien nicht allein als Krise, sondern vielmehr als komplexe, ambivalente Veränderungen beschrieben werden können.

Durch eine Ausdifferenzierung des Medienbegriffs sollen im Anschluss die Beobachtungskategorien weiter entwickelt werden (Kapitel 6.2). Auf dieser Grundlage behandelt Kapitel 6.3 zunächst die Konsequenzen ‚neuer', d. h. vor allem elektronischer und digitaler Medientechnologien für gesellschaftliche Erinnerungsprozesse. In Kapitel 6.4 werden auf der Basis der bisherigen Überlegungen die Produktion und Rezeption von Vergangenheit thematisierenden Medienangeboten näher betrachtet. Hier liegt ein Schwerpunkt darauf, Möglichkeiten für weiterführende empirische Studien aufzuzeigen.

Im abschließenden siebten Kapitel wird die Argumentation der vorliegenden Arbeit noch einmal resümiert. Hier sollen die Konsequenzen der Arbeit für die wissenschaftliche Beobachtung und Beschreibung von Gedächtnis und Erinnerung in einem sozialen Kontext noch einmal skizziert werden. So dient das Fazit im Rahmen einer (selbst-)kritischen Einschätzung auch dazu, die Grenzen der vorliegenden Arbeit aufzuzeigen.

Wissenschaft, Kultur, Medien – Skizzierung der Grundkonzepte

Wenn eine ‚Medienkulturwissenschaft' sich als eine für verschiedene Disziplinen produktive Perspektive etablieren soll, müssen ihre grundlegenden Konzepte hinreichend deutlich benannt sein, um nicht die diffuse Diskussion um die Kulturwissenschaften fortzuschreiben. Im Folgenden sollen daher die grundlegenden Begriffe ‚Medien', ‚Kultur' und ‚Wissenschaft' kurz erläutert werden. Es bietet sich an, an die kohärente und etablierte Konzeptionierung von Medienkulturwissenschaft *sensu* Schmidt anzuknüpfen, zumal die ausführliche Diskussion mehrerer alternativer Vorschläge oder die Entwicklung eines eigenen Modells hier keineswegs geleistet werden kann, sondern Gegenstand einer eigenständigen Arbeit wäre. Auch inhaltlich-theoretisch ist Schmidts Konzeption eine adäquate Grundlage für die vorliegende Arbeit: Um soziale Formen von Gedächtnis und Erinnerung als komplexe, abstrakte Phänomene beschreiben zu können, muss beispielsweise auch das verwendete Kulturkonzept hinreichend abstrakt sein und eine Beobachtungsgrundlage für das Verhältnis zwischen Gesellschaft und Kultur liefern.[19]

Wissenschaft

Wie bereits angedeutet worden ist, ist die mangelnde Explizität der Termini des kulturwissenschaftlichen Gedächtnisdiskurses ein zentrales Problem. Insbesondere wenn eine Medienkulturwissenschaft verschiedene Perspektiven produktiv integrieren soll, sollten Begriffe wie ‚Gedächtnis‘ oder ‚Erinnerung‘ theoretisch klar gefasst sein. Diese Forderung leitet sich aus der Wissenschaftstheorie ab, die der vorliegenden Arbeit in Anschluss an Schmidts Vorschlag einer Medienkulturwissenschaft zugrunde gelegt wird. Das Verständnis von *Wissenschaft* lässt sich dabei auf die knappe Formel „explizites Problemlösen durch methodisch geregelte Verfahren" bringen (Schmidt 2003: 364). Eine wichtige Grundlage solchen Problemlösens ist eine hinreichend explizite Theorie, die als „konzeptionelle Problemlösungsstrategie" (ebd.) dienen kann.

Reflektiertes wissenschaftliches Arbeiten sollte darüber hinaus der Erkenntnis Rechnung tragen, dass auch wissenschaftliche Beobachtung nicht um den Beobachter kürzen kann: „Wissenschaft spricht nicht über Gegenstände, sondern über Phänomene und Probleme. Und diese gibt es nicht ‚an sich‘, sondern nur für Wissenschaftler und Wissenschaftlerinnen." (Ebd.: 363; vgl. auch Schmidt 2000: 332)

Dabei stellt sich auch einer Medienkulturwissenschaft das Autologieproblem (vgl. u. a. Schmidt/Zurstiege 2000: 210): Über Kultur lässt sich nur im Rahmen von Kultur sprechen, die Rolle von Kommunikation und Medien kann nur kommunikativ expliziert werden, und dies geschieht in der Regel wiederum in Medien; und auch die Rede von Gedächtnis ist auf Gedächtnis angewiesen. Dieser Selbstbezüglichkeit ist nicht zu entkommen.[20] Insofern jede Medienforschung, jede Medienkulturwissenschaft immer zugleich in das verstrickt ist, was sie zu beobachten, zu beschreiben und zu erklären versucht, scheinen traditionelle wissenschaftliche Ansprüche wie Wahrheit oder Objektivität umso weniger einlösbar. Dies macht jedoch Wissenschaftlichkeit nicht unmöglich, sondern unterstreicht einmal mehr die Notwendigkeit von Ansprüchen wie theoretischer und methodischer Explizität, um intersubjektive Nachvollziehbarkeit zu ermöglichen (vgl. Schmidt 2003: 363ff.).

---

19   Da hier in weiten Teilen an eine bestehende Modellierung angeknüpft wird, sind die folgenden Begriffsklärungen knapp gehalten und jeweils mit Verweisen zur vertiefenden Lektüre versehen. Die Reihenfolge richtet sich dabei bewusst nicht nach dem Begriff ‚Medienkulturwissenschaft‘, sondern klärt zunächst grundlegend das Verständnis von Wissenschaftlichkeit, bevor die Konzepte von ‚Kultur‘ und ‚Medien‘ skizziert werden.

20   Dabei beschränkt sich die Problematik keineswegs auf die Kommunikations-, Kultur- und Medienkulturwissenschaft, wie Wolf Singer beispielsweise an der Hirnforschung verdeutlicht (vgl. 2002b: 61f.).

Kultur

Mit den ersten angedeuteten Forschungsentscheidungen sind bestimmte
Anforderungen an einen für diese Entscheidungen adäquaten *Kultur*begriff
verbunden. Hier schlägt Schmidt sein Verständnis von Kultur als Programm
als eine mögliche Grundlegung vor (vgl. 1992 oder zuletzt 2002a; 2003;
2003a).[21] An dieser Stelle werden nur die wichtigsten Punkte kurz paraphra-
siert:

Schmidt geht von dem Problem aus, dass Aktanten für erfolgreiches
Handeln in ihrer jeweiligen Umwelt Sinnorientierungen benötigen, von
denen angenommen werden kann, dass sie interindividuell geteilt werden.
Sinnorientierungen werden als „semantischer Raum" konzipiert, „bestehend
aus einem Netzwerk von semantischen Kategorien, die gewissermaßen die
Knoten dieses Netzwerkes bilden" (Schmidt 2003: 356). Die semantischen
Kategorien können über symmetrische semantische Differenzierungen
ausdifferenziert werden (so etwa die Kategorie ‚Alter' über die Differenzierung ‚jung/alt'). Erst in der Anwendung durch Aktanten werden die Differenzierungen asymmetrisiert (‚jung, *nicht* alt'), Schmidt spricht in diesem
Zusammenhang von ‚Unterscheidungen'.

Semantische Kategorien werden dabei nicht als unverbunden verstanden,
sondern als systematisch geordnet, wobei Kategorien sich gegenseitig Funk-
tionsmöglichkeiten zuweisen. Diese systematische Ordnung modelliert
Schmidt als ‚Wirklichkeitsmodell' einer Gesellschaft im Sinne eines ‚Modells
für' Wirklichkeit:

> Wirklichkeitsmodelle lassen sich bestimmen als das aus Handeln und Kommunizie-
> ren hervorgegangene und durch Praxis und Kommunikation systematisierte kollekti-
> ve Wissen der Mitglieder einer Gemeinschaft, das über gemeinsam geteilte Erwar-
> tungen und Unterstellungen, d. h. also über die Herausbildung reflexiver und selektiv
> operierender Strukturen, deren Interaktionen ko-orientiert und Aktanten von Ge-
> burt an durch den bzw. im gemeinsamen Bezug auf solche Modelle kommunalisiert.
> (Ebd.: 357)[22]

Dabei benötigen Wirklichkeitsmodelle als Systeme von Kategorien ein
Anwendungsprogramm, das Differenzierungen verbindet und bewertet, um
für Aktanten orientierend wirken zu können. Dieses Programm „der semantischen Kombination bzw. Relationierung von Kategorien und Differenzierungen, ihrer affektiven Gewichtung und moralischen Besetzung" modelliert
Schmidt als „Kulturprogramm" (ebd.: 358). Zwar werden Kulturprogramme

---

21 Eine ausführliche Diskussion der Vor- und Nachteile alternativer Kulturkonzepte kann an
    dieser Stelle nicht geleistet werden. Für einen Überblick vgl. exemplarisch Ort 2003.

22 Auch an dem Begriff des ‚kollektiven Wissens', der zentral für das hier gewählte Kulturmodell
    ist, zeigt sich die Nähe von Gedächtnis und Kultur; Kultur ist zu ihrer Kontinuierung zwin-
    gend auf ihre Erinnerung angewiesen.

als dynamisch und veränderbar verstanden, doch ist Kultur als Programm im Moment der Anwendung für Aktanten bindend und ermöglicht so die soziale Integration von Aktanten.

Gesellschaft ist im Rahmen dieses Modells „als Wirkungszusammenhang die Einheit der Differenz von Wirklichkeitsmodell und Kulturprogramm, wobei beide nur analytisch voneinander getrennt werden können, da sie im strengen Sinne komplementär sind." (Ebd.: 359) Gesellschaftliche Integration von Aktanten wird möglich „durch den Bezug aller Handlungen und Kommunikationen auf einen für alle Aktanten verbindlichen [.] Wirkungszusammenhang [aus Wirklichkeitsmodell und Kulturprogramm] – wie kontrafaktisch dieser auch in seiner Relevanz für alle Gesellschaftsmitglieder unterstellt sein mag" (ebd.: 358f.).

Der beschriebene Wirkungszusammenhang von Wirklichkeitsmodell und Kulturprogramm ist somit gleichermaßen sozial erst durch Aktanten hervorgebracht und durch diese prinzipiell veränderbar, bindet aber zugleich Aktanten und schafft jeweils nur *spezifische* Handlungsmöglichkeiten bzw. schränkt Optionen ein.[23]

Der Vorzug eines solchen Konzeptes von Kultur liegt nicht zuletzt darin, dass Kultur nicht über eine womöglich summarische Auflistung von Entitäten bestimmt wird, sondern, wie oben gefordert, auf einer abstrakten Ebene angesetzt wird, um die Prozesse zu erklären, die als kulturell verstandene Phänomene hervorzubringen vermögen.

Medien
Da die Entwicklung eines adäquaten Medienkonzepts ein wichtiger Teil der vorliegenden Arbeit ist, der später noch einigen Raum einnehmen wird, wird hier nur eine sehr knappe Orientierung gegeben.[24] In Anschluss an Schmidt lässt sich der Medienbegriff als auszudifferenzierender Kompaktbegriff beschreiben, mit dem semiotische Kommunikationsinstrumente, Medientechnologien, die sozialsystemische Institutionalisierung von ‚Medien' und die jeweiligen Medienangebote unterschieden werden können (vgl. etwa Schmidt 2000: 93ff.; Schmidt/Zurstiege 2000: 170). Dieses systematisierende Medienverständnis hat Erll jüngst auch für die kulturwissenschaftliche Erinnerungsforschung als Grundlage vorgeschlagen (vgl. Erll 2005: 130ff.; 2004: 12ff.; auch Kapitel 4.5.2 der vorliegenden Arbeit).

---

23   Maik Gizinski hat darauf hingewiesen, dass sich in diese Überlegungen von Schmidt Giddens' Theorie der Strukturierung (vgl. 1997) plausibel einbinden lässt, da auch Giddens die Beziehung zwischen Aktanten und sozialen Strukturen in den Blick nimmt und so an einer Überwindung der Dichotomie von Handlungstheorien und Systemtheorien arbeitet. (Vgl. Gizinski 2005: 31f.)

24   Vgl. ausführlich Kapitel 6.2 der vorliegenden Arbeit.

Insofern zeigt sich, dass die hier gewählte Grundlegung von zentralen Begriffen auch in der Kulturwissenschaft auf Akzeptanz stößt. In der vorliegenden Arbeit kann damit sowohl an Schmidt als auch an Erlls Überlegungen zu einem Mediumkonzept als ‚(erinnerungs-)kulturwissenschaftlicher Kompaktbegriff' angeschlossen werden.

Gedächtnis und/als Metapher – ein Exkurs

Über die Metapher des ‚Gedächtnisses von Gesellschaften' nachzudenken ist ein komplexes Unterfangen, denn die Themenfelder ‚Gedächtnis' und ‚Metapher' sind gleich mehrfach miteinander verwoben. Bevor in der vorliegenden Arbeit psychologische und neurobiologische Theorien des Gedächtnisses besprochen werden, bevor die metaphorische Rede von einem gesellschaftlichen Gedächtnis kritisiert wird, sollen hier vorab einige grundsätzliche Überlegungen zur metaphorischen Rede über Gedächtnis in einer (Medienkultur-)Wissenschaft angestellt werden, im vollen Bewusstsein, dass dies nur fragmentarisch geschehen kann, weil eine angemessene Bearbeitung Thema eigenständiger Studien sein müsste. Einige knappe, aber grundlegende erkenntnis- und wissenschaftstheoretische Anmerkungen zur Metapher in der Wissenschaft werden angeführt, doch soll zunächst die doppelte Verschränkung im Zusammenhang von Metapher und Gedächtnis skizziert werden.

Metaphern des Gedächtnisses – Gedächtnis der Metaphern

Im Alltag vermeint jeder zu wissen, was das menschliche Gedächtnis ‚ist'. Wir wissen, was es heißt, sich an einen Urlaub zu erinnern, und wir wissen, dass wir manches vergessen, woran wir uns doch erinnern wollten – und manches, was nur zu gerne in Vergessenheit geraten sollte, uns in Erinnerung bleibt. Das Gedächtnis ist zu einem fortwährenden Faszinosum für die Menschen geworden: seine Bedeutung für unsere Vorstellungen von Individualität und Identität, seine Ambivalenz zwischen tröstlicher, beruhigender Verfügbarkeit und der bisweilen auch beängstigenden Verweigerung von willkürlicher Steuerung und intentionalem Zugriff. Deutlich werden diese Pole auch in der Literatur: Jean Paul etwa beschreibt die Erinnerung als „das einzige Paradies, aus welchem wir nicht getrieben werden können" (1978: 820), und zugleich klagt Klaus Mann: „Es gibt kein Glück, wo Erinnerung ist." (2001: 21)

‚Gedächtnis' und ‚Erinnerung' zählen zu den Begriffen, die im Alltag zunächst klar verständlich erscheinen, aber sie verleiten bei intensiverer Beschäftigung zu einer nicht abreißenden Debatte, was sie *eigentlich* bedeuten. Diese Debatte ist geprägt von verschiedenen Metaphern über Funktion oder Wesen des Gedächtnisses. Ein Streifzug durch die Geschichte der Gedächtnisbeschreibungen gibt einen Überblick über die sich wandelnden Metaphern von Platons ‚wächserner Tafel' (vgl. 1993: 111f.) über Ciceros ‚Bilder und Orte' (vgl. 1976: 128ff.) zu dem wiederkehrenden Begriff der ‚Schatzkammer' etwa bei Quintilian (vgl. 1975: 587ff.) und Thomas von Aquin (vgl. 1937: 164ff.) oder zu Kierkegaards Bild von der Erinnerung als ‚abgelegtes Kleid' (vgl. 1955: 3ff.) bis hin zu Freuds ‚Wunderblock' (vgl. 1982: 363ff.).

Seit der experimentellen Arbeit des Psychologen Hermann Ebbinghaus (vgl. 1985 [1885]) und der anschließenden psychologischen und neurobiologischen Forschung erscheint der wissenschaftliche Gedächtnisdiskurs zwar weniger spekulativ, doch ist er im 20. und 21. Jahrhundert keineswegs weniger metaphorisch geworden (vgl. Draaisma 1999: 20f.).[1] Betrachtet man die Entwicklung der Metaphern für das menschliche Gedächtnis genauer, so ist zu erkennen, wie (Medien-)Techniken, die (jedenfalls vermeintlich) der Externalisierung von Gedächtnisleistungen dienen, die Vorstellungen von der Funktionsweise des menschlichen Gedächtnisses selbst beeinflussen:

> Unsere Auffassungen über den Hergang des Erinnerns werden von den Verfahren und Techniken gespeist, die wir für das Konservieren und Reproduzieren von Information erfunden haben. Dieser Einfluss ist so stark, dass man beispielsweise an den Theorien des neunzehnten Jahrhunderts über das visuelle Gedächtnis die Aufeinanderfolge der neuen optischen Verfahren exakt ablesen kann […] Die Geschichte des Gedächtnisses erinnert an einen Rundgang durch die Magazine eines technischen Museums. (Ebd.: 11)

Selbst wenn nicht alle Gedächtnismetaphern aus dem Bezug zu Medientechniken stammen, zeigt sich doch auch hier der enge Zusammenhang von Medien und Erinnerung. Zugleich wird eine Besonderheit der Beziehung von Metaphorik und Gedächtnis deutlich, auf die später noch weiter eingegangen wird: Die Metapher ist nicht nur ein ersetzbares, poetisches Bild für ein eigentlich klar benennbares Objekt, vielmehr stellt gerade im Gedächtnisdiskurs die Metapher das zu benennende Objekt erst her und bestimmt, *was* ‚Gedächtnis' zu einer bestimmten Zeit in einer bestimmten Gesellschaft war, wie unten näher erläutert wird. Dabei spiegeln die Metaphern selbst ihre jeweilige Gegenwart und die sie prägenden Medien, Technologien, kulturellen Programmierungen usw. wider. So lässt sich anschließend an den niederländischen Psychologen Douwe Draaisma (wiederum metaphorisch!) sagen, dass die Geschichte der Metaphern des Gedächtnisses sich als ein Gedächtnis der Epochen, deren Technologien usw. lesen lässt (vgl. ebd.: 12).

---

1   Vor Douwe Draaisma (1999) hat auch der Psychologe Henry L. Roediger (1980) eine kurze Studie zu Gedächtnismetaphern veröffentlicht, die jedoch ihren Schwerpunkt auf der neueren Psychologie hat. Eine weitere, jedoch verkürzende Sicht auf Gedächtnismetaphern findet sich bei Harald Weinrich (vgl. 1964), der alle Metaphern auf die Unterscheidung zwischen ‚Magazin' und ‚Wachstafel' zurückführt (vgl. hierzu auch A. Assmann 1991: 13f.).

Eine weitere Reflexivierung metaphorischer Rede über das Gedächtnis begann spätestens mit Halbwachs' Arbeiten zum sozialen Gedächtnis (vgl. 1966; 1967). Während Halbwachs zunächst nur auf die soziale Bedingtheit von individuellem Gedächtnis hingewiesen hat, postulierte er später ein Gedächtnis von sozialen Gruppen.[2] Nahezu alle heutigen Studien über gesellschaftliche Formen von Gedächtnis und Erinnerung schließen zumindest implizit an Halbwachs an und gehen von einem kollektiven Gedächtnis aus, das zumeist nicht näher lokalisiert, vage im ‚Kollektiv' verortet, bisweilen fast mystisch objektiviert oder auch auf der Ebene von Speicher-Medien angesiedelt wird.

Die zu Begriffen erstarrten Metaphern für das menschliche Gedächtnis wurden somit erneut ‚metaphorisiert' und auf Gesellschaften oder gar auf Medientechnologien bezogen: Was ursprünglich die Beschreibung des Gedächtnisses prägte (etwa das menschliche Gedächtnis als ‚Buch' oder als ‚Computer'), wird nun selbst *als* Gedächtnis (der Kultur oder der Gesellschaft) beschrieben.

Hier zeigt sich besonders deutlich, wie hilfreich eine transdisziplinär arbeitende Medienkulturwissenschaft zur Systematisierung des Diskurses sein könnte. Offenbar taugt das Gedächtnis vorzüglich als Beispiel, um zu illustrieren, wie ein Begriff zwischen verschiedenen Disziplinen zirkuliert: Die Naturwissenschaften bedienten sich zunächst metaphorischer Entlehnungen aus dem Bereich der Kulturwissenschaften, die überhaupt erst eine Vorstellung von menschlichem Gedächtnis ermöglichten und in der Etablierung zu akzeptierten Modellen und Begriffen wurden. Diese wiederum kehren nun in die kulturwissenschaftliche Diskussion als Metaphern für gesellschaftliche Prozesse zurück – eine Entwicklung, die sich nur mit Blick über Disziplingrenzen hinaus beschreiben lässt. Um diesen komplexen Beziehungen hier gerecht werden zu können, sollen im Folgenden einige Überlegungen zur Metapher in der (Medienkultur-)Wissenschaft angestellt werden.

Die Metapher als Prozess und Struktur

Ginge es nach klassischen rationalistischen und empiristischen Vorstellungen, müsste der oben skizzierte hochgradig metaphorische Gedächtnisdiskurs – sei es der psychologische oder der kulturwissenschaftliche – kurzerhand aus der Wissenschaft verbannt werden. In der Tradition von Descartes, Bacon oder Hobbes ist das Ziel der Wissenschaft die Suche nach einer

---

2 Hier soll nicht zu weit auf die später folgende Darstellung bisheriger Theorien zum sozialen Gedächtnis vorgegriffen werden; vgl. vertiefend Kapitel 4.1.

erkennbaren Wahrheit, die unmissverständlich in Sprache ausgedrückt werden kann.

Poetisches Sprechen, zu dem metaphorische Rede gezählt wird, gilt hierzu als vollkommen ungeeignet, wie etwa Hobbes erklärt:

> Bei Beweisführung, Beratung und jeder strikten Suche nach Wahrheit tut das Urteilsvermögen alles […]. [W]as Metaphern betrifft, so sind sie in diesem Fall völlig ausgeschlossen. Denn da sie ja offen eine Täuschung zugeben, wäre es evidente Torheit, sie bei Beratung oder Beweisführung zuzulassen. (1996: 58)

Diese Verbannung der Metapher aus der Wissenschaftssprache verweist auf klassische Substitutionstheorien der Metapher, die sich auf Aristoteles zurückführen lassen. Metaphern werden hier als ‚uneigentliches‘ Sprechen verstanden, bei dem der ‚eigentliche‘ Ausdruck durch einen anderen aufgrund einer existierenden Ähnlichkeit ersetzt wird. Grundgedanke solcher Überlegungen ist es, dass Metaphern durch eine eigentliche Redeweise ersetzbar bleiben: „Wenn man nämlich die Glossen und Metaphern und die übrigen Arten durch die üblichen Wörter ersetzt, dann kann man erkennen, daß wir richtig urteilen." (Aristoteles 1994: 75)

Vor diesem Hintergrund wird Metaphern vor allem eine schmückende, poetische und unterhaltende Funktion zugeschrieben, sie können demnach bestenfalls dazu dienen, auf Verwandtschaften aufmerksam zu machen. In der rationalen Wissenschaft seien sie daher nicht hilfreich und zu meiden; zugespitzt lässt sich die Haltung von Rationalismus und Empirismus zur Metapher mit Anselm Nölle[3] auf die Formel bringen: „Was *erkannt* werden kann, kann auch *benannt* werden, und zwar eindeutig und theoretisch unmissverständlich." (2004: 31).

Diese klassische Sicht auf Metaphern konkurriert schon im 19. Jahrhundert explizit im Diskurs mit einer alternativen Perspektive.[4] Spätestens in Nietzsches Reflexionen über die Sprache (vgl. u. a. 1980) wird der Beginn eines (post-)modernen Denkens gesehen (vgl. etwa Habermas 1993; Foucault 2003: 269). Nietzsche sieht Wahrheit nicht mehr als erkennbare Objektivität an, sondern – verkürzt gesagt – als eine konventionalisierte Sprachregelung, als ein „Heer von Metaphern" (1980: 880), deren Metaphorizität lediglich durch Konvention in Vergessenheit geraten ist.

Die Abkehr von der Auffassung einer objektiven Erkennbarkeit der Welt bzw. von dem Glauben, objektive Wahrheiten sprachlich ausdrücken zu

---

3   Die vorliegende Arbeit verdankt entscheidende Anregungen und Hinweise zum Zusammenhang von Metapher und Wissenschaftssprache den fortgesetzten Diskussionen mit Anselm Nölle, die sich nicht sämtlich in Fußnoten würdigen lassen, für die ich gleichwohl dankbar bin.

4   Eine frühe Ausnahme von der Ablehnung der Metapher in der Wissenschaft stellt etwa Giambattista Vico dar, der bereits Anfang des 18. Jahrhunderts die Metapher als wichtiges kreatives, heuristisches Mittel philosophischer Arbeit ansieht (vgl. Müller-Richter/Larcati 1996: 153).

können, führt auch zu einer Neubewertung der Metapher. Die Metapher wird in diesem Kontext weniger als eine letztlich statische Substitution des ‚eigentlich Gemeinten‘ gesehen, das durch das ‚uneigentlich‘, also metaphorisch Gesprochene, ersetzt wurde. Stattdessen erscheint sie als *Prozess* der Übertragung, die nicht bestehende (‚objektive‘) Ähnlichkeiten aufzeigt, sondern diese erst behauptet und damit herstellt. (Vgl. Nölle 2004: 31ff.)

Eine neue, zunächst irritierende Metapher postuliert in der Beschreibung eines Phänomens bestimmte Eigenschaften; diese werden durch die Metapher erst sichtbar, wobei zugleich anderes unsichtbar wird. Zu sagen, das menschliche Gedächtnis sei ein ‚Speicher‘, *schafft* erst eine spezifische Vorstellung von Gedächtnis – auf Kosten alternativer Modelle, aber ohne dass der Begriff des Speichers durch eine ‚eigentliche‘ Redeweise ersetzt werden könnte. Neue, irritierende Metaphern können so Diskurse beweglich und dynamisch halten, indem sie auf eine Unabgeschlossenheit bisheriger Beschreibungen verweisen und Alternativen zur Verfügung stellen. Dabei können etablierte Metaphern – wie zum Beispiel die Rede vom Gedächtnis als Speicher – im Diskurs ihre dynamisch-metaphorische Funktion vollständig verlieren und sozusagen verblassen oder erstarren, wenn sie über längere Zeit genutzt werden.

Die Sichtweisen der Metapher als starre Struktur der Substitution und als dynamischer Prozess schließen sich nicht gegenseitig aus, sondern sind als komplementär zu verstehen. In der einzelnen Anwendung kann die jeweils genutzte Metapher nicht innerhalb der metaphorischen Rede reflektiert werden. Sie macht sich als Struktur sozusagen selbst unsichtbar, um als Metapher eine bestimmte Beschreibung sichtbar zu machen. Im Modus der Beobachtung zweiter Ordnung wird jedoch die Prozessualität der Metapher deutlich, so dass ihre bedeutungskonstituierende Kraft und ihre Kontingenz beobachtbar werden.

Im Anschluss an die richtungsweisende Arbeit von Ivor A. Richards (1936) hat Max Black (vgl. 1962; 1983) mit seiner Interaktionstheorie der Metapher eine solche Sicht auch theoretisch explizit ausformuliert, die bis heute in der Metapherntheorie maßgeblich ist. In einer Metapher sind nach Black die Metaphernherkunft und der neue Anwendungsbereich über eine ganze Reihe von Assoziationen verbunden, die in Wechselwirkung treten. So wird eine neue Bedeutung hergestellt, die in keinem der beiden Bereiche bisher beschreibbar war. Draaisma verdeutlicht dies anschaulich und stellt fest: „[D]er Austausch von Assoziationen zwischen Computer und Gedächtnis hat nicht nur das Erinnerungsvermögen technischer, sondern auch den Computer psychologischer gemacht." (1999: 21) Vor diesem Hintergrund erscheint das beschriebene Wechselverhältnis von Gedächtnismetaphern zwischen Kulturwissenschaft und Individualgedächtnis besonders plausibel. Die Übertragung und Rückübertragung von Medienmetaphern für Gedächtnis und Gedächtnismetaphern für Medien ließe sich als komplementäres Resultat der Interaktion im metaphorischen Prozess beschreiben.

Black hat versucht, seine Position mit verschiedenen Meta-Metaphern zu verdeutlichen. Die wohl bekannteste ist die eines visuellen Filters:

> Angenommen ich blicke durch ein Stück rußgeschwärztes Glas, auf dem gewisse Linien durchsichtig geblieben sind, auf den Nachthimmel. Ich werde dann nur die Sterne sehen, die auf die vorbereiteten Linien gebracht werden können, und die Sterne, die ich tatsächlich so sehe, werden von der Struktur des Filters organisiert wahrgenommen. Man kann sich die Metapher als einen solchen Filter vorstellen und das System der ‚assoziierten Gemeinplätze‘ des fokalen Wortes als das Netz der Linien darauf. Man kann sagen, der Hauptgegenstand wird ‚durch den metaphorischen Ausdruck gesehen‘ – oder, wenn man so will, der Hauptgegenstand wird auf das Feld des untergeordneten Gegenstandes projiziert. (1983: 72)

Problematisch an dieser Metapher sind die dualistischen Implikationen: Hinter dem ‚Filter‘ wird nach wie vor etwas suggeriert, was auch ohne Filter ‚objektiv‘ erkennbar scheint. So kritisiert auch Nölle:

> Es scheint, als könne der Beobachter wählen, ob er den Blick durch den Filter vorzieht, oder aber den Filter wegzuziehen und den ‚Gegenstand‘ mit unbeschränktem und umfassendem Blick zu betrachten. Auf die Frage nach der Perspektivität des Wissens bezogen hieße das, es gäbe eine Möglichkeit, alle Rhetorizität beiseite zu räumen und zu einem eigentlichen und ursprünglichen Diskurs zurückzufinden, der in der vollen Abbildung die Welt dem Wissen zugänglich machte – also die Begriffe von ihren Ordnungen zu lösen und von einer ahistorischen, allgemeingültigen und ‚reinen‘ Bedeutung auszugehen. (2004: 82)

Hilfreich bleibt jedoch der Hinweis auf die bedeutungskonstituierende Kraft der Metapher, und zugleich auf die damit verbundene Kosten-Nutzen-Rechnung: Was wird sichtbar gemacht, und von welchen Sichtweisen verabschiedet sich die neue Metapher? Für die Wissenschaft hat eine solche reflektierte Perspektive auf die Metapher einige Konsequenzen. Zunächst ist, wie oben zitiert, mit Draaisma festzustellen, dass auch die Wissenschaft nicht ohne Metaphern auskommt. Im historischen Vergleich zeichnet zum Beispiel Draaisma für den Gedächtnisdiskurs nach, dass zu einem jeden gegebenen Zeitpunkt die Metaphorizität des jeweils aktuellen Paradigmas (*sensu* Thomas Kuhn[5]) unerkannt bleibt und sich anbahnende neue Paradigmen zunächst als irritierend metaphorisch empfunden werden. Ein Wechsel der Leitmetapher eines Diskurses lässt sich so als Paradigmenwechsel beschreiben bzw. als die Etablierung und Erstarrung einer zunächst *als* Metapher wahrgenommenen (irritierenden) Beschreibung, die dann selbst zum als nicht-metaphorisch empfundenen Paradigma wird.

Metaphern sind in einer solchen Sicht nicht mehr unwissenschaftlicher Zierrat, sondern kreativ-dynamisierende Möglichkeiten, wissenschaftliche

---

5   Für eine spezifische Perspektive von Kuhn auf Metaphern in der Wissenschaft vgl. 1993.

Kontingenzbeobachtung zu ermöglichen. Metaphern können neue Perspektiven eröffnen und neue Paradigmen begründen. So erscheint ein regelmäßiger Wechsel zwischen verschiedenen Metaphern sogar wünschenswert: „[D]ie Aufgabe des reflektierenden Wissenschaftlers müsste es sein, sich der Perspektivität seines Sehens bewusst zu werden und möglichst vielfältige Arten von ‚Filtern' (bzw. Metaphern) zu benutzen, um die Möglichkeiten der jeweils anderen Perspektiven auszuloten." (Ebd.)[6] Metaphern scheinen (auch) in der Wissenschaft nicht nur unvermeidbar, sondern sogar unersetzbar als produktives Element. Eine solche Position gilt es jedoch zu verknüpfen mit einem reflektierten und expliziten Verständnis von Wissenschaftlichkeit, wie es oben skizziert worden ist. Die Abkehr von der Suche nach vermeintlich absoluten Wahrheiten führt für die Wissenschaft, so wurde betont, keineswegs ins vermeintlich postmoderne *Anything Goes*. Vielmehr bleibt ihre spezifische Leistung die (eben: *wissenschaftliche*) Problemlösung durch intersubjektiv nachvollziehbare, geregelte Verfahren. Will die Wissenschaft diesem Anspruch gerecht werden, kann auch für die Verwendung von Metaphern keine Beliebigkeit postuliert werden: Wenn in der Wissenschaft alles Metapher wäre, wäre zugleich nichts Metapher. Metaphern können so nur vor dem Hintergrund etablierter Begriffe wirken (die wiederum selbst einmal als metaphorisch wahrgenommen wurden); und auch die Akzeptanz eines Textes als *wissenschaftlich* hängt entscheidend von einem diskursadäquaten Verhältnis von metaphorischer Figuralität und argumentativer Rede ab.

Nölle betont darüber hinaus, dass inhaltliche Anforderungen an die Verwendung von Metaphern nicht nur an einen spezifischen Autor zu stellen sind. Wer zuerst eine neue Metapher einführt, hat keine Verfügung über die Lesarten, durch die die Metapher genutzt wird. Sie sind vielmehr im Diskurs zu prüfen:

> Ob das einmalige Ereignis der Metapher Nachahmung in der wissenschaftlichen Praxis findet, hängt davon ab, ob die Transformation des Diskurses, die die Metapher impliziert, die Lösung bestimmter Probleme verspricht – ob also Widersprüche, die die vorangehende Ordnung erzeugte, in der neuen Sichtweise aufgelöst werden können. (Ebd.: 86)

Dies kann eine einzelne Studie nicht zeigen, wohl aber die Reflexion über einen etablierten Diskurs, wie sie in der vorliegenden Arbeit angestrebt wird. Grundsätzlich ist von wissenschaftlichen Arbeiten zu verlangen, dass sie die Verwendung von starken Metaphern, die potentiell eine neue Sicht begründen können, eingehend reflektieren. Das heißt, dass so weit wie möglich Implikationen der Metapher transparent gemacht werden sollten, eine Forderung, der kein Autor allein umfassend gerecht werden kann. Dennoch

---

6   Ähnlich argumentierte bereits Freud, wie Draaisma bemerkt (vgl. 1999: 18). Auch Sebastian Jünger plädiert für einen vermehrten reflektierten Gebrauch von Metaphern (vgl. 2006 [in Vorbereitung]).

scheint es beispielsweise angemessen zu fordern, „dass der ‚Metaphernver-
wender' in gewisser Weise auch ‚Experte' auf dem Gebiet sein sollte, aus dem
er metaphorische Aussagen überträgt" (ebd.: 89).

Schließlich muss der spezifische Nutzen der propagierten Metapher deutlich gemacht werden, und im Modus der Beobachtung zweiter Ordnung
sollten zugleich auch die damit verbundenen Kosten reflektiert werden:
Welche Beobachtungen ermöglicht eine Metapher, welche alternativen
Optionen verstellt sie, welche produktiven Sichtweisen löst sie möglicherweise ab, und welchen zusätzlichen Nutzen kann sie statt dessen bieten? Dies
sind Fragen, die ein reflektierender Wissenschaftler bei der Verwendung von
Metaphern beachten sollte.

Im kulturwissenschaftlichen Gedächtnisdiskurs ist eine solche Reflexion
bisher kaum erfolgt. Die im Begriff des ‚kollektiven' oder ‚kulturellen' (usw.)
Gedächtnis behauptete Ähnlichkeit zwischen gesellschaftlichen und kognitiven Prozessen ist, wie hier gezeigt worden ist, keine ‚objektive' Ähnlichkeit,
sondern eine behauptete und hergestellte. Die zu klärende Frage lautet daher
nicht, ob ‚tatsächlich' eine Ähnlichkeit zwischen individuellen und gesellschaftlichen Prozessen besteht, die die Rede von ‚Gedächtnis' in beiden
Bereichen begründet. Die entscheidende Frage ist vielmehr, ob und inwiefern
eine solche im Diskurs produzierte Ähnlichkeit hilfreich für wissenschaftliches Arbeiten ist. Dazu muss sie grundsätzlich den hier beschriebenen
Kriterien hinreichender Reflexion genügen und zugleich eine spezifische
Leistung für wissenschaftliches Problemlösen bieten.

Vor diesem Hintergrund lässt sich die vorliegende Arbeit auch als Meta-
phernkritik zur bisherigen Debatte lesen. Bevor dabei die metaphorische
Rede von einem ‚Gedächtnis der Gesellschaft' näher betrachtet wird, soll
zunächst der Blick auf aktuelle Modelle zum Individualgedächtnis gerichtet
werden. Dies ist sinnvoll, um, wie oben gefordert, den Herkunftsbereich
jeder Metapher von gesellschaftlichem Gedächtnis zu reflektieren. Dadurch
können bei der Beobachtung aktueller Theorien wichtige Kategorien für die
anschließende Analyse kulturwissenschaftlicher Ansätze entwickelt werden.

Gedächtnis und Erinnerung im kognitiven Bereich

Die Auseinandersetzung mit kognitiven Aspekten von Gedächtnis und Erinnerung bringt zunächst ambivalente Ergebnisse hinsichtlich des Forschungsstandes zutage. Es erscheint nur vordergründig als Widerspruch, wenn einerseits der Neurobiologe Gerhard Roth in Bezug allein auf das Thema ‚Lernen und Gedächtnis‘ feststellt, dass die „rezente Literatur zu dieser Thematik [.] außerordentlich groß [ist] und [.] von keinem einzelnen mehr voll überblickt werden" kann (1991: 127), und zugleich Schmidt bemerkt, dass „trotz hundertjähriger experimenteller Forschung zum Gedächtnis eine *Theorie* des Gedächtnisses noch aussteht" (1991a: 9; vgl. auch Rusch 1987: 336 und Roth 1996: 16ff.). Offenbar handelt es sich beim ‚Gedächtnis‘ um ein Phänomen, das sich der Festlegung in Form einer eindeutigen Definition oder Theorie bis heute entzieht.

Dennoch (oder: gerade deswegen) ist das Phänomen ‚Gedächtnis‘ Gegenstand intensiver Forschung und Kristallisationspunkt für Fragestellungen sowohl der Neurowissenschaften wie auch der Psychologie und der Philosophie. Dabei scheint zumindest Einigkeit darin zu bestehen, dass Gedächtnis für Menschen eine zentrale Bedeutung zugeschrieben wird. Schmidt betont „die enorme Rolle des Gedächtnisses bei der Abstimmung kognitiver Operationen auf kontextspezifische Anforderungen" (1991a: 33), der Neurowissenschaftler Hans-Joachim Markowitsch formuliert pauschaler: „Gedächtnis ermöglicht uns, in der Welt selbständig zu bestehen. [...] Gedächtnis ist einfach lebenspraktisch." (2002: 19) Im Folgenden sollen zentrale Tendenzen der aktuellen[1] Forschung zum Individualgedächtnis und zur Erinnerung zusammengefasst werden.[2] Dies ermöglicht erste Untersuchungen des Zusammenhangs von Gedächtnis und Erinnerung mit Konzepten wie ‚Identi-

---

[1] Auf einen Überblick über die historische Entwicklung der Gedächtnisforschung wird hier verzichtet. Die psychologisch-empirische Gedächtnisforschung setzt, wie oben erwähnt, etwa 1885 mit Ebbinghaus (vgl. 1985) ein. Ihre Entwicklung ist jedoch für die vorliegende Arbeit von geringer Relevanz, da hier lediglich aktuelle Arbeiten zur Kontrastierung mit dem kulturwissenschaftlichen Diskurs dienen sollen.

[2] Dabei wird versucht, die Darstellung von Ergebnissen beispielsweise der Hirnforschung auf Modelle und Theorien zu beschränken, ohne deren neurobiologischen oder physiologischen Hintergrund zu referieren. Die detaillierten hirnanatomischen Grundlagen sind für eine Arbeit dieses Umfangs im kommunikationswissenschaftlichen Kontext in der Regel zu voraussetzungsreich, als dass sie hier angemessen dargestellt werden könnten. Die jeweiligen Literaturangaben können jedoch zur Vertiefung dienen.

tät'. Zugleich können Modelle des Individualgedächtnisses als Folie dienen, vor der Übertragungen des Gedächtnisbegriffs auf Gesellschaften betrachtet werden können.

Menschliches Gedächtnis: Forschungstendenzen

Die Begriffe ‚Gedächtnis' und ‚Erinnerung' sind in der vorliegenden Arbeit bisher eng verbunden genannt worden. Dies ergab sich vor allem aus der Darstellung der kulturwissenschaftlichen Forschungstradition, die die beiden Begriffe wenig differenziert oder gar synonym verwendet. Zugleich schließt diese Verwendung an alltagstheoretische Konzepte an, die ‚Gedächtnis' meist als eine Art Aufbewahrungsort für ‚Erinnerungen' (und oftmals auch für weitere ‚Dinge' wie ‚Wissen' o. ä.) verstehen. Dieses Alltagsmodell war auch in der wissenschaftlichen Auseinandersetzung mit Gedächtnis zunächst eine der hartnäckigsten Metaphern: Das Gedächtnis wird als großer ‚Speicher' verstanden, in dem die Erinnerungen und Wissensbestände als darin abzulegende Objekte aufbewahrt werden.[3]

Auch hier wird deutlich, wie eine Metapher (die des ‚Speichers') *zuerst* eine Ähnlichkeit zwischen zwei Konzepten (Gedächtnis und Speicher) *herstellt* und nach ihrer Etablierung als nicht weiter hinterfragter Begriff erstarrt. Solche erstarrten Leitmetaphern werden in der Regel wissenschaftlich nicht mehr reflektiert und leiten somit unbewusst die Forschung. Die Speichermetapher führte etwa in der Neurobiologie zu geradezu verzweifelten Aktionen: Nach der Entdeckung von Neuronenaktivitäten im Gehirn legte sie die Vermutung nahe, einzelne Neuronen ‚speicherten' einzelne Informationen. Forscher begaben sich beispielsweise auf die Suche nach einem heute geradezu sprichwörtlichen ‚Großmutterneuron', das immer dann aktiv werde, wenn die Großmutter der Versuchsperson wahrgenommen oder erinnert wird, und das somit weitgehend einer 1:1-Abbildung von Engrammen in einzelnen Neuronen entspreche (vgl. Markowitsch 2002: 75, auch 105ff.).

Bei Hejl findet sich in Verbindung mit einer fundierten Kritik ein konziser Überblick über die Karriere von so genannten *‚storage-and-retrieval'* - Modellen von Gedächtnis, deren Popularität Hejl nicht zuletzt aus einer (hochgradig problematischen) Analogisierung von Computertechnik und

---

3   Viele populärwissenschaftliche Darstellungen arbeiten nach wie vor mit der Speichermetapher. In einem Artikel des *SPIEGEL* 39/2003 über so genannte „Inselbegabte", die zu herausragenden Erinnerungsleistungen in der Lage sind, finden sich beispielsweise Aussagen wie „sein Gehirn ist ein Lagerhaus" oder Inselbegabte „leben ständig im Lagerhaus ihrer Erinnerungen" (Hoppe 2003: 75f.). Ein anderes Beispiel liefert etwa der in Rezensionen gerühmte *Thesaurus der exakten Wissenschaften* in seinem Artikel „Speicher, Gedächtnis" (vgl. Serres/Farouki 2001: 890ff.).

Gehirn erklärt, ein weiteres Beispiel für die Forschungsorientierung durch eine Technik-Metapher. Die Kritik an solchen Modellen beruht darauf, dass sie suggerieren, „daß Erfahrungen, Gelerntes etc. als figürliche oder sprachliche Abbildungen im Gehirn aufbewahrt werden" (Hejl 1991: 300). Solche Vorstellungen stehen nicht nur in engem Zusammenhang mit einer erkenntnistheoretisch problematischen, objektivistischen Epistemologie, es ist bis heute auch nicht möglich gewesen, einen Ort im Gehirn zu lokalisieren, an dem diese ‚Abbildungen' gespeichert sein sollten.[4]

Des Weiteren implizieren sie nicht nur ein erhebliches Vorwissen, das eine Organisation des Speichers überhaupt erst ermöglichen würde, sondern auch eine zentrale Instanz, die das zu Speichernde kategorisieren und gezielt ablegen könnte. Auch dies sind Postulate, die sich nicht in Einklang mit der heutigen Hirnforschung bringen lassen. Abschließend weist Hejl darauf hin, dass das menschliche Gedächtnis keinesfalls in Bruchteilen von Sekunden zu Aktualisierungen in der Lage wäre, wenn seine ‚Inhalte', denen ja enorme bildhaft gespeicherte Datenmengen entsprächen, in Form eines Speichers abgelegt wären. Ein Zugriff würde in diesem Fall einen erheblichen, auch zeitlichen (Such-)Aufwand bedeuten (vgl. ebd.: 301).[5]

Theorien, die dem Gedächtnis eine andere Funktion als die Speicherung von Erinnerungen zuschreiben, sind empirisch plausibler und auch mit der oben aufgeführten theoretischen Kritik Hejls vereinbar. Sie können dabei an eine Forschungstradition der Arbeiten etwa von Georg E. Müller (1911-1917) oder Frederic C. Bartlett (1961 [1932]) anknüpfen. Letzterer bemerkte bereits 1932: "The first notion to get rid of is that memory is primarily or literally reduplicative or reproductive." (Ebd.: 204[6])

Eine zentrale Tendenz dieser Entwicklung ist eine viel schärfere Unterscheidung zwischen den Begriffen ‚Gedächtnis' und ‚Erinnerung'. Nicht nur lassen sich Speichermodelle, die Gedächtnis als ‚Container' und Erinnerung als ‚Inhalt' modellieren, nicht empirisch belegen, sie werden den Leistungen des Gedächtnisses auch deshalb nicht gerecht, weil sie die zentrale Bedeutung von Gedächtnis für jede Form kognitiver Prozesse nicht hinreichend deutlich werden lassen.

‚Erinnerung' bleibt auch in aktuellen Theorien ein recht enger Begriff, der nahe am Alltagsverständnis verhaftet ist. In kommunikationswissenschaftlicher Terminologie und unter Aufrechterhaltung der Trennung von Kognition und Kommunikation können sie als „kognitiv-psychische Kon-

---

4   Vgl. hierzu auch ausführlich Kapitel 3.1.2.

5   Eine Kritik des Speichermodells findet sich auch bei anderen Autoren, vgl. etwa Foerster: 1985: 138; Maturana 2000: 65; Rusch 1987: 335ff.; Schmidt 1991a; 2001; Tulving 1983: 5.

6   Texte, die im Original in englischer Sprache erschienen sind, werden in der vorliegenden Arbeit im Original zitiert. In Einzelfällen, in denen die englische Fassung nicht verfügbar war, wurde jeweils auf die offizielle deutsche Verlagsübersetzung zurückgegriffen.

struktionen" (Schmidt 2000: 108) beschrieben werden, die bewusstseins-
pflichtig sind, um kommunikativ elaboriert werden zu können. Das ‚Gedächtnis' leistet jedoch weit mehr, als nur an der Herstellung von Erinnerungen beteiligt zu sein. Es ist als eine sehr viel weiter angelegte neuronale
Funktion des Gehirns zu verstehen, die zu großen Teilen *nicht* bewusstseins-
pflichtig, oftmals nicht einmal *bewusstseinsfähig* ist. Um diese zentrale Bedeutung von Gedächtnis für kognitive Prozesse noch klarer herausstellen zu
können, sollen zunächst einige Bemerkungen zu aktuellen Theorien zur
Funktion des menschlichen Gehirns vorangestellt werden.

Modelle des Gehirns

Die neueren Überlegungen, die Funktion des Gedächtnisses als aktiv und
kreativ bzw. konstruktiv zu modellieren, stehen in enger Verbindung zu
grundsätzlichen Veränderungen in den theoretischen Modellen zur Funktion
des Gehirns. Wie der Hirnforscher Wolf Singer bemerkt, war noch in den
1950er Jahren die vorherrschende Hypothese, „daß das Gehirn eine Reizbe-
antwortungsmaschine sei, die nur tätig werde, wenn sie von außen angeregt
wird" (2002: 26). Diese in behavioristischer Tradition stehenden Vorstellungen wurden erst im weiteren Verlauf des letzten Jahrhunderts abgelöst von
einer Position, die davon ausgeht, dass „die Initiative beim Gehirn liegt", wie
Singer es formuliert, „daß Wahrnehmungen, Empfindungen und Motivation
das Ergebnis aktiver, konstruktiver Prozesse sind" (ebd.).

Roth hat eine umfassende konstruktivistische Theorie des menschlichen
Gehirns vorgelegt (vgl. 1986; 1990; 1996; sowie zuletzt 2001; 2003), die auf
der zentralen These beruht, dass

> Gehirne [.] die Welt grundsätzlich nicht abbilden [können]; *sie müssen konstruktiv sein*,
> und zwar sowohl von ihrer funktionalen Organisation als auch von ihrer Aufgabe
> her, nämlich ein Verhalten zu erzeugen, mit dem der Organismus in seiner Umwelt
> überleben kann. (1996: 23)

An dieser Stelle sollen nur wenige zentrale Aspekte von Roths Modell umris-
sen werden.[7] Ausgehend von der Feststellung, dass das Gehirn im Hinblick
auf seine neuronale Architektur sowohl „überwältigend komplex" als auch
„überwältigend geordnet" (Roth 1990: 168) sei, sucht Roth nach Determi-
nanten dieser Ordnung des Gehirns. Dabei stellt er fest, dass die „bei weitem
wichtigsten Determinationsprozesse" (ebd.: 169) weder strikt genetisch noch
umweltdeterminiert sind, sondern auf so genannter epigenetischer Determi-
nation beruhen. Das heißt, die Ordnung des Gehirns wird selbstorganisiert

---

7   Für eine konzise Zusammenfassung von Roths Modell des Gehirns vgl. z. B. Schmidt 1991a:
     12ff.

hergestellt, wobei Umwelteinflüsse zur Organisation durch das Gehirn genutzt werden können (vgl. auch Singer 1991).

Für solche Selbstorganisationsprozesse[8] gibt es nach Roth weder einen genetisch festgelegten Bauplan noch eine zentrale Regelungsinstanz im Gehirn. Vielmehr sei das Gehirn als distributiv aufgebautes Netzwerk zu modellieren, das auch als einheitlich erlebte Prozesse wie Sehen in verschiedenen Gehirnregionen im Hinblick auf diverse einzelne Faktoren wie Farben, Bewegung, Ort gleichzeitig verarbeite.[9] Veränderungen der Architektur, die als Lernprozesse verstanden werden können, hängen demnach ab von der im Gehirn vorgenommenen Bewertung von Erregungen durch „Modulatorsysteme bezüglich Wachheit, Aufmerksamkeit, Neuigkeit und Wichtigkeit" (Roth 1990: 177), wobei eine Bewertung der Neuigkeit nur anhand früherer Prozesse erfolgen kann; das Gehirn, so Schmidt, „organisiert sich auf der Basis seiner eigenen Geschichte. Dies ist das, was man ‚Selbstreferentialität' des Gehirns nennt" (1991a: 14).[10]

Solche Modelle werfen zunächst jedoch einige Probleme auf. Die vielleicht prägnanteste wird als das ‚Bindungsproblem' bezeichnet und bezieht sich auf die (bis heute offene) Frage, wie eine kohärente Wahrnehmung in einem distributiv organisierten System ohne zentrale Entscheidungsinstanz entstehen kann. Traditionelle Positionen vertraten die Ansicht, „Wahrnehmung sei so etwas wie Abfotografieren" (Roth 1996: 98), bzw. „Signale von verschiedenen Sinnesorganen sollten nach entsprechender Vorverarbeitung an einem einzigen Ort zusammengeführt und einer ganzheitlichen Interpretation unterworfen werden" (Singer 2002e: 144). Diese Ansicht ist jedoch heute nicht mehr haltbar, Singer bezeichnet sie gar als „in dramatischer Weise falsch" (ebd.). Roth verweist in diesem Zusammenhang zunächst auf das logische Problem, dass letztlich eine Instanz postuliert werden müsste, die das Abbild im Gehirn betrachtet. Für diese innere Instanz stellt sich dann allerdings erneut das Wahrnehmungsproblem – ein infiniter Regress (vgl. Roth 1996: 98). Auch empirische Ergebnisse liefern keinerlei Hinweise auf ein hierarchisches Konvergenzzentrum im Gehirn: „Das postulierte Areal ist nicht identifizierbar", so Singer (2002d: 99).

Zwar ist bei weitem noch nicht geklärt, wie im Gehirn kohärente Wahrnehmungen entstehen, ohne dass hierzu ein Konvergenzzentrum in An-

---

8   An Stelle des Begriffs ‚Selbstorganisation' benutzt Roth zum Teil auch den Terminus ‚Selbstherstellung' (vgl. etwa 1996: 80ff.).

9   Ein ausführliches Modell des menschlichen Gehirns findet sich bei Roth (1996: 33ff.); vgl. auch die knappe Übersicht bei Markowitsch (2002: 20-25).

10 Ein in vielen Punkten analoges Modell des Gehirns vertritt Singer, der feststellt, dass „wir gut daran [tun], uns das Gehirn als distributiv organisiertes hochdynamisches System vorzustellen, das sich selbst organisiert, anstatt seine Funktionen einer zentralistischen Bewertungs- und Entscheidungsinstanz unterzuordnen" (2002d: 111).

spruch genommen werden kann,[11] jedoch ist es theoretisch und empirisch plausibler, wenn auch kontraintuitiv, auf die Annahme eines solchen Zentrums im Gehirn zu verzichten und damit auch auf die Annahme, Wahrnehmung würde in Form von Abbildern der Außenwelt verarbeitet. Auch dies ist ein weiteres Indiz für die konstruktive Funktion des Gehirns, wie Roth bemerkt:

> Wahrnehmung kann [...] nicht in einer direkten Abbildung der Welt durch das Gehirn bestehen. Vielmehr werden die physikalisch-chemischen Umweltereignisse in den Sinnesorganen in die ‚Sprache des Gehirns‘ übersetzt, d. h. in neuroelektrische Erregungszustände und ihre neurochemischen Äquivalente, die Transmitter. (1996: 114)

Sowohl bei Roth (ebd.: 115ff.) als auch bei Singer findet sich das Farbensehen als Beispiel für eine solche konstruktive Arbeitsweise des Gehirns. Unter dem Titel „Das falsche Rot der Rose" erläutert Singer (2003a), dass eine rote Rose „wegen der unterschiedlichen Spektren des Lichtes zu jeder Tageszeit anders aussehen müsste" (ebd.: 60). Dass das Rot jedoch jeweils als dieselbe Farbe wahrgenommen wird, hängt damit zusammen, dass die Wahrnehmungssysteme Bilder nicht passiv verarbeiten, sondern erst erzeugen; und das primäre Ziel liegt hier nicht in der möglichst detailgetreuen Abbildung einer vermeintlichen externen Wirklichkeit. Plausibler lassen sich Wahrnehmungsprozesse als in hohem Maße selektiv und auf Kohärenz zielend verstehen (vgl. Singer 2002c: 80f.). Auch Roth spricht in diesem Zusammenhang von ‚Informationserzeugung‘ (vgl. 1996: 98ff.) und unterstreicht hiermit erneut die konstruktive Arbeitsweise des Gehirns. Die Rede von der konstruktiven Rolle des Gehirns ist jedoch nicht so zu verstehen, dass solche Konstruktionen weitgehend bewusst steuerbar seien. Roth betont, die Konstruktionen des Gehirns seien „nicht willkürlich, sondern vollziehen sich nach Kriterien, die teils angeboren, teils frühkindlich erworben wurden oder auf späterer Erfahrung beruhen" (ebd.: 125).

Ein weiterer Aspekt, der auch für die anschließende Diskussion von Gedächtnis und Erinnerung hohe Relevanz hat, ist die Frage nach der Rolle von Bewusstsein. Gehirnaktivität darf nicht mit Bewusstsein gleichgesetzt werden, wie Ernst Florey betont (vgl. 1991: 170). Selbst hochgradig komplexe Hirnfunktionen können ohne Bewusstsein erfolgen, die Regulation der Herzfrequenz oder des Stoffwechsels sind Beispiele für solche Prozesse, die vom Bewusstsein nicht unmittelbar zu steuern sind. Bis heute gibt es keine umfassende, allgemein akzeptierte Erklärung für das Phänomen ‚Bewusstsein‘ (vgl. etwa Dörner 2000: 150ff.). Eine aktuell diskutierte und plausible

---

11   Für eine Darstellung konkurrierender Hypothesen zur Erklärung des Bindungsproblems vgl. Singer (2002d: 100-198; 2002e: 152ff.). Auch Frank Pasemann entwickelt in dem Aufsatz „Repräsentation ohne Repräsentation" (1996) ein plausibles Modell, wie Repräsentationen im Gehirn modelliert werden können.

Hypothese erklärt Bewusstsein als „selbstreferentielle Repräsentationen höherer Ordnung", wie Roth es in Anschluss an den Neurobiologen Hans Flohr formuliert: „Bewußtsein tritt ein, wenn das Gehirn Wissen über seinen aktuellen Zustand erzeugt" (1996: 239).[12] Wenn Bewusstsein als interne, reflexive Beobachtung verstanden wird, die prinzipiell denselben Prozessen unterliegt wie Sinneswahrnehmungen, ist es einleuchtend, auch Bewusstsein als selektiv zu modellieren. Roth beschreibt dies mit den Begriffen ‚Gerichtetheit' und ‚Enge'. Bewusstsein sei gebunden an gerichtete Aufmerksamkeit, die zu keinem Zeitpunkt unbegrenzt zur Verfügung stehe (vgl. Roth 1996: 220f.).

Nach dieser knappen Diskussion wichtiger Modelle der Funktion des Gehirns soll nun auf dieser Grundlage speziell auf Fragen zu Gedächtnis und Erinnerung eingegangen werden. Dabei sind viele Aspekte relevant, die bereits für das Gehirn allgemein beschrieben worden sind, wie etwa Singer feststellt: „Erinnerung ist [.] für die gleichen Deformationsprozesse anfällig wie die Primärwahrnehmung selbst" (2002c: 83). Hier ist der wertende Begriff ‚Deformation' freilich problematisch, weil offen bleibt, nach welchen Kriterien solche Deformationen bemessen werden könnten. Besser wäre es, auch hier schlicht von ‚Konstruktion' zu sprechen. Doch bevor *Erinnerungs*-prozesse angesprochen werden, erscheint es sinnvoll, ein (weiterreichendes) Modell von *Gedächtnis* zu entwickeln.

Gedächtnis als Funktion des Gehirns

Ein Gegenpol zu Speichermodellen von Gedächtnis sind Vorstellungen, etwa in Form von Analogien zum Hologramm, nach denen eine Gedächtnisspur „sich grundsätzlich überall im Gehirn [findet] und einzelne Bereiche innerhalb des Gehirns [.] nie die jeweilige Idee vollständig repräsentieren [können]" (Markowitsch 2002: 75).[13] Beide Extreme, sowohl die Vorstellung der

---

12 Auch der Psychologe Dietrich Dörner (vgl. 2000: 152ff.) oder Singer vertreten eine Position, nach der Bewusstsein einer reflexiven Selbstbeobachtung des Gehirns entspricht: „Durch die Vermehrung der Großhirnrinde wird es offenbar möglich, hirninterne Prozesse erneut den gleichen kognitiven Operationen zu unterziehen, welche von primären Hirnrindenarealen vorgenommen werden, um Sinnessignale zu verarbeiten. Auf diese Weise entstehen Beschreibungen von Beschreibungen, also Metarepräsentationen. Über diesen reflexiven Akt wird es dann offenbar möglich, sich der eigenen Empfindungen gewahr zu werden." (Singer 2003: 48; vgl. auch 2002b; 2003a).

13 Nur am Rande sei in diesem Zusammenhang erneut der Hinweis angemerkt, dass auch diese Metapher schon kurz nach der technischen Entwicklung des Hologramms genutzt wurde, und in Bezug auf das visuelle Gedächtnis bezeichnenderweise die Technikmetaphern der Phosphoreszenz und der Fotografie ablöste (vgl. Draaisma 1999: 172ff.). Die Orientierungsleistung technischer und medialer Metaphern für Modelle von Gedächtnis bleibt so bei allen Wandlungen der Theorien eine Konstante der Geschichte des Diskurses.

eindeutigen Lokalisation einer Gedächtnisspur als auch hologrammartige Modelle, sind heute nur noch Minderheitsmeinungen (vgl. Markowitsch 2002: 75). Wie und wo Gedächtnis im Gehirn modelliert werden kann, ist dabei nach wie vor nicht abschließend geklärt.

Als Konsequenz des Scheiterns seiner jahrelangen Suche nach einem Ort von Gedächtnisspuren formuliert der Hirnforscher Karl Spencer Lashley eine alternative Theorie des Gedächtnisses um die zentralen Begriffe ‚Äquipotentialität' (‚*Equipotential Regions'*) und ‚Massenaktion' (‚*Mass Action'*) (vgl. 1960: 491f.). Der Begriff ‚Äquipotentialität' verweist hier darauf, dass nach Lashley verschiedene Regionen des Cortex – beispielsweise bei Schädigung einer Region – dieselben Funktionen übernehmen können. ‚Massenaktion' hingegen bezieht sich auf die Annahme, dass grundsätzlich der gesamte cerebrale Cortex an Gedächtnisleistungen beteiligt sein muss (vgl. ebd.: 492ff.; auch Markowitsch 2002: 106).[14] Im Anschluss an diese Überlegungen wurden Vorstellungen eines verteilten, also distributiv organisierten Gedächtnisses plausibel, wie Roth betont: „[Es gibt] keinen einheitlichen Sitz *des* Gedächtnisses" (1991: 133). Vielmehr sind offenbar verschiedene Hirnstrukturen an Gedächtnisprozessen beteiligt (vgl. ebd.: 134).

Auch wenn, wie der Psychologe Ashgar Iran-Nejad und der Informatiker Abdollah Homaifar (1991) ausführen, im Zuge der Verbreitung der Computertechnik zunächst weiter vor allem Metaphern der lokalen Speicherung populär waren, gab es in Anknüpfung an Lashleys Thesen kontinuierlich Forschungen zu verteiltem Lernen und Erinnern. Solche distributiven Modelle des Gedächtnisses setzten sich ab Mitte der 1980er Jahre auch in der Forschung durch (vgl. ebd. 1991: 206[15]). Uneinigkeit herrscht allerdings über die Frage, wie ein distributives Gedächtnis zu modellieren ist.[16]

Es scheinen solche Sichtweisen dominant, die Gedächtnis-‚Inhalte' nicht als lokal gespeicherte Engramme verstehen, sondern als „das geordnete Verhalten von ganzen Nervenzellen*verbänden*" (Schmidt 1991a: 25).[17] Eine prominente Modellierung stellen (neo-)konnektionistische Modelle dar, die die Bedeutung der Verknüpfungsstruktur (‚Konnektivität') in neuronalen Netzwerken betonen (vgl. Goschke 2001: 313)[18]. Die Verbindungsmöglichkeiten in einem solchen Netzwerk sind einerseits genetisch determiniert,

---

14 Für einen Überblick über aktuelle neuroanatomische Modelle von Gedächtnisfunktionen im Gehirn vgl. Markowitsch 2000.

15 Vgl. auch Markowitsch 2002: 107.

16 Bei Iran-Nejad und Homaifar (1991) findet sich eine ausführliche Diskussion verschiedener Theorieentwürfe, auf die hier lediglich verwiesen werden kann; für eine Zusammenfassung vgl. auch Schmidt 1991a: 15ff.

17 Vgl. u. a. auch Markowitsch 1992: 237; 2002: 106f.; Singer 1991: 123; sowie Spitzer 2000, der sich in *Geist im Netz* umfassend mit neuronalen Netzwerken auseinandersetzt.

18 Vgl. auch Hejl 1991; McClelland 2000; Schmidt 1991b: 379f. Für eine Kritik konnektionistischer Modelle vgl. Ratcliff/McKoon 2000: 578.

andererseits haben Erfahrungen einen bedeutenden Einfluss auf die tatsächlich realisierten Verbindungen. Indem sich im Rahmen von Erfahrungen Erregungsmuster im Nervensystem ausbreiten, können die Verknüpfungen zwischen den beteiligten Neuronen verstärkt werden und sich so zu Wegen bahnen, die über den Zeitraum der Erfahrung hinaus bestehen und spätere Prozesse stabilisieren können. In diesem Sinne lässt sich die Bahnung von Wegen als Lernprozess verstehen.

Schmidt weist ferner darauf hin, dass die Distributivität des Gedächtnisses sich auf einen weiteren Aspekt bezieht: Nicht nur scheinen verschiedene, verteilte Subsysteme an der Hervorbringung der Funktion ‚Gedächtnis‘ im Gehirn beteiligt zu sein, auch die „Faktoren, die zum Lernen und Erinnern beitragen", sind, wie angedeutet, als verteilt anzusehen, wobei „‚Information‘ von außen [.] dabei nur ein Faktor [ist], der wahrscheinlich von organismusinternen Quellen des Lernens überwogen wird" (Schmidt 1991a: 23). Auf organismusinterne Faktoren, zu denen die von Roth angeführten „Modulatorsysteme" (1990: 177[19]) wie Aufmerksamkeit und Emotionen, aber auch synergetische Ordnungsbildungen gehören, wird im Folgenden noch vertiefend eingegangen, da sie einen entscheidenden Aspekt für die Entwicklung eines konstruktiven Modells von Gedächtnis darstellen.

Zusammenfassend betrachtet, lässt die umfassende Kritik an Speichermodellen des Gedächtnisses in Verbindung mit den diskutierten Modellen des Gehirns als distributives, selbstorganisiertes System die Funktion von Gedächtnis eben nicht mehr als eine einfache ‚Aufbewahrung‘ von Erinnerungen erscheinen. Wie Roth betont, ist Gedächtnis somit als Funktion des Gehirns nicht primär auf bewusste Erinnerungsleistungen ausgerichtet, sondern mit jeder Form von Wahrnehmung „untrennbar [.] verbunden". Die „Grundlage der Gestaltwahrnehmung und der Einheitlichkeit unserer Wahrnehmung" beruhe darauf, dass die Wiederholung von „kohärenten Erregungsmustern" zu einer Verstärkung von bestimmten neuronalen Verbindungen führe (1991: 147):[20]

> Das visuelle System lernt auf diese Weise die Strukturierung der visuellen Welt in Objekte und Prozesse. Es antwortet dann mit erhöhter Bereitschaft auf Strukturen und Ereignisfolgen, die sich in früheren Erlebnissen als *geordnet* und *kohärent* erwiesen haben. [...] Wir nehmen stets durch die ‚Brille‘ unseres Gedächtnisses wahr; denn das, was wir wahrnehmen, ist durch frühere Wahrnehmungen entscheidend mitbestimmt. (Ebd.)

---

19 Vgl. auch Singer 1991: 108f.

20 Dieses Modell geht auf den kanadischen Psychologen und Hirnforscher Donald O. Hebb zurück, der erstmals die Theorie formulierte, dass wiederholte Aktivierung einer Nervenzelle durch eine andere Nervenzelle – vereinfacht formuliert – zu einer Verstärkung der die Zellen verbindenden Synapsen führt. Dieses Modell, das heute in der Regel als ‚Hebbsche Synapse‘ bezeichnet wird, ist bis heute eine der wichtigsten Theorien über die physiologischen Grundlagen von Gedächtnisprozessen (vgl. Korte 2001: 251f.; Hebb 1975: 79ff.).

Vor diesem Hintergrund erscheint Gedächtnis als eine Funktion des Gehirns, die für ganz unterschiedliche Prozesse Leistungen erbringen kann: Nicht nur nahe liegende Prozesse wie Lernen oder Erinnerung sind hier zu nennen, auch Phänomene wie ‚Wahrnehmung' und ‚Gedächtnis' müssen offenbar in einem engen Zusammenhang gedacht werden. Roth geht hier so weit, das Gedächtnis als „unser wichtigstes Sinnesorgan" zu bezeichnen (u. a. 1996: 261ff.), das „das Bindungssystem für die Einheit der Wahrnehmung" sei (ebd.: 263). Zugleich verweist er darauf, dass Gedächtnis und Wahrnehmung wiederum stets im Hinblick auf den gesamten kognitiven Prozess im Kontext von „Wahrnehmung, Gedächtnis, Aufmerksamkeit, Erkennen, Handeln und Bewerten" betrachtet werden sollten (ebd.). Wie bereits angemerkt, wird dabei deutlich, dass, ebenso wie Gehirnaktivität allgemein nicht notwendig mit Bewusstsein verbunden ist, auch Prozesse, die Gedächtnis in Anspruch nehmen – anders als Erinnerung – keineswegs zwingend an Bewusstsein gekoppelt, zum Teil nicht einmal bewusstseinsfähig sind.[21]

Einen den hier angestellten Überlegungen adäquaten Gedächtnisbegriff formuliert Schmidt in Anschluss an Humberto Maturana. Gedächtnis kann demnach verstanden werden

> als die Etablierung verhaltenssynthetisch relevanter dauerhafter Kognitionsstrukturen, die für weitere Kognitionen zur Verfügung stehen. [...] Dauerhafte kognitive Strukturen stehen dem kognitiven System als Elemente seines Repertoires verhaltenssynthetischer Potentiale zur Verfügung, nicht als Erinnerungen. Die Funktion des Gedächtnisses liegt entsprechend diesen Überlegungen nicht in der Bewahrung von ‚Vergangenem', sondern in dem jeweils aktuell erbrachten Anteil an der Synthese autopoietisch kohärenten Verhaltens (1991a: 24)[22].

Aufbauend auf diesen weiten Gedächtnisbegriff sollen im Folgenden zentrale Aspekte eines solchen Gedächtnismodells untersucht werden, die für die spätere Analyse von Gedächtnis und Erinnerung im sozialen Kontext relevant gemacht werden können. Zunächst soll dabei betrachtet werden, wie Gedächtnis für Prozesse ordnungsbildend wirken kann, wobei erneut die kreativ-konstruktive Seite von Gedächtnisprozessen[23] unterstrichen wird.

---

21 Vgl. hierzu auch Markowitsch (2001) sowie Toth (2000), der den Zusammenhang von Gedächtnis und Bewusstsein diskutiert und einen Überblick über nicht-bewusste Formen von Gedächtnis gibt.

22 Auch Niklas Luhmann betont, dass Wissen sich „nur in einem metaphorischen Sinne [...] ‚speichern'" lasse (1990: 154). Luhmanns Verständnis von Gedächtnis scheint so durchaus kompatibel mit dem hier entwickelten Modell: Gedächtnis, konstatiert Luhmann, „ist denn auch nichts anderes als die Konsistenzprüfung in der jeweils aktuellen Operation, also Aktualisierung ihres jeweils nutzbaren Verweisungszusammenhanges" (ebd.: 31; vgl. auch ausführlich 1997: 576ff.). Vgl. hierzu Kapitel 5.1.

23 Im Sinne von kognitiven Prozessen wie Wahrnehmen, Lernen, Erinnern usw., die Gedächtnis in Anspruch nehmen.

Das konstruktive Gedächtnis: Ordnungs- und Schemabildung

Wie dargelegt, gehört Bartlett zu den frühen Vordenkern eines konstruktiven Modells von Gedächtnis. Ein wichtiger Begriff für sein Gedächtnismodell ist der des ‚Schema' (vgl. 1961 [1932]), der bis heute in der Gedächtnisforschung zentrale Bedeutung hat (vgl. Bredenkamp 1998: 82ff.; Vaterrodt 1992; Waldmann 1990).

Bartlett untersuchte primär Erinnerungsprozesse. In einer seiner bekanntesten Untersuchungen legte er seinen Probanden eine indianische Sage mit dem Titel „The War of the Ghosts" vor und ließ die Versuchsteilnehmer die Geschichte nach unterschiedlichen Zeitabständen von wenigen Minuten bis mehreren Jahren nach der Lektüre reproduzieren (vgl. 1961 [1932]: 65ff.). Dabei konnte Bartlett systematische Abweichungen seiner Versuchspersonen vom ursprünglichen Text nachweisen. Die Teilnehmer schienen die für sie fremde Sage an vertraute Inhalte und Narrationsmuster anzugleichen. Anhand solcher Experimente versuchte Bartlett zu verdeutlichen, dass Erinnerung ein konstruktiver Akt ist und Gedächtnis in engem Zusammenhang zu bereits vorhandenem (Schema-)Wissen steht. Neue Informationen werden demnach anhand vorhandener Schemata bearbeitet, umgekehrt können Schemata, die sich nicht mehr als funktional erweisen, modifiziert werden.

Schon Bartlett gestand ein, dass der Begriff des ‚Schemas' nicht sehr präzise sei; bis heute konkurrieren verschiedenste Modellierungen (vgl. Vaterrodt 1992: 11f.).[24] Der Psychologe Jürgen Bredenkamp versteht ‚Schema' weit gefasst als „Wissen, das eine Person über einen Bereich hat" (1998: 82). Bartlett formulierte konkreter: "'Schema' refers to an active organisation of past reactions, or of past experiences, which must always be supposed to be operating in any well-adapted organic response." (1961: 201) Bartletts weitgehende theoretische Hypothesen, die postulieren, Erfahrungen führten zu Adaptionen existierender Schemata und Erinnerungen könnten nur *als Schemata* aktualisiert werden, scheinen heute nicht mehr umfassende Gültigkeit beanspruchen zu können, und auch Bartlett konnte diese weitreichenden Thesen nicht anhand seiner Daten belegen (vgl. Waldmann 1990: 51). Wären sie plausibel, könnten Erinnerungen an detailreiche oder nicht in Schemata integrierbare Erlebnisse kaum formuliert werden.

Die Forschungen zum Zusammenwirken von Schemata und Gedächtnis sind bei weitem nicht abgeschlossen. Eine ausführliche Diskussion verschiedener Modelle dieses Zusammenhangs findet sich bei dem Psychologen Michael Waldmann (vgl. ebd.: 51-105). Die unterschiedlichen Theorien schlagen zwar verschiedene Modellierungen dieses Zusammenwirkens vor, *dass* ein Zusammenhang besteht, erscheint aber unstrittig, wie auch Wald-

---

24   Für einen Überblick verschiedener Modelle vgl. Waldmann 1990: 6ff.

mann mit der Bemerkung zusammenfasst, die vorgestellten „Untersuchungen [...] haben eine Fülle von Belegen für die Wirksamkeit von Schemata erbracht" (ebd.: 102).

Auch wenn Schemata offenbar eine wichtige Rolle für Gedächtnisfunktionen spielen, so betont doch Bredenkamp, dass Schematheorien allein nicht zur Erklärung von Gedächtnis und Ordnungsbildung ausreichen (vgl. 1998: 96). Michael Stadler und Peter Kruse zeigen für das visuelle Gedächtnis, dass komplexe Formen in der Erinnerung mit zunehmender Zeit von Probanden immer regelmäßiger und geordneter wiedergegeben werden (vgl. 1991: 257ff.). Dies scheint eine schema-unabhängige Ordnungsbildung im Hinblick auf Prägnanz zu suggerieren, wobei Stadler und Kruse das Konzept Prägnanz wie folgt erklären:

> Es bezeichnet einerseits die auf allen Sinnesgebieten und im Gedächtnis vorfindbare Tendenz zu größtmöglicher Ordnung, Regelmäßigkeit, Unversehrtheit und Einfachheit [...] und zum anderen die Tendenz solcher prägnanter Strukturen zu Stabilität gegenüber Veränderungen. (Ebd.: 257)

Dabei entwickeln Stadler und Kruse in Anknüpfung an Theorien der Synergetik (vgl. etwa Haken 1991) einen Entwurf von Ordnungsbildungsprozessen, der kompatibel mit Modellen eines konstruktiven und selbstorganisierenden Gehirns ist. In diesem Zusammenhang spielt der Begriff des ‚Attraktors‘ eine zentrale Rolle, den Stadler und Kruse erläutern:

> *Attraktoren* sind relativ stabile lokal begrenzte Zustände in einem chaotischen System. Sie zeichnen sich in der Gehirnfunktion beispielsweise dadurch aus, daß eine Gruppe von Zellen synchron feuert [...]. Attraktoren zeichnen sich dadurch aus, daß sie nicht dem Prozeß aufgezwungen werden müssen, sondern daß sie gewissermaßen im freien Spiel der Kräfte von sich aus das Optimum des Prozesses finden [...] Attraktoren sind also Ordnungszustände, die keines Ordners bedürfen, sondern aus der inneren Dynamik des Prozesses von selbst entstehen. (Stadler/Kruse 1991: 254f.)

Das Konzept der Attraktorenbildung ist auch im Zusammenhang mit Erinnerung relevant, weil Attraktoren geeignet erscheinen, das assoziative Aktualisieren von Erinnerungen zu erläutern, ohne dass von einer lokalen Speicherung im traditionellen Sinn ausgegangen werden muss.[25] Im Zusammenhang mit Gedächtnisprozessen bleibt festzuhalten, dass ein Teil der konstruktiven Funktion des Gedächtnisses offenbar in Ordnungsbildungen im Hinblick auf Vor- bzw. Schemawissen wie auch in Bezug auf Prägnanz besteht.

Eine wichtige Ergänzung zum Schemabegriff stammt von Luc Ciompi, der in seinen Entwürfen einer *Affektlogik* (vgl. 1994; 1999) stets die enge Beziehung zwischen kognitiven Schemata, wie sie Jean Piaget beschreibt, und Affekten betont (vgl. Ciompi 1999: 68ff.). Auf diesen Zusammenhang zwi-

---

25   Vgl. Kapitel 3.2.

schen Emotion und Kognition bzw. zwischen Emotion und Gedächtnis soll im Folgenden eingegangen werden.

Gedächtnis und Emotion

Wie bereits angedeutet wurde, sind zahlreiche organismus*interne* Prozesse zu den entscheidenden Faktoren zu zählen, die mit Gedächtnisprozessen zusammenhängen. So wurde verschiedentlich auf die Bedeutung von Aufmerksamkeit[26] und auch Wachheit verwiesen. Emotionen scheinen im Zusammenspiel mit Gedächtnis dabei ebenfalls eine zentrale Rolle zu spielen.[27]

Lange Zeit wurde dieser Zusammenhang kaum untersucht. Die Psychologin Elisabeth Schürer-Necker beklagt in einem Literaturüberblick, dass das Thema ‚Emotion' in der Gedächtnispsychologie „stark vernachlässigt" worden sei (1994: 41). Ähnliches konstatiert Roth in Bezug auf den Zusammenhang von Kognition und Emotion insgesamt. Die abendländische dualistische Denkweise unterscheide traditionell scharf zwischen Verstand und Gefühl:

> Das erste ist [.] edel und stellt den Menschen in die Nähe des Göttlichen, das zweite ist unedel und bildet das tierische Erbe im Menschen. Der Mensch ist das denkende Wesen [...]; es sind die Gefühle und Triebe, die uns niederziehen. (1996: 178)

Auch die Hirnforschung habe lange Zeit einer solchen hierarchischen Auffassung entsprochen; erst in jüngerer Vergangenheit werde zunehmend deutlich, dass Kognition und Emotion untrennbar verbunden sind (vgl. ebd.; u. a. auch Ciompi 1994; 1999; LeDoux 1998; Schooler/Eich 2000). Roth entwickelt ein Modell, das im limbischen System, das traditionell als ‚Sitz' der Emotionen und Triebe gilt, kein Relikt der triebhaften Vorfahren des Menschen sieht, sondern ihm eine zentrale Bedeutung als ‚Verhaltensbewertungssystem' für kognitive Prozesse zuspricht (vgl. Roth 1996: 197).

Der amerikanische Neurologe Antonio R. Damasio führt in *Descartes' Error* (2000 [1994]) ebenfalls zahlreiche Beispiele an, die den engen Zusammenhang zwischen Kognition und Emotion verdeutlichen. Auch Damasio wendet sich gegen den traditionellen Dualismus, der Geist und Körper als

---

26 Zum Zusammenhang von Aufmerksamkeit und Gedächtnis vgl. auch Haken 1991: 200ff. Haken betont, dass Aufmerksamkeitszuwendung, die keineswegs immer bewusst beeinflussbar sei, gleichermaßen für Gedächtnis- wie Erinnerungsleistungen relevant ist.

27 Dabei entzieht sich der Begriff der ‚Emotion' schon dem Versuch einer eindeutigen Definition. Er steht in unmittelbarer Nähe zu Termini wie ‚Affekt', ‚Gefühl', ‚Stimmung' oder ‚Laune' und wird von diesen von verschiedenen Autoren jeweils unterschiedlich und mehr oder weniger trennscharf unterschieden. Für einen Überblick der Diskussion vgl. Schürer-Necker 1994: 7ff. und Ciompi 1999: 62ff. Ciompi sieht als Konvergenzpunkt vieler Definitionen, dass es sich bei jedem affektiven Phänomen jeweils um eine „ganzheitliche psycho-physische Gestimmtheit von unterschiedlicher Qualität, Dauer und Bewußtseinsnähe" handele (ebd.: 67).

getrennt auffasst, und illustriert anhand von vermeintlich ‚rationalen‘ Entscheidungsprozessen die zentrale Rolle, die Emotionen über so genannte *‚somatic markers‘* auch in diesem Zusammenhang haben (vgl. ebd.: 165ff.).

Vor diesem Hintergrund wird die enge Verbindung von Gedächtnis und Emotionen plausibel. Verhaltensbewertungen im Sinn von Roth können nur auf der Grundlage bisheriger Erfahrungen vorgenommen werden, zugleich ist Gedächtnis auf Bewertungen angewiesen, um die Relevanz von Erfahrungen abzuschätzen (vgl. Roth 1996: 198, 209f.). So ist die emotionale Bewertung einer Erfahrung ein zentraler Aspekt für ihre spätere Erinnerbarkeit. Ein besonders anschauliches Beispiel für diesen Zusammenhang sind die so genannten *‚flashbulb memories‘* bzw. ‚Blitzlichterinnerungen‘, die zuerst von Roger Brown und James Kulik untersucht wurden (vgl. 1977). Mit ‚Blitzlichterinnerungen‘ bezeichnen sie prägnante und detailreiche Erinnerungen an Ereignisse, die von großer Überraschung und starker emotionaler Beteiligung begleitet waren. Ein von Brown und Kulik untersuchtes, viel zitiertes Beispiel für eine solche Erinnerung ist die Erinnerung von Zeitzeugen an die Umstände, unter denen sie von der Ermordung John F. Kennedys erfahren haben.

Untersuchungen, die oft in Anlehnung an Freuds Verdrängungstheorie von einem Einfluss der *Qualität* von Emotionen auf das Gedächtnis ausgehen, haben sich als wenig zuverlässig erwiesen. Vielmehr scheint die *Intensität* von Emotionen – gleichgültig ob positiver oder negativer Art – ein wichtigerer Faktor zu sein. Wie jedoch Gedächtnis und Emotion im Detail zusammenwirken, ist bis heute ebenso offen wie die Frage nach den Details des Zusammenspiels von Emotion und Kognition. Eine Klärung dieser Frage würde nach Roth „zweifellos den größten Schritt zum Verständnis des Gehirns darstellen" (1996: 212).[28]

Von dem Gedächtnis zu Gedächtnissen – Typologisierungen

Die enge Vernetzung von Gedächtnisleistungen mit nahezu allen kognitiven Prozessen lässt die grundsätzliche Frage nach dem Gedächtnisbegriff virulent werden. Wenn ‚Gedächtnis‘ *überall* im Gehirn und an *jeder* Kognition beteiligt ist, was kann der Begriff dann noch Spezifisches erklären? Die Antwort kann nur lauten: in seiner allgemeinen Verwendung offenbar wenig bzw. allerlei Verschiedenes. Unter von ‚Gedächtnis‘ (mit-)bearbeitete Leistungen fällt das kurzzeitige Memorieren von Telefonnummern wie das Erzählen von Kindheitserinnerungen, das Wiedererkennen von Gesichtern wie die Fähigkeit,

---

28   Ein Überblick über weitere Studien, die sich mit dem Zusammenspiel von Gedächtnis und Emotion befassen, findet sich bei Schürer-Necker (vgl. 1994: 11ff.) sowie McGaugh (vgl. 1995).

mathematische Formeln zu lernen und anzuwenden. Um verschiedene Leistungen (die auch unabhängig voneinander ausfallen können, vgl. Singer 2002a: 38; auch Tulving 1983: 93ff.) präziser zu unterscheiden, gibt es eine deutliche Tendenz zur Ausdifferenzierung des Gedächtnisbegriffs. Solche Typologisierungen sind für die vorliegende Studie von besonderem Interesse, weil sie derzeit im kulturwissenschaftlichen Diskurs oftmals unreflektiert übernommen werden (vgl. hierzu Kapitel 4.4.4).

Zu unterscheiden sind für das menschliche Gedächtnis *zeitliche* Typologisierungen und *funktionale* Typologisierungen. Auf die zeitliche Dimension bezieht sich die in der Neurobiologie wie auch in der Psychologie gängige Hypothese, Gedächtnis sei einzuteilen in ein Kurzzeitgedächtnis und ein Langzeitgedächtnis.[29] Das Kurzzeitgedächtnis gilt nicht nur in seiner Kapazität als sehr begrenzt,[30] sondern auch in seiner zeitlichen Dimension, die Markowitsch auf „eine Dauer im Bereich von Sekunden bis allenfalls wenigen Minuten" (2002: 85) beziffert. Bredenkamp weist auf wichtige Forschungsergebnisse hin, die rein serielle Modelle in Frage stellen, welche von einer linearen, wenn auch verlustreichen „Übertragung" von „Informationen" aus dem Kurzzeitgedächtnis in das Langzeitgedächtnis ausgehen. Offenbar kann auch das Langzeitgedächtnis kurzfristige Gedächtnisleistungen beeinflussen (vgl. 1998: 54), was dem oben diskutierten Modell entspricht, das von einem untrennbaren Zusammenhang zwischen Wahrnehmung und Gedächtnis ausgeht.

Ein weiteres Phänomen, das auf die Zeitabhängigkeit von Gedächtnis verweist, wird in der Neurowissenschaft als „Konsolidierung" bezeichnet (vgl. Korte 2001a: 315[31]). Der Begriff bezieht sich zunächst auf den Übergang von Kurz- zu Langzeitgedächtnis. Auch solche ‚Ablagerung' ist jedoch nicht als einfaches ‚Kopieren' und ‚Speichern' von Inhalten zu verstehen. Markowitsch betont, vor dem Hintergrund neuer Forschung werde Konsolidierung „zu einem immer nur temporären und überdies gegenüber nachfolgender Information und gegenüber zwischenzeitlichem Informationsabruf anfälligen dynamischen Prozess" (2002: 113), was erneut die Konstruktivität von Gedächtnisleistungen unterstreicht.

---

29 Eine solche Typologie findet sich etwa bei Bredenkamp 1998: 47ff.; Kellermann 1985: 85; Markowitsch 1992: 1ff.; Markowitsch 2002: 85; Schmidt 1991a: 26. Bisweilen finden sich auch die – im Hinblick auf ihre Verwendung von Speichermetaphern unglücklichen – Begriffe Langzeit- und Kurzzeit-„Speicher" (etwa Bredenkamp 1998: 47ff.). Der Psychologe Jürgen Bredenkamp wie auch der Neurowissenschaftler Hans Markowitsch führen zudem noch ein Ultrakurzzeitgedächtnis an, das im Bereich von „wenigen 100 Millisekunden" liege und zeitlich für den Bereich relevant sei, „in dem beispielsweise der Sehfarbstoff in den Zapfen der Retina zerfällt" (Markowitsch 2002: 85).

30 In der Regel werden sieben ‚Einheiten' (bzw. englisch ‚*chunks*') wie Buchstaben oder Ziffern als Grenze genannt (vgl. Bredenkamp 1998: 48; Kellermann 1985: 85; Markowitsch 2002: 85).

31 Vgl. hierzu auch Markowitsch 1992: 2; Markowitsch 2002: 113f.; Schacter 1999: 138ff.

Die *funktionalen* Typologisierungen von Gedächtnis beziehen sich ausschließlich auf das Langzeitgedächtnis. Hier konkurrieren verschiedene Modelle, es findet sich jedoch kaum ein neurobiologischer oder psychologischer Theorieentwurf, der nicht eine Typologisierung vorschlägt.[32] Insgesamt scheint es von den meisten Forschern als hilfreich erachtet zu werden, das Langzeitgedächtnis nicht als einheitliche Struktur zu modellieren, sondern nach jeweiligen ‚Inhalten‘ zu differenzieren (vgl. Markowitsch 2002: 88).[33]

Zwei dominante Modelle sind in der Diskussion auszumachen. Forscher um die Neurowissenschaftler Larry Squire und Eric Kandel leiten aus Ergebnissen der Tierforschung eine Einteilung in ein deklaratives und ein nicht-deklaratives Gedächtnis ab, die sie jeweils weiter differenzieren (vgl. etwa Squire/Kandel 1999). Mit dem Begriff des ‚nicht-deklarativen Gedächtnisses‘ werden dabei Funktionen beschrieben, die sich im menschlichen Bereich nicht sprachlich ausdrücken lassen, etwa technische Fertigkeiten wie Fahrradfahren. Im Gegensatz dazu verweist ‚deklaratives Gedächtnis‘ auf für Menschen auch sprachlich formulierbare Leistungen wie die Verfügbarkeit von Wissen und Erinnerungen.

Auf den Psychologen Endel Tulving geht eine andere Unterscheidung zurück, die sich spezifisch auf das menschliche Gedächtnis bezieht. Tulving unterscheidet im Gedächtnis hierarchisch aufeinander aufbauende Systeme, die von ‚Priming-Formen‘ des Gedächtnisses (für unwillkürliche Assoziationen wie Henne/Ei) über das ‚prozedurale Gedächtnis‘ (für Fertigkeiten) und das ‚Faktengedächtnis‘ (für Wissen) bis hin zum ‚episodisch-autobiographischen‘ Gedächtnis (für narrative Erinnerungen) reichen (vgl. Tulving 1972; 1983; auch Markowitsch 2002: 88).

Eine konzise Übersicht über die Debatte findet sich bei Markowitsch (1992: 6ff.), der (unter Angabe einer Fülle von Literaturhinweisen) die verschiedenen diskutierten Positionen skizziert und betont, dass auch die domi-

---

32   Vgl. Markowitsch 1992: 6ff. für zahlreiche weitere Literaturangaben; sowie u. a. Markowitsch 2002: 88f.; Roth 1996: 209ff.; Schacter/Wagner/Buckner 2000; Singer 2002a: 37f.; Squire/Kandel 1999; Tulving 1972.

33   Eine Ausnahme stellt etwa Dörner dar, der bereits die Unterscheidung zwischen Kurzzeit- und Langzeitgedächtnis in Frage stellt: „Nach meiner Meinung ist diese Konzeption falsch. Sie ist auch ziemlich unsystemisch mit ihren verschiedenen Instanzen, die in hohem Maße gegeneinander abgeschottet sind. Ich bevorzuge die Konzeption [...] nur eine[r] Gedächtnisinstanz, die sich aus einem ständig weiter gesponnenen ‚Gedächtnisfaden‘ ergibt." (2000: 157) Dörners Kritik resultiert jedoch aus einer Perspektive, die die Bedeutung von Gedächtnis für Bewusstseinsprozesse unterstreichen soll, und scheint nicht grundsätzlich unvereinbar mit den hier dargestellten Positionen. Schmidt bezeichnet Gedächtnistypologien im Gegensatz zur „allgemein akzeptierten Hypothese" der Differenzierung zwischen Kurz- und Langzeitgedächtnis als „problematisch" (1991a: 26), begründet seine Kritik jedoch nicht näher. Der von ihm als Überblick über die Diskussion angeführte Aufsatz von Kellermann (1985) behandelt Typologien nur am Rande und verwendet selbst die auf Tulving zurückgehende Unterscheidung zwischen einem semantischen und einem episodischen Langzeitgedächtnis (vgl. ebd.: 86, 90ff.).

nanten Untergliederungen „gegenwärtig allenfalls den Charakter einer Arbeitshypothese" hätten (ebd.: 6). Für eine Unterteilung des Gedächtnisses in verschiedene Systeme spricht immerhin, dass die beschriebenen Leistungen der Systeme bei Verletzungen oder Erkrankungen einzeln ausfallen können (vgl. Singer 2002a: 38; auch Tulving 1983: 93ff.). Den wohl aktuellsten Überblick über den Forschungsstand liefern Schacter, Wagner und Buckner (2000). Abbildung 1 versucht hier eine Zusammenführung der konsentierten Teile der verschiedenen diskutierten Typologien, die von den Kulturwissenschaften für ihre Arbeiten aufgenommen worden sind. Dabei scheint allerdings in der neurobiologischen und psychologischen Gedächtnisforschung das Interesse an Typologisierungen nachzulassen, wie der englische Psychologe Lawrence Weiskrantz in seinem Nachwort zum *Oxford Handbook of Memory* prognostiziert: "[I]t does seem that we may now be leaving the taxonomic era in favor of one focusing on process" (2000: 646).

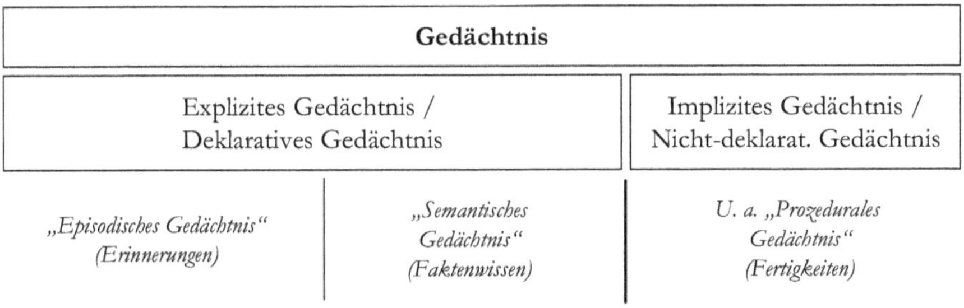

Gedächtnis		
Explizites Gedächtnis / Deklaratives Gedächtnis		Implizites Gedächtnis / Nicht-deklarat. Gedächtnis
„Episodisches Gedächtnis" *(Erinnerungen)*	*„Semantisches Gedächtnis"* *(Faktenwissen)*	*U. a. „Prozedurales Gedächtnis"* *(Fertigkeiten)*

Abbildung 1: Skizze einer Zusammenführung der Typologien von Squire/Kandel und Tulving[34]

Erinnerungen als Konstruktionen der Gegenwart

Wie beschrieben, wird hier eine deutliche Unterscheidung zwischen Gedächtnis und Erinnerung vorgeschlagen. Gedächtnis als Funktion des Gehirns erbringt Leistungen für ganz verschiedene kognitive Prozesse, nicht ausschließlich für Erinnerungen. Insofern Erinnerungsprozesse auf Gedächtnis angewiesen sind, ist selbstverständlich davon auszugehen, dass Fragen zu Emotionen, Aufmerksamkeit oder kognitiven Schemata wie für Gedächtnisprozesse allgemein auch für Erinnerungen von zentraler Bedeutung sind. Allerdings erscheint es sinnvoll, Erinnerung als grundsätzlich von Bewusstsein begleitet zu konzipieren, während Gedächtnisleistungen auch für nicht-bewusste kognitive Prozesse relevant sein können. Wie Gedächt-

---

34 Quelle: eigene Darstellung.

nisprozesse im Allgemeinen sind Erinnerungen ebenfalls als konstruktiv zu verstehen, was zunächst an der in der Vergangenheit intensivierten Debatte um ‚falsche Erinnerungen' verdeutlicht werden soll.

Zur ‚false memory debate': Faktoren der Konstruktion von Erinnerungen

Die Frage, wie zuverlässig Erinnerungen sind, kann weitreichende Implikationen haben. In den USA wurde eine so genannte *false memory debate'* im Kontext verschiedener Gerichtsurteile gefällt, die auf Zeugenaussagen beruhten, die sich später als unzuverlässig herausstellten. Aufsehen erregte die Studie des Psychologen Willem Wagenaar (1988), der den Fall des Automechanikers John Demjanjuk darstellt, der in erster Instanz als KZ-Aufseher zum Tode verurteilt und in zweiter Instanz freigesprochen wurde, da mehrere Zeugenaussagen sich als unzuverlässig erwiesen hatten.

Auf ein breites Interesse in der amerikanischen Öffentlichkeit traf die Debatte um unzuverlässige Erinnerungen spätestens, als mehrere Fälle dokumentiert wurden, in denen Kinder nach suggestiven Befragungen unzutreffende Erinnerungen an sexuellen Missbrauch entwickelten, die sie lebhaft und detailreich erzählen konnten. In einigen Fällen wurde Personen gar Schmerzensgeld für das ‚Implantieren' falscher Erinnerungen zugesprochen.[35]

Die Begriffe ‚falsche' oder auch ‚verzerrte' Erinnerung sind, wie erwähnt wurde und wie im Anschluss noch vertiefend dargelegt wird, vor dem Hintergrund der unvermeidlichen Konstruktivität kognitiver Prozesse problematisch. Die Diskussion um *false memories'* kann jedoch im Kontext der vorliegenden Arbeit dazu dienen, die grundsätzliche Konstruktivität von Erinnerungen zu unterstreichen. Daniel Schacter, der ausführlich zu diesem Thema geforscht hat und vielfach als Gutachter vor Gericht auftrat, nennt verschiedene Faktoren, die verdeutlichen, dass Erinnerungen keine akkuraten Abbilder einer vermeintlich objektiven Vergangenheit sind.

Unter dem Titel „Die Gefahren des Vorwissens" verweist Schacter anhand verschiedener Beispiele auf den bereits beschriebenen Aspekt, dass Gedächtnis sich anhand von Schemata und anderem Vorwissen geordnet zu organisieren scheint, was für spätere Erinnerungsleistungen relevant werden kann. Wenn man Gedächtnis, wie vorgeschlagen, nicht als statischen (Bedeutungs-)Speicher, sondern als konstruktiv versteht und etwa über die Konnektivität neuronaler Netzwerke beschreibt, dann sind Teile eines Musters fast zwangsläufig an der Konstruktion verschiedener Erinnerungen beteiligt, so

---

35 Vgl. für ausführliche Literatur Schacter 1995: 2, auch 20; Schacter 1999: 205ff., 214ff.

dass „neue Erinnerungen zwangsläufig von alten Erinnerungen beeinflusst werden" (Schacter 1999: 173).

Versteht man Erinnerungen als konstruktiv, so bekommt auch der jeweils aktuelle Kontext der Erinnerungssituation eine wichtige Bedeutung:

> Wenn jemand von einer subjektiv überzeugenden, aber nachweislich falschen Erinnerung berichtet, müssen wir den Kontext, in dem der Abruf erfolgt, genauso sorgfältig prüfen wie die Erlebnisse in der Vergangenheit, auf die sich die Erinnerung bezieht. (Ebd.: 175)

Mit dem Begriff ‚Kryptomnesie' bezeichnet Markowitsch das Phänomen, dass auch Erlebnisse anderer als eigene Erlebnisse erinnert werden können (vgl. 2002: 56 und 184; auch Schmidt 2000: 109). Schacter spricht in diesem Zusammenhang von „unwissentliche[m] Plagiieren[.]" (1999: 532), das vermutlich durch eine fehlerhafte Zuordnung der Erinnerungsquelle zu erklären sei. Auch eine weitere Art verzerrter Erinnerungskonstruktionen, die in der Psychologie unter dem Begriff *Misleading Postevent Information* bekannt sind (vgl. Hell 1993: 16ff.; auch Loftus/Feldman/ Dashiell 1995), führt Schacter auf das Quellengedächtnis zurück. Nachträgliche Informationen zu einem Erlebnis können offenbar spätere Erinnerungen beeinflussen.

Ferner scheinen emotionale Bewertungen auch für die Konstruktion von Erinnerungen eine große Bedeutung zu haben. Neben dem bereits erwähnten Phänomen, dass die emotionale Bewertung Gedächtnisleistungen zu beeinflussen scheint, ist für die Konstruktion von Erinnerungen offenbar die aktuelle emotionale Gestimmtheit von Bedeutung. Schacter bemerkt im Anschluss an Studien des Psychologen Gordon Bower, dass jeweils bevorzugt Erinnerungen aktualisiert werden, die in ihrer emotionalen Bewertung mit der aktuellen Stimmung der Erinnernden übereinstimmen (vgl. Schacter 1995: 18f.; auch Schacter 1999: 341ff.). Auf dieses Phänomen bezieht sich auch Ciompi, der – wenn auch unter Verwendung der problematischen Speichermetapher – bemerkt, dass „Affekte [.] wie Schleusen oder Pforten [wirken], die den Zugang zu unterschiedlichen Gedächtnisspeichern öffnen oder schließen" (1999: 97).

Den oben beschriebenen Zusammenhang der Konsolidierung von Erinnerungen durch Wiederholung beschreibt Schacter auch für verzerrte Erinnerungen. Offenbar verstärkt die wiederholte Elaboration verzerrter Erinnerungen das Vertrauen in diese Erinnerungskonstruktionen (vgl. 1999: 184). Ein wichtiger Aspekt für die Konstruktion von Erinnerungen wird in diesem Zusammenhang von Markowitsch erwähnt. Jede Aktualisierung einer Erinnerung scheint zwar einerseits zu Konsolidierungsprozessen beizutragen, andererseits kann sie jedoch zu Modifikationen führen, die bei künftigen Aktualisierungen übernommen werden. In diesem Sinne vermischt sich im (wiederholten) Aktualisieren von Erinnerungen Erlebtes mit Erinnerungen an Erinnerungen (vgl. Schacter 2002: 84, auch 179; auch Singer 2002c: 84).

Der Prozess des Aktualisierens von Erinnerungen wird auch als ‚Ekphorie' bezeichnet (vgl. Tulving 1983: 182ff.). In diesem Zusammenhang unterstreicht Tulving, dass die Rede von ‚falscher' Erinnerung problematisch ist: "Ecphoric information is never 'right' or 'wrong', it simply is what it is at any given time: a state of the system determined by a number of other components of the system." (Ebd.: 182f.) Als ‚falsch' kann die im Prozess der Ekphorie konstituierte Information kaum bezeichnet werden, schließlich ist kein Vergleich mit dem ‚objektiven' Verlauf eines Ereignisses möglich. Die Frage nach der Zuverlässigkeit von Erinnerungen scheint erst im intersubjektiven Abgleich von Erinnerungen sinnvoll zu sein, wenn sich Erinnerungskonstruktionen kommunikativ bewähren müssen. Hierfür müssen Erinnerungen jedoch sprachlich elaboriert werden. Der Prozess der Elaboration von Erinnerungen ist von ekphorischen Prozessen zu unterscheiden und wird von Tulving als *conversion* bezeichnet (vgl. ebd.: 189ff.). Während ekphorische Prozesse notwendig für bewusste Erinnerungen sind, ist eine kommunikative Elaboration keineswegs zwingend. Diese ist als weiterer Konstruktionsprozess anzusehen, der ebenso wie Ekphorie stark situationsabhängig ist.

Die hier vorgestellten Aspekte der Konstruktivität von Erinnerung sollen im Folgenden zusammengefasst werden, wobei, wenn auch keine Theorie, so doch das Gerüst eines Modells von Erinnerung entwickelt wird. In diesem Zusammenhang haben Gebhard Rusch und Siegfried J. Schmidt entscheidende Modellierungsvorschläge vorgebracht (vgl. u. a. Schmidt 1991a; 1991b; Rusch 1987; 1991).

Erinnerung als Prozess in der Gegenwart

Folgt man der von Tulving vorgeschlagenen Unterscheidung zwischen ekphorischen Prozessen und einer gegebenenfalls anschließenden Elaboration (bzw. ‚Konversion'), so wäre zunächst danach zu fragen, wie Erinnerung als Bewusstseinsphänomen modelliert werden kann. Insofern sie nicht als Abruf aus einem Speicher plausibel erklärt werden kann, lässt sie sich zunächst „ganz allgemein als eine kognitive Operation" bestimmen, „in der bestimmten komplexen neuronalen Prozessen bewußtwerdende Bedeutungen zugewiesen werden", wie es Schmidt formuliert (1991a: 33). Der Prozess des Erinnerns scheint dabei, wie gezeigt worden ist, ebenso auf ‚Gedächtnis' angewiesen zu sein wie Wahrnehmungen, Bewertungen oder andere kognitive Operationen. Im Anschluss an Rusch stellt Schmidt fest, dass Erinnerungen Wahrnehmungen ähnlich sind, allerdings mit der Besonderheit, dass deren Synthese „nicht unmittelbar mit sensorischen Stimulationen verrechnet werden kann" (1991b: 383).

In einem Versuch, Erinnerungen von Wissen oder auch Wahrnehmungen abzugrenzen, bestimmt Rusch Erinnerungen „vorläufig als solche Bewusstseinsphänomene [...], die persönliche Erlebnisse und Erfahrungen außerhalb jeweils aktueller Handlungszusammenhänge als sinnliche Anmutungen bewusst werden lassen" (1991: 270[36]). Bemerkenswert an diesem Vorschlag ist zunächst, dass er ohne das Konzept einer objektivierten Vergangenheit operiert. Rusch geht davon aus, dass im Bewusstsein „gleichzeitig sowohl als gegenwärtig oder aktuell qualifizierbare ‚Inhalte' präsent sein können als auch solche, die als vergangen, und solche, die als zukünftig gelten" (ebd.: 274). Dies sei schon für die Ausführung einfacher Handlungspläne im Alltag notwendig und plausibel. Wenn diese verschiedenen Modi von Bewusstsein wiederum Gegenstand von Bewusstsein in Form von Selbstbeobachtung werden, so können durch sie nach Rusch „die kognitiven Bausteine zur Bildung der Begriffe von Gegenwart, Vergangenheit und Zukunft, andererseits aber auch bestimmte Referenzwerte zur Qualifizierung/Identifikation von Bewusstseinsphänomenen verfügbar [.] werden" (ebd.: 275[37]). Das Phänomen ‚Erinnerung' müsse demnach nicht mehr notwendig per Rekurs auf eine objektivierte Vergangenheit konzipiert werden, vielmehr reiche eine Ähnlichkeit von Erinnerungen und dem Bewusstheitsmodus vollendeter Handlungen aus:

> Erinnerungen sind Bewusstseinsphänomene, die deshalb mit der Vergangenheit assoziiert gedacht werden, weil sie von prinzipiell gleicher Art sind wie Bewusstseinsinhalte, in denen vollendete Handlungselemente bewusst sind. [...] Nicht Erinnerungen entstammen der Vergangenheit, sondern die Vergangenheit (im Sinne eines Wirklichkeitsbereiches) verdankt sich der Erinnerung und Erinnerungselaboration. (Ebd.[38])

Folgt man dem oben skizzierten Konzept des Neo-Konnektionismus, so kann das Auftreten von Erinnerungen dadurch erklärt werden, dass ‚gebahnte' Erregungsmuster im Nervensystem aktiviert werden. Auch nach diesem Verständnis sind Erinnerungen eine spezifische Prozessform, die (ebenso wie andere Prozesse) die Struktur Gedächtnis in Anspruch nehmen. Eine Besonderheit, die mit Rusch deutlich wird, ist, dass Erinnerungen stets bewusste Prozesse darstellen. Dabei ist davon auszugehen, dass neuronale Netzwerke ‚autostimulativ' im Sinne von Rusch sind, d. h. sie sind ständig aktiv und reagieren somit nicht lediglich auf Reize. Auch Erinnerungen scheinen sich im Rahmen autostimulativer, assoziativer Prozesse zu aktualisieren. Dabei kann das bereits erwähnte, von Haken (vgl. 1991) vorgeschlagene Konzept der Attraktoren erklären, wie Erinnerungsprozesse sich stabilisieren können. Erinnerungen sind damit als aktuelle Leistungen kognitiver Systeme zu

---

36 Hervorhebung aus dem Original entfernt.
37 Hervorhebung aus dem Original entfernt.
38 Hervorhebung aus dem Original entfernt.

verstehen, sie „existieren an keinem anderen Ort und zu keiner anderen Zeit als *jetzt* im Nervensystem" (Schmidt 1991b: 384).

An bewusste Erinnerungen kann sich eine sprachliche Elaboration anschließen. Rusch versteht diese als „Kompensationsleistungen [...], die zum Abbau dissonanter und inkonsistenter Strukturen im Bewusstsein führen sollen" (1987: 359). Selbst vage Vorstellungen lassen sich nach Rusch durch eine Assimilation an Schemata komplettieren und kontextualisieren und in narrativer Form verbalisieren: „Resultat solcher Bemühungen [...] kann eine subjektiv befriedigende, kohärente [...] Geschichte/Erzählung sein, von der dann angenommen wird, sie sei ‚als Ganzes' erinnert bzw. aus einem Gedächtnis ‚abgerufen' worden" (1991: 271).

Wie stark der Zusammenhang von Erinnerung und narrativen Schemata zu sein scheint, wird an Ruschs Formulierung deutlich, das Erzähl-Schema „erzwingt [...] den konsistenten Entwurf einer Geschichte" (1987: 374[39]). Der Entwurfcharakter einer solchen Erinnerungskonstruktion gehe jedoch im Verlauf der Elaboration und der kommunikativen Erprobung und Bewährung verloren: „Damit wird das kognitive System gewissermaßen ein Opfer seiner eigenen Verführungskünste; es kann die Kohärenz, die es erzeugt, nicht leugnen und erliegt dadurch selbst der Überzeugungskraft, auf die hin seine Konstruktionen angelegt sind." (Ebd.) Schmidt formuliert diesen Zusammenhang prägnant: „Die Ordnung des erzählten Geschehens ist weitgehend eine Funktion des Erzählens, nicht der Ordnung des erzählten Geschehens." (1991a: 38)

Zusammenfassend können Erinnerungen somit als aktuelle Sinnproduktionen verstanden werden, die im Zusammenhang mit dem jeweils aktuellen Zustand des kognitiven Systems und dessen wahrgenommener Handlungsnotwendigkeiten stehen. Sie lassen sich als konstruktive Aktualisierungen von Erregungsmustern modellieren, die sich bei früheren Erfahrungen entwickelt und verstärkt haben (vgl. auch Schmidt 1991b: 386).

Erinnerung und Identität: Erinnerungspolitik als Identitätsmanagement

Wenn Erinnerungen wie hier als aktuelle Konstruktionen verstanden werden, so könnte dies vor dem Hintergrund traditioneller Positionen als eine Abwertung gedeutet werden. Was, so ließe sich fragen, sind Erinnerungen wert, die nicht verlässlich abrufen, was einst war? Täuschen uns unsere Erinnerungen gar über uns selbst? Auch Schacter fragt vorgeblich besorgt: „Wenn unsere Erinnerungen immer konstruiert und manchmal entstellt sind, könnten dann

---

39   Hervorhebung aus dem Original entfernt.

nicht auch unsere fundamentalsten Überlegungen, was unser Leben und uns selbst anbelangt, vollkommen falsch sein?" (1999: 156)

Die Bedeutung jedenfalls, die Gedächtnis und Erinnerung für den Menschen zu haben scheinen, wird durch konstruktive Modelle nicht relativiert. Versteht man, wie hier vorgeschlagen, Gedächtnis als eng verbunden mit jeder Wahrnehmung und Kognition insgesamt, so wird die Bedeutung der Gedächtnisfunktion gar besonders betont. Und die oben bereits skizzierte wichtige Rolle von bewussten Erinnerungen für den Menschen muss durch konstruktive Modelle nicht geringer bewertet werden. Die zentrale Rolle, die Erinnerungen für die Vorstellung von Individualität, für die Konstruktion von Identität oder Biographie eines Menschen haben, wird auch und gerade von Vertretern konstruktiver Ansätze betont. Bereits Schacters Buchtitel *Wir sind Erinnerung* (1999) ist ein Beispiel hierfür; auch der amerikanische Psychologe John Kotre gab seinem Buch *White Gloves* den Untertitel *How We Create Ourselves Through Memory* (1995). Squire und Kandel, ebenfalls prominente Anhänger eines konstruktiven Modells, betonen, Erinnerungen seien die „bindende Kraft der Individualität" (1999: 217).

Die biologische Grundlage der Individualität sehen Squire und Kandel in der Plastizität des Gehirns, also in der oben beschriebenen Fähigkeit, sich nicht nur nach einem genetischen Bauplan zu organisieren, sondern vor allem nach phylogenetischen Erfahrungen selbstorganisiert eine jeweils einzigartige neuronale Architektur zu entwickeln (vgl. ebd.: 212). Wie jedoch realisiert sich diese Individualität im Bewusstsein, wie kann gerade in einem prozesshaft sich stetig wandelnden System das Konzept von ‚Konstanz', von ‚Selbst' oder ‚Identität' etabliert werden?

Selbst und narrative Identität

Die Frage, wie ‚Identität' zu bestimmen sei, wird in der analytischen Philosophie bis heute heftig diskutiert.[40] Erinnerungen wird in diesem Zusammenhang traditionell eine wichtige Rolle zugeschrieben. Dabei schlagen konkurrierende Konzepte in der Philosophie meist alternativ vor, die *Erinnerungen* oder den *Körper* einer Person als zentral für Identität zu betrachten (vgl. zusammenfassend Quante 1999a). Für die vorliegende Arbeit erweist sich diese Diskussion insofern als wenig hilfreich, als sie von einem strengen Dualismus zwischen ‚Geist' (bzw. Erinnerungen) und ‚Körper' ausgeht. Diese nicht weiter hinterfragte Setzung erscheint problematisch und nur schwer vereinbar mit den hier favorisierten Modellen von Körper, Gehirn,

---

40 Vgl. als Überblick die Aufsätze in der von Michael Quante herausgegebenen Anthologie (1999).

Kognition, Emotion und Gedächtnis, die den engen Zusammenhang dieser Phänomene betonen. So scheint die Frage, *was* Identität ‚wirklich' ist, kaum entscheidbar. Erfolgversprechender ist es wiederum, zu untersuchen, *wie* Identität funktioniert und nach Prozessen zu fragen, anstatt Entitäten zu postulieren.

Vor dem Hintergrund gegenwärtiger neurobiologischer Modelle betont der amerikanische Literatur- und Kulturwissenschaftler Paul John Eakin, der sich im Kontext von Autobiographien intensiv mit Konzepten von ‚Selbst' und ‚Identität' auseinandergesetzt hat, die Bedeutung dynamischer Modelle: "[A]ny biologically informed model must be dynamic and open ended, conceiving of self and memory as interdependent dimensions of (higher) consciousness, anchored in the life of the body." (1999: 21)

Der Psychologe Ulric Neisser hat ein solches Modell von „Five Kinds of Self-knowledge" (1988) vorgestellt, in dem es nicht um statische Modelle von ‚Selbst' oder um ‚Identität' als Entität geht. Stattdessen versucht Neisser „several kinds of self-specifying information" (ebd.: 35) theoretisch zu unterscheiden, die in unterschiedlichen Kontexten relevant für reflexive Selbst-Wahrnehmungen sind; Eakin spricht in diesem Zusammenhang von „multiple registers of self-experience" (1991: 22).

Neissers Modell hat den Vorteil, dass es den Körper-/Geist-Dualismus vermeidet und stattdessen ‚Selbst' über verschiedene körpergebundene reflexive Wahrnehmungsprozesse thematisiert. Statt ein einheitliches ‚Selbst' zu postulieren, werden verschiedene Modi der Konstruktion von „self-specifying information" beschrieben, die gleichberechtigt gemeinsam in der Lage sein könnten, ein umfassenderes Konzept von ‚Selbst' zu konstituieren.

Erinnerungen spielen in Neissers Modell eine besondere Rolle im Zusammenhang mit dem Modus des „extended self" (1988: 36), das das reflexive Bewusstsein für das ‚Selbst' außerhalb des gegenwärtigen Moments bezeichnen soll, d. h. die reflektierte Selbst-Wahrnehmung als Person mit vergangenen Erfahrungen, regelmäßigen Gewohnheiten oder Plänen für die Zukunft, die ein Kind ab dem Alter von drei Jahren entwickelt (vgl. ebd.: 47). Hier wird unmittelbar deutlich, dass Erinnerungen geradezu konstitutiv für diese Form des Selbst-Bewusstseins sind.

Insofern Erinnerungselaborationen, wie oben beschrieben, in engem Zusammenhang mit narrativen Schemata gedacht werden müssen, kommt somit dem Prozess des Erzählens eine wichtige Bedeutung für den lebenslangen Prozess der Identitätskonstruktion zu. Auch Schmidt betont: „Im und durch Erzählen konstruieren wir die [...] Identität des Erzählers." (1991a: 38)

Dabei muss Identität immer wieder neu hergestellt und für sich selbst und sozial dargestellt werden. Es ist also zwischen Selbst- und Fremdbeobachtung, zwischen den selbst erzählten und den über einen erzählten Geschichten zu unterscheiden, wobei im Prozess der Elaboration von Erinnerungs- und Ich-Erzählungen alle bisherigen Erzählungen als Voraussetzung gewissermaßen den Rahmen abstecken für die Möglichkeiten, plausible und kohärente neue Erzählungen hinzuzufügen. Die neuen Erzählungen, einmal erzählt, gehen dann selbst in das Voraussetzungsgeflecht für weitere Elaborationen ein.[41]

Schon der Phänomenologe und Rechtsphilosoph Wilhelm Schapp sieht den Menschen als stets „verstrickt in Geschichten" an und befindet: „Der einzige Zugang zu uns selbst erfolgt über die Geschichten, in die wir verstrickt sind."(1985 [1953]: 136) Der französische Philosoph Paul Ricœur spricht in diesem Zusammenhang von „narrativer Identität" (1991: 395) und beschreibt die Identität eines Menschen als „unaufhörlich refiguriert durch all die wahren oder fiktiven Geschichten, die ein Subjekt über sich selbst erzählt" (ebd.: 396).

Eakin zeigt, dass dieser Zusammenhang auch entwicklungspsychologisch plausibel ist und betont den Zusammenhang zwischen dem Erlernen narrativer Schemata im Kleinkindalter über den so genannten ‚memory talk' und der parallel erfolgenden Entwicklung der von Neisser beschriebenen reflexiven Vorstellung eines ‚extended self' (vgl. Eakin 1999: 110ff.).[42] Dabei lässt ein narratives Modell von Identität Raum für Entwicklungen und Brüche, wie Norbert Meuter darlegt:

> [Es] gelingt [.] Geschichten, auch [...] langfristige Zeiträume auf einen einheitlichen Sinneffekt hin zu integrieren und dabei zugleich immer wieder neue und sehr heterogene Faktoren, Ereignisse und *peripetien* aufzunehmen, so daß die Identität, die sie produzieren, im Hinblick auf die Vielfältigkeit und Heterogenität eines Lebenslaufes hinreichend variabel und dynamisch ist. (1995: 248)

Das Erzählen von Erinnerungs-Geschichten lässt sich so als ständiger, aktiver Prozess der Konstruktion, Bestätigung und Fortentwicklung einer Vorstellung der eigenen Identität verstehen – einer Identität freilich, die hochgradig konstruiert ist, ja die es nach Rusch „faktisch nicht gibt" (1987: 397).

Die Selektivität von Erinnern – Erinnerungspolitik

Erinnerungen, so lässt sich bis hier zusammenfassend formulieren, sind stets gegenwartsbezogene, aktuelle Konstruktionen mit hoher Bedeutung für den kontinuierlichen Prozess der Identitätsbildung und -bestätigung. Wie bereits

---

41 Vgl. zu dem Zusammenhang von Setzung und Voraussetzung im Kontext von *Geschichten & Diskursen* Schmidt 2003b.

42 Eakin illustriert den Zusammenhang von Identitätskonstruktion und narrativer Erinnerungselaboration darüber hinaus bis hin zu medizinischen Pathologien und stellt fest: „narrative disorders and identity disorders go hand in hand" (1999: 124). Für seine beeindruckende Darstellung vgl. ebd.: 123ff.

angedeutet wurde und wie auch Kotre betont, bildet die Konstruktivität von
Erinnerungen eine wichtige Grundlage dafür, dass erfolgreich Identität
konstruiert werden kann. Ein in jeder Hinsicht bildgetreues, akkurates Gedächtnis erscheint dabei keineswegs wünschenswert: "We'd be frozen in the
past, unable to repair it, unable to breathe, change, or grow." (Kotre 1995:
66) Versteht man Erinnerungen als konstruktiv und gegenwartsbezogen, so
impliziert dies nicht eine kontinuierliche Selbsttäuschung, es stellt vielmehr
die Grundlage dafür dar, Kohärenz auch im Disparaten herzustellen und in
unterschiedlichen Kontexten jeweils angemessene Erinnerungselaborationen
aktualisieren zu können.

Andererseits sind Erinnerungen in diesem Konzept nicht mehr als ‚objektiv' oder ‚gegeben' denkbar. An das vorgestellte Verständnis von Erinnerung lassen sich daher zahlreiche Fragen anschließen: In welchem Kontext
werden welche Erinnerungen wie aktualisiert? Insbesondere die Frage nach
der Selektivität von Erinnerungen und damit nicht nur nach den erzählten,
sondern ebenso nach den *nicht* erzählten Geschichten wird relevant.

Erinnern und Vergessen erscheinen dabei als komplementär (vgl.
Schmidt 2000: 109). Schmidt schlägt in diesem Zusammenhang vor, „die
Vergessensthematik explizit zu übersetzen in eine Erinnerungsthematik –
wobei der Begriff des Vergessens obsolet wird" (1991a: 52). Im Rahmen des
vorgestellten Modells lässt sich Vergessen auf der kognitiven Ebene auf zwei
Arten erklären. Als Vergessen ließe sich einerseits die Abschwächung, Auflösung oder Veränderung neuronaler Konnektivitäten verstehen. In vielen
Fällen erscheint der Begriff ‚Vergessen' jedoch primär darauf zu verweisen,
dass kein aktueller, subjektiv ausreichender Anlass für eine Erinnerung
vorliegt. Schließlich werden Erinnerungen jeweils nur vor dem Hintergrund
aktueller Bewertungen und Intentionen aktualisiert: „Was erinnert und was
vergessen wird, das hängt ab vor allem vom subjektiven [...] Identitätsmanagement, welches wiederum von Affekten, Bedürfnissen, Normen und Zielen
gesteuert wird." (Schmidt 2000: 109)

Zwar erscheinen Erinnerungselaborationen und damit auch Identitätsmanagement beim Einzelnen nicht willkürlich konstruierbar. Der Begriff des
‚Trauma' zeigt beispielhaft, wie sich albtraumhafte Erinnerungen einer bewussten Beeinflussung für Betroffene schmerzhaft entziehen können (vgl.
Eggers 2001: 603f.). Dennoch lässt sich mit Schmidt Erinnern durchaus als
„biographie- wie [...] gesellschafts*politische*[.] Angelegenheit" verstehen (2000:
109), insofern Erinnernde durchaus einen Spielraum haben, innerhalb dessen
Erinnerungen unterschiedlich elaboriert werden können. Der Diskurs über
die hochgradige Konstruktivität autobiographischer Texte (vgl. exemplarisch
Wagner-Egelhaaf 2000: 39ff.) mag als ein Beispiel dafür dienen, wie unterschiedlich Identität über die Erzählung von Erinnerungsgeschichten narrati-
viert werden kann.

Als kontingent erkannt, können Erinnerungen potentiell jederzeit in Frage gestellt werden, sie sind in diesem Sinne als *politisch* zu verstehen, weil sie Gegenstand von Zweifel, Debatten und Rechtfertigungszwängen werden können, sobald ihre Kontingenz und Selektivität offen liegt.[43] Erweisen sich die erzählten Erinnerungsgeschichten auf individueller Ebene beispielsweise als problematisch oder gar als zerstörerisch wie im Fall des Trauma, so ist oftmals ein Therapeut der Ansprechpartner, mit dessen Hilfe ein produktives Erinnerungsmanagement wieder möglich werden soll. Auch Kotre liefert ein Beispiel für den Zusammenhang von Erinnerungen und Strategien der Biographiepolitik. In seiner Monographie *Lebenslauf und Lebenskunst. Über den Umgang mit der eigenen Biographie* (2001) beschreibt Kotre – nicht frei von missionarischen Anklängen – in einer Art Selbsthilferatgeber sechs Schritte, durch die der eigenen Biographie ein über die eigene Existenz hinausgehender Sinn gegeben werden soll. Zu diesen Schritten zählt etwa ein „Gespräch mit der eigenen Vergangenheit" (ebd.: 49ff.). Kotres These in diesem Zusammenhang lautet: „Wenn man seine Erinnerungen, und seien es schlechte, in Form bringt, bringt man sich selbst in Form. Man macht sich kohärent." (Ebd.: 77)

Auch intersubjektiv müssen sich Erinnerungen, die nicht mehr das Gütesiegel der ‚Wahrheit' oder der ‚Objektivität' beanspruchen können, im Zweifel argumentativ behaupten. Rusch betont, dass gerade im intersubjektiven Abgleich von Erinnerungen interindividuelle Unterschiede deutlich werden und die ansonsten unhinterfragt angenommene „vollständige Koinzidenz von Vergangenheit [...] und elaborierter Erinnerung in Frage stellen" (1987: 399).

In der intersubjektiven Erprobung von Erinnerungselaborationen wird die Vergessensthematik erneut relevant. Während auf kognitiver Ebene ‚Vergessen' als Nicht-Erinnerung – sei es durch abgeschwächte Konnektivitäten oder fehlende Anlässe – modelliert werden kann und damit als Begriff hinfällig wird, scheint der Begriff auf der kommunikativen Ebene relevant zu bleiben. Die bewusste, kommunikative Darstellung von Erinnerungen kann ebenso als Identitätsmanagement unter Motivverdacht gestellt werden wie das Unterlassen bestimmter Erinnerungselaborationen. Hier öffnet sich ein Spektrum an möglichen Zuschreibungen, das von neutralem ‚Vergessen' über aktives ‚Verdrängen' bis hin zu manipulierendem ‚Verfälschen' von sozial eingeforderten Erinnerungen reicht.

Der Soziologe Karl Acham schlägt in diesem Zusammenhang eine Typologie vor, die verschiedene Modalitäten des Vergessens unterscheidet. Acham

---

43 Die Begriffe der Erinnerungs-, Biographie- oder Identitätspolitik beziehen sich somit nicht auf das Politiksystem, sondern verweisen auf einen abstrakten Begriff von Politizität, der darauf verweist, dass Erinnerungen zusammenhängen mit Interessen, Strategien der Selbstdarstellung und Machtfragen.

differenziert Vergessen zunächst nach ‚bewusster Manipulation' und ‚unbewusster Verdrängung' (vgl. 1988: 4). Diese Typologisierung erscheint jedoch in mehrfacher Hinsicht als unzulänglich. ‚Bewusste Manipulation' und ‚unbewusste Verdrängung' ist auf der kommunikativen Ebene nur sehr schwer und lediglich qua Zuschreibung bzw. Unterstellung zu unterscheiden. Schon der Manipulationsbegriff von Acham, der als „bewußte Unterdrückung oder Selektion [...] von Erinnerungsbeständen" (ebd.) verstanden wird, ist fragwürdig. Von objektiven ‚Erinnerungs*beständen*' (man beachte die Speichermetapher) ist, wie dargelegt worden ist, schon auf kognitiver Ebene angesichts der Konstruktivität von Gedächtnis nicht auszugehen.

Bei inkonsistenten Erinnerungselaborationen ist daher nur schwer festzustellen, ob es sich um ein unbewusstes *Vergessen* früherer kommunizierter Erzählversionen (und damit um eine in der Gegenwart authentische Erinnerung) handelt oder um ein bewusstes *Manipulieren* durchaus erinnerter Alternativen. Manipulationsunterstellungen operieren dabei gerade *nicht* mit der Kategorie ‚Vergessen', vielmehr wird ja unterstellt, dass wider bessere Erinnerung absichtlich ‚falsche' Erinnerungen kommuniziert werden.

Vor diesem Hintergrund bietet sich eine alternative Sicht an: Abhängig von den vorherigen Setzungen, etwa bisherigen Erinnerungselaborationen, Rollenerwartungen und Erwartungserwartungen, ist in bestimmten Kommunikationssituationen eine bestimmte Form von Identitätsdarstellung über bestimmte Erinnerungsäußerungen *erwartbar*. Unterbleibt die erwartete Kommunikation oder wird gar stattdessen eine widersprechende Erinnerung erzählt, so ist dies zunächst nur als *Abweichung* von der Erwartung zu beschreiben. Diese Abweichung kann von den Beteiligten im Folgenden als unbewusstes ‚Vergessen', ‚besseres' (Wieder-)Erinnern oder bewusstes ‚Manipulieren' bewertet werden, wobei zwischen Fremd- und Selbstbeobachtung unterschieden werden muss. Hier wird erneut deutlich, dass Erinnerungen in ihrer kommunikativen Darstellung nicht allein auf individueller Ebene betrachtet werden können, da gleichermaßen intersubjektive, soziale Aspekte Relevanz haben, auf die im Folgenden weiter eingegangen wird.

Ko-Konstruktion und Erinnerungskultur

In den bisherigen Überlegungen blieben aus argumentativen Gründen soziale Aspekte von Gedächtnis und Erinnerung weitgehend ausgeblendet. Soziale Zusammenhänge sind für Gedächtnis jedoch nicht erst relevant, wenn Erinnerungselaborationen sich im intersubjektiven Abgleich als kontingent erweisen. Im Anschluss an Überlegungen des Sozialpsychologen Erving Goffman betont Harald Welzer, dass nicht erst kommunizierte Erinnerungselaborationen, sondern bereits jede Wahrnehmung und Interpretation sozial geprägt ist (vgl. 2002: 172f.). Dieser Zusammenhang lässt sich neurobiologisch über das bereits diskutierte Modell der Plastizität des Gehirns begründen. Da es nicht zuletzt Erfahrungen in sozialen Kontexten sind, die das Gehirn nutzt, um selbstorganisiert seine individuelle Architektur aufzubauen, erfolgt Kognition immer vor dem Hintergrund der bisherigen (sozialen) Erfahrungen. Diesen Zusammenhang betont unter anderem die ‚social memory' - bzw. ‚social cognition' -Forschung (vgl. als Einführung Wyer/Srull 1989). Auch Halbwachs, wie erwähnt einer der wichtigsten Vordenker heutiger Theoretiker eines ‚kollektiven' oder ‚kulturellen Gedächtnisses', hebt den engen Zusammenhang zwischen sozialen und individuellen Aspekten von Gedächtnis hervor: Er formuliert, „es gibt kein mögliches Gedächtnis außerhalb derjenigen Bezugsrahmen, deren sich die in der Gesellschaft lebenden Menschen bedienen" (1966: 121).[44]

Fragen des individuellen Gedächtnisses oder individueller Erinnerungen müssen in Verbindung mit dem kulturellen Hintergrund der jeweiligen Aktanten betrachtet werden. Versteht man Kultur als Programm, in dessen Anwendung als kulturell verstandene Phänomene konstituiert werden, so ist davon auszugehen, dass die Elaboration von Erinnerungen kulturell geprägt ist. Muster, wie etwa narrative Schemata, haben im interkulturellen Vergleich unterschiedliche Ausprägungen, wie Schmidt betont:

> Erzählschemata und Erzählstilistika sagen sehr viel darüber aus, welcher Wirklichkeitsmodellierung eine Gesellschaft folgt, wie die Zusammenhänge zwischen Handlung und Handlungsresultat, Vorgang und Folge, Ursache und Wirkung, Glück und Unglück, Augenblick und Dauer semantisch implementiert werden. (2003a: 12)

In diesem Kontext erscheint es plausibel, dass Kulturprogramme, die Gewichtungen und Bewertungen von Unterscheidungen regeln, bevorzugte Topoi oder Plots für Erinnerungsgeschichten und die Konstruktion von Biographien zur Verfügung stellen. ‚Vom Tellerwäscher zum Millionär' ist hier nur eine besonders plakative Form eines solchen kulturell geprägten Biographieplots.

Darüber hinaus dürften unterschiedliche kulturelle Bewertungen der Differenz zwischen Gesellschaft und Individuum die Biographiekonstruktion ihrer Anwender erheblich beeinflussen und zu ganz unterschiedlichen Bewertungen des jeweiligen eigenen Verdienstes an einer Lebensleistung führen. Gleiches ließe sich für zahlreiche andere zentrale Dimensionen von Kulturprogrammen vermuten; hier liegt ein interessanter Anknüpfungspunkt für einen vertiefenden Vergleich von Erinnerungs- und Biographiekonstruktionen in unterschiedlichen Kulturen.

Unter den Anwendern eines Kulturprogramms ist davon auszugehen, dass auch die Elaboration von Erinnerungen in Anwendung des – jeweils als

---

44   Auf die Theorie Halbwachs' wird in Kapitel 4.2.1 noch vertiefend eingegangen.

operative Fiktion[45] unterstellten – Kulturprogramms erfolgt. Selbst wenn, wie oben skizziert, im sozialen Kontext einerseits das Bewusstsein für die Unterschiedlichkeit und Kontingenz von Erinnerungen entstehen kann, so ist doch andererseits davon auszugehen, dass die Anwender eines Kulturprogramms in der Regel zugleich über erfolgreiche Strategien der Ko-Konstruktion von Erinnerungen verfügen. Zwar ist, wie Rusch betont, interpersonell nie von einer gänzlichen Übereinstimmung von Erinnerungen auszugehen (vgl. 1987: 402). Im Verlauf von Sozialisations- bzw. Enkulturationsprozessen[46] können Aktanten jedoch eine „kognitive[.] Parallelität" bzw. geteilte „kognitive Stile" entwickeln, „die das Erleben und Lernen auf eine begrifflich-konzeptuelle Ebene von hinreichender Allgemeinheit und Unempfindlichkeit für individuelle Spezifika bringen" (ebd.[47]).

Insofern individuelle Unterschiede in der Erinnerungselaboration zwar in Konversationen auftreten, eine zentrale Funktion der Konversation aber „gerade in der Erzeugung von Gemeinsamkeiten liegt" (ebd.: 403), erscheint es plausibel, dass bei entstehenden Konflikten ein Bemühen um eine kommunikative Einigung einsetzt:

> Bezeichnenderweise geht diese Einigung um so reibungsloser vonstatten, je weniger gut zwei oder mehr Gesprächsteilnehmer sich gleichzeitig genau zu erinnern glauben. Und bezeichnenderweise entstehen durch vermeintlich genaue Erinnerungen, die stets und zumindest in den Details miteinander konkurrieren, solange keine ernsthaften Konflikte wie die Herstellung von Gemeinsamkeit das Verhalten der Beteiligten dominieren. Man einigt sich dann nämlich sehr schnell darauf, daß es so oder so ähnlich wohl gewesen sein müsse, und geht zu einem für die Aufrechterhaltung des Gesprächs ergiebigeren Punkt über. (Ebd.)

Ein Konflikt wird nach Rusch nicht zuletzt deshalb in der Regel vermieden, weil er nicht nur die jeweiligen Erinnerungselaborationen im Speziellen, sondern auch die Fiktion einer ‚objektiven', zumindest in Teilen zugänglichen Vergangenheit in Frage stellen könnte. Ausschließlich in Situationen, in denen Erinnerungen eine besondere soziale Relevanz haben und sanktionierbar werden wie beispielsweise vor Gericht, „wird das Konflikt- und Unsicherheitspotential konkurrierender Erinnerungen virulent" (ebd.).

Das Mediensystem hat für Sozialisationsprozesse allgemein wie auch für das Erlernen kulturell viabler Muster der Erinnerungselaboration eine zentrale Bedeutung (vgl. Schmidt 1996: 264ff.). Welzer schildert verschiedene Fälle, in denen sich in Kriegserinnerungen von Soldaten eigene Erfahrungen ununterscheidbar mit Motiven aus Kriegsfilmen und anderen medialen

---

45   Vgl. zum Begriff ‚operative Fiktion' u. a. Schmidt 2003b: 34.

46   Der Begriff der ‚Sozialisation' bzw. ‚Enkulturation' wird hier im Sinne eines aktiven Aneignungsprozesses verstanden. Für einen Überblick vgl. hierzu exemplarisch Hurrelmann 1999.

47   Hervorhebung aus dem Original entfernt.

Thematisierungen von Kriegserfahrungen vermischten. Medienangebote dienen nach Welzer

> als Füllmaterial für die Leerstellen in den Erzählungen, als Erklärungen für Widersprüche und als Lichtzeichen im Nebel der erzählten Vergangenheit. Dies gilt übrigens nicht nur für die Nachfolgegeneration, sondern auch für die Zeitzeugen selbst, deren Erlebnisse und Erfahrungen mit jenen Filmen und Bildern überblendet werden, die sie in der Nachkriegszeit gesehen haben. Die Stimmigkeit und Plausibilität von Erzählungen wird dabei zunehmend daran gemessen, inwieweit sie mit dem Bildinventar in Übereinstimmung zu bringen sind, das die Medien bereitgestellt haben. (2002: 175)

Diese kurzen Ausführungen machen deutlich, dass auch individuelles Gedächtnis und Erinnerung nicht ohne eine Berücksichtigung sozialer und insbesondere medialer Aspekte zu verstehen sind. Erinnerungselaborationen erfolgen in Anwendung eines Kulturprogramms, das in (Medien-)Sozialisation erworben wurde. Medienangebote können hier darüber hinaus nicht nur als ‚Füllmaterial' nach Welzer dienen, sondern als Anlässe, überhaupt Erinnerungsprozesse in Gang zu setzen. Dies gilt im privaten Bereich, man denke nur an Kindheitsfotos oder Tagebucheintragungen, die als Erinnerungsanlässe genutzt werden können und dann zugleich die Erinnerungselaboration als deren Voraussetzung prägen. Gleiches gilt für den massenmedialen Bereich, wenn Medienangebote zum Beispiel über ihre Thematisierungsfunktion bestimmte historische Themen als relevant und erinnerungswürdig einstufen und damit zu Erinnerungsanlässen werden können. Insofern sind Gedächtnis und Erinnerungen nie rein individuelle, sondern stets auch soziale und (medien)kulturelle Phänomene.

Zusammenfassung

Das bis hierher entwickelte Verständnis von Gedächtnis und Erinnerung auf kognitiver Ebene soll dazu dienen, eine reflektierte Analyse und Kritik von metaphorischen, gesellschaftlichen Modellen leisten zu können. Zusammenfassend sind folgende Aspekte als zentral beschrieben worden:

1. Eine strikte Trennung der Konzepte ‚Gedächtnis' und ‚Erinnerung' erscheint sinnvoll, wobei ‚Gedächtnis' als Funktion des Gehirns für eine Vielzahl von kognitiven Prozessen Leistungen erbringt. Es lässt sich mit Maturana als *Struktur* beschreiben, die von so unterschiedlichen *Prozessen* wie Wahrnehmen, Lernen oder Erinnern in Anspruch genommen werden kann.
   Die Ausdifferenzierung von Gedächtnisbegriffen verweist in diesem Zusammenhang darauf, dass es ‚das' Gedächtnis als lokalisierbaren Ort im

Gehirn nicht gibt, vielmehr können für die verschiedenen Gedächtnisleistungen verschiedene Systeme postuliert werden, für die jedoch wiederum gilt, dass sie keinen *genau* lokalisierbaren Ort haben. Als besondere Form von Gedächtnis in Anspruch nehmenden Prozessen zielen
bewusste Erinnerungsprozesse i. d. R. auf die Herstellung und Darstellung von sprachlichen Erinnerungselaborationen ab.

2. Vor diesem Hintergrund ist eine Hinwendung zu prozessorientierten
    Modellen – verbunden mit einer Abkehr von Speichermetaphern – plau-
    sibel, da sie die konstruktive und kreative Rolle von Gedächtnis und Er-
    innerung unterstreicht.

3. Der Zusammenhang von kognitiven und emotionalen Prozessen ist zu
    betonen.

4. Erinnerungsprozesse sind zentral für die fortlaufende Aufgabe der
    Herstellung und Darstellung von Identität in der Gegenwart. Die Selek-
    tivität von Erinnerung macht Erinnerungspolitik im Sinne von Erinne-
    rungs- und Identitätsmanagement möglich, unterwirft aber zugleich jede
    Elaboration dem Motivverdacht, indem der Status von ‚Objektivität‘
    nicht mehr beansprucht werden kann. Welche Erinnerungen sozial ak-
    zeptiert werden können, hängt zentral von dem orientierenden Kultur-
    programm ab.

5. Medien sind wie Kultur für alle Prozesse von Gedächtnis und Erinne-
    rung relevant: Medienangebote können als konkrete Erinnerungsanlässe
    dienen, in der Medien(kultur)sozialisation bieten sie darüber hinaus auf
    einer abstrakten Ebene Orientierung, welche Formen von Erinnerungs-
    elaborationen sozial erwartbar und akzeptabel sind. Schließlich können
    Erinnerungselaborationen selbst wieder zu Medienangeboten verarbeitet
    werden, die wieder als Erinnerungsanlässe genutzt werden können usf.

Der Zusammenhang jeder Erinnerung mit Medien und Kultur verdeutlicht
die Sozialität aller Erinnerungsprozesse. Mit Begriffen wie ‚kollektives‘ oder
‚kulturelles Gedächtnis‘ verbinden sich jedoch in der Regel noch weiterrei-
chende Annahmen. Sie postulieren nicht (nur) eine soziale Dimension von
Individualgedächtnis und individuellen Erinnerungen, sondern versuchen auf
verschiedene Weise, ein ‚Gedächtnis‘ von Gesellschaften oder Kulturen zu
modellieren. Diese Konzepte von sozialen Formen von Gedächtnis sollen im
folgenden Teil der vorliegenden Arbeit diskutiert werden.

Gedächtnis und Erinnerung im sozialen Bereich I: Der Stand der Debatte

Bevor eigene Überlegungen zu Gedächtnis und Erinnerung im sozialen Kontext angestellt werden, soll ein Überblick über den Stand der Diskussion in den Kulturwissenschaften gegeben werden.[1] Zwei Ansätze sind hierfür maßgeblich, die vertieft diskutiert werden sollen: die grundlegenden Anstöße von Halbwachs sowie die in Deutschland heute dominanten Überlegungen von A. und J. Assmann. Zunächst aber wird die historische Entwicklung gesellschaftlicher Gedächtnisforschung kurz dargestellt.

Wie alle Erinnerungsprozesse sind (wissenschafts-)historiographische Bemühungen notwendig konstruktiv und selektiv, mithin also kontingent. Angesichts der schon angedeuteten Diffusität des Forschungsfeldes stellt sich das Problem der Vielfalt möglicher Systematisierungen und Akzentuierungen hier verschärft. Es handelt sich bei der folgenden Darstellung also um *eine* Geschichte der gesellschaftlichen Gedächtnisforschung von zahllosen möglichen. Statt eine nicht einzulösende Vollständigkeit anzustreben, wurde bewusst eine knappe, auf zentrale Gebiete beschränkte Perspektive gewählt. Dabei wird der Fokus ausschließlich auf Thematisierungen von Gedächtnis und Erinnerung gelegt, die eine dezidiert soziale Orientierung zeigen. Die philosophischen Überlegungen zu Gedächtnis und Erinnerung, die seit der Antike kontinuierlich angestellt worden sind, bleiben ausgeblendet, da sie für die vorliegende Arbeit wenig relevant und bereits vergleichsweise gut dokumentiert sind.[2] Die hier vorgelegte Geschichte der gesellschaftsbezogenen Gedächtnisforschung orientiert sich an einem Überblick, den die amerikanischen Soziologen Jeffrey K. Olick und Joyce Robbins in einem kenntnisreichen Artikel entwickelt haben. Sie versuchen aus der Vielzahl der existierenden Ansätze eine Tradition für ‚social memory studies‘ zu fundieren (vgl.

---

[1] Für eine kommunikationswissenschaftliche Dissertation mag die folgende Darstellung oberflächlich als übertrieben langes Referat fachfremder Diskurse wirken. Wie aber bereits in Kapitel 1.1 gezeigt worden ist, hat das Themenfeld Gedächtnis und Erinnerung kaum eine Tradition in der deutschsprachigen Kommunikationswissenschaft. Eine ausführliche Auseinandersetzung mit den Debatten benachbarter Fächer ist daher der beste Weg, eine Grundlage auch für kommunikationswissenschaftliche Analysen zu schaffen, die sich dann im Themenfeld positionieren können.

[2] Einige lesenswerte Anthologien widmen sich dem Überblick über Reflexionen zum Gedächtnis, vgl. u. a. Fleckner 1995 oder Harth 1991.

1998). Eine entsprechende einheitliche Disziplin ist allerdings auch im amerikanischen Raum bis heute kaum zu erkennen. Olicks und Robbins' Bemühen um eine Geschichtsschreibung für das uneinheitliche Feld der Gedächtnisforschung ist jedoch bemerkenswert, handelt es sich doch paradoxerweise, wie Olick und Robbins konstatieren, um ein Feld, „that ironically has little organized memory of its own" (ebd.: 106).

Eine Geschichte der gesellschaftlichen Gedächtnisforschung

Wie erwähnt, setzt die menschliche Auseinandersetzung mit Gedächtnis und Erinnerung bereits sehr früh ein. Eine dezidiert soziale Perspektive entwickelt sich jedoch erst vergleichsweise spät und lässt sich kaum vor Ende des 19. oder Anfang des 20. Jahrhunderts ausmachen. Heutige Modelle beziehen sich dabei meist auf Halbwachs (vgl. 1966 [1925] sowie 1967 [1939]) als ersten Vordenker einer gesellschaftsorientierten Sicht, auf ihn wird im Anschluss ausführlicher eingegangen. Neben Halbwachs bemüht sich in dieser Zeit auch der Historiker Marc Bloch – anknüpfend an eine von ihm verfasste Rezension zu Halbwachs (vgl. Bloch 1925) – um eine Integration des Konzepts von ‚kollektivem Gedächtnis' in seine Arbeit, so etwa in seiner Studie über die Feudalgesellschaft (vgl. 1982 [1939]).

Aby Warburg prägt in den 1920er Jahren einen ähnlichen Begriff: Er widmet sich dem ‚sozialen Gedächtnis'. Dabei verfolgt er jedoch einen grundlegend anderen Ansatz als der an einer Theorie von Gedächtnis und Erinnerung arbeitende Halbwachs. Warburg arbeitet induktiv und versucht die Tradierung ästhetischer Formen und deren Wiederkehr nachzuzeichnen. So entwickelt er in seiner kunsthistorischen Forschung eine (implizite) Theorie des ‚kollektiven Bildgedächtnisses' (vgl. Erll 2003: 162). Auch Teile von Walter Benjamins Passagenwerk, an dem Benjamin Ende der 1920er Jahre zu arbeiten beginnt, stehen Warburgs Ansatz nahe. Benjamin verwendet zwar die Begriffe ‚soziales' oder ‚kollektives Gedächtnis' nicht, er untersucht aber doch u. a. die Frage nach der Beziehung zwischen Vergangenheit und Gegenwart beispielsweise im Zusammenhang mit der ‚Lesbarkeit' von Bildern:

> Nicht so ist es, daß das Vergangene sein Licht auf das Gegenwärtige oder das Gegenwärtige sein Licht auf das Vergangne wirft, sondern Bild ist dasjenige, worin das Gewesene mit dem Jetzt blitzhaft zu einer Konstellation zusammentritt. Mit andern Worten: Bild ist die Dialektik im Stillstand. Denn während die Beziehung der Vergangenheit zur Gegenwart eine rein zeitliche ist, ist die des Gewesnen zum Jetzt eine Dialektische: nicht zeitlicher sondern bildlicher Natur. (1991: 578[3])

---

3   Zum Zusammenhang von Benjamins Passagenwerk mit der Gedächtnisforschung vgl. auch Buck-Morss 1989.

Diese ersten Anstöße zur sozialen Dimension von Gedächtnis fanden zunächst in verschiedenen Disziplinen Widerhall. Hier ist zunächst die ursprünglich kritisierte Psychologie selbst zu nennen: Der bereits erwähnte Frederic C. Bartlett gilt als erster Fachvertreter, der individuelle Erinnerung in engem Zusammenhang mit sozialen Beziehungen sieht (vgl. 1961 [1932]). David Bakhurst (1990) zeichnet nach, wie sich Ende der 1920er Jahre auch in der Sowjetunion zunehmend Forschung zu der Beziehung von Kultur, Narration und Erinnerung etabliert.

Doch auch in anderen Disziplinen finden sich zu dieser Zeit Thematisierungen von Gesellschaft und Gedächtnis. So lassen sich zum Beispiel die Hinweise des Anthropologen Edward E. Evans-Pritchard über das genealogische „lineage system" der Nuer verstehen, das nach verschiedenen Kriterien selektiv bestimmte Verwandtschaftsverhältnisse ausblendet oder betont und als eine Form von strukturellem sozialem Vergessen beschrieben werden kann (vgl. Evans-Pritchard 1976 [1940]: 192ff., insbes. 198f.).

Während in verschiedenen Disziplinen die *soziale* Dimension von Gedächtnis und Erinnerung Gegenstand des Interesses war, beschäftigte sich die Wissenschaft ‚vom Sozialen' selbst, die Soziologie, kaum mit diesem Themenfeld. Der amerikanische Soziologe George H. Mead befasste sich zwar intensiv und innovativ mit den Konzepten von Zeit und Vergangenheit, seine Thesen wurden allerdings von der Soziologie kaum beachtet, da sein Interesse an diesen Themen im Fach allgemein als nicht-soziologisch bewertet wurde (vgl. hierzu Maines/Sugrue/Katovich 1983). Dabei entwickelte Mead ein Verständnis der wissenschaftlichen Re-Konstruktion von Vergangenheit in der Gegenwart, das Annahmen der Gedächtnisforschung sehr nahe steht:

> Wenn seine [=des Wissenschaftlers; MZ] Hypothese in diese Welt paßt und wenn sie antizipiert, was geschieht, so wird die Hypothese zur Erklärung dessen, was geschehen ist. Wenn sie scheitert, wird sie durch eine andere Hypothese und die ihr implizite Vergangenheit durch eine andere Vergangenheit ersetzt. Das heißt kurz gesagt, daß die Vergangenheit (oder die sinnvolle Struktur der Vergangenheit) ebenso hypothetisch ist wie die Zukunft. (1969 [1932]: 241)

In Europa widmete sich u. a. Emile Durkheim verschiedenen Konzepten von Zeit (z. B. 1994 [1915]), aber Erinnerung oder Gedächtnis betrachtete er nur am Rande und lediglich im Zusammenhang mit Gedenkriten vormoderner Gesellschaftsformen (vgl. ebd.: 505ff.), nicht jedoch bezogen auf die Gegenwart. Und auch für Karl Marx ist die Frage sozialer Reproduktion von zentraler Bedeutung, doch für ihn stehen nicht-bewusste Prozesse im Vordergrund. Intentionale Bezüge zur Vergangenheit betrachtet Marx als irrational und hinderlich, wobei er immerhin widerwillig das offenbar zutiefst menschliche Bedürfnis nach Tradition eingestehen muss:

Die Tradition aller toten Geschlechter lastet wie ein Alp auf dem Gehirne der Lebenden. Und wenn sie eben damit beschäftigt scheinen, sich und die Dinge umzuwälzen, noch nicht Dagewesenes zu schaffen, gerade in solchen Epochen revolutionärer Krise beschwören sie ängstlich die Geister der Vergangenheit herauf, entlehnen ihnen Namen, Schlachtparole, Kostüm, um in dieser altehrwürdigen Verkleidung und mit dieser erborgten Sprache die neue Weltgeschichtsszene aufzuführen. (1946 [1852]: 9f.)

Edward Shils versucht in seiner Studie *Tradition* zu zeigen, dass das geringe Interesse der frühen Soziologie etwa zur Zeit von Max Weber an einer Auseinandersetzung mit Vergangenheit, Erinnerung/Gedächtnis und Tradition nicht zuletzt aus einem rationalistischen Selbstverständnis der Disziplin resultierte:

Progressivistic in their outlook, social scientists disliked tradition, which they associated with backwardness and reactionary beliefs. They also subscribed, indeed oversubscribed to the naïve view that modern society was on the road to traditionlessness, to the domination of action by "interests" and "power". (1981: 9)[4]

Das Desinteresse an bzw. die Abwertung von Tradition und Erinnerung in der Soziologie ist vor diesem Hintergrund einerseits nachvollziehbar, im historischen Kontext jedoch auch überraschend: Der Literaturwissenschaftler Richard Terdiman zeichnet ein Bild der modernen Gesellschaft, die sich geradezu obsessiv mit Erinnerung und Gedächtnis auseinandersetzt – nur eben nicht in der modernen Gesellschafts*theorie* (vgl. 1993).

Zwischen der beschriebenen Phase erster, oft fragmentarischer und verstreuter Thematisierungen und den 1980er Jahren gibt es nur wenige Auseinandersetzungen mit dem Themenfeld. Eine Ausnahme stellt etwa W. Lloyd Warners umfangreiche Studie *The Living and the Dead* dar, die sich den historischen Symbolen Amerikas widmet (vgl. 1975 [1959]). Erst in den 1980er Jahren kam dann wieder ein breites wissenschaftliches Interesse an einer sozialen Perspektive auf Gedächtnis und Erinnerung auf, die in der zitierten Etablierung des Themenfeldes als neues ‚Paradigma‘ der Kulturwissenschaften kulminiert. Für diese Wiederentdeckung des Themenfeldes lassen sich unterschiedliche Gründe aufzeigen:

Wie schon in der Einleitung gezeigt worden ist, verweisen vor allem deutsche Einführung zumeist auf das Aussterben der Zeitzeugen des Holocaust und die rasanten Veränderungen auf dem Gebiet der (‚Speicher-‘) Medien. Oft werden zusätzlich auch die neuen Erkenntnisse der Hirnforschung über die Funktionsweisen des menschlichen Gedächtnisses genannt, die auch (kultur-)wissenschaftliche Arbeiten inspirieren.[5] Der amerikanische

---

4   Zu dem geringen Interesse der Sozialwissenschaften am Thema ‚Tradition‘ vgl. auch Thompson 2003: 181 und Giddens 2001: 53.

5   Vgl. exemplarisch Erll 2003: 156f.; J. Assmann 2002: 11; Böhme/Matussek/Müller 2000: 148ff.

Sozialtheoretiker Barry Schwartz versucht dagegen, die Renaissance des Themenfeldes mit intellektuellen Entwicklungen der 1960er und 1970er Jahre zu erklären, die sich als Leitmotive durch die spätere Gedächtnisforschung ziehen, namentlich Multikulturalismus, Postmodernismus und Theorien der Hegemonie:

> Multiculturalists conceive Middle America's historical vision as a support for its cultural dominance and a standard that marginalizes women and minorities. [...] Postmodernists feed the multicultural program by celebrating "petit narratives" of minorities who would be otherwise deleted from history and by deconstructing the "grand narratives" that answer ultimate questions about the dominant culture's origin, purpose and fate [...]. Hegemony scholars, too, treat memory as a contested object of differently empowered communities, but their interests are class-based. They see the politics of memory reconciling the masses to elite claims and privileges. (1996: 277f.)

Die verschiedenen Erklärungsansätze lassen sich nachvollziehbar durch die unterschiedlichen nationalen Perspektiven erklären: Während für die deutsche Forschung der Holocaust und mit ihm verbundene Fragen der Kontinuierung von Erinnerung vergleichsweise unumstritten im Vordergrund stehen, liegt in Amerika der innergesellschaftliche Kampf um Erinnerung im Zentrum des Interesses. Eine weitere Tradition, die für die heutige Gedächtnis- und Erinnerungsforschung wichtig ist, benennt Patrick H. Hutton, der auf die französische Schule der Mentalitätengeschichte verweist (vgl. 1993).

Michel Foucaults ‚archäologischer' Ansatz wird von Hutton als ‚Desakralisierung' von Tradition bewertet, die durch Vertreter der Mentalitätengeschichte wie Philippe Ariès oder Maurice Agulhon und ihre historischen Arbeiten weiter vorangetrieben wird. Das Interesse der Geschichtswissenschaft verschiebt sich in diesen Ansätzen. Tradition wird verstärkt vor dem Hintergrund der Legitimation und Manipulation gesehen. Diese Desakralisierung der Tradition wird beispielsweise in dem Sammelband *The Invention of Tradition* (vgl. Hobsbawm/Ranger 1983) thematisiert. Hutton sieht diese Ansätze als die Grundlage, auf der das Interesse an Halbwachs und sozialen Aspekten von Gedächtnis und Erinnerung wieder aufkommen konnte. Noras sieben Bände umfassendes Projekt *Les lieux de mémoire* (1984-1992), in dem er sich bemüht, alle Erinnerungsorte Frankreichs[6] zu dokumentieren, lassen sich als Klimax dieser Entwicklung beschreiben.

Weitere fachliche Anschlüsse der Gedächtnis- und Erinnerungsforschung machen Olick und Robbins in der Soziologie aus (vgl. 1998: 108), die sich etwa mit Pierre Bourdieu vermehrt der Auseinandersetzung mit Prozessen und Praktiken widmete und sich zugleich zunehmend einem Verständnis von Kultur öffnete, das funktionalistische Definitionen weit übersteigt. In

---

6 Für Deutschland haben sich im Anschluss an Nora Etienne François und Hagen Schulze (2001) um die Analyse nationaler Erinnerungsorte bemüht.

Amerika entwickelte die Soziologin Diana Crane ein Konzept, das Kultur als konstitutive symbolische Dimension aller sozialen Prozesse versteht (vgl. 1995). Mit einem solchen Kulturverständnis – ebenso wie mit der Theorie von Kultur als Programm, wie sie hier präferiert wird – wird Kultur notwendig als historisch erkennbar. Erinnerung und Gedächtnis können dann als grundlegend für die Tradierung von Kultur beschrieben werden.

Heute ist, wie schon skizziert, das Themenfeld in ganz unterschiedlichen Disziplinen von großer Bedeutung. Besonders umkämpft war seine Etablierung wohl vor allem in der Psychologie und der Geschichtswissenschaft. Die an Halbwachs anschließenden Auseinandersetzungen mit Erinnerung und Gedächtnis sind zunächst als Bemühen um eine Abkehr von der Individuums- und Psychologiefixierung der Gedächtnisforschung und somit letztlich als Angriff auf die Fachtradition der Psychologie zu verstehen. Doch nicht nur ausgewiesene Sozialpsychologen wie David Middleton und Derek Edwards (vgl. 1990) vertreten mittlerweile eine soziale Perspektive. Auch Psychologen und Kognitionswissenschaftler bemühen sich um eine Integration von gesellschaftlichen Zusammenhängen in ihre Forschung, so etwa Neisser, der Erinnerung jenseits von Laborexperimenten untersucht (vgl. 1982), und auch Schacter, der sich mit dem Sammelband *Memory Distortion. How Minds, Brains and Societies Reconstruct the Past* (1995a) um eine interdisziplinäre Perspektive bemüht.

Vergleichbar problematisch ist die Position der sozialen Gedächtnis- und Erinnerungsforschung zur Geschichtswissenschaft, die ihr gesellschaftliches Monopol zur Auseinandersetzung mit der Vergangenheit in Gefahr sieht und zugleich in eine Relevanz-Debatte gezwungen worden ist: Halbwachs etwa begründet eine Opposition, nach der ‚Geschichte' als tote Vergangenheit anzusehen ist und ‚Gedächtnis' dasjenige bezeichnet, was für die Gegenwart ‚lebendig' und bedeutsam ist (vgl. 1966: 71ff.). Statt der von der Geschichtswissenschaft behaupteten ‚Objektivität' werden nun ‚Relevanz' oder ‚Bedeutsamkeit' eingefordert (vgl. auch Olick/Robbins 1998: 110).

Die Geschichtswissenschaft versuchte zunächst dieser potentiellen Abwertung zu begegnen, indem sie sich auf die klare Differenzierung zwischen ‚objektiver' Geschichte und ‚selektivem' Gedächtnis einließ, dabei jedoch für sich die wichtige Position beanspruchte, ein Gegengewicht zu dem offen selektiven, gegenwartsgeprägten Gedächtnis darzustellen; so argumentiert beispielsweise Yosef Hayim Yerushalmi in seiner Gegenüberstellung von ‚jüdischer Geschichte' und ‚jüdischem Gedächtnis' (vgl. 1988).

Diese Opposition von Geschichte und Gedächtnis ist jedoch heute nicht mehr aufrechtzuerhalten. Nicht nur aktuelle geschichtswissenschaftliche Ansätze – wie die schon in den 1960er Jahren u. a. von dem Ethnologen Jan Vansina begründete ‚Oral History' (vgl. u. a. 1965; 1985) oder auch die bereits zitierte Mentalitätengeschichte – weisen eine hohe Affinität zu der in

Nachbardisziplinen betriebenen Gedächtnis- und Erinnerungsforschung auf. Auch die epistemologischen Implikationen der strengen Dichotomie sind in der heutigen Historiographie überholt. Autoren wie Hayden White (vgl. etwa 1987; 1986) oder Paul Veyne (vgl. 1990 [1971]) haben die Konstruktivität der Geschichtsschreibung und ihre Nähe zur literarischen Narration herausgearbeitet und den Objektivitätsanspruch der Geschichtswissenschaft grundlegend in Frage gestellt.[7] Neben epistemologischen Zweifeln an der ‚Wahrheit‘ der Geschichte hat etwa Peter Novick in seiner Studie *That noble dream: The 'objectivity question' and the American historical profession* (1999) nachgezeichnet, dass gerade die Geschichtswissenschaft zur politischen Legitimation genutzt wird und ihre ‚Objektivität‘ auch aus dieser Perspektive kaum zu behaupten ist. Die Geschichtsschreibung erscheint so vielmehr als *eine* spezifische Form gesellschaftlicher Erinnerungsleistungen mit spezifischen Diskursbedingungen. So argumentiert auch der Historiker Peter Burke in seinem Aufsatz „History as Social Memory" (1989).

Schon dieser knappe Überblick über die Geschichte der Perspektiven auf soziale Aspekte von Gedächtnis und Erinnerung zeigt, dass eine rein lineare, kohärente ‚Fachtradition‘ kaum zu konstruieren ist. Es lassen sich aber durchaus einige Fixpunkte ausmachen, die immer wieder als Grundlage für heutige Thematisierungen genutzt werden. Die relevantesten Ansätze des kulturwissenschaftlichen Diskurses sollen im Folgenden detaillierter vorgestellt werden.

Kulturwissenschaftliche Modelle von Gedächtnis und Erinnerung

In den unterschiedlichen Disziplinen haben sich sehr unterschiedliche Thematisierungen eines vermeintlichen gesellschaftlichen Gedächtnisses entwickelt, und dementsprechend stehen heute verschiedene Terminologien nebeneinander. Die am weitesten ausdifferenzierte und theoretisch vergleichsweise expliziteste Terminologie hat sich im deutschsprachigen Raum in Anschluss an A. und J. Assmann entwickelt, die auch im internationalen Kontext zu den Protagonisten des Gedächtnisdiskurses zählen. Bevor deren Modell näher diskutiert wird, soll zunächst knapp auf Halbwachs eingegangen werden, der, wie beschrieben, als der ‚Vater‘ jeder gesellschaftsorientierten Thematisierung von Gedächtnis und Erinnerung bezeichnet werden kann.

---

7   In Deutschland vertritt zum Beispiel Georg Iggers eine solche Perspektive (vgl. 1993).

Maurice Halbwachs – Das kollektive Gedächtnis

Für Halbwachs' Theorie ist, wie erwähnt wurde, die Annahme zentral, dass jede Form von Gedächtnis sozial bedingt ist (vgl. 1966 [1925]; 1967 [1939]). Zu seinen Lebzeiten stellte diese These einen Bruch mit der Tradition der Gedächtnisforschung dar, die sich bisher vor allem auf die biologisch-genetischen und psychologischen Bedingungen von Gedächtnis konzentriert hatte (vgl. Braunwarth 2002: 91).

In das Zentrum von Halbwachs' Analysen rückte stattdessen das Verhältnis von Individualgedächtnis und dessen ‚sozialen Rahmen' (‚*cadres sociaux*'[8]). Halbwachs bestimmt Individualgedächtnis als soziogen in zweierlei Hinsicht: Da Gedächtnis nach Halbwachs nur durch Sozialisationsprozesse vermittelt entstehen könne, basiere es auf Gemeinschaft. Zugleich stelle es Gemeinschaft her, indem es sich auf ein Gruppen-Gedächtnis beziehe und dieses bestätige (vgl. auch A. Assmann/J. Assmann 1994: 118). Solche ‚kollektiven' Gedächtnisse (‚*mémoire collective*'[9]) postuliert Halbwachs für jede soziale Gruppe, etwa für Familien, religiöse Gemeinschaften oder auch soziale Klassen.

Die Trägerschaft dieser ‚kollektiven Gedächtnisse' bleibt bei Halbwachs unklar. In seiner Theorie finden sich einerseits Hinweise auf ein Modell, das Gedächtnis und Erinnerung als grundsätzlich personengebunden ansieht (vgl. A. Assmann/J. Assmann 1994: 118); Bezüge von individuellem Gedächtnis zu den Sinn-Rahmen des ‚kollektiven' Gedächtnisses lassen sich so als *metaphorische* Bezugnahme zu einem imaginär angenommenen kollektiven Gedächtnis verstehen. Andererseits suggeriert Halbwachs bisweilen geradezu eine ontologische *Existenz* von ‚Gruppengedächtnissen'. Hier wird Individualgedächtnis jeweils als ‚Teil' von kollektivem Gedächtnis beschrieben (vgl. 1966: 200), wobei ein Aktant in mehreren sozialen Rollen an mehreren kollektiven Gedächtnissen teilhaben könne (vgl. A. Assmann/J. Assmann 1994: 118). Ähnlich uneindeutig formuliert Halbwachs: Das kollektive Gedächtnis „umfaßt die individuellen Gedächtnisse, aber verschmilzt nicht mit ihnen" (1967: 35).

Bemerkenswert ist, dass Halbwachs bereits die Konstruktivität von Gedächtnis und Erinnerung betont. Unter der Überschrift „Die Rekonstruktion der Vergangenheit" erläutert Halbwachs, dass jede Erinnerung im Hinblick auf aktuelle Bezugsrahmen erfolgt (vgl. 1966: 125ff., insbes. 143ff.). Nur das werde erinnert, „was die Gesellschaft in jeder Epoche mit ihren gegenwärtigen Bezugsrahmen rekonstruieren kann" (ebd.: 390). Insofern Erinnerung somit stets im Hinblick auf gegenwärtige Kontexte und Sinnbezüge kon-

---

8   Vgl. den französischen Titel *Les cadres sociaux de la mémoire* von Halbwachs (1966).
9   Vgl. den französischen Titel *La mémoire collective* von Halbwachs (1967).

struiert wird, bestimmt Halbwachs sie als subjektiv und interessengebunden (vgl. 1967: 71ff.). Sie ziele auf die Nivellierung von Brüchen und die Herstellung von Kohärenz (vgl. ebd.: 68ff.) und diene so der Herstellung sowohl individueller Identität (vgl. 1966: 132) als auch von Gruppenidentität unter den Bedingungen einer konkreten räumlich-zeitlichen Gegenwart: Die Gesellschaft, so Halbwachs, neige dazu,

> aus ihrem Gedächtnis alles auszuschalten, was die einzelnen voneinander trennen, die Gruppen voneinander entfernen könnte, und darum manipuliert sie ihre Erinnerung in jeder Epoche, um sie mit den veränderlichen Bedingungen ihres Gleichgewichts in Übereinstimmung zu bringen (ebd.: 382).

Schon in diesen kurzen Ausführungen[10] wird deutlich, dass Halbwachs bereits in den dreißiger Jahren des vergangenen Jahrhunderts eine Theorie sozialer Formen von Erinnerung skizziert hat, die sich in zahlreichen Punkten in Bezug setzen lässt zu einem konstruktiven Modell von individueller Erinnerung, wie es hier erläutert worden ist und in dieser Form erst jüngst verbreitet vertreten wird. Aspekte wie die Konstruktivität von Gedächtnis und Erinnerung sowie die zentrale Rolle dieser Konstruktivität im Hinblick auf die Möglichkeit von Identitätsstiftung sind wichtige Elemente von Halbwachs' Theorie. Auch der Hinweis, Vergessen entspreche dem Fehlen geeigneter Erinnerungsanlässe bzw. geeigneter aktueller Sinn-Rahmen, verweist auf die bereits von Halbwachs erkannte Politizität von Erinnerungskonstruktionen in der jeweiligen Gegenwart.

Halbwachs, der 1945 im Konzentrationslager Buchenwald starb, konnte seine Theorie nicht fertig stellen. Seine Arbeit zum ‚kollektiven Gedächtnis' liegt nur als unvollständiges Manuskript vor. Nicht zuletzt hieran mag es liegen, dass in Halbwachs' Modell einige Fragen ungeklärt bleiben. Braunwarth kritisiert, der Theorieentwurf Halbwachs' bleibe „inhaltlich zu undifferenziert und systematisch zu wenig entflochten, als dass sein tatsächlich geleisteter Paradigmenwechsel der Fragestellung die Gedächtnisforschung schon endgültig an das Ziel ihres Wissensdurstes geführt hätte" (2002: 105).

Für die vorliegende Arbeit sind vor allem die ausgebliebene Ausarbeitung eines präziseren theoretischen Konzeptes von kollektivem Gedächtnis inklusive einer Explizierung seiner Trägerschaft sowie Halbwachs' nahezu umfassendes Desinteresse an dem Zusammenhang zwischen Medien und Gedächtnis bzw. Erinnerung problematisch (vgl. auch ebd.: 110). A. und J. Assmann haben in Deutschland zu einer Renaissance von Halbwachs' Konzept maßgeblich beigetragen (vgl. Braunwarth 2002: 104) und sein Modell eines kollektiven Gedächtnisses adaptiert und weiterentwickelt. Ihr Modell eines ‚kulturellen' Gedächtnisses wird im Folgenden vorgestellt.

---

10 Für eine ausführlichere Darstellung der Theorie Halbwachs' vgl. exemplarisch J. Assmann 2002: 34ff. oder Braunwarth 2002: 90ff.

Ausdifferenzierung: Das kulturelle Gedächtnis nach A. und J. Assmann

Der zentrale Anknüpfungspunkt an Halbwachs, den J. Assmann selbst für sein Modell eines ‚kulturellen Gedächtnisses' nennt, ist das sozial-konstruktivistische Verständnis von Vergangenheit (vgl. J. Assmann 2002: 47). Vergangenheit, mit dieser These beginnt J. Assmann sein Modell des kulturellen Gedächtnisses, entstehe „überhaupt erst dadurch, daß man sich auf sie beziehtʻ (ebd.: 31).

Die verschiedenen Arten einer solchen Bezugnahme auf Vergangenheit, d. h. einer Rekonstruktion von Vergangenheit in Erinnerung, versucht J. Assmann mit dem Begriff ‚Erinnerungskulturʻ zu fassen (vgl. ebd.: 29ff.). In Abgrenzung zu dem aus der Antike stammenden Begriff der ‚Gedächtniskunstʻ, bzw. der ‚ars memoriae', die sich auf die Gedächtnisleistung des *Einzelnen* bezieht, bestimmt J. Assmann Erinnerungskultur als *soziales* Phänomen, ja als „soziale[.] Verpflichtungʻ (ebd.: 30). In Erinnerungskultur spiegele sich die für soziale Gruppen relevante Frage, was „nicht vergessenʻ werden dürfe (ebd.). Einen solchen Vergangenheitsbezug durch soziale Formen von Erinnerungen versteht auch J. Assmann als entscheidend für Gemeinschafts- und Identitätsstiftung. Daher lasse sich „schlechterdings keine soziale Gruppierung denken, in der sich nicht – in wie abgeschwächter Form auch immer – Formen von Erinnerungskultur nachweisen ließenʻ (ebd.).

J. Assmann unterscheidet in seinem Modell zwei ‚Modiʻ des sozialen Erinnerns, einerseits ‚biographischeʻ, andererseits ‚fundierendeʻ Erinnerung (vgl. ebd.: 51f.). Biographische Erinnerungen beziehen sich hier nicht primär auf individuell-biographische Erlebnisse. Da J. Assmanns Fokus auf der sozialen Bedeutung von Erinnerung liegt, fasst er unter ‚biographischen Erinnerungenʻ nur solche, „die der Mensch mit seinen Zeitgenossen teiltʻ (ebd.: 50). Diese Erinnerungen seien wenig formalisiert und geprägt vor allem durch persönliche Interaktionen. Insofern sie sich auf die Erfahrungen lebender Personen beziehen, umfassen die gesellschaftlich relevanten biographischen Erinnerungen nach J. Assmann in der Regel nicht mehr als die Zeitspanne dreier Generationen. Diesen zeitlichen Rahmen von ca. 80 Jahren beschreibt Erll in Anlehnung an J. Assmann als „‚mitwandernden' Zeithorizontʻ (2003: 171) der biographischen Erinnerungen in einer Gesellschaft. Dieser bezieht sich immer auf die jüngste Vergangenheit und vergeht und erneuert sich mit seinen Trägern, den erinnernden Menschen. ‚Fundierende Erinnerungʻ wird von J. Assmann in vieler Hinsicht als Gegenpol zur biographischen Erinnerung konzipiert. Sie beziehe sich nicht auf eine rezente Vergangenheit, sondern auf „Fixpunkte in der Vergangenheitʻ (2002: 52)[11], die in

---

11   An anderer Stelle sprechen A. Assmann und J. Assmann gar von einer „absolute[n] Vergangenheitʻ (1994: 119).

der Form von ‚fundierender Geschichte‘, von ‚Gründungsmythen‘ erinnert werden (vgl. ebd.). Anders als informelle Alltagskommunikation sei sie in der Regel stark formalisiert, ihr hafte etwas „Feierliches, Außeralltägliches" an (ebd.: 53), was sich auch an der differenzierteren Form der Teilhabe zeige: Fundierende Erinnerung werde in der Gesellschaft stets durch professionalisierte Träger geleistet, darunter „die Schamanen, Barden, Griots ebenso wie die Priester, Lehrer, Künstler, Schreiber, Gelehrten, Mandarine und wie die Wissensbevollmächtigten alle heißen mögen" (ebd.: 54).

In der zeitlichen Dimension macht J. Assmann zwischen den beiden Bezugsebenen der biographischen und der fundierenden Erinnerung in Anlehnung an einen Begriff Vansinas ein ‚floating gap‘ aus, die sich aus dem nicht erinnerten zeitlichen Raum zwischen wandelnder, jüngster Vergangenheit und fixierter, mythischer ‚Ursprungszeit‘ ergibt (vgl. J. Assmann 2002: 48ff.). Vansina beobachtete solche zeitliche Erinnerungs-Lücken bei oralen Gesellschaften. Aus der Innenperspektive werde die Lücke jedoch nicht wahrgenommen, wie J. Assmann betont, „die beiden Ebenen der Vergangenheit [stoßen] vielmehr nahtlos aufeinander" (ebd.: 49).

Terminologisch nicht unproblematisch ist J. Assmanns geringe begriffliche Trennschärfe bei der Verwendung der Begriffe ‚Erinnerung‘ und ‚Gedächtnis‘.[12] Während soziale Formen von *Erinnerung* bei J. Assmann als beobachtbare Prozesse beispielsweise in informeller Kommunikation, religiösen Riten, Festtagen noch vergleichsweise klar umschrieben sind, ist sein *Gedächtnisbegriff* deutlich unschärfer. ‚Gedächtnis‘ liest sich als Summe einer Menge von Erinnerungen. Dies jedenfalls suggerieren Formulierungen wie: Gedächtnis „umfaßt Erinnerungen" (ebd.: 50). So schreibt J. Assmann den zwei Modi des Erinnerns ohne nähere theoretische Erläuterungen zwei Formen von Gedächtnis zu[13]: ein ‚kommunikatives Gedächtnis‘, das die biographischen Erinnerungen ‚umfasst‘, sowie ein ‚kulturelles Gedächtnis‘, dem die fundierende Erinnerung zugeordnet wird (vgl. ebd.: 50ff.). Gemeinsam bilden diese Formen von Gedächtnis das ‚kollektive‘ Gedächtnis, das J. Assmann damit, auf Halbwachs aufbauend, ausdifferenziert (vgl. ebd.: 51; siehe auch Tabelle 1).[14]

J. Assmanns Fokus liegt auf der Beschreibung des kulturellen Gedächtnisses, für das er in seiner Theorie verschiedene zentrale Merkmale bestimmt.

---

12   Vgl. hierzu insbesondere auch Kapitel 4.4.1.

13   An anderer Stelle sprechen A. und J. Assmann in Anlehnung an Halbwachs von „Gedächtnis-Rahmen" (A. Assmann/J. Assmann 1994: 119).

14   An anderer Stelle ziehen A. und J. Assmann für kommunikatives und kulturelles Gedächtnis auch Analogien zu Kurzzeit- und Langzeitgedächtnis (vgl. A. Assmann/J. Assmann 1994: 119). Diese Begriffe sind jedoch kaum geeignet, zu einer Klärung der ohnehin unscharfen Terminologie beizutragen, vielmehr stellen sie nur weitere (durchaus fragwürdige) Metaphern dar, die von A. und J. Assmann nicht näher expliziert werden.

Sowohl kommunikatives als auch kulturelles Gedächtnis werden von J. Assmann als ‚identitätskonkret' und ‚rekonstruktiv' verstanden, d. h. sie haben eine zentrale Rolle für die Konstruktion von Identität sozialer Gruppen und sind als selektive, gegenwartsbezogene (Re-)Konstruktionen zu verstehen. (Vgl. J. Assmann 1988: 13; Erll 2003: 172) Spezifisch für das *kulturelle* Gedächtnis ist nach J. Assmann, wie angesprochen, seine ‚Geformtheit', was sich nicht auf ein spezifisches Medium, sondern auf „sprachliche[.], bildliche[.] und rituelle[.] Formung" bezieht, die im Kontrast zum kommunikativen Gedächtnis steht (vgl. J. Assmann 1988: 14).

Kollektives Gedächtnis

Kommunikatives Gedächtnis	Kulturelles Gedächtnis
▪ Geschichtserfahrungen im Rahmen individueller Biographien	▪ Mythische Urgeschichte, Ereignisse in einer absoluten Vergangenheit
▪ Informell, wenig geformt, naturwüchsig, entstehend durch Interaktion ⇨ ‚Alltag'	▪ Gestiftet, hoher Grad an Geformtheit, zeremonielle Kommunikation ⇨ ‚Fest'
▪ Lebendige Erinnerung in organischen Gedächtnissen; Erfahrungen und Hörensagen	▪ Feste Objektivationen, traditionelle symbolische Kodierung/Inszenierung in Wort, Bild, Tanz usw.
▪ Umfasst 80-100 Jahre, mit der Gegenwart mitwandernder Zeithorizont von 3-4 Generationen	▪ Absolute Vergangenheit einer mythischen Urzeit
▪ Unspezifische Träger, Zeitzeugen einer Erinnerungsgemeinschaft	▪ Spezialisierte Traditionsträger

Tabelle 1: Kommunikatives und kulturelles Gedächtnis als Ausdifferenzierung eines kollektiven Gedächtnisses[15]

Weitere Merkmale des kulturellen Gedächtnisses sind J. Assmann zufolge ‚Organisiertheit', ‚Verbindlichkeit' und ‚Reflexivität'. Organisiertheit bezieht sich hier auf die gesellschaftliche Institutionalisierung, beispielsweise durch die erwähnte spezifische Trägerschaft. Verbindlichkeit ergibt sich durch den Bezug des kulturellen Gedächtnisses auf ein „normatives Selbstbild der Gruppe", aus dem sich „eine klare Wertperspektive und ein Relevanzgefälle"

---

15   Quelle: aus A. Assmann/J. Assmann 1994: 120.

ergebe (ebd.[16]). J. Assmann bestimmt kulturelles Gedächtnis als ‚reflexiv' in einem dreifachen Sinn: Es reflektiere sowohl die „gängige Praxis", die Lebenswelt einer Gruppe, als auch deren Selbstbild und schließlich auch sich selbst in Form von „Auslegung, Ausgrenzung, Umdeutung, Kritik, Zensur, Kontrolle und Überbietung" (ebd.: 15).

J. Assmann betont, dass die Merkmale und Funktionen des kulturellen Gedächtnisses historisch konstant seien. Während jedoch die fundierende Erinnerung in oralen Gesellschaften auf die genaue Wiederholung ihrer Mythen durch (in der Regel spezialisierte) menschliche Träger angewiesen sei, bringe die Entwicklung der Schrift deutliche Veränderungen in der Art des kulturellen Vergangenheitsbezugs. An die Stelle ‚ritueller Kohärenz' oraler Gesellschaften setzt J. Assmann den Begriff der ‚textuellen Kohärenz' für skriptorale Gesellschaften (vgl. Assmann 2002: 87ff.).

Kollektives Gedächtnis

Kommuni- katives Gedächtnis	Kulturelles Gedächtnis	
	Speichergedächtnis	**Funktionsgedächtnis**
	▪ Das Andere, Überschreitung der Gegenwart	▪ Das Eigene, Fundierung der Gegenwart auf einer bestimmten Vergangenheit
	▪ Anachron: Zweizeitigkeit, Gestern neben dem Heute, kontrapräsentisch	▪ Diachron: Anbindung des Gestern an das Heute
	▪ Unantastbarkeit der Texte, autonomer Status der Dokumente	▪ Selektiver = strategischer Gebrauch von Erinnerungen
	▪ Literatur, Kunst, Museen, Wissenschaft als Medien und Institutionen	▪ Feste und öffentliche Riten kollektiver Kommemoration als Medien und Institutionen
	▪ Individuen innerhalb der Kulturgemeinschaft als Träger	▪ Kollektivierte Handlungssubjekte als Träger

Tabelle 2: Ausdifferenzierung des kulturellen Gedächtnisses in Speicher- und Funktionsgedächtnis[17]

---

16   Hervorhebung aus dem Original entfernt.
17   Quelle: aus A. Assmann/J. Assmann 1994: 123.

Mit der Einführung der Schrift können erstmals weit mehr Erinnerungsanlässe bereitgehalten werden als tatsächlich realisiert werden. Damit stellt sich die Frage nach der Selektivität und Kontingenz sozialer Formen von Erinnerung verschärft. J. Assmann spricht in diesem Zusammenhang von zwei ‚Modi‘ des kulturellen Gedächtnisses: einerseits dem der „Potentialität als Archiv, als Totalhorizont angesammelter Texte, Bilder, Handlungsmuster", andererseits dem Modus der „Aktualität, als der von einer jeweiligen Gegenwart aus aktualisierte und perspektivierte Bestand an objektiviertem Sinn" (1988: 13). Dieser Unterscheidung entspricht die später von A. Assmann eingeführte Differenzierung zwischen ‚Speicher-‘ und ‚Funktionsgedächtnis‘ (vgl. 1999: 130ff.; siehe auch Tabelle 2).

Dem Modus der Aktualität entspricht demgegenüber das ‚Funktionsgedächtnis‘, das von A. Assmann als ‚bewohnter‘ Teil des kulturellen Gedächtnisses modelliert wird (vgl. ebd.: 133ff.). Ihm sind die für eine Gesellschaft aktuell ‚bedeutungsgeladenen‘ Elemente zugeordnet, die sich zu einer kohärenten Geschichte zusammenfügen lassen. Es ist somit hochgradig selektiv und konstruktiv und im Vergangenheitsbezug stets auch auf Gegenwart und Zukunft gerichtet (vgl. ebd.: 137). Die Selektivität des Funktionsgedächtnisses verweist bei A. Assmann auf seine Politizität und strategische Bedeutung. A. Assmann unterscheidet drei Varianten, wie durch das Funktionsgedächtnis auf Vergangenheit Bezug genommen werden kann: Dies sind Legitimation, Delegitimation sowie Distinktion. Den Gebrauch des Funktionsgedächtnisses zum Zweck der Legitimation bringt A. Assmann mit der knappen Formel „Herrschaft braucht Herkunft" (ebd.: 138) auf den Punkt. Herrschende nutzen das Funktionsgedächtnis, um ihre Herrschaft historisch zu legitimieren und fortzuschreiben.

Da diese legitimierende Funktion eines ‚offiziellen‘ Gedächtnisses stets mit Machtausübung verbunden ist, schafft es zugleich Raum für eine kritisch subversive Gegenposition, die Gedächtnis zur Delegitimation nutzen kann:

> Das Motiv der Gegenerinnerung, deren Träger die Besiegten und Unterdrückten sind, ist die Delegitimierung von Machtverhältnissen, die als oppressiv erfahren werden. Sie ist ebenso politisch wie die offizielle Erinnerung. [...] Die Erinnerung, die in diesem Falle ausgewählt und aufbewahrt wird, dient zur Fundierung nicht der Gegenwart, sondern der Zukunft, d. h. jener Gegenwart, die auf den Umsturz der bestehenden Machtverhältnisse folgen soll. (Ebd.: 139)

Unter der Funktion der ‚Distinktion‘ schließlich fasst A. Assmann solche Gebrauchsweisen, „die der Profilierung einer kollektiven Identität dienen" (ebd.). Hier geht es um die Etablierung einer Unterscheidung ‚Wir‘ /‚Die Anderen‘, die etwa die Identität religiöser oder nationaler Gruppen bestimmt.

Der Ägyptologe Jan Assmann entwickelt sein Modell eines kulturellen Gedächtnisses vor allem in der Untersuchung früher Hochkulturen; die Anglistin Aleida Assmann ergänzt dieses Modell mit Studien, die sich zeitlich weniger eingegrenzt mit Themen von der Antike bis zur Gegenwart auseinandersetzen. Fokus bleibt jedoch eine Auseinandersetzung mit den Veränderungen von sozialer Erinnerung unter den Bedingungen von Mündlichkeit vs. Schriftlichkeit (vgl. exemplarisch A. Assmann/J. Assmann 1983) und eine Auseinandersetzung mit Gedächtnis in ‚hochkulturellen' Kontexten wie Literatur oder bildender Kunst (vgl. u. a. A. Assmann 1999). Eine Untersuchung des Zusammenhangs von Gedächtnis und anderen Medien als Schrift oder Buchdruck, insbesondere der Möglichkeiten sozialer Formen von Erinnerung unter den Bedingungen audio-visueller Medien, erfolgt dabei nur fragmentarisch.[18]

Weiterentwicklungen und alternative Modelle

Wie erwähnt, ist es ein zentrales Kennzeichen der kulturwissenschaftlichen Debatte um Gedächtnis und Erinnerung, dass es bis heute kein ausgearbeitetes theoretisches Konzept sozialer Formen von Gedächtnis oder Erinnerung gibt, das allgemein akzeptiert wäre. Stattdessen kursiert eine Vielzahl mehr oder weniger klar umgrenzter Begriffe. Eine schon beachtliche Auswahl zählt Erll auf: „*memoria, mémoire collective,* ‚soziales Gedächtnis', *lieux de mémoire, invented traditions,* ‚kulturelles Gedächtnis', ‚kommunikatives Gedächtnis' oder *cultural memory*" (2003: 158).

Beispielhaft sollen hier zwei Begriffe näher beleuchtet werden, die als Alternativen oder Ergänzungen zum Modell von A. und J. Assmann gelesen werden können. Eine Forschungsrichtung hat sich im Anschluss an Nora um den Begriff *‚lieux de mémoire'* (‚Gedächtnis-' bzw. ‚Erinnerungsort') formiert. Noras zentrale These behauptet eine gegenwärtige Auflösung selbstverständlicher Gedächtnisgemeinschaften. Geschichte als „stets problematische und unvollständige Rekonstruktion dessen, was nicht mehr ist", sieht Nora als konträr zu Gedächtnis, das „ein stets aktuelles Phänomen, eine in ewiger Gegenwart erlebte Bindung" sei (1998: 13).

Für Nora stellt somit ebenso wie bei Halbwachs das Wortpaar ‚Gedächtnis' und ‚Geschichte' einen fundamentalen Gegensatz dar – jedoch mit einer anderen theoretischen Begründung. Wohl kennzeichnend dafür, dass Nora seine Überlegungen nicht zu Beginn, sondern gegen Ende des 20. Jahrhunderts formuliert, kann er nicht mehr von einer ‚Objektivität' der Geschichte sprechen, wie es Halbwachs noch getan hat. Vielmehr sieht Nora die Opposition nun in der unvermittelten Direktheit, in Aktualität und Lebendigkeit des ursprünglichen Gedächtnisses gegenüber der vermittelten, „intellektuel-

---

18   Auf A. und J. Assmanns Ausführungen zu Medialität und Gedächtnis wird in Kapitel 4.3 noch näher eingegangen.

le[n], verweltlichende[n] Operation" der Geschichte, die auf distanzierender „Analyse und kritische[r] Argumentation" beruhe (ebd.).

Für die Gegenwart spricht Nora von einer „Zerrüttung des Gedächtnisses unter dem erdrückenden und entwurzelnden Zugriff der Geschichte" (ebd.: 12). Gedächtnisorte versteht Nora als changierend zwischen Geschichte und Gedächtnis, als Phänomene des Übergangs. Auf Noras These vom Ende des Gedächtnisses wird in Kapitel 4.4 im Zusammenhang einer auch von anderen Forschern diagnostizierten ‚Krise des Gedächtnisses' noch weiter eingegangen. Hier ist vor allem relevant, dass der Begriff des Gedächtnisortes sich bei Nora keineswegs allein auf geographische Orte bezieht, sondern sehr weit verstanden wird. In dem umfangreichen Sammelwerk *Les lieux de mémoire*, das Nora herausgegeben hat (1984-1992), versucht er,

> an die Stelle einer allgemeinen, thematischen, chronologischen oder linearen Untersuchung eine in die Tiefe gehende Analyse der ‚Orte' [...] zu setzen, in denen sich das Gedächtnis der Nation Frankreich in besonderem Maße kondensiert, verkörpert oder kristallisiert hat. (1998: 7)

Dabei werden Gebäude, aber auch Gedenkstätten oder Kriegerdenkmäler als ‚Ort' verstanden und sogar Rituale oder Texte. Hier scheint die Metapher des Ortes eine Reflexion der spezifischen Medialität der untersuchten ‚Gedächtnisorte' weitgehend abgelöst zu haben. Ebenso bleibt das Konzept von ‚Gedächtnis' und ‚Erinnerung' vergleichsweise undeutlich und ebenso weit gefasst wie die Verwendung des Ortsbegriffs.

Der Titel *Erinnerungsräume* von A. Assmanns Hauptarbeit (1999) verweist auf eine Verknüpfung des Modells des kulturellen Gedächtnisses mit den Überlegungen Noras. Diese Verbindung steht für eine allgemeine Tendenz in der Diskussion, die Auseinandersetzung mit der Spezifik einzelner Medien in den Hintergrund treten zu lassen. Stattdessen dienen Metaphern des Ortes bzw. des Raums, um Erinnerungsanlässe zu beschreiben, wobei die mediale Dimension zweitrangig wird.

Während also einerseits ein Anknüpfen von A. und J. Assmann an die eher vage Terminologie Noras zu beobachten ist, besteht im deutschsprachigen Raum zugleich die gegenläufige Tendenz zu einer fortschreitenden terminologischen Ausdifferenzierung im Anschluss an die erste terminologische Bestimmung von ‚kommunikativem' und ‚kulturellem Gedächtnis' bei A. und J. Assmann. Diese Ausdifferenzierung orientiert sich eng an Konzepten, die der neurobiologischen und psychologischen Gedächtnisforschung entlehnt sind.

Welzer beispielsweise schlägt vor, die bestehende Terminologie um den Begriff des ‚sozialen Gedächtnisses' zu erweitern. Während die von A. und J. Assmann geprägten Begriffe des ‚kulturellen' und des ‚kommunikativen' Gedächtnisses vorwiegend intentionale Bezüge auf die Vergangenheit bezeichnen, will Welzer ‚soziales Gedächtnis' als bezogen auf das „Universum einer Vergangenheitsbildung en passant" (2001a: 12) verstanden wissen.[19] In neurobiologischer Terminologie entspricht dies einer Erweiterung des bewussten ‚expliziten' Gedächtnisses um ein ‚implizites' Gedächtnis (vgl. Erll 2003: 179).

Dabei macht Welzer „vier Medien" des so skizzierten sozialen Gedächtnisses aus:

> Interaktionen, Aufzeichnungen, Bilder und Räume, und zwar jeweils solche, die im Unterschied zu ihrem Auftreten im kulturellen und kommunikativen Gedächtnis *nicht* zu Zwecken der Traditionsbildung verfestigt wurden, gleichwohl aber Geschichte transportieren und im sozialen Gebrauch Vergangenheit bilden. (Ebd.: 16)

Bis auf den Sammelband (vgl. Welzer 2001), zu dem Welzers Aufsatz die Einleitung bildet, ist ein Umgang mit diesem neuen Begriff bisher wenig erprobt. Welzer selbst gesteht ein, der Verdacht könne entstehen, „daß schlecht definierten Begriffen wie dem ‚kollektiven Gedächtnis' oder dem ‚kollektiven Unbewußten' noch ein weiterer unterdeterminierter Begriff hinzugefügt wird" (2001a: 12). Um diesen Verdacht gänzlich auszuräumen, bleibt Welzers Skizze eines ‚sozialen Gedächtnisses' zu knapp und vage, zumal unklar bleibt, wie Welzer das Problem der *intentional fallacy* umgehen will, nach dem von einem Medienangebot kaum auf die Intentionen (hier: Erinnerung oder eben andere Zwecke) des Urhebers geschlossen werden kann.

Im Gießener Sonderforschungsbereich „Erinnerungskulturen" wird darüber hinaus auch ein „kollektiv-semantisches Gedächtnis" modelliert (Erll 2003: 178), das am individuellen ‚semantischen Gedächtnis' orientiert ist und sich auf die „Verfahren der kulturellen Wissensorganisation und –speicherung" (ebd.) beziehen soll. Mit der Literaturwissenschaftlerin Birgit Neumann ließe sich dieser Gedächtnisbereich als der Teil kollektiven Wissens beschreiben, der auf die Vergangenheit bezogen ist, Neumann selbst spricht von „Geschichtswissen und Geschichtsbewusstsein" (2005: 98).

Abbildung 2 verdeutlicht den von Erll zusammengefassten gegenwärtigen Stand der Begriffs-Ausdifferenzierung. Hier wird – nicht zuletzt im Vergleich mit Abbildung 1 (Seite 43) – bildlich sichtbar, dass mittlerweile für jede Typologieebene der Psychologie und Neurobiologie auch ein gesellschaftliches Gedächtnissystem postuliert wird. Dass ein solch ausdifferenziertes Begriffsinventar, das obendrein theoretisch bisher kaum fundiert worden ist, nicht unbedingt hilfreich ist, wird in Kapitel 4.4.3 noch diskutiert werden.

---

19 Problematisch ist an dieser Abgrenzung nicht zuletzt, dass der Terminus ‚soziales Gedächtnis' bei A. und J. Assmann bisweilen bereits als Überbegriff und somit synonym zu dem andernorts gebrauchten Begriff des ‚kollektiven Gedächtnisses' benutzt wird (vgl. u. a. 1994: 130ff.).

Kollektives Gedächtnis			
Explizites Gedächtnis			Implizites Ged.
„Kollektiv-episodisches Gedächtnis" / „kollektiv-autobiographisches Gedächtnis"		*„Kollektiv- semantisches Gedächtnis"*	*„Kollektiv- implizites Gedächtnis"*
Kommunikatives G. „Kurzzeitgedächtnis" (Assmann)	Kulturelles G. „Langzeitgedächtnis" (Assmann)	Kulturelle Wissens- organisation (Erll)	„Soziales Gedächtnis" (Welzer)
	Speicher- gedächtnis | *Funktions- gedächtnis*		

Abbildung 2: Kulturwissenschaftliche Ausdifferenzierung der Gedächtnisterminologie[20]

Gedächtnis und Medien
in den kulturwissenschaftlichen Ansätzen

Wie bereits in der Einleitung betont worden ist, wird ‚Medien' auch im kulturwissenschaftlichen Gedächtnisdiskurs eine zentrale Bedeutung zuge- schrieben. Im Folgenden sollen bisherige Auseinandersetzungen mit diesem Zusammenhang von Medien und sozialen Aspekten von Gedächtnis und Erinnerungen knapp vorgestellt werden. Insgesamt lässt sich allerdings feststellen, dass die großen Erwartungen nicht eingelöst werden, die die grundsätzlich behauptete Relevanz des Themenfeldes ‚Medien' zunächst weckt: Explizit medien*theoretische* Überlegungen finden sich im kulturwissen- schaftlichen Gedächtnisdiskurs kaum, medien*geschichtlich* orientierte Überle- gungen zur Entwicklung sozialer Formen von Gedächtnis und Erinnerungen sind weniger selten, jedoch nach wie vor ebenfalls eher ein Randgebiet der kulturwissenschaftlichen Forschung.

Exemplarisch lässt sich dies an dem Ansatz von Nora verdeutlichen. Wenn auch sein programmatischer Text *Zwischen Geschichte und Gedächtnis* sich, wie etwa Patrick Schmidt (2004) zeigt, geradezu als Mediengeschichte lesen lässt – die von Nora skizzierten Phasen der Gedächtnisgeschichte stehen jeweils in engem Zusammenhang mit Medienentwicklungen –, bleibt eine medien*theoretische* Perspektive selbst auf basaler Ebene völlig aus. Nora „mei- det" gar „den Medienbegriff, den seine Gedächtnisgeschichte nahe legt und

---

20   Quelle: eigene Darstellung.

der eine ganze Reihe der behandelten *lieux de mémoire* zutreffend beschreibt" (ebd.: 34).

Nora steht mit dieser Distanz zu medientheoretischen Überlegungen in einer langen Tradition der Gedächtnisforschung: Schon Halbwachs widmete sich dem Themenfeld ‚Medien' in seinen grundlegenden Arbeiten kaum (vgl. ebd.). Zwar hat das Interesse an einer *theoretischen* Ausarbeitung der Rolle von Medien für Gedächtnis und Erinnerung seither zugenommen, jedoch befassen sich wenig Arbeiten mit dem Thema so grundlegend, dass sie etwa einen dezidierten Medienbegriff entwickelten.

A. Assmann sieht international drei Traditionen, von denen lediglich die deutsche ein tiefergehendes Interesse an Medien habe. Während in Frankreich insbesondere mit Nora eine tendenziell kulturpessimistische Perspektive, die eine Gedächtniskrise diagnostiziert, dominant sei, fokussiere der amerikanische Diskurs stärker die politische Dimension von Gedächtnis und Erinnerung, indem verdrängte oder traumatische Erinnerungen thematisiert werden. Allein ihr eigener Ansatz, so A. Assmann, „übersteigt die Traumata der aktuellen Gegenwart und die Krise der Moderne und stellt in einer wesentlich längeren historischen Perspektive die Grundfrage nach der Gedächtnisförmigkeit von Kultur überhaupt und untersucht die Medien und Strategien, die das kulturelle Gedächtnis in der Geschichte verändert haben." (2004: 46)

Doch auch diese Perspektive argumentiert primär mediengeschichtlich, ohne medientheoretische Fragen vertiefend zu behandeln. Die zentralen mediengeschichtlichen Topoi des Gedächtnisdiskurses sollen im Folgenden knapp vorgestellt werden; eine kritische Betrachtung der kulturwissenschaftlichen Überlegungen folgt im Anschluss in Kapitel 4.4.

Mündlichkeit – Schriftlichkeit – Buchdruck

Wie oben beschrieben, entwickelte J. Assmann den Begriff des kulturellen Gedächtnisses zunächst an vormodernen Gesellschaften. Ein Fokus dieses Ansatzes ist die Analyse des mediengeschichtlichen Übergangs von Mündlichkeit und Schriftlichkeit, die, wie dargelegt worden ist, auch die Unterscheidung zwischen Speicher- und Funktionsgedächtnis erst begründet: Erst wenn Schrift die Möglichkeit der Fixierung von Erzählungen bietet, wird das Problem der Selektivität von Erinnerung, die Differenz zwischen Aufgeschriebenem und in der Gegenwart Genutztem virulent, vorher fallen Speicher- und Funktionsgedächtnis zusammen.

Nicht zuletzt wegen der Entstehungsgeschichte des Assmann'schen Modells wirken die mediengeschichtlichen Überlegungen im Diskurs insgesamt für frühe Medienentwicklungen deutlich differenzierter als Positionen zu aktuelleren Tendenzen. Die Assmann'schen Überlegungen können hier eng an bestehende allgemeine Forschungen zum Wandel von Oralität zu Literalität anknüpfen und fokussieren lediglich die spezifischen Fragen von Gedächtnis und Erinnerung. Explizit beziehen sich A. und J. Assmann u. a. auf die Forschungen zur Oralität von Milman Parry (vgl. 1978), Albert Bates Lord (vgl. 1960), Walter Ong (vgl. 1982) und Jan Vansina (1985), die Veränderungen durch die Einführung der Schrift sind vor allem an den Arbeiten von Eric Havelock (vgl. 1963) sowie Jack Goody, Ian Watt und Kathleen Gough (vgl. 1986) orientiert. Auch für den Übergang zwischen manuskriptgeprägten Gesellschaften zum Buchdruck gibt es eine breite historische Forschung u. a. in der Tradition von Marshall McLuhan (vgl. 1986) oder Elizabeth Eisenstein (vgl. 1993). Im Folgenden sollen daher die Assmann'schen Überlegungen zur Gedächtnis-Mediengeschichte in der Entwicklung von Schrift und Buchdruck nur sehr knapp vorgestellt werden, sie sind hinreichend bekannt und akzeptiert und müssen hier nicht ausführlich diskutiert werden.[21]

In einem Aufsatz, der die Mediengeschichte des ,sozialen Gedächtnisses' skizzieren soll, zeichnen A. und J. Assmann (vgl. 1994) zunächst als Grundlage das Bild einer oralen Gesellschaft als „geschlossene Struktur", die „nur das tradiert, was gebraucht wird" (ebd.: 130). Diese ,homöostatischen' Gesellschaften müssen keineswegs statisch sein, ihnen fehlt jedoch die Beobachtung von Veränderungen. Durch die Tradierung etwa von Riten und der gemeinsamen Partizipation erreichen sie eine Stabilität, in der „schleichender Wandel als Kontinuität und Identität erlebt" werden kann (ebd.: 131). Ohne Schrift sind solche Gesellschaften auf die mündliche Überlieferung durch Menschen angewiesen, das ,soziale Gedächtnis' ist lebendig verkörpert in institutionalisierten Figuren wie noch heute etwa dem Griot in afrikanischen oralen Gesellschaften. Diese Erzählerfiguren sind zugleich Dichter, Schauspieler, Musiker und Tänzer und stellen durch rituelle Performanz Überlieferung sicher. Daneben haben nach A. und J. Assmann in oralen Gesellschaften die Ältesten eine große Bedeutung als Autoritäten für „identitätssichernde[s] Wissen über Sitten und Gebräuche, Mythen, Heiratsregeln usw." (ebd.: 135).

Die Erfindung der Schrift führt, so der herrschende Konsens, in allen gedächtnisrelevanten gesellschaftlichen Dimensionen – A. und J. Assmann unterscheiden ,Organisation des Wissens', ,Materialität des Mediums' und ,Kommunikationsformen' – zu erheblichen Veränderungen. Nicht nur die

---

21   Für eine Vertiefung sei auf die verwendeten Quellen verwiesen. Der von A. und J. Assmann gemeinsam mit Christof Hardmeier herausgegebene Band *Schrift und Gedächtnis* (1983) bietet darüber hinaus zahlreiche vertiefende Perspektiven auf die Veränderungen der sozialen Formen von Erinnerung bei Gesellschaften im Übergang von Oralität zur Literalität. Vgl. als Überblick A. und J. Assmann (1983).

Kommunikation über räumliche Distanz wird grundsätzlich ermöglicht, sondern auch die zeitlichen Dimensionen ändern sich, Geschichtsbewusstsein wird möglich, weil durch kontinuierliche Aufzeichnung nicht mehr nur Gründungsriten wiederholt werden, sondern auch die gesellschaftliche Entwicklung nachvollziehbar wird.

Für gesellschaftliche Erinnerungsprozesse konstatieren A. und J. Assmann eine „Vereinseitigung des dinglichen Spektrums aufs Visuelle", die Reduktion der „orale[n] Multimedialität der Inszenierung auf einen Strang, den sprachlichen" (ebd.: 134). A. und J. Assmann sehen das kulturelle Gedächtnis vom Menschen in ‚gegenständliche Träger' ausgelagert, womit auch die Rolle von Riten und die gesellschaftliche Position der Ältesten drastisch an Bedeutung verliere, statt dessen trete der jenseits des Rituellen verfügbare Text in den Vordergrund, dessen Interpretierbarkeit Tradition historisch entwicklungsfähig mache (vgl. ebd.: 135).

Durch die Entwicklung des Buchdrucks sehen A. und J. Assmann zunächst „keine grundsätzliche Veränderung der in der Schrift angelegten Potentiale, wohl aber die akute Steigerung dieser Potentiale" (ebd.). Die Verbreitung des Buchdrucks führe zu einer Wissensexplosion sowie zur Demokratisierung und Ökonomisierung von Wissen: Buchproduktion wird einerseits zu einem Marktfaktor, zugleich ist der Zugang zu den Produkten nicht mehr von Institutionen wie der Kirche oder weltlichen Herrschern ohne weiteres kontrollierbar:

> Standardisierung und Serienfabrikation, Alphabetisierung und Bürokratisierung sind die wichtigsten Agenten einer umfassenden Demokratisierung der Kultur. Das kulturelle Gedächtnis verliert unter diesen Bedingungen seine festen Konturen und wird diffus. Nicht Bewahrung, sondern Erneuerung, nicht Erinnerung, sondern Erfindung wird zum neuen Imperativ kulturellen Handelns. Die Mobilisierung der Tradition ist eine Folge der Demokratisierung der Kultur. (Ebd.: 136)

Elektronische Medien und Digitalisierung – Krise des Gedächtnisses?

Die von A. und J. Assmann konstatierte gesellschaftliche Präferenz für Erneuerung statt Erinnerung nach der Entwicklung des Buchdrucks deutet bereits eine mögliche ‚Krise des Gedächtnisses' an, die auch erwartungsgemäß von den Autoren für moderne Gesellschaften unter dem Einfluss elektronischer Medien und der Digitalisierung diagnostiziert wird. Die Aufgabe u. a. von Historikern, Literaten und vor allem des Mediensystems sei eine „Eintreibung von Erinnerungsschulden" (1994: 136). Diesem Auftrag komme jedoch das Mediensystem in keiner aktuellen Gesellschaftsform genügend nach, so A. und J. Assmann:

> Eine ‚Erinnerungskultur' erscheint im Osten wie im Westen gefährdet: In stalinistischen Staaten wurde Erinnerung unterdrückt, in demokratischen wird sie vernach-

lässigt. Beide Tendenzen werden durch die Medien verstärkt; im Osten dienten sie der Propaganda einer offiziellen Stimme, welche mit ermüdender Redundanz verkündet, daß sich nichts verändert. Im Westen beschleunigen sie einen Fluß immer neuer Nachrichten, der das Bewußtsein von Kontinuität zersprengt, indem er es auf den Sensationsgehalt der ‚Tagesschau' reduziert. (Ebd.: 139)

Eine ähnliche Argumentation legt A. Assmann ausführlicher in einem Aufsatz dar, in dem sie die Entwicklung der Medien des kulturellen Gedächtnisses in einer Abfolge von „Texts, Traces, Trash" (1996) nachzeichnet. Bereits im 19. Jahrhundert stellt A. Assmann ein „Decline of the Letters" (ebd.: 129) fest. Die Schrift habe hier ihre Aura als ‚gespeicherte Energie', die jederzeit reaktivierbar sei, verloren und werde nun als distanzierend und entfremdend wahrgenommen. Die adäquate Metapher für Erinnerungsanlässe sei nicht mehr der Text, sondern die ‚Spur' (‚*trace*') (vgl. ebd.: 129f.).

Die Entwicklung der Massenmedien im 20. Jahrhundert habe diese Tendenz weiter verstärkt und den Glauben an die Möglichkeit einer ‚Kommunikation mit der Vergangenheit' gänzlich eliminiert: "[T]he [.] systems of the mass media culture [...] shut out the past and create an absolute present. [...] In the world of mass media, the consciousness of a past silently evaporates in the cycles of continuous production and consumption." (Ebd.: 132) Im Anschluss an James Joyce verweist A. Assmann auf die Nähe der englischen Wörter ‚*letter*' und ‚*litter*' und stellt die These auf, authentische Spuren der Vergangenheit fänden sich nunmehr vor allem in Gegenkulturen, die in den Massenmedien als ‚Müll' (‚*trash*') abgetan würden (vgl. ebd.: 132f.). Wir seien, so A. Assmann, „[a]uf dem Weg von einer Gedächtniskultur zu einer Kultur der Aufmerksamkeit" (2003: 19).

Auch Nora verwendet die Metapher der ‚Spur', um seine These von einem Ende eines ‚kollektiv gelebten' Gedächtnisses zu illustrieren (vgl. 1998: 23). An die Stelle des ‚wahren' sei ein ‚verwandeltes' Gedächtnis getreten, „das geradezu das Gegenteil des eigentlichen ist: willentlich und bewusst, als Pflicht erlebt und nicht mehr spontan, psychologisch, individuell und subjektiv, nicht mehr sozial, kollektiv, alle und alles umfassend" (ebd.: 21). In den modernen Medien sieht Nora die Vollendung einer Entwicklung zur Externalisierung von Gedächtnis, die bereits mit der Schrift eingesetzt habe. Gedächtnis werde nicht mehr „von innen her erlebt" (ebd.: 22), sondern durch externalisierte Träger scheinbar ersetzt, was sich auch an der Archivierwut der Gegenwart zeige, die vorbehaltlos alles speichere und „noch dem bescheidensten Überrest, dem geringsten Zeugnis die virtuelle Würde des Erinnerungswürdigen" (ebd.) verleihe, wobei die Aktualisierung der Erinnerung angesichts der Massen an potentiellen Anlässen nie eintreten werde:

> Was wir Gedächtnis nennen, ist in Wirklichkeit eine gigantische, schwindelerregende Konstitution des materiellen Grundstocks von allem, woran wir uns unmöglich erinnern können, ein unergründliches Repertorium dessen, woran wir uns vielleicht einmal erinnern müßten. (Ebd.)

Diese kontinuierliche Ausdehnung der Speichermöglichkeiten, die sich von der Erfindung der Schrift über den Buchdruck bis hin zu den heutigen elektronischen und digitalen Speichermöglichkeiten erstreckt, führt heute, so A. Assmann zu drei Tendenzen (vgl. 2004; auch 2004a), die die von ihr diagnostizierte ‚Krise des Gedächtnisses' befördern:

1. Die zunehmende Übertragung von materiellen auf elektronische Datenträger führt zu einer ‚Entmaterialisierung' des kulturellen Gedächtnisses. Da gelöschte Informationen, die elektronisch gespeichert waren, keine Spuren hinterließen, gebe es keine ‚Ablagerung' oder ‚Schichten' mehr, wie sie z. B. aus der Archäologie bekannt sind. (Vgl. A. Assmann 2004: 55)
2. Die „drastische Reduktion der Langzeitstabilität" steht der Erweiterung der Speichermöglichkeiten diametral entgegen. Schon Papier habe gegenüber Pergament eine drastisch verkürzte Haltbarkeit von nur ca. 200 Jahren, digitale Datenträger hingegen veralteten in Zyklen von wenigen Jahren oder Jahrzehnten. (Vgl. ebd.: 55f.)
3. Die Zirkulation und die Erweiterung der Zugriffsmöglichkeiten beschleunigen sich. Nicht nur die Datenträger veralten nach A. Assmann schneller, auch die ‚gespeicherten Informationen' werden durch die Beschleunigung des Datenflusses entwertet: „Allem für längere Zeit Gespeicherten und nicht Revidierten wohnt der Makel des Veralteten inne. Die angemessene Metapher für das Internet ist deshalb nicht die Bibliothek oder das Archiv, sondern die Börse mit ihren Stimmungsschwankungen und ihrem rapiden Aktualitätsverfall." (Ebd.: 56)

Schon diese Analyse der Gegenwart lässt einige Fragen offen, auf die später näher eingegangen wird. A. Assmann allerdings zeichnet auf dieser Grundlage ein geradezu apokalyptisches Bild, indem sie für die Gegenwart mit der Krise des Gedächtnisses zugleich ein Entschwinden jedes Geschichtsbewusstseins, ja der ‚Realität' insgesamt konstatiert, wie bereits in der Einleitung zitiert worden ist.

Einen knappen Überblick über die Mediengeschichte des gesellschaftlichen Gedächtnisses, die von A. und J. Assmann gezeichnet wird, gibt Tabelle 3, die dem Aufsatz „Das Gestern im Heute. Medien und soziales Gedächtnis" von A. und J. Assmann entnommen ist. Die Tabelle fasst mithin die von den Autoren beschriebene und oben knapp skizzierte Entwicklung des sozialen Gedächtnisses von oralen bis zu mit elektronischen Medien ausgestatteten Gesellschaften in den Begriffen der beiden Wissenschaftler selbst zusammen.

	Oralität	Literalität	Druck	Elektronik
Organisation des Wissens	• Geschlossene Struktur • Absolute Vergangenheit	• Offene Struktur • Geschichtsbewusstsein	• Steigerung: Wissensexplosion • Neue Wissen schaffen	• Sprengung von Bidungskanones • Sprachfreies rechnergestütztes Denken • Sekundärer Analphabetismus
Medium = Kodierung und Speicherung	• Körpernähe und Flüchtigkeit des Mediums • Multimedialität	• Trennung von Medium und Träger • Autonome Existenz des Textes • Vereinseitigung des Visuellen	• Steigerung der Zeichenabstraktion • Standardisierung	• Wiederkehr der Stimme • Maschinelle Re-Sensualisierung unter Umgehung eines Zeichencodes • Dynamisierung des Texts („processing")
Kommunikationsformen, Zirkulation	• Rituelle Inszenierungen gemeinsamer Partizipation • Begrenzte Reichweite	• Rezitation und Lektüre • Raum- und Zeittransparenz	• Einsame Lektüre und Öffentlichkeit • Massenkultur	• Interaktion in einem Netzwerk • Globalisierung

Tabelle 3: „Stationen der Medientechnologie und die Veränderungen des sozialen Gedächtnisses"[22]

---

22   Quelle: aus A. Assmann/J. Assmann 1994: 131.

Wenn auch der Schwerpunkt der Forschungsarbeiten von A. und J. Assmann zunächst fast ausschließlich historisch angelegt war, fällt gegenwärtig auf, dass vor allem A. Assmann verstärkt ihre Thesen einer aktuellen Krise des Gedächtnisses in den Mittelpunkt ihrer Arbeit stellt (vgl. 2004) – und dies auch zunehmend vor einer breiteren Öffentlichkeit, so in ihrem Konstanzer Vortrag *Das Kulturelle Gedächtnis an der Milleniumsschwelle* [sic!; MZ] – *Krise und Zukunft der Bildung* (2004b) oder in einem Magazin-Artikel mit dem Titel „Die digitale Bibliothek brennt immer!" (2004a). Ähnlich pessimistisch zugespitzt hat jüngst auch Manfred Osten, ehemaliger Generalsekretär der *Alexander von Humboldt-Stiftung*, die Zukunft (bzw. das Ende) des Gedächtnisses in seinem viel beachteten Buch *Das geraubte Gedächtnis* (2004) beschrieben, der schon im Untertitel von einer „Zerstörung der Erinnerungskultur" spricht.[23] Im Folgenden sollen sowohl solche medienbezogenen Verfalls-Thesen im Speziellen wie auch der kulturwissenschaftliche Gedächtnisdiskurs allgemein einer kritischen Bewertung unterzogen werden.

Kritik der bisherigen kulturwissenschaftlichen Diskussion

An dieser Stelle geht es nicht in erster Linie um eine möglichst ‚gerechte' Würdigung der kulturwissenschaftlichen Ansätze. Es ist unbestritten, dass sich die bisherigen kulturwissenschaftlichen Arbeiten zum Themenfeld als ausgesprochen fruchtbar und ertragreich erwiesen haben. Dies verdeutlicht nicht zuletzt die mehrfach angesprochene fachinterne Betonung der Relevanz des Themas. Es erscheint jedoch argumentativ produktiver, nicht primär die Vorzüge bisheriger Modelle herauszustellen, sondern deren Defizite in den Blick zu nehmen, schließlich verweisen gerade die Problemfelder des Diskurses auf solche Aspekte, die eine Neuperspektivierung bearbeiten sollte. Dabei muss nicht jeder der hier genannten Kritikpunkte für alle Thematisierungen gleichermaßen gelten, vielmehr gibt es durchaus auch avancierte Ansätze in den Kulturwissenschaften, die diese Kritik teilen und die Defizite zu beheben suchen. Auf solche Ansätze soll zum Abschluss dieses Kapitels eingegangen werden – nicht zuletzt, um neben der Abgrenzung und Kritik auch die Anknüpfungspunkte und Anschlussmöglichkeiten aufzuzeigen, die sich für eine medienkulturwissenschaftliche Perspektive bieten, wie sie hier angestrebt wird. Als Grundlage für die zunächst zu leistende Kritik

---

23 Immerhin scheinen die Rezensenten auch nach der Lektüre von Ostens Buch noch nicht von dem Ende jeder Erinnerung überzeugt zu sein. So schreibt Angela Gutzeit in der *Frankfurter Rundschau*, Ostens Werk sei „blitzgescheit, aber einseitig" (2005: o. S.), und auch Florian Coulmas konstatiert in der *Süddeutschen Zeitung*: „Dass die digitalen Systeme die Erinnerungskultur zerstören, ist keine ausgemachte Sache" (2004: 18).

sei noch einmal kurz auf den die vorliegende Arbeit einleitenden metaphorologischen Exkurs verwiesen.

Erll unterscheidet im Gedächtnisdiskurs zwischen metonymischen und metaphorischen Verwendungen des Attributs ‚kollektiv‘. Metonymische Rede von ‚kollektivem Gedächtnis‘ verweise dabei auf die soziokulturelle Dimension individuellen Gedächtnisses. Wie gezeigt worden ist, setzen beispielsweise die Überlegungen Halbwachs' in Abgrenzung zu der Psychologie seiner Zeit an diesen sozialen Aspekten individueller Erinnerung an. Schon Halbwachs mischt jedoch solche Konzepte mit metaphorischen Verwendungen des Begriffs ‚kollektives Gedächtnis‘, die über einzelne Aktanten hinaus weisen und ‚das Gedächtnis der Kultur‘, ‚die Erinnerung der Gesellschaft‘ o. ä. thematisieren sollen (vgl. Erll 2005: 96f.; auch Olick 1999: 336). Solche *metaphorischen* Verwendungen des Begriffs scheinen gegenwärtig in den Kulturwissenschaften dominant, doch während kaum ein Psychologe oder Neurobiologe heute die Bedeutung von Kultur für individuelle Erinnerung bestreiten würde, ist die metaphorische Rede von kollektivem Gedächtnis keineswegs unumstritten.

Im Anschluss an die metapherntheoretischen Überlegungen aus Kapitel 2 soll hier nun nicht gefragt werden, ob die metaphorische Verwendung des Begriffs ‚Gedächtnis‘ bezogen auf Gesellschaften ‚richtig‘ ist. Der metaphorische Prozess wird hier, wie gezeigt worden ist, nicht verstanden als ein Offenlegen bestehender Ähnlichkeiten zwischen zwei Objekten, sondern als das Behaupten und *Herstellen* einer Ähnlichkeit zwischen zwei Bereichen. Eine adäquate kritische Frage zur Metapher des kollektiven Gedächtnisses muss daher lauten, welches produktive Potential sie birgt. Knapp gesagt: Was wird durch die Metapher eines kollektiven Gedächtnisses sichtbar gemacht – aber auch: Was ist mit ihr nicht beobacht- und beschreibbar? Eine solche hinreichende Reflexion erfordert ein hohes Maß an Explizität der wissenschaftlichen Konzepte. Hier setzt der erste zentrale Kritikpunkt an. Die bisherigen Ansätze werden dabei nicht nur allgemein aus der wissenschafts- und metapherntheoretischen Perspektive, die eingangs entwickelt worden ist, kritisch betrachtet, sondern auch spezifisch im Hinblick auf die Plausibilität ihrer Beschreibungen des Zusammenhangs von Medien mit Gedächtnis und Erinnerung diskutiert.

Die mangelnde Explizität der Modelle

Vor allem im internationalen, anglo-amerikanisch dominierten Diskurs ist in der Vergangenheit bereits zum Teil radikal Kritik an den vorhandenen wissenschaftlichen Modellen von sozialen Formen von Erinnerung und Gedächtnis geübt worden. Insgesamt lässt sich feststellen, dass die Verwendung der Begriffe ‚Gedächtnis' oder ‚Erinnerung' in der Diskussion teilweise durch eine große begriffliche Unschärfe bis hin zur Beliebigkeit und durch geringe theoretische Explizität gekennzeichnet ist. Einige Autoren, darunter auch A. Assmann, betonen, dass es ihnen bewusst *nicht* um die Ausarbeitung einer ‚Theorie' des kulturellen Gedächtnisses gehe (vgl. 1999: 16). Die vermeintlich flexible und besonders anschlussfähige Vermeidung einer Theorie wird jedoch – so produktiv sie zunächst gewesen sein mag – mit der zunehmenden Etablierung des Forschungsfeldes stetig problematischer.[24]

Der amerikanische Historiker Kerwin L. Klein beispielsweise kritisiert, dass mittlerweile mannigfaltige Verwendungsweisen des Wortes ‚Gedächtnis' (bzw. engl. ‚*memory*') nebeneinander stehen: "The appearances of the word are so numerous, and its apparent meanings so legion, that it would take the work of a lifetime to begin disentangling them." (2000: 129) An diese Analyse anschließend unterzieht Alon Confino, ebenfalls amerikanischer Historiker, die Debatte einer ebenso grundlegenden Kritik, auch wenn er einräumt, dass *memory studies* bereits zahlreiche fruchtbare Arbeiten hervorgebracht hätten. Jedoch:

> [T]he benefit of richness cannot overcome a sense that the term 'memory' is depreciated by surplus use, while memory studies lack a clear focus and have become somewhat predictable. [...] The history of memory, in fact, has developed into a fragmented field. It lacks critical reflection on method and theory, as well as systematic evaluation of the field's problems, approaches, and objects of study. [...] One cannot avoid a sense that the choice of subjects is all too often governed by the fashion of the day. (1997: 1387)

Diese grundlegende Kritik hat ihre Berechtigung auch für die deutsche Forschung, obgleich die von A. und J. Assmann vorgelegte Terminologie zunächst im Vergleich relativ präzise und differenziert wirken mag. Erll etwa bemerkt: „Aleida und Jan Assmann haben [...] mit dem ‚kulturellen Gedächtnis' ein Konzept vorgelegt, das im deutschsprachigen Raum das wirkungsvollste und im internationalen Vergleich das am besten ausgearbeitete ist." (2005: 14) Somit trifft die Kritik, wenn im Folgenden immer wieder auch auf A. und J. Assmann eingegangen wird, nicht ein strategisch gewähltes, besonders defizitäres Modell, sondern eben gerade jenes, das gemeinhin als das fundierteste gilt. Problematisch ist, dass bei A. und J. Assmann zwar die Ausdifferenzierung des Gedächtnisbegriffs detailliert entwickelt wird, die Grundbegriffe selbst jedoch kaum problematisiert werden.

---

24 Den etwa von A. Assmann in der Einleitung ihres Buchs *Erinnerungsräume* (1999) angekündigten Verzicht auf eine einheitliche Theorie kommentiert Dieter Thomä in einer Rezension der *Neuen Zürcher Zeitung*: „In diesen einleitenden Sätzen kündigen sich Glanz und Elend dieses Buches ziemlich offen an." (ebd.: 68) Die hier allgemein kritisierte begriffliche Undeutlichkeit und fehlende Stringenz vieler kulturwissenschaftlicher Ansätze beurteilt Thomä in seiner Rezension als kennzeichnend auch für den Aufbau von A. Assmanns Arbeit: „Man erfährt mal mehr, mal weniger über alles mögliche – mal hier, mal dort." (Ebd.)

So ist beispielsweise der Kulturbegriff in dem Konzept kaum hinreichend geklärt. Es erscheint schon bemerkenswert, wenn in einer Arbeit, die das Modell eines *kulturellen* Gedächtnisses' erläutern soll, dieser zentrale Begriff nur *en passant* in Anlehnung an Peter Berger und Thomas Luckmann als „symbolische Sinnwelt" (J. Assmann 2002: 16) bestimmt wird und sich keine weitere Erläuterung des Kulturbegriffs findet. An anderer Stelle wird Kultur knapp als „der historisch veränderliche Zusammenhang von Kommunikation, Gedächtnis und Medien" (A. Assmann/J. Assmann 1994: 114) bezeichnet, wenige Seiten später ist im gleichen Aufsatz von „Kultur als nichtvererbbarem Gedächtnis" (ebd.: 117) die Rede. Keine dieser Aussagen wird dabei theoretisch entwickelt oder in einen grundsätzlichen Zusammenhang zu der übrigen Argumentation gestellt.

Selbst die zentralen Begriffe ‚Gedächtnis' und ‚Erinnerung' werden selten grundsätzlich theoretisch beleuchtet. Die terminologisch detaillierte Ausdifferenzierung von ‚kommunikativem' und ‚kulturellem Gedächtnis' erfolgt, ohne dass ‚Gedächtnis' und ‚Erinnerung' als Grundbegriffe erläutert und hinreichend voneinander abgegrenzt oder zueinander in Relation gesetzt werden.

Gleichermaßen wird die in vielen Arbeiten auch heute immer noch angeführte Dichotomie zwischen ‚Gedächtnis' und ‚Geschichte' nicht explizit entwickelt – ohne eine nachvollziehbare theoretische Differenzierung ist sie aber heute nicht mehr plausibel: Wie bereits angedeutet, ist eine klare Opposition, wie etwa Halbwachs sie mit den Begriffen der ‚Objektivität' vs. ‚Subjektivität' begründen möchte, angesichts der differenzierten Theorien der Historiographie nicht mehr überzeugend. Diese Einsicht werde in der Debatte zwar anerkannt, aber nicht umgesetzt, bemängelt auch Klein: "In preface after preface, an author declares that it would be simplistic to imagine memory and history as antitheses and then proceeds to use the words in antithetical ways in the body of the monograph." (2000: 128)

Die ungeklärte Frage der Trägerschaft und Ontologisierungstendenzen

Im Zusammenhang mit der mangelnden Explizität bisheriger Modelle spielt insbesondere die Frage der Trägerschaft eines ‚kollektiven' Gedächtnisses eine zentrale Rolle. So ist u. a. für Confino insgesamt fraglich, was der Nutzen einer Rede von ‚Gedächtnis' in sozialen Kontexten unabhängig von individuellen Aktanten sei (vgl. 1997: 1387).

Wenn nicht geklärt wird, wie das ‚kollektive Gedächtnis' nach Ansicht der jeweiligen Autoren modelliert ist, legt die geringe theoretische Ausarbeitung vieler Entwürfe Lesarten nahe, die dieses Gedächtnis geradezu als ontologische Entität erscheinen lassen. Die israelischen Historiker Noa Gedi und Yigal Elam beispielsweise werfen u. a. Nora eine solche Auffassung vor und konstatieren: "The belief in memory as an actual living entity appears to be the underlying supposition of memoriologists." (1996: 34) Eine solche Sicht ist jedoch hochgradig problematisch; auch Klein weist auf die Gefahr von geradezu mystischen Übertragungen von individuell psychologischen Phänomenen auf imaginäre Kollektive hin (vgl. 2000: 135):

> Freed from the constraints of individual psychic states, memory becomes a subject in its own right, free to range back and forth across time [...]. The prosaic emancipation is tremendous, for an author can move freely from memories as individual psychic events to memories as a shared group consciousness to memories as a collection of material artifacts and employ the same psychoanalytic vocabularies throughout. The new 'materialization' of memory thus grounds the elevation of memory to the status of a historical agent, and we enter a new age in which archives remember and statues forget. (Ebd.: 136)

Ähnliche Bedenken formulieren Olick und Robbins (vgl. 1998: 111) im Anschluss an die Historiker James Fentress und Chris Wickham (vgl. 1992). Desgleichen betont die amerikanische Historikerin Susan A. Crane das Problem der bei den meisten Modellen ungeklärten Trägerschaft:

> [W]e all know that groups have no single brain in which to locate the memory function, but we persist in talking about memory as 'collective', as if this remembering activity could be physically located. We may speak, with Jacques Derrida, of 'traces'; Nora identifies 'sites' [...] None of this, however, addresses the fact that collective memory ultimately is located not in sites but in individuals. (1997: 1381)

Auch bei A. und J. Assmann wird die in der amerikanischen Kritik zentrale Frage nach der Trägerschaft des kulturellen Gedächtnisses nur vage und unbefriedigend beantwortet. Das Speichergedächtnis beispielsweise wird einerseits als „Archiv, als Totalhorizont angesammelter Texte, Bilder, Handlungsmuster" (J. Assmann 1988: 13) und so als personenunabhängig beschrieben. Andererseits werden an anderer Stelle „Individuen innerhalb der Kulturgemeinschaft" (A. Assmann/J. Assmann 1994: 123) als Träger des Speichergedächtnisses bezeichnet. Und auch die als Träger des Funktionsgedächtnisses ausgemachten „kollektivierte[n] Handlungssubjekte", die „Kollektive, Institutionen oder Individuen" (ebd.) sein können, vermögen ebenso wenig wie beispielsweise die Rede vom „individuellen Seelenhaushalt[.]" (ebd.: 122) dazu beizutragen, das Modell von der oben allgemein angeführten Kritik an der geringen begrifflichen und theoretischen Reflexion des Gedächtnisdiskurses auszunehmen.

Die hier beklagte mangelnde Explizität der Konzepte ist dabei in doppelter Hinsicht problematisch. Schon grundsätzlich ist sie vor dem Hintergrund des hier vertretenen Wissenschaftsverständnisses zu kritisieren. Insbesondere im Kontext der Metaphorizität der Gedächtnismodelle behindern sie jedoch die hier noch dringlicher erforderliche hinreichende Reflexion, wie sich auch für Thematisierungen der Metaphernherkunft zeigen lässt.

Die fehlende Reflexion der Metaphernherkunft

Wie oben gefordert, sollten wissenschaftliche Metaphern das Herkunftsgebiet der Metapher reflektieren. Die Verwendung einer Metapher in einem neuen Bereich konstituiert nicht nur ein neues Feld, etwa ein Gedächtnis der Gesellschaft, sondern verändert auch das Herkunftsgebiet. Der kulturwissenschaftliche Gedächtnisdiskurs hat zweifellos bei Psychologen verstärkt das Interesse an der Sozialität kognitiver Prozesse geweckt. Somit kann nicht von einem statischen Ursprungsdiskurs ausgegangen werden, aus dem bestimmte Teile linear ‚exportiert' werden könnten. Doch nur wer Kenntnis von dem Herkunftsdiskurs einer Metapher hat, kann die behauptete, herzustellende Ähnlichkeit hinreichend nachvollziehbar machen, indem z. B. ausdrückliche Konkretisierungen, Einschränkungen oder Grenzen der Metapher deutlich gemacht werden.[25]

Eine solche Reflexion des kollektiven Gedächtnisbegriffs im Hinblick auf seine metaphorischen Wurzeln in psychologischen und neurobiologischen Begriffen erfolgt im kulturwissenschaftlichen Diskurs meist nur am Rande. Es lassen sich zwei entgegengesetzte Strategien der Metaphernverwendung erkennen, die beide als unbefriedigend zu bewerten sind: die weitgehende Ausblendung des Herkunftsbereichs oder die umfassende Gleichsetzung.

In der klassischen Literatur scheint zunächst weitgehend eine Ausblendung des Herkunftsbereichs dominant. Wie gezeigt, trennt etwa Halbwachs nicht einmal explizit zwischen metonymischen und metaphorischen Verwendungen des Kollektivbegriffs. Bei rein metaphorischen Modellen wird oft vorangestellt, dass es sich bei den jeweiligen Konzepten um metaphorische Rede handele (vgl. exemplarisch A. Assmann 1999: 149ff.). Diese Hinweise werden aber meist nicht weiter vertieft, explizite Verweise, auf welche Gedächtnisbegriffe die Modelle sich stützen – etwa klassische Speichermodelle vs. aktuellere dynamische Ansätze – bleiben in der Regel marginal oder fehlen ganz.

In Kapitel 3 sind verschiedene zentrale Aspekte moderner Theorien von Gedächtnis und Erinnerung im kognitiven Bereich entwickelt worden. Es wäre wünschenswert, dass auch auf soziale Phänomene bezogene Gedächtnis- und Erinnerungsmodelle explizit auf Tendenzen der psychologischen und neurobiologischen Forschung eingehen, sei es, um sich explizit auf sie zu beziehen oder sich zu distanzieren.

Die im kognitiven Bereich mittlerweile vollzogene Prozessorientierung wird immerhin inzwischen auch in den Kulturwissenschaften angestrebt, wie

---

25   Die Metapher der ‚Kultur als Programm' *sensu* Schmidt etwa beansprucht einen bestimmten avancierten Programmbegriff, der dynamisch zu verstehen ist und somit vom Herkunftsbegriff klassischer Computer-Software der ersten Generationen abgegrenzt werden sollte (vgl. Gizinski 2005: 87).

oft betont wird. Insbesondere in dem Modell von A. und J. Assmann gelingt die Prozessualisierung jedoch nicht, handelt es sich doch um ein statisch angelegtes Konzept. Auch Medien werden im sozialen Kontext oft statisch als externalisierte Gedächtnisse oder Speicher konzipiert, was ebenfalls der Forderung nach Prozessorientierung nicht entspricht. Zelizer weist deutlich auf den Widerspruch zwischen erwünschter Dynamisierung und tatsächlicher Statik der Konzepte hin:

> It may be that by virtue of the nature of inquiry itself, our analysis has imposed a certain static nature to understandings of memory work, freezing our discussions to one point in time and place. Faced with the difficulty of capturing its processual nature, we therefore may not yet have come full circle in recognizing the various ways in which collective remembering remains a fundamentally processual activity. (1995: 220f.)

Die für individuelle Erinnerungsprozesse aufgezeigte zentrale Bedeutung emotionaler Bewertungen ist ebenfalls ein Aspekt, der im kulturwissenschaftlichen Diskurs meist weitgehend ausgeblendet bleibt, so dass hier ein weiteres vielversprechendes Feld unbearbeitet bleibt. Immerhin sind in Bezug auf die Selektivität und Kontingenz von Erinnerung deutliche Parallelen zwischen psychologischen und kulturwissenschaftlich orientierten Arbeiten zu erkennen; Gleiches gilt für die zentrale Rolle, die Erinnerungen für die Herstellung und Darstellung von Identität zugeschrieben wird. Aus in diesem Feld gebildeten Analogien leitet sich die metaphorische Rede von kollektivem Gedächtnis etwa bei A. und J. Assmann hauptsächlich ab: So wie Aktanten sich konsistenter Erinnerungskonstruktionen bedienten, um Identität herstellen zu können, seien auch Gesellschaften auf Erinnerung angewiesen, die kontingent und mithin politisch sind. Diese grundsätzlich behauptete Parallelität wird jedoch nie theoretisch unter Berücksichtigung psychologischer oder neurobiologischer Modelle vertieft. Und auch der Zusammenhang von Medien mit Prozessen des Erinnerungs- und Identitätsmanagements wird für Gesellschaften meist völlig unabhängig von Aktantenorientierten Theorien behandelt, so als könnte gesellschaftliche Erinnerung jenseits von Aktanten stattfinden.

Die traditionell weitgehende Indifferenz gegenüber einer vertieften Auseinandersetzung mit wissenschaftlichen Theorien zu menschlichem Gedächtnis und individueller Erinnerung lässt sich mit einer jüngeren Tendenz im kulturwissenschaftlichen Diskurs kontrastieren, die nach einer starken *Parallelisierung* der Modelle für Aktanten und Gesellschaften, ja nahezu nach einer Gleichsetzung, zu streben scheint: Im Anschluss an die erste terminologische Bestimmung von ‚kommunikativem' und ‚kulturellem Gedächtnis' bei A. und J. Assmann ist in diesem Zusammenhang eine zunehmende Tendenz zur Einführung weiterer Begriffe in den Diskurs zu verzeichnen. Diese Ausdifferenzierung orientiert sich an Konzepten, die der neurobiologischen und psychologischen Gedächtnisforschung entlehnt sind, ohne jedoch deren Implikationen vertiefend zu reflektieren.

Auf Abbildung 2 (Seite 76) wurde der gegenwärtige Stand der kulturwissenschaftlichen Begriffs-Ausdifferenzierung deutlich, der auf den neurobiologischen Unterscheidungen zwischen einem expliziten und einem impliziten Gedächtnis beim Menschen sowie zwischen episodischem und semantischem Gedächtnis auf der Ebene des expliziten Gedächtnissystems basiert. Ganz abgesehen davon, dass hier Begriffe entlehnt werden, die in der Neurobiologie und Psychologie, wie gezeigt, umstritten sind und nur als Hypothesen angenommen werden (bzw. gar zum Teil bereits überholt sind), bleibt auch die inhaltliche Füllung reichlich unscharf: Was unter einem ‚unbewussten‘, ‚nicht-intentionalen‘ Gedächtnis der Gesellschaft (vgl. hierzu Welzer 2001) bzw. unter einem „kollektiv-semantischen Gedächtnis" (Erll 2003: 178) konkret zu verstehen ist, ist bislang kaum hinreichend erläutert worden. Grundsätzlich bleibt hier fraglich, wie vielversprechend eine Ergänzung des Assmann'schen Konzeptes um weitere Begriffe ist, solange die oben formulierten basalen Probleme des zugrunde gelegten Modells nicht behoben sind.

Mit Blick auf die kulturwissenschaftliche Debatte lassen sich zusammenfassend und zugespitzt viele Probleme der bisherigen Diskussion mit der Entstehungsgeschichte des Begriffs ‚kulturelles Gedächtnis‘ erklären: In idealtypischen oralen ‚Gemeinschaften‘ kann das Gedächtnis der einzelnen Menschen weitgehend problemlos mit einem abstrakten ‚gemeinschaftlichen Gedächtnis‘ gleichgesetzt werden, das sich über gemeinsam geteilte Erfahrungen und spezielle Feste und Riten etabliert und stabilisiert und jedem einzelnen Mitglied weitgehend bekannt ist. Auch in weiter differenzierten Gesellschaften, die noch nicht über Schrift verfügen, lässt sich das sozial relevante ‚Gedächtnis‘ noch als an spezialisierte, professionelle menschliche Träger und deren Gedächtnis verknüpft denken – von der Beschreibung solcher oraler Kulturen leiten A. und J. Assmann ihr Konzept des kommunikativen und kulturellen Gedächtnisses zunächst ab.

In solchen Gesellschaftsformen ist die Rede von einem ‚kollektiven Gedächtnis‘ vergleichsweise unproblematisch, weil sich das konkrete, menschliche Gedächtnis einer professionalisierten Trägerperson weitgehend mit dem metaphorischen Gedächtnis der Gesellschaft gleichsetzen lässt. Wessen sich der ‚Erzähler‘ anlässlich der institutionalisierten Riten und Feste erinnert und was er weitergibt, sind die ‚kollektiven‘ Erinnerungen, die jeder kennt, der Teil der Gesellschaft ist. Die Entwicklung der Schrift lässt aber das Problem der Trägerschaft des vermeintlichen gemeinsamen Gedächtnisses virulent werden, und spätestens in der weiteren Ausdifferenzierung der Gesellschaft und der zur Verfügung stehenden neuen Medien scheitert eine Terminologie, die ihre metaphorisch aus der Psychologie übertragenen Begriffe nicht hinreichend reflektiert. Somit zeigt sich auch hier, wie wichtig eine adäquate

Thematisierung von Medien für alle Konzepte von Gedächtnis und Erinnerung auf einer gesellschaftlichen Ebene ist. Die oben skizzierten kulturwissenschaftlichen Überlegungen zu diesem Zusammenhang sollen daher im Folgenden kritisch betrachtet werden.

Hierzu ist es vorab hilfreich, erneut auf den Entstehungskontext des Modells von A. und J. Assmann zu verweisen, das weitgehend anhand der Analyse *vormoderner* Gesellschaften entwickelt wurde. Es bleibt grundsätzlich fraglich, ob die so erarbeitete Terminologie geeignet ist, ihren umfassenden Erklärungsanspruch auch für *gegenwärtige* Gesellschaften einzulösen. Nimmt man die entwickelten Begriffe ernst, wird die Möglichkeit einer Analyse von Erinnerungsgeschichten jüngerer Vergangenheit etwa seit dem Zweiten Weltkrieg im Kontext von ‚kulturellem Gedächtnis‘ insgesamt in Frage gestellt, da dieses sich schließlich auf Gründungsmythen einer ‚absoluten Vergangenheit‘ richtet. Was vom ‚kommunikativen Gedächtnis‘ der jüngeren Vergangenheit dauerhaft in ein solches ‚kulturelle Gedächtnis‘ übergehen wird, lässt sich heute kaum bestimmen. Die jeweils letzten 80-100 Jahre – und mit ihnen nahezu alle Erinnerungsanlässe, die über elektronische Medien vermittelt sind – entziehen sich streng genommen einer Analyse mit der Terminologie des ‚kulturellen Gedächtnisses‘.

Die unzureichende Thematisierung von ‚Medien‘

Die Kommunikationswissenschaft ist wie die meisten Sozialwissenschaften besonders an einer Analyse der Gegenwart interessiert. Zwar ist die Mediengeschichte ein wichtiges Feld kommunikationswissenschaftlicher Arbeit, doch stellt sie nicht den Kern der Forschung des Fachs dar, wohl auch, weil die differenzierte Medienevolution der Gegenwart eine mindestens ebenso große theoretische wie empirische Herausforderung darstellt wie historiographische Arbeit. Diese Tendenz zu Gegenwartsanalysen in der Kommunikationswissenschaft, die selbst durchaus kritikwürdig wäre, muss aus Sicht des Fachs zu einer Kritik kulturwissenschaftlicher Gedächtnisforschung führen. Dies gilt, wie oben skizziert, einerseits wegen der problematischen Terminologie, die für Analysen der Gegenwart nur sehr begrenzt geeignet ist, aber auch, weil die Kulturwissenschaft bisher wenig überzeugende Positionen zum Zusammenhang von Medien und Erinnerung bzw. Gedächtnis in der Gegenwart entwickelt hat.

Bei den beschriebenen mediengeschichtlichen Überlegungen von A. und J. Assmann (1994) fällt beispielhaft auf, dass die Auseinandersetzung mit den aktuellen elektronischen Medien am wenigsten überzeugen kann. Während Argumentationen zu Schriftlichkeit und Buchdruck sich auf eine Fülle von Studien stützen können, bleibt die Analyse gegenwärtiger Medienentwicklungen zurück. Hier ist auch terminologisch erneut zu kritisieren, dass A. Assmann elektronische Medien bedenkenlos im Kontext des ‚kulturellen Gedächtnisses' behandelt, obgleich der Begriff qua definitionem, wie oben dargelegt, für die Analyse jüngerer Entwicklungen kaum geeignet ist. Doch nicht nur vor diesem Hintergrund ist die Unterscheidung zwischen kommunikativem und kulturellem Gedächtnis für gegenwärtige Gesellschaften höchst zweifelhaft: In wenig differenzierten Gesellschaften mag noch gelten, dass eine qualitative Grenze zu ziehen ist zwischen medial vermittelter Erinnerung an eine absolute Vergangenheit und primär interpersonal vermittelter ‚lebendiger' Erinnerung an Generationen-Erfahrungen, die über eine Zeitspanne von 80-100 Jahren reichen. Heute jedoch scheint es schon fast banal, darauf hinzuweisen, dass die Mehrheit unserer Kenntnisse stets medial vermittelt sind, ob sie sich auf eine ‚absolute' Vergangenheit, die Erfahrungen der Elterngeneration oder die aktuelle Gegenwart beziehen.

Selbst wenn man von den terminologischen Probleme absieht, bleibt A. und J. Assmanns Argumentation, verglichen mit den überzeugenden Ausführungen zu Schriftlichkeit und Buchdruck, in Bezug auf elektronische Medien oberflächlich und allgemein. Einzelne Schlagwörter werden angeführt, jedoch nicht erläutert; was etwa unter ‚sprachfreiem rechnergestütztem Denken' oder ‚maschineller Re-Sensualisierung unter Umgehung eines Zeichencodes'[26] zu verstehen ist, bleibt im Verlauf des Aufsatzes ungeklärt.

Wenngleich rein quantitative Angaben ein schwaches Argument sein mögen, ist es doch auffallend, dass A. Assmann in dem bereits zitierten Aufsatz über „The Changing Media of Cultural Memory" (1996) zehn Seiten für die Diskussion der traditionellen Medien von Schrift bis Buchdruck benötigt, jedoch nur etwas mehr als eine Seite, um die Massenmedien zu behandeln – und als das Ende jeder Erinnerung abzutun.

Zwar hat A. Assmann, wie gezeigt, ihre Thesen jüngst mehrfach ausführlicher dargelegt, doch auch ihre derzeitige Argumentation bleibt viel zu pauschal und setzt Tendenzen absolut, die einer differenzierten Gegenüberstellung mit durchaus widersprüchlichen Entwicklungen bedürften. Wenn sie anmerkt, die angemessene Metapher für das Internet sei statt der Bibliothek oder des Archivs die Börse (vgl. 2004: 56), so klingt dies zunächst plausibel. Es ist jedoch mehr als nur kleinliche Metaphernklauberei, wenn man darauf hinweist, dass auch die Börse keineswegs gedächtnislos operiert, nicht einmal operieren könnte: Wer den Einstandskurs seiner Aktie vergisst, wird nie mit den zentralen Kategorien Gewinn und Verlust arbeiten können. Doch auch wenn man zunächst akzeptiert, dass der Erinnerungswert beispielsweise für das Internet keine derart zentrale Bedeutung hat wie etwa für das Medium

---

26   Vgl. die von A. und J. Assmann übernommene Tabelle 3 der vorliegenden Arbeit (Seite 82).

Buch, folgen daraus noch lange nicht Assmanns Untergangsszenarien des Gedächtnisses.

Ihre Gleichsetzung der Begriffe ‚Digitalisierung' und ‚Internet' ist völlig unhaltbar. Digitalisierung gibt es auch jenseits des Internets, und weder das eine noch das andere impliziert zwingend einen Verlust jeder Erinnerung. Für das Internet etwa zeigen Erik Meyer und Claus Leggewie am Beispiel des ‚Elften September', dass es ganze Bereiche des World Wide Web gibt, die sich intensiv um eine aktive Erinnerungsarbeit bemühen (vgl. Meyer/Leggewie 2004).[27] Und selbst wann man zugesteht, dass mit der Digitalisierung durch die De-Materialisierung von Erinnerungsanlässen die Erinnerungsmöglichkeiten sich gewiss verändern, heißt auch dies noch lange kein Ende der Erinnerung. Gerade für vergleichsweise neue Medien wie den Film scheint die Digitalisierung vielmehr einen Erinnerungsboom auszulösen, was etwa die deutlich gestiegene Zugänglichkeit und Beliebtheit von Filmklassikern auf DVD belegen.

A. Assmann beruft sich in einer ihrer apokalyptische Szenarien auch auf Überlegungen von S.J. Schmidt, den sie ausführlich zitiert:

> Die Bildkaskaden der audiovisuellen Medien erheben kaum (noch) Anspruch auf aktives Erinnern. Zur Gedächtnispolitik kommerzialisierter Kommunikation gehört es, daß die Bilder auf vergessensintensive Serialität angelegt sind, nicht auf bewertendes Erinnern. Erinnern, das einen Riß im Informationskontinuum voraussetzt, wird unwahrscheinlich und störend. (Schmidt 1996a: 68; vgl. auch 2000: 110)

Diese Bemerkungen Schmidts sind jedoch deutlich differenzierter als A. Assmanns einleitende These, „gegen elektronische Medien […] kann sich kein Gedächtnis behaupten" (1999: 412). Schließlich spricht Schmidt mit dem Hinweis auf ‚aktives' und ‚bewertendes Erinnern' von spezifischen Formen von Erinnerung, die er im Rückzug begriffen sieht. Der abschließende Satz allerdings lässt sich anschließend an A. Assmanns Deutung als Sorge vor dem Ende jeglicher Erinnerung lesen. Geht man hier jedoch vorsichtiger mit einem abstrakten, nicht-normativen Erinnerungsbegriff davon aus, dass sich die Formen gesellschaftlicher Erinnerung mit Medienentwicklungen *verändern*, deshalb aber keineswegs jede Erinnerung verschwinden muss, öffnet man so den Blick für gegenläufige und paradoxe Tendenzen. A. Assmanns normativ-statischer Begriff, der endgültig festschreibt, wie gesellschaftliche Erinnerung aussehen soll, kann nicht erklären, warum Erinnern zwar unwahrscheinlich werden mag, dennoch aber massenhaft auftritt. Wo Veränderungen beschrieben werden müssten, kann mit ihm nur eine Krise gesehen werden.

Auch übernimmt A. Assmann allzu unkritisch Thesen, die von „Aufmerksamkeit als einer neuen Ökonomie" ausgehen, die im Begriff sei, „die

---

27 Nur am Rande sei vermerkt, dass sich dieser Aufsatz im gleichen Band findet, in dem A. Assmann das Internet als Ende des Gedächtnisses beklagt.

Ökonomie des Tausches und des Geldes vor allem im virtuellen Kommunikationsraum des Netzes zu verdrängen" (2003: 19). Dass die Ökonomie des Geldes bisher auch im Internet nicht aufgehoben ist, zeigen jedoch sowohl die Pleiten in der *New Economy* wie auch das stetig intensivierte Bemühen nahezu aller professionellen Informationsanbieter, sich nicht mit der Aufmerksamkeit für ihre Dienstleistungen zu begnügen, sondern von den Nutzern Geld zu verlangen.[28]

Unbestritten stellt sich mit den exponentiell steigenden Speicherkapazitäten das Problem der Selektivität von Erinnerung verschärft, wie auch fraglich bleibt, inwiefern beispielsweise audiovisuelle Medien traditionelle Formen von sozialer Erinnerung noch ermöglichen. A. Assmann, die ihr Buch *Erinnerungsräume* (1999) mit dem Kapitel „Zur Krise des kulturellen Gedächtnisses" schließt und dort in apokalyptischen Tönen eine gesellschaftliche Vernachlässigung der Erinnerung beklagt (vgl. ebd.: 408ff.), bemerkt in der Einleitung des gleichen Werks selbst ambivalente Entwicklungen:

> Während bestimmte Arten von Gedächtnis im Rückzug begriffen sind, wie das Lerngedächtnis, das Bildungsgedächtnis und, in bezug auf die Shoah, das Erfahrungsgedächtnis, nehmen andere Formen des Gedächtnisses wie das der Medien oder der Politik offensichtlich an Bedeutung zu. (Ebd.: 15)

Der amerikanische Historiker Charles S. Maier kann ebenfalls keine Krise des Gedächtnisses angesichts gegenwärtiger Medienentwicklungen erkennen: In seinem Aufsatz „A Surfeit of Memory?" (1993) sorgt er sich vielmehr, dass Gesellschaften durch zuviel Erinnerung gelähmt werden können. Diese Gefahr bestehe in der Gegenwart in besonderem Maße, diagnostiziert Maier: "I still believe that we have in a sense become addicted to memory." (Ebd.: 140) Die Krise sieht Maier nicht im Verlust der Erinnerung, sondern in der nach seiner Meinung gesellschaftlich lähmenden Zunahme politischer Instrumentalisierungen von Erinnerung.

Neben der Politik scheint auch die Populärkultur für das kontinuierliche Herstellen von Neuheit geradezu angewiesen auf Erinnerung, wie etwa der Literaturwissenschaftler Andreas Huyssen (vgl. 1995) beeindruckend aufzeigt (vgl. auch Zelizer 1995: 223). Und Nora sieht gar eine Allgegenwart von Erinnerung, eine gegenwärtige „Pflicht zum Gedächtnis" (1998: 27): „Order ist ausgegeben, sich zu erinnern." (Ebd.: 26) Allerdings reiht sich auch Nora in die Kritiker gegenwärtiger Erinnerungspraktiken ein, wenn er befindet, heutige Erinnerung sei keine ‚richtige' Erinnerung mehr, sondern nur noch „ein Gedächtnis aus zweiter Hand, eine Gedächtnisprothese" (ebd.: 25).[29]

---

28   Für einen Überblick zur Diskussion um den Begriff der Aufmerksamkeit einschließlich einer ersten Literaturübersicht vgl. Schmidt (2000: 261ff.) und die instruktiven Hinweise im *Handbuch Werbung* (vgl. Schmidt/Münsteraner Arbeitsgruppe Werbung 2004: 106f.).

29   Die amerikanische Kommunikationswissenschaftlerin Marita Sturken weist angesichts der aktuellen Debatte darauf hin, dass die Diagnosen einer Krise des Gedächtnisses selbst eine

Mit pauschalen Statements oder dem Versuch prophetischer Prognosen wird man dem komplexen Medienspektrum der Gegenwart also nicht gerecht werden. Untergangsszenarien treffen weder pauschal auf einzelne Medientechnologien zu, noch ist überhaupt die Absolutierung einzelner Medien plausibel: Vereinheitlichende Analysen, die nach Schrift und Buchdruck das eine, neue Medium suchen, das zur allumfassenden Beschreibung dienen kann, scheitern nicht zuletzt an dem in der Kommunikationswissenschaft bekannten so genannten ‚Rieplschen Gesetz'[30], nach dem keine neue Medientechnologie etablierte Technologien vollständig verdrängt, wohl aber die Verwendungsweisen etablierter Technologien sich im Zuge der Medienevolution mit der Entwicklung neuer Medien ändern. Das Ende der Dominanz des Buchdrucks beispielsweise bedeutet nicht das Ende des Buches (und schon gar nicht das Ende der Schrift oder des Lesens[31]). Eine adäquate Untersuchung des Zusammenhangs zwischen den Medien einer Gesellschaft und den Bedingungen sozialer Formen von Erinnerung kann demnach weder über Globalaussagen noch durch eine kleinteilige Untersuchung einzelner Medienangebote[32] erfolgen.

Wie sinnvoll es ist, Gedächtnis normativ als richtig und falsch (Nora), zu viel (Maier) und zu wenig (A. Assmann) zu bewerten, mag fraglich bleiben. In diesen ambivalenten Positionen wird jedoch deutlich, dass Diagnosen über die Zukunft des Gedächtnisses in Verbindung mit einer Beurteilung des Zusammenhangs von Medien und Erinnerung differenzierter als bisher erfolgen müssen. A. Assmann selbst betont zum Ende ihrer Übersicht der Mediengeschichte des kulturellen Gedächtnisses, dieses sei „keine universale Größe, sondern etwas, das jeweils abhängig ist von den jeweiligen Medien, die in einer Gesellschaft zur Anwendung kommen" (2004: 59). Fraglich bleibt hier, ob für ein solch dynamisches Gedächtnis eine hochgradig statische Terminologie adäquat ist. Statische und (zumindest implizit) normative Gedächtnisbegriffe, wie sie von Nora oder A. und J. Assmann vertreten

---

lange Geschichte haben, die gern vergessen wird: "Throughout history, the most prominent characterization of memory has been the idea that it is in crisis." (1997: 17)

30 Die Bezeichnung ‚Rieplsches Gesetz' geht zurück auf Wolfgang Riepls Dissertation zum *Nachrichtenwesen des Altertums* (1972 [1913]).

31 Vgl. hierzu Wetzel 1991. Auch im Bereich der Medientheorie sind hier einige Relativierungstendenzen zu erkennen. Norbert Bolz beispielsweise formulierte Anfang der neunziger Jahre (in einem Buch!): „Offensichtlich ist das Informationsverarbeitungssystem Buch der Komplexität unserer sozialen Systeme nicht mehr gewachsen." (1993: 203) Wo 1993 der „Abschied von Gutenbergs Welt der Schrift" (vgl. ebd.: 183ff.) und ein „Aufbruch in die Welt der Hypermedien" (vgl. ebd.: 201ff.) angekündigt wurde, formuliert Bolz zwei Jahre später in einem „Plädoyer für das Medium Buch" schon versöhnlicher: „Das Buch ist das einzige Medium, das den Bedürfnissen der Menschen entspricht." (1995: o. S.)

32 Beispiele für detailreiche, jedoch sehr spezielle Analysen finden sich zahlreich in einem Sonderheft der Deutschen Vierteljahrsschrift zum Thema *Medien des Gedächtnisses* (vgl. Assmann/Weinberg/Windisch 1998).

werden, scheinen in der Analyse der Gegenwart fast zwangsläufig zu apokalyptischen Szenarien zu führen. Sobald die Begriffe der dynamischen Entwicklungen von Erinnerungsmöglichkeiten u. a. durch die Medienevolution
nicht mehr Herr werden, konstatieren sie das Ende jeder Erinnerung – A.
Assmann lässt sich, wie zitiert, gar hinreißen, ein Verschwinden nicht nur
von Geschichte und Gedächtnis, sondern gar jeder ,Realität' zu beklagen.

Ein prozessorientiertes, nicht normatives Konzept könnte die divergie-
renden, vielfältigen Erinnerungsprozesse, die es gegenwärtig nach wie vor
gibt, besser in den Blick bekommen als bisherige Modelle. Dies läuft zwangsläufig auf eine Pluralisierung der Gedächtnis- und Erinnerungsbegriffe hinaus
und impliziert das Ende von Vorstellungen eines singulären, verbindlichen
Gedächtnisses einer Gesellschaft.[33]

Zusammenfassung

Wie zu Eingang dieses Kapitels betont, ging es bei der hier erfolgten Kritik
argumentativ um die Erarbeitung von Desideraten für die Entwicklung
alternativer Konzepte. Eine neu zu etablierende Perspektive sollte demnach
die folgenden Defizite etablierter kulturwissenschaftlicher Modelle bearbeiten
und neue oder angemessenere Konzepte bieten:

1. Die theoretische Entwicklung sollte hinreichend explizit sein, um sowohl
    den hier angelegten Anforderungen an Wissenschaftlichkeit allgemein,
    aber insbesondere auch an die Verwendung metaphorischer Redeweise
    in der Wissenschaft gerecht zu werden. Dazu gehört vor allem eine deut-
    liche Erläuterung der Grundkonzepte und -begriffe wie Erinnerung, Ge-
    dächtnis, Kultur, Medien.
2. Die Frage der Trägerschaft als ,kollektiv' bezeichneter Prozesse sollte
    eindeutig beantwortbar sein, und zwar in einer Art und Weise, die jede
    Form von Ontologisierungstendenzen vermeidet, nach denen ,kollekti-
    ves Gedächtnis' als existierendes Objekt o. ä. modelliert wird.
3. Eine metaphorische Rede von gesellschaftlichem Gedächtnis oder
    gesellschaftlicher Erinnerung sollte ausdrücklich auf das Herkunftsgebiet
    der Metapher, die Theorien individueller Erinnerung und des individuel-
    len Gedächtnisses, eingehen. Dies gilt auch nicht zuletzt, um den hier
    angelegten Kriterien für Metaphern in der Wissenschaft zu genügen;
    schließlich ist ohne eine ausreichende Verdeutlichung der hergestellten
    Ähnlichkeit eine intersubjektive Nachvollziehbarkeit der Konzepte nicht

---

33   Dabei kann hier zunächst offen bleiben, ob eine solche Pluralisierung mit Assmann oder Nora
       als Krise oder als Befreiung beschrieben wird. Einer demokratischen Gesellschaft scheint sie
       jedenfalls nicht grundsätzlich unangemessen.

gewährleistet. Eine neue Perspektive sollte nicht hinter bestimmte Entwicklungen der Forschung zurückgehen, dazu gehören Prozessorientierung, die klare Trennung der Konzepte Gedächtnis und Erinnerung, der Einbezug der Rolle von Emotionen für Erinnerungsprozesse sowie die explizite Bearbeitung des Zusammenhangs von Erinnerungsprozessen für das Identitätsmanagement und der Selektivität von Erinnerungsprozessen.

4. Da Medien, wie gezeigt, zentral für Veränderungen gesellschaftlicher Erinnerungsformen sind und zugleich mit der Medienevolution die Modellierung von gesellschaftlichem Gedächtnis und gesellschaftlicher Erinnerung erst problematisch wird, muss der Zusammenhang von Medien, Erinnerung und Gedächtnis an zentraler Stelle thematisiert werden. Hierzu ist ein differenziertes Medienkonzept notwendig, um Pauschalisierungen zu vermeiden und zugleich dem aktuellen Medienspektrum gerecht zu werden.

5. Der auf statischen Gedächtnisbegriffen aufbauende normative Diskurs, für den etwa Nora oder A. und J. Assmann stehen, scheint in der Analyse der Gegenwart fast ausschließlich apokalyptische Szenarien zu erlauben. Zu bevorzugen wäre ein nicht normatives, dynamisches und von vorneherein plurales Modell von Gedächtnis*sen* und Erinnerung*en*, das Veränderungen und Unterschiede in den Blick bekommen kann, statt diese ausschließlich als Krise zu erfahren.

Im Kontext der Überlegungen zur Metapher in der Wissenschaft wurde gefordert, es sei zu begründen, welchen Nutzen eine Metapher hat, aber auch welche Kosten mit ihr verbunden sind. Es wurde bereits zugestanden, dass die kulturwissenschaftlichen Überlegungen zu kulturellem Gedächtnis und gesellschaftlicher Erinnerung unbestritten außerordentlich produktiv waren und auch noch sind. Es wurde jedoch auch deutlich, dass die etablierten kulturwissenschaftlichen metaphorischen Konzepte zwar einige, vor allem historische Entwicklungen beobachtbar und beschreibbar machen, jedoch insbesondere für die Gegenwart und für aktuelle mediale Entwicklungen den Blick für eine differenzierte Analyse eher zu verstellen scheinen. Sie beschwören eine Krise, wo möglicherweise relevante Veränderungen, paradoxe und widersprüchliche Tendenzen zu analysieren wären, für die die Mehrheit kulturwissenschaftlicher Beschreibungen bisher jedoch blind zu sein scheint. Somit besteht insbesondere für die Analyse gegenwärtiger Entwicklungen (die, wie gesagt, für die Kommunikationswissenschaft von besonderem Interesse ist) Bedarf an einer alternativen Perspektive.

Hier gehört sicherlich die Kommunikationswissenschaft zu den Disziplinen, die für diese Aufgabe besonders geeignet scheinen, da sie auf eine eigene Tradition der Mediengeschichtsschreibung, der Medienforschung und

-theorie zurückgreifen kann und ihre spezifischen Kompetenzen so einbringen kann. Eine genauere Modellierung der Rolle von Medien für Gedächtnis und Erinnerung ist dabei, wie erwähnt, auch ein ausdrückliches Desiderat in den Kulturwissenschaften (vgl. etwa jüngst Erll/Nünning 2004a: V). Und auch Zelizer formuliert eindrücklich den Bedarf an einem expliziteren Konzept für den Gedächtnisdiskurs, verbunden mit der Frage, wieso im Diskurs selbst weithin eine Indifferenz gegenüber den konzeptionellen Defiziten zu herrschen scheint:

> [C]ollective memory studies [.] possess insufficient conceptual clarity. Why is it, for instance, that many memory studies are still plagued by a lack of definition as to what collective memory *is*, beyond admitting that it is *not* individualized? [...] And why are we not sufficiently bothered by this conceptual murkiness? (1995: 235)

Im Folgenden soll nun noch kurz auf neueste Modelle in den Kulturwissenschaften hingewiesen werden, die die vorausgegangene Kritik zumindest partiell teilen und die Defizite zu beheben suchen.

Anknüpfungsmöglichkeiten:
Aktuelle Tendenzen in den Kulturwissenschaften

Anschlussmöglichkeiten für eine kommunikations- bzw. medienkulturwissenschaftliche Perspektive auf Gedächtnis und Erinnerung finden sich bereits in den traditionellen Texten des Gedächtnisdiskurses und noch verstärkt in neuesten Ansätzen der Kulturwissenschaft; denn auch dort wächst die Unzufriedenheit mit den genannten Defiziten. Im Folgenden sollen nun aber nicht alle bestehenden und in der Entwicklung befindlichen kulturwissenschaftlichen Arbeiten einer zweiten Durchsicht im Hinblick auf ihre Anschließbarkeit unterzogen werden, vielmehr wird in der Erprobung einer alternativen Perspektive ohnehin immer wieder auf Überlegungen der Kulturwissenschaften zurückgegriffen. So wird sozusagen *en passant* ein Verweisungsnetzwerk entstehen, das verdeutlicht, dass eine medienkulturwissenschaftliche Theorie kein geschichtsvergessener Neuanfang sein kann (und will), sondern in vielerlei Weise mit schon geleisteter Arbeit verbunden ist.

Exemplarisch erfolgen in diesem Kapitel knappe erste Hinweise auf neue Tendenzen in den Kulturwissenschaften. An ihnen lassen sich zentrale Entwicklungen aufzeigen, die auch ein medienkulturwissenschaftlicher Theorieentwurf berücksichtigen sollte. Als besonders geeignetes Beispiel für solche neueren Forschungsansätze wurde hier der Sonderforschungsbereich 434 „Erinnerungskulturen" der DFG an der Universität Gießen gewählt (vgl. SFB Erinnerungskulturen o. J.), da er eines der wohl profiliertesten Zentren aktueller gesellschaftlich orientierter Gedächtnis- und Erinnerungsforschung darstellt und in seiner Grundlegung zentrale hier benannte Kritikpunkte an dem klassischen Diskurs teilt. Zugleich wird dabei an einem kulturwissenschaftlichen Modell deutlich, dass sich die vorliegende Arbeit Fragen widmet, die auch im bisherigen Diskurs als relevant empfunden werden.

Das Konzept der ‚Erinnerungskulturen‘

Erll stellt zum Abschluss ihrer umfassenden Einführung über *Kollektives Gedächtnis und Erinnerungskulturen* (2005) in der Geschichte der kulturwissenschaftlichen Gedächtnisforschung das Modell des SFB „Erinnerungskulturen" dar. Dies geschieht wohl nicht nur, weil es zeitlich das jüngste der bestehenden Konzeptualisierungen ist, sondern auch, weil es als der zukunftsweisendste Ansatz gelten soll.[34] Bemerkenswert ist dabei nicht zuletzt, dass in dem Sonderforschungsbereich explizit eine Alternative zu dem „recht statisch und überhistorisch angelegten Assmann'schen Modell" angestrebt wird, die die „Dynamik, Kreativität, Prozesshaftigkeit und […] die Pluralität der kulturellen Erinnerung in den Vordergrund rückt" (ebd.: 34). Damit sind wichtige Kategorien benannt, die den zentralen Anforderungen an theoretische Modellierungen entsprechen, wie sie auch in der vorliegenden Arbeit entwickelt worden sind.

Terminologisch wird dieses Bestreben zunächst in einer verstärkten Verwendung des Begriffs ‚Erinnerung‘ an Stelle des Gedächtnis-Begriffs deutlich, der für seine Nähe zu Speichermetaphern kritisiert, jedoch nicht vollkommen abgeschafft wird. Erll schlägt vor, ‚kollektives Gedächtnis‘ als „Gewebe" zu verstehen, das lediglich ein „wissenschaftliches Konstrukt" und weder beobachtbar noch rekonstruierbar sei (2003: 176). Allein einzelne Manifestierungen dieses kollektiven Gedächtnisses in Form von „Akten kollektiver *Erinnerung*" (ebd.; Hervorhebung durch den Verfasser; MZ) sind nach Erll der wissenschaftlichen Analyse zugänglich.

Diese Unterscheidung stellt einen ersten wichtigen Anknüpfungspunkt für neue Konzepte von Gedächtnis und Erinnerung in einem sozialen Kontext dar, eben weil der Begriff der ‚Erinnerung‘ eine *prozess*orientierte Beobachtungskategorie bereitstellt, die zudem bisher terminologisch weniger vorbelastet ist als der lang etablierte Begriff des Gedächtnisses. Allerdings scheint in der aktuellen Debatte jenseits des Sonderforschungsbereichs der Begriff der ‚Erinnerung‘ oftmals lediglich als neues Label für ‚Gedächtnis‘ genutzt zu werden, in der Hoffnung, ein einfaches Austauschen des zunehmend in Verruf geratenden unscharfen Gedächtnisbegriffs könne schon die

---

34 Als Mitglied des Sonderforschungsbereichs mag man Erll zwar eine gewisse Parteilichkeit unterstellen, die hier relevanten Vorzüge des vorgestellten Modells bleiben jedoch auch aus einer distanzierten Betrachtung unbenommen.

beklagten Mängel beheben oder doch zumindest kaschieren. Auch bleibt offen, ob die von Erll formulierte Unterscheidung – Gedächtnis als Konstrukt vs. beobachtbarer Erinnerung – hinreichend differenziert ist und nicht durch die Hintertür doch wieder zu Vorstellungen von Gedächtnis als (gespeicherter) Summe aller Erinnerungen verleitet.

Die zweite terminologische Neuerung des Sonderforschungsbereichs stellt die konsequente Verwendung des Plurals im Begriff Erinnerungskulturen dar, die „die Vielfalt und historisch-kulturelle Variabilität von Erinnerungspraktiken und –konzepten" (Erll 2005: 34) unterstreichen soll, auch dies eine offensichtliche Abkehr von der eher monolithischen Assmann'schen Konzeption. Zur Konkretisierung des Forschungsinteresses wurde im Sonderforschungsbereich eine Matrix „zur Beschreibung von kulturellen Erinnerungsprozessen" entworfen (vgl. Abbildung 3).

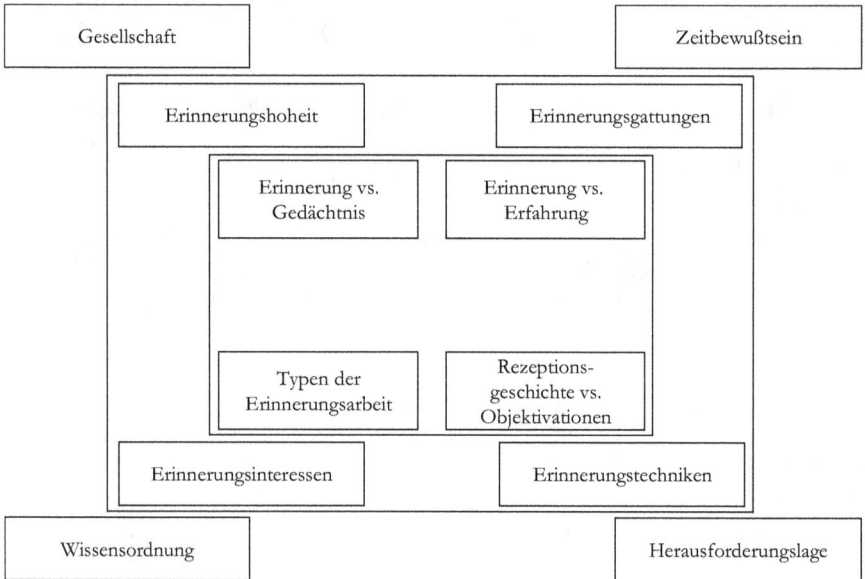

Gesellschaft			Zeitbewußtsein
	Erinnerungshoheit	Erinnerungsgattungen	
	Erinnerung vs. Gedächtnis	Erinnerung vs. Erfahrung	
	Typen der Erinnerungsarbeit	Rezeptionsgeschichte vs. Objektivationen	
	Erinnerungsinteressen	Erinnerungstechniken	
Wissensordnung			Herausforderungslage

Abbildung 3: Matrix des Forschungsprogramms des SFB „Erinnerungskulturen"[35]

Dabei liegt der Forschungsschwerpunkt – anders als dies etwa bei einem kommunikationswissenschaftlichem Ansatz der Fall sein wird – auf einer „konsequente[n] Historisierung der Kategorie der historischen Erinnerung"

---

35   Quelle: nach Erll 2005: 36.

(Erll 2005: 34). Somit soll die Matrix eine Grundlage primär für ein historische und nur sekundär auch für gegenwärtige Gesellschaftsanalysen sein:[36]

Auf der ersten Ebene sollen ‚Rahmenbedingungen des Erinnerns' untersucht werden. Diese werden bestimmt durch:
- die spezifische *Gesellschaftsformation*,
- die jeweilige *Wissensordnung* bzw. eine spezifische ‚Diskursformation',
- das spezifische *Zeitbewusstsein* und
- konkrete Herausforderungslagen, die etwa Krisen tradierter Erklärungsmuster bei gesellschaftlichen Transformationsprozessen sein können.

Auf der zweiten Ebene wird auf die ‚Ausformung spezifischer Erinnerungskulturen' eingegangen, für die erneut vier Kategorien als zentral modelliert werden:
- die Machtfrage nach der *Erinnerungshoheit*,
- die verschiedenen Erinnerungsinteressen unterschiedlicher gesellschaftlicher Gruppen,
- die Erinnerungstechniken, zu denen ‚mnemotechnische Strategien', aber auch ‚Gedächtnismedientechnologien' gezählt werden sowie
- die Erinnerungsgattungen, unter denen die unterschiedlichen zur Anwendung kommenden ‚Darstellungsformen von Vergangenheit' zusammengefasst werden.

Die dritte Ebene schließlich soll sich auf das ‚konkrete Erinnerungsgeschehen' beziehen und differenziert wiederum vier Aspekte:
- Zunächst wird erst hier eine Unterscheidung zwischen Gedächtnis und Erinnerung getroffen, wobei Gedächtnis wie oben skizziert als ‚diskursive Formation' verstanden wird, „Erinnerung als Abruf *und* Neukonstitution von Wissen über Vergangenheit" (ebd.: 35).
- Durch den Begriff des *Typus der Erinnerungsarbeit* sollen unterschiedliche Strategien, die etwa wissenschaftlich oder fiktional sein können, unterschieden werden.
- Die Unterscheidung zwischen *erfahrener vs. nicht erfahrener Vergangenheit* verweist letztlich auf die Differenz zwischen kommunikativem und kulturellem Gedächtnis bei A. und J. Assmann und soll die Unterschiedlichkeit der Erinnerungsprozesse in den jeweiligen Konstellationen herausstellen.
- Unter dem Begriff der *Rezeptionsgeschichte der Objektivationen* wird schließlich darauf verwiesen, dass der „Erinnerungswert kultureller Objektivati-

---

36 Die folgende Erläuterung der Matrix bezieht sich auf die Darstellung in Erll 2005: 34ff., die die bisher umfassendste Dokumentation der Grundlagen des Sonderforschungsbereichs geleistet hat.

onen […] historisch, aber auch sozial und kulturell veränderlich" ist (ebd.). Dabei soll auch die „ursprünglich intendierte[.] Botschaft eines Gedächtnismediums" von dessen „tatsächlicher Aneignung" (ebd.) unterschieden werden.

Aus der Perspektive der vorliegenden Arbeit ist festzustellen, dass die vorgelegte Matrix einen deutlichen Gewinn an Differenzierungsmöglichkeiten liefert. Sie eignet sich sowohl zur Systematisierung bestehender Forschung wie zur Orientierung neuer Analysen. Wichtige Desiderate finden sich in dem Konzept des Sonderforschungsbereichs wieder, doch bleiben auch hier noch sowohl im Detail wie auch im Überblick auf das Modell einige Fragen offen. Für Detailfragen sei hier lediglich beispielhaft darauf verwiesen, dass ein Bemühen um die Ermittlung ‚ursprünglich intendierter Botschaften' von Medienangeboten schwerlich möglich sein dürfte. Schwerer wiegt jedoch, dass jenseits des Systematisierungsgewinns grundlegende theoretische Probleme noch nicht hinreichend ausformuliert scheinen. Auf die zentrale Rolle von ‚Kultur' wird auch hier bereits in dem grundlegenden Begriff ‚Erinnerungs*kultur*' verwiesen, ohne dass ein expliziter Kulturbegriff verwendet wird. Auch die Differenzierung von Gedächtnis und Erinnerung bleibt, wie schon oben erwähnt, noch nicht deutlich genug, um entweder Erkenntnisse der kognitionsbezogenen Gedächtnisforschung aufzunehmen oder sich von dieser klar abzugrenzen. Es erscheint also nach wie vor produktiv, diese ersten, ausgesprochen hilfreichen Systematisierungsschritte durch grundlegende theoretische Überlegungen aus einer neuen Perspektive zu ergänzen. Für die medienkulturwissenschaftliche Arbeit ist dabei die Perspektive auf den Zusammenhang von Medien und Erinnerung von herausragender Bedeutung. Auch hier ist im Kontext des Sonderforschungsbereichs ein Systematisierungsvorschlag entwickelt worden, der im Folgenden noch knapp skizziert wird.

Der ‚(erinnerungs-)kulturwissenschaftliche Medien-Kompaktbegriff'

In einer Übersicht über verschiedene, meist implizite Medienkonzepte in der bisherigen Gedächtnisforschung verweist Erll darauf, dass der Medienbegriff recht undifferenziert wechselnd auf ganz verschiedenen Ebenen ansetzt oder völlig unterschiedliche Funktionalisierungen bezeichnet. (Vgl. Erll 2004: 8f.) So scheint eine variable und diffuse Verwendung des Medienbegriffs kennzeichnend für den kulturwissenschaftlichen Diskurs insgesamt zu sein. Dabei werden gleichermaßen technische Massenmedien wie auch „ästhetische Formen, Objekte, natürliche Gegebenheiten (Steine, Flüsse und Berge) und soziale Gruppen" (ebd.: 10f.) unter dem Label ‚Gedächtnismedium' betrachtet, ebenso wie Medientechnologien, Gattungen und Medienangebote wechselweise in einen vagen Medienbegriff gefasst werden. Aus dieser Unübersichtlichkeit der bisherigen Arbeit folgert Erll:

> Für die Konzeption des Begriffs ‚Medium des kollektiven Gedächtnisses' bedeuten diese Einsichten zweierlei: Zum einen vermögen im engeren Sinne medientheoretische und kommunikationswissenschaftliche Konzepte nur einen Teilbereiche des Verhältnisses von Medialität und Kollektivgedächtnis zu beleuchten. Die kulturwissenschaftliche Gedächtnisforschung bedarf offensichtlich eines *weiten* Medienbegriffs. [...]. Zum anderen muss dieser kulturwissenschaftlich und gedächtnistheoretisch fundierte Medienbegriff viele verschiedene mediale Phänomene erfassen und zugleich sichtbar voneinander differenzieren können. (Ebd.: 11)

Im Hinblick auf den erhobenen Differenzierungsanspruch ist Erll aus der Perspektive der vorliegenden Arbeit voll zuzustimmen. Offen soll zunächst bleiben, ob tatsächlich ein möglichst weiter Medienbegriff die beste Lösung darstellt – zunächst braucht der Gedächtnisdiskurs *überhaupt* ein reflektiertes Medienkonzept. Doch es kommen auch Entwürfe in Frage, die eben nicht bereit sind, alles und jedes, vom Berg bis zur Webpage, als ‚Gedächtnismedium' zu fassen.

Letztlich scheint Erll auch dieser Einschätzung zu folgen, wenn sie anschließend an ihre Überlegungen ein „ausdifferenziertes Mehrebenenmodell der ‚Medien des kollektiven Gedächtnisses'" (ebd.) entwickelt, das eng an Schmidts Medienkompaktbegriff anknüpft. Damit bezieht sie sich auf ein Modell, das dezidiert der Analyse massenmedialer Phänomene gewidmet ist.[37] Erll unterscheidet für ihren ‚(erinnerungs-)kulturwissenschaftlichen Medien-Kompaktbegriff' ebenfalls vier Komponenten, die sie auf zwei verschiedenen Dimensionen ansiedelt:[38]

a)   Materiale Dimension

1. Komponente: Semiosefähige Kommunikationsinstrumente zur Externalisierung gedächtnisrelevanter Informationen
Diese Kategorie deckt sich weitgehend mit den Überlegungen Schmidts, wobei Erll abweichend auch ‚Schrift' unter Kommunikationsinstrumente fasst, die bei Schmidt als erstes technisch-mediales Dispositiv den Medientechnologien zugeordnet wird (vgl. etwa Schmidt 2000: 94). Dadurch fällt bei Erll die Oralitäts-vs.-Literalitäts-Diskussion in diesen Bereich, während sie (wohl plausibler) vielmehr im Übergang zwischen

---

37   Unklar bleibt so auch, wieso kommunikationswissenschaftliche Konzepte als unzureichend bezeichnet werden, wenn im Anschluss fundierend auf ein Modell dieses Fachs zurückgegriffen wird.

38   Die folgende Darstellung beruht auf den Ausführungen in Erll 2004: 14ff.; 2005: 130ff.

Kommunikationsmitteln und technischen Dispositiven zu verorten wären.

2. Komponente: Medientechnologien zur Verbreitung und Tradierung von Gedächtnisinhalten
Auch hier schließt Erll weitgehend an Schmidt an und verweist darauf, dass auch Erinnerungsprozesse nicht medientechnologieneutral erfolgen können, sondern dass spezifische Dispositive spezifische Prozesse ermöglichen oder verhindern können, wie nicht zuletzt deutlich an der Diskussion über Veränderungen der gesellschaftlichen Erinnerung im Zuge der Medienevolution abzulesen ist.

3. Komponente: Kulturelle Objektivationen als konkrete Gedächtnismedienangebote und ihre formale Gestaltung
Diese Komponente orientiert sich an Schmidts Begriff der konkreten Medienangebote, die aus dem Zusammenwirken aller Komponenten des Kompaktbegriffs resultieren. Die Ebene der Medienangebote ist nach Erll von besonderer Relevanz für kunst- und literaturwissenschaftliche Gedächtnisforschung.

b) Soziale Dimension
In einer Erweiterung von Schmidts Begriff der sozialsystemischen Institutionalisierung vertieft Erll diesen Aspekt, indem sie ihm eine eigene Dimension zuordnet. Sie begründet dies einerseits mit der unterschiedlichen Analyseebene materialer und sozialer Phänomene und andererseits mit der besonderen Bedeutung der sozialsystemischen Prozesse für eine Analyse von Erinnerung: Die ersten drei Komponenten seien zwar wichtig, da sie ,Funktionspotentiale' für Erinnerung aufzeigten. Entscheidend aber sei die soziale Dimension:

> „Der tatsächliche Übergang von einem medialen Phänomen zu einem Gedächtnismedium erfolgt allerdings stets im Rahmen der sozialsystemischen Komponente. Dieser Übergang beruht häufig auf Formen der Institutionalisierung und immer auf der Funktionalisierung eines Mediums als Gedächtnismedium durch soziale Gruppen und Gesellschaften." (Erll 2005: 134)

Somit stellt für Erll die vierte Komponente ihres Kompaktbegriffs die wohl wichtigste Kategorie dar:

4. Komponente: Soziale Institutionalisierung und Funktionalisierung von Medien des kollektiven Gedächtnisses
Für dieses Feld verdeutlicht Erll, dass die soziale Dimension für ganz unterschiedliche Erinnerungskontexte zentral ist – seien es hochgradig organisierte, kanonisierte und institutionalisierte gesellschaftliche For-

men oder auch eher beiläufig entstehende Erinnerungszusammenhänge wie ‚Familiengedächtnisse' – ein Medienangebot oder ein Medium wird immer erst durch sozialen Gebrauch zur Erinnerung, zu einem ‚Medium des kollektiven Gedächtnisses'. Erst die Funktionalisierung also führt dazu, dass bestimmte Medienangebote als Erinnerungsmedienangebote bezeichnet werden können.[39] Dabei unterscheidet Erll zwischen zwei Formen möglicher Funktionalisierung:

- *produktionsseitige Funktionalisierung*, bei der Medienangebote bei der Produktion als ‚Botschaft an die Nachwelt' konzipiert werden;
- *rezeptionsseitige Funktionalisierung*, bei der Medienangebote – unabhängig von ihrer ursprünglichen Funktion – von einer Gruppe oder einer Gesellschaft für Erinnerungsprozesse genutzt werden.

Für die vorliegende Arbeit ist der ‚(erinnerungs-)kulturwissenschaftliche Medien-Kompaktbegriff' ähnlich zu bewerten wie die Forschungsmatrix des Sonderforschungsbereichs: Er eignet sich sehr gut zur Systematisierung von Analysen und verweist deutlich differenzierter als bisherige Ansätze auf die verschiedenen Ebenen und Dimensionen des Zusammenhangs von Medien mit Erinnerungsprozessen. Auch hier bleiben jedoch theoretische Fragen offen, wie dieses Zusammenwirken modelliert werden kann. Welche Rolle etwa spielen technische Dispositive für die Ermöglichung oder Verhinderung, bestimmte Medienangebote als Erinnerungsanlässe zu nutzen? Mit dieser Frage verknüpft ist beispielsweise die oben ausführlich dargestellte Debatte um die vermeintliche Krise des Gedächtnisses angesichts der Digitalisierung. Sie lässt sich mit Hilfe des von Erll vorgestellten Begriffskonzepts systematisch verorten, beantwortet sind derartige Fragen jedoch damit noch nicht.

Hier besteht nach wie vor Bedarf an kommunikationswissenschaftlichen Beiträgen. Dabei stehen die für die vorliegende Arbeit gelegten Grundlagen im Einklang mit aktuellen kulturwissenschaftlichen Desideraten und Trends, an die einerseits angeknüpft werden soll, die zugleich aber auch vertieft und ergänzt werden können.

---

39 In diesem Zusammenhang betont Erll erneut, dass bei entsprechender Nutzung auch „Großeltern und Freunde, ästhetische Formen und literarische Stoffe, Steine und Flüsse [...] durch entsprechende Zuschreibungen zu Medien des kollektiven Gedächtnisses werden" können (2005: 135). Ein derart weiter Begriff hat jedoch kaum noch Erklärungspotential und ist kaum mit dem zugrundegelegten Medienkompaktbegriff vereinbar.

Gedächtnis und Erinnerung im sozialen Bereich II: Eine alternative Perspektive

Bevor die Kommunikationswissenschaft ihre spezifischen Kompetenzen zu einer medienkulturwissenschaftlichen Perspektive auf den Erinnerungs- und Gedächtnisdiskurs beisteuern kann, müssen angesichts der nach wie vor bestehenden theoretischen Desiderate erst die Grundpositionen einer solchen alternativen Perspektive skizziert sein. Der eigene Vorschlag für eine solche Terminologie, der ab Kapitel 5.2 vorgelegt wird, soll dabei nicht nur auf den metapherntheoretischen Überlegungen sowie der Kenntnis psychologisch-neurobiologischer wie auch kulturwissenschaftliche Modelle beruhen, er sollte vielmehr auch die wenigen bisherigen sozialwissenschaftlichen Überlegungen zum Thema einbeziehen. Diese werden, wie angekündigt, daher zunächst noch knapp vorgestellt.

Ziel dieses Kapitels ist es, zu diskutieren, was überhaupt im gesellschaftlichen Rahmen für die Kommunikationswissenschaft und allgemein für Sozialwissenschaften anschlussfähig unter den Begriffen ‚Gedächtnis‘ und ‚Erinnerung‘ verstanden werden kann, d. h. wie solche Begriffe und ihr Zusammenwirken theoretisch modelliert werden können. Eine solche grundsätzliche Orientierung wird in diesem Kapitel versucht, bevor das Thema ‚Medien‘ vertiefend einbezogen wird. Zunächst sind zumindest einige der Forderungen einzulösen, die in den vorangegangenen Kapiteln argumentativ entwickelt worden sind, allen voran hinreichende Explizität und Reflexion im Hinblick auf eine klare Unterscheidung und Bestimmung der Konzepte ‚Gedächtnis‘ und ‚Erinnerung‘.

Gedächtnis in sozialwissenschaftlichen Theorien

Von den beiden zu klärenden Grundbegriffen erscheint vordergründig der Begriff des Gedächtnisses als der problematischere. Wie bereits dargelegt, wird er auch in den Kulturwissenschaften zunehmend kritisch gesehen und durch den Begriff der Erinnerung verdrängt. Es ist jedoch kein überzeugendes Manöver, aufgrund der bisherigen Defizite den Gedächtnisbegriff einfach zum nebulösen Sammelbecken aller denkbaren Erinnerungen zu erklären und zu suggerieren, damit wäre der Begriff geklärt, ebenso wenig wie die

beschriebenen Probleme verschwinden, wenn der Gedächtnisbegriff still-
schweigend entsorgt wird, ohne dass eine theoretisch Klärung der Alterna-
tivbegriffe erfolgt.

Ein *reflektierter* Verzicht auf den Gedächtnisbegriff ist dagegen ein zwar
radikaler, aber zu bedenkender Vorschlag. Rusch etwa stellt grundsätzlich in
Frage, ob es sinnvoll sein kann, von Gruppengedächtnissen zu sprechen:

> Zieht man in Betracht, daß die Erinnerungen jedes einzelnen vollständig durch des-
> sen individuelle Kognition bestimmt sind und daß die Erinnerung ausschließlich eine
> Angelegenheit der individuellen Organismen ist, so wird man kaum eine Art Ge-
> dächtnis für überindividuelle Einheiten wie Gruppen oder Gesellschaften annehmen
> können. (1987: 403f.)

Rusch erklärt das Aufkommen der Rede von einem ‚kollektiven Gedächtnis‘
durch „jene Parallelitäten, Ähnlichkeiten, Verwandtschaften und Überein-
stimmungen, die für die individuellen Erinnerungen der Mitglieder einer
Gruppe *beobachtet* werden können" (ebd.: 404). ‚Thematischen Objekten‘, die
für eine Gruppe relevant sind und beispielsweise Personen, Orte oder auch
Ereignisse sein können, lassen sich nach Rusch verschiedene mehr oder
weniger ähnliche individuelle Erinnerungen zuordnen, die als ‚Erinnerungsfamilien‘ bezeichnet werden können. Über solche Erinnerungsfamilien lasse
sich „eine Vorstellung von *einem* vielschichtigen, komplexen Prozeß aus
Ereignissen und Vorgängen, deren Folgen, Auswirkungen usw. konstruieren"
(ebd.).

Dieser Prozess wird, so Rusch, in der Regel unter Vernachlässigung seiner Konstruktivität als objektives Geschehen in der Vergangenheit angesehen, so dass die individuellen Erinnerungen nunmehr nur noch „als partielle,
ausschnitthafte, subjektive, perspektivisch eingeschränkte, relative usw.
Kenntnisse von einem objektiven vergangenen Geschehen" (ebd.) erscheinen. Über diesen Prozess lässt sich mit Rusch auch die Vorstellung eines
‚kollektiven Gedächtnisses‘ erklären:

> Insofern aber die ‚Kenntnis‘ von diesem objektiven vergangenen Geschehen sich ei-
> ner Menge individueller Erinnerungen verdankt, entsteht zugleich – und zwar unter
> Ausblendung der Konstruktivität – der Eindruck, dieses Geschehen sei in der Erin-
> nerung der Gruppe oder des Kollektivs lebendig. (Ebd.)

In Anlehnung an diese Überlegungen legt auch Maik Gizinski für sozialwissenschaftliche Diskurse eine grundsätzliche Abkehr vom Begriff des Gedächtnisses nahe:[1]

> [Es ist] zumindest im sozialen Kontext ohnehin zweifelhaft, überhaupt noch von
> ‚Gedächtnis‘ zu sprechen […]. Es handelt sich bei allem, was mit Gedächtnis zu be-

---

1   Zahllose Gespräche mit Maik Gizinski haben entscheidend dazu beigetragen, das hier vorge-
     stellte Verständnis von Gedächtnis und Erinnerung zu entwickeln. Für seine unermüdliche
     Diskussionsbereitschaft und viele wichtige Anregungen, die nicht alle adäquat in Fußnoten be-
     legt werden können, gilt ihm mein Dank.

schreiben versucht wird, vielmehr um Formen von Erinnerung. Diese Erinnerung mag sozial bzw. kulturell geprägt sein, kommt aber nicht ohne Individuen aus, die sich geleitet von diesen Voraussetzungen erinnern. (2005: 109)

Sollten die Kultur- und Sozialwissenschaften also den Gedächtnisbegriff schnellstmöglich vergessen? Gizinskis Plädoyer ist eine ernstzunehmende Option, aber aus verschiedenen Gründen wohl nicht die beste. Die Kernfrage in diesem Zusammenhang scheint in Gizinskis Bemerkung zu liegen, es handele sich bei allem, was gegenwärtig im gesellschaftlichen Kontext mit ‚Gedächtnis‘ beschrieben werde, um ‚Formen von Erinnerung‘. Dies trifft zweifellos, wie auch hier gezeigt worden ist, für den kulturwissenschaftlichen Diskurs zu. Damit ist jedoch noch nicht gesagt, dass es nicht alternative, breitere Modelle von Gedächtnis geben kann, die auch im sozialen Kontext hilfreich sein könnten – analog zu psychologischen oder neurobiologischen Modellen, die, wie oben gezeigt, Gedächtnis als eine weite Funktion des Gehirns betrachten, die die Produktion von Erinnerungen deutlich übersteigt.

Schon die Überlegungen zur (oftmals fehlenden) Reflexion der Metaphernherkunft im kulturwissenschaftlichen Diskurs haben gezeigt, dass die produktive Differenz der Begriffe ‚Gedächtnis‘ und ‚Erinnerung‘ in den bisherigen auf Gesellschaft bezogenen Überlegungen vollkommen ungenutzt blieb, weil Gedächtnis lediglich als Summe (und Speicher) von Erinnerungen gedacht wurde. Wenn der Gedächtnisbegriff beibehalten werden soll, muss Gizinskis Kritik entkräftet werden, und dies kann nur durch einen alternativen Begriff gelingen, der ähnlich wie in aktuellen kognitionswissenschaftlichen Modellen eine eigenständige Beschreibung von ‚Gedächtnis‘ für Gesellschaften einschließlich einer klaren Abgrenzung zum Erinnerungsbegriff ermöglicht.

Insbesondere im Kontext systemtheoretischer Überlegungen hat es hier bereits einige Versuche gegeben, einen solchen Gedächtnisbegriff zu entwickeln. Diese sollen zunächst knapp vorgestellt werden, um an ihnen Möglichkeiten für eine Fundierung des Begriffs für die vorliegende Arbeit zu diskutieren. Im Anschluss an die Darstellung zweier alternativer systemtheoretischer Entwürfe (Hejl, Kapitel 5.1.1; Luhmann/Esposito/Baecker, Kapitel 5.1.2) sowie eines Versuchs der Zusammenführung der Luhmann'schen Theorie mit den Überlegungen zum kulturellen Gedächtnis bei Assmann (Holl, Kapitel 5.1.3) werden die dargestellten Modelle kritisch bewertet, so dass in Kapitel 5.2 ein eigener Vorschlag entwickelt werden kann.

Systemtheoretische Perspektiven I:
Gedächtnis als gesellschaftliche Konnektivität

Einen umfassenden systemtheoretisch orientierten Modellierungsvorschlag für soziale Formen von Gedächtnis und Erinnerung hat Hejl 1991 in seinem Aufsatz „Wie Gesellschaften Erfahrungen machen oder: Was Gesellschaftstheorie zum Verständnis des Gedächtnisproblems beitragen kann" vorgelegt. Für die vorliegende Arbeit ist dabei besonders bemerkenswert, dass Hejl sich für sein Modell auf das aus der Diskussion kognitiver Aspekte von Gedächtnis bekannte Konzept der Konnektivität bezieht und zeigt, dass sich der Begriff sowohl für eine Beschreibung von Gedächtnis und Erinnerung auf der Ebene von Aktanten als auch von sozialen Systemen eignet. Damit liefert Hejl ein theoretisch differenziertes Modell, das angemessen komplex und explizit ist. Zugleich ist es auch besonders für einen Begriffstransfer auf den sozialen Bereich geeignet, da es zentrale, produktive und erkenntnistheoretisch plausible Positionen der Diskussion über Gedächtnis auf Aktantenebene wie die Abkehr von Speichermodellen für die Diskussion nutzbar machen kann. Obschon bereits mehr als ein Jahrzehnt alt, ist das Hejl'sche Modell allerdings bis heute in den Kulturwissenschaften praktisch unbeachtet geblieben.

Hejl versteht, im Einklang mit dem hier entwickelten Begriff, Erinnern und Lernen als wichtigste dem Gedächtnis zuzuordnende Prozesse

> auf der phänomenalen Ebene als Veränderungen [.], die ausgelöst werden durch Ereignisse, die eine von uns und/oder anderen wahrgenommene Wirkung auf unsere weiteren Wahrnehmungen und damit auf unser Denken und Handeln haben. Die auslösenden Ereignisse selber können dabei sowohl als ‚intern' wahrgenommen werden [...] als auch als extern. (1991: 303).

Für die Erklärung sozialer Prozesse von Gedächtnis und Erinnerung rekapituliert Hejl ein systemtheoretisches Verständnis von Gesellschaft im Anschluss an Talcott Parsons, das nur kurz skizziert werden soll: Soziale Systeme werden hier als aus Komponenten und deren Organisation bestehend verstanden, wobei Hejl vorschlägt, immer dann von sozialen Systemen zu sprechen, „wenn eine Menge von Individuen eine gemeinsame Wirklichkeitsfestlegung oder -konstruktion ausgebildet (oder übernommen) hat und mit Bezug auf sie direkt oder indirekt interagiert." (Ebd.[2])

Komponenten eines Systems sind „aktive Einheiten" (ebd.: 304), bei Sozialsystemen sind dabei Komponenten durch eine charakteristische Doppelmitgliedschaft gekennzeichnet: Sie sind konstitutive Teile für das jeweilige Sozialsystem, zugleich aber immer nur Teilprozesse der kognitiven Systeme von Aktanten, die stets Mitglied mehrerer Systeme sind. Interaktionen von

---

2   Hervorhebung aus dem Original entfernt.

Sozialsystemen können so auf zweierlei Weise realisiert werden: zum einen über Interaktionen von Komponenten verschiedener Systeme, aber auch indirekt über die Mitgliedschaft einzelner Aktanten in verschiedenen Systemen (vgl. ebd.: 305).

Die Organisation eines Systems beschreibt Hejl als „das in einem Zeitintervall stabile Interaktionsmuster zwischen den Komponenten eines Systems" (ebd.[3]). Die Systemorganisation ist dabei selektiv in dem Sinne, dass in der Regel (außer in idealtypischen ‚Gemeinschaften' sensu Durkheim) nicht alle mit allen interagieren. Ferner ist die Systemorganisation relativ unabhängig von *einzelnen* Komponenten; das Verhalten von Systemen ist nicht auf einzelne Mitglieder zurückzuführen.

Gesellschaftliche Formen von Erinnerung erklärt Hejl im Rahmen seines Modells anhand der Gegenüberstellung von Gemeinschaften und ausdifferenzierten Gesellschaften. In (stets oralen) Gemeinschaften sei Erinnerung dabei vor allem abhängig von den Gedächtnis- und Erinnerungsleistungen der individuellen Mitglieder, wobei periodisch wiederkehrende soziale Anlässe als Gelegenheit dienen, die Gemeinschaftsgeschichte zu aktualisieren und auf diese Weise vergangene erfolgreiche Problemlösungen zu vergegenwärtigen. Zwar basiert diese Form sozialer Erinnerung in der Praxis gewöhnlich auf den Erinnerungs- und Erzählleistungen der Ältesten, zugleich ist aber nach Hejl davon auszugehen, dass über gemeinsame Erfahrung jedes Vollmitglied der Gemeinschaft vollständige Kenntnis des gemeinsamen Erinnerungskanons hat. (Vgl. ebd.: 316f.)

Wie A. und J. Assmann es für das kommunikative Gedächtnis beschrieben haben, bemerkt auch Hejl, dass – abgesehen von Mythen – Erinnerungen in Gemeinschaften üblicherweise nur eine begrenzte Zahl von Generationen erhalten werden können. Dabei bestimme stets die gegenwärtige Situation, welche neuen Ereignisse integriert werden und welche vergangenen Ereignisse ihre Relevanz beispielsweise aufgrund zu großer zeitlicher Distanz verloren haben und vergessen werden.

In differenzierten Gesellschaften sind Erinnerungsprozesse wesentlich komplexer. Solche Gesellschaften lassen sich mit Hejl als Netzwerke von Aktanten oder Subsystemen verstehen. Anders als in Gemeinschaften werden in differenzierten Gesellschaften relevante Ereignisse nicht mehr notwendig allen Mitgliedern bekannt; auch die Massenmedien berichten bei weitem nicht alles, was für einzelne (Sub-)Systeme folgenreich ist. (Vgl. ebd.: 318)

Eintretende Ereignisse haben dabei ihre jeweils aktuelle Bedeutung für Systemkomponenten auf der Basis vergangener Erfahrungen der Komponenten. Als relevant bewertete Ereignisse führen zu Interaktionen zwischen Systemkomponenten, die wiederum abhängig von bisherigen Interaktionsge-

---

3   Hervorhebung aus dem Original entfernt.

schichten sind. Über solche Interaktionsbeziehungen bestimmt Hejl den Begriff der ‚Konnektivität':

> Die im Zusammenhang mit (idealisiert betrachtet) einem Ereignis von einer Komponente ausgehenden Aufnahmen oder Aktivierungen von Interaktionsbeziehungen seien als ‚Konnektivität' bezeichnet. Sie verbinden Komponenten mit anderen und bilden dabei mehr oder weniger komplex verzweigte, lineare oder rückgekoppelte Ketten sowohl der Weiterleitung von Berichten über Ereignisse als auch von Aktivitäten (Ereignissen) selber. (Ebd.: 319)

Auf diese Art kann der in der vorliegenden Arbeit bereits auf neuronale Netze angewendete Begriff auch auf die Organisation von Sozialsystemen bezogen werden. Auf der Systemebene lässt sich mit Hejl die Bedeutung eines Ereignisses als die „zum Zeitpunkt eines Inputs ausgebildete und aufgrund spezifischer Komponentendynamik *aktivierte Konnektivität*" (ebd.: 320) verstehen.

Vor dem Hintergrund dieses Modells bestimmt Hejl soziale Formen von Erinnerung über die Wechselbeziehung zwischen Systemkomponenten und Systemorganisation. Erfahrungen führen zu Veränderungen der Komponenten, aus denen wiederum Änderungen in deren Interaktionsverhalten resultieren. Erfolgen solche Veränderungen in strukturbildender Weise, führt dies zu Umgestaltungen der Systemorganisation, also zu einer Modifikation der Konnektivität. Erinnern lässt sich so verstehen als „Prozeß der Auslösung von Komponentenaktivität durch die Aktivierung einer bereits bestehenden Konnektivität" (ebd.: 321[4]) – analog zu dem oben diskutierten Modell individueller Erinnerung.

Diese Form der Erklärung von sozialen Formen von Erinnerung ermöglicht auch eine Differenzierung zwischen Gedächtnis und Erinnerung. Grundsätzlich handelt es sich bei der Rede von ‚sozialem Gedächtnis' auch hier um einen metaphorischen Wortgebrauch. Hejl formuliert berechtigterweise nur vorsichtig, Gesellschaften „produzieren ein Gedächtnisphänomenen *sehr ähnliches* Verhalten" (ebd.: 322; Hervorhebung durch den Verfasser; MZ). Die Trägerschaft einer solchen sozialen Form von Gedächtnis kann somit ebenso wie beim Individualgedächtnis als distributiv modelliert werden:

> Das ‚Gedächtnis von Gesellschaft' ist dementsprechend [.] als gemäß dem sozialen Differenzierungsprozeß partikulares und nur teilweise zwischen den Komponenten übereinstimmendes Wissen über alle Komponentenindividuen verteilt und [.] in der zwischen ihnen bestehenden Organisation verkörpert. (Ebd.: 324)

Ein wichtiger Vorzug des von Hejl vorgeschlagenen Modells liegt darin, dass es ihm gelingt, soziale Formen von Gedächtnis und Erinnerung theoretisch zu beschreiben und dabei ein konstruktives, nicht speicherorientiertes Modell

---

4   Hervorhebung aus dem Original entfernt.

von Erinnerungen auch für Gesellschaften zu entwickeln. Versteht man sowohl individuelle wie auch soziale Formen von Gedächtnis und Erinnerung als gleichermaßen konstruktiv und über Konnektivitäten realisiert, wird auch eine neue Einschätzung der Bedeutung von Texten (verstanden in einem weiten Sinn) für Gedächtnis und Erinnerung möglich. Insbesondere für das Anliegen der vorliegenden Arbeit, einen kommunikationswissenschaftlichen Beitrag zu leisten, ist dieser Aspekt relevant, da mit Hejl auch die Rolle von Medienangeboten für Erinnerungsprozesse beschrieben werden kann.

Traditionelle Vorstellungen von Texten als Speichermedien, in denen Wissen abgelegt und wieder hervorgeholt werden kann, werden hier endgültig unplausibel: Insofern das gesellschaftliche Wissen als über die Systemkomponenten verteilt modelliert wird und einzelne Aktanten durch jeweils spezifische unterschiedliche Kombinationen von Mitgliedschaftsverhältnissen in Teilsystemen mit jeweils spezifischen Bedingungen von Bedeutungskonstruktion individualisiert sind, ist, „[s]elbst angesichts sozialer Standardisierungen unter diesen Gesichtspunkten nicht zu erwarten, daß der Umgang mit Texten gleiche kognitive Prozesse auslöst" (ebd.: 333). Produktiver erscheint es, Texte statt als Bedeutungsspeicher als Anlässe für individuelle Prozesse „des Nachdenkens und des Erinnerns" (ebd.) zu betrachten. Ein solches Verständnis unterstreicht erneut, dass auch soziale Systeme jede Form von (etwa in Archiven bereitgestellten) Texten nur als Anlässe für konstruktive Erinnerungsprozesse unter ihren jeweils aktuellen Bedingungen, d. h. im Rückgriff auf in der Vergangenheit etablierte Konnektivitäten, nutzen können.

Systemtheoretische Perspektiven II: Gedächtnis als Konsistenzprüfung

Hejls Entwurf ist deutlich zu unterscheiden von systemtheoretischen Ansätzen, die von Luhmann skizziert und in der Folge aufgegriffen und ausgebaut wurden. Bemerkenswert für die vorliegende Arbeit ist an Hejls Vorschlag nicht zuletzt, dass er Individuen in seine Theorie einbezieht und diese nicht in der Umwelt sozialer Systeme ansiedelt. Doch auch eine Systemtheorie in Luhmann'scher Tradition, die – überspitzt formuliert – weitgehend ohne Menschen auskommt, muss nicht zwingend auf den Gedächtnisbegriff verzichten. Luhmann selbst hat sich vor allem in seinem zweiten Hauptwerk *Die Gesellschaft der Gesellschaft* (1997) ausführlicher mit dem Thema auseinandergesetzt und in einem eigenen Kapitel (ebd.: 576ff.) seinen Gedächtnisbegriff erläutert.

Dabei grenzt Luhmann seinen allgemeinen Begriff ab von – von ihm freilich stark vereinfacht dargestellten – Modellen eines ‚Kollektivgedächtnisses', „das nur darin besteht, daß Bewußtseinssysteme, wenn sie gleichen sozialen Bedingungen ausgesetzt sind, im großen und ganzen dieselben Sachverhalte erinnern" (ebd.: 583). Hier wird ganz offensichtlich auf kulturwissenschaftliche Modelle angespielt, die so mit knappen Worten aus der Diskussion verbannt werden.

Gesellschaftliches Gedächtnis kann nach Luhmann nicht mit Aktanten zu tun haben, sondern muss eine Funktion sozialer Systeme sein, die sich in Kommunikationen realisiert. Immer dann, wenn ein System seinen jeweils aktuellen Zustand als durch vergangene Operationen bedingt beschreiben will bzw. seine Gegenwart von einer Vergangenheit, also einem früheren Zustand, unterscheiden will, muss es für diese Unterscheidung ein Gedächtnis in Anspruch nehmen. Dieses Gedächtnis versteht Luhmann aber, wie auch in der vorliegenden Arbeit gefordert, nicht als Speicher oder als Rückgriff auf die Vergangenheit. Für Luhmann geht es bei Gedächtnis vielmehr „um eine stets, aber immer nur gegenwärtig benutzte Funktion, die alle anlaufenden Operationen testet im Hinblick auf Konsistenz mit dem, was das System als Realität konstruiert" (ebd.: 578). Jede Operation (d. h. mit Luhmann: jede Kommunikation) wird sozusagen auf ihre Verträglichkeit mit der Gegenwart des Systems, also der aktuell konstruierten Realität, überprüft. Dies lässt sich als Gedächtnisleistung beschreiben, weil die systemspezifische Adäquanz einer Operation nur aufgrund der Vorgeschichte bisheriger Operationen bewertet werden kann, insofern nämlich die jeweilige System-Gegenwart als durch die *Geschichte* des Systems bedingt verstanden wird. Gedächtnis ist dann auf wundersame Weise omnipräsent: „Gedächtnis wirkt, wie der Gott der Theologen, überall und nirgends in spezifischer Weise an allen Operationen des Systems mit." (Luhmann 2000: 193)

Ein solches soziales Gedächtnis sieht Luhmann als Eigenleistung kommunikativer Operationen (die eben nicht in Bewusstseinsystemen gedacht werden), es realisiert sich durch die der Kommunikation „eigene, unentbehrliche Rekursivität" (Luhmann 1997: 584). Erst die Selbstbezüglichkeit von Kommunikation und Wiederholungen von Kommunikation können ein Gedächtnis etablieren, das zugleich zur Etablierung von Selbstverständlichkeiten für ein soziales System führt. Gedächtnis sorgt, so Luhmann, für eine „Festlegung des Sinns und der richtigen Form von Gegenständen [...], auf die sich die Kommunikation beziehen kann, ohne daß Zweifel darüber aufkommen, was gemeint ist und wie damit umzugehen ist" (ebd.: 585). Ohne ein solches „selbstproduziertes, an allen Operationen mitwirkendes Gedächtnis" (ebd.: 584) könne keine Gesellschaft operieren, da sie sonst für die Fortführung jeder Operation auf immer wieder neue Aushandlungen von ‚richtigem' Sinn und ‚richtigen' Formen angewiesen wäre. Die Rekursivität von Kommunikation führt so zu Redundanzen und einer Etablierung von Semantiken.[5]

Luhmann betont, dass es für die Entwicklungsfähigkeit von Systemen zentral ist, der Konsistenzprüfung enge Grenzen zu setzen. Wenn nur akzeptiert wird, was schon einmal dagewesen ist, würde dies in völliger Lähmung enden:

> Die Funktion von Gedächtnis besteht deshalb darin, die Grenzen möglicher Konsistenzprüfungen zu gewährleisten und zugleich Informationsverarbeitungskapazitäten wieder frei zu machen, um das System für neue Irritationen zu öffnen. Die Hauptfunktion des Gedächtnisses liegt also im *Vergessen*, im Verhindern der Selbstblockierung des Systems durch ein Gerinnen der Resultate früherer Beobachtungen. (Ebd.: 579)

Dabei bewirkt das soziale Gedächtnis stets zugleich ein Vergessen wie ein Erinnern: Durch die Wiederholung von Kommunikation, von Wortgebrauchen und Referenzen wird einerseits ein „Kompakteindruck des Bekanntseins" (ebd.: 579), eine Erinnerung, etabliert, und andererseits gerät zugleich in Vergessenheit, dass das nun eben Vertraute einst überraschend und neu wirkte.

In seinen Überlegungen zum Gedächtnis entwickelt Luhmann auch eine knappe Geschichte der gesellschaftlichen Entwicklungen von Gedächtnis, die er als maßgeblich durch Medienentwicklungen bestimmt versteht. Im Anschluss an diese Überlegungen Luhmanns hat die italienische Soziologin Elena Esposito (2002) eine ausführliche Studie zum ‚Gedächtnis der Gesellschaft' vorgelegt. Auch sie beschränkt ihre Analyse in Luhmann'scher Tradition allein auf Kommunikationen. So gelingt auch ihr eine „radikale Lösung" des Problems der Trägerschaft von sozialem Gedächtnis, wie J. Assmann im Nachwort zu Espositos Buch bemerkt: „In diesem Rahmen lässt sich vom ‚Gedächtnis der Gesellschaft' sprechen, ohne sich dem Vorwurf kollektivistischer Mystifikationen auszusetzen." (2002a: 401)

Espositos Interesse gilt vor allem einer ausführlichen Betrachtung der Entwicklung und Wandlung des Gedächtnisses der Gesellschaft, die Luhmann nur skizziert hatte. Espositos zentrale These ist hier,

> dass das Gedächtnis der Gesellschaft von den verfügbaren Kommunikationstechnologien (von den ersten Formen nicht-phonetischer Schrift über das Alphabet, bis hin schließlich zu Presse sowie *elektrischen* und *elektronischen* Medien) der jeweiligen Ge-

---

5   Ganz ähnlich argumentiert der Philosoph Hans Ulrich Reck, wenn er den Ort gesellschaftlicher Erinnerung in Analogie zum Gehirn zu beschreiben versucht: „Auch gesellschaftliche Erinnerungen und Wahrnehmung brauchen [...] einen Ort. [...] Der Ort ist nicht mehr der neuronale Apparat [wie bei der individuellen Erinnerung; MZ], sondern, topologisch und topographisch, Diskurs und Kommunikation. Die Selbstorganisation des Kommunikationssystems entspricht der konstruktiven Selbstorganisation des Gehirns." (1997: 85) Hinzuzufügen wäre, dass dieser gesellschaftliche Ort – mit Luhmann – ‚überall und nirgends' ist und keinen ‚realen' Ort bezeichnet.

sellschaft abhängt: Diese beeinflussen dessen Formen, Reichweite und Interpretation. (2002: 10)

Für die vorliegende Arbeit ist der erneute Hinweis auf den engen Zusammenhang zwischen Gedächtnis und Medientechnologien von zentraler Bedeutung, wenngleich hier nicht die historische Perspektive im Mittelpunkt steht. Im Folgenden werden daher Espositos Überlegungen nur knapp dargestellt. Bemerkenswert ist in diesem Zusammenhang vor allem, dass Esposito in der gesellschaftlichen Entwicklung verschiedene Gedächtnisbegriffe entwickelt. Dieser Ansatz ist im Grundsatz deutlich überzeugender als die statische Terminologie der Kulturwissenschaft.

Esposito unterscheidet anknüpfend an Luhmann historisch drei verschiedene Formen des Gedächtnisses, die sie um einen eher spekulativen Entwurf für eine Beschreibung des gegenwärtigen und künftigen Gedächtnisses ergänzt. Die erste Form von Gedächtnis bezeichnet Esposito als das ‚divinatorische Gedächtnis‘, dieses bezieht sich sowohl auf orale Gesellschaften als auch auf Gesellschaften mit nicht-alphabetischer Schrift (vgl. ebd.: 44ff.). Das divinatorische Gedächtnis in Gesellschaften ohne alphabetische Schrift beschreibt Esposito als sehr abstraktionsarm. Die Semantik dieser Gesellschaften sei eng gebunden an Weissagungen und die „Anerkennung unlösbarer Mysterien im Inneren der Welt" (ebd.: 66). Während hier die Sachdimension privilegiert sei, führe die alphabetische Schrift zu einer Dominanz der Sozialdimension.

Sie ermögliche erstmalig eine abstrakte Haltung zur Welt und die Reflexion der Unterscheidung zwischen Signifikat und Signifikant, von Differenzen wie Text/Inhalt oder wahr/falsch. Diese Entwicklungen führen auch zu einer entscheidenden Veränderung der Form des Gedächtnisses der Gesellschaft, das Esposito nun als ‚rhetorisches Gedächtnis‘ bezeichnet (vgl. ebd.: 98ff.). Das antike Konzept der Rhetorik dient hier als Metapher für Gedächtnis: Die „gesamte Rhetorik [kann] als mnemonischer Apparat angesehen werden, als Technik der Wiederholung und Redundanzprüfung unter Bedingungen, bei denen die Kohärenz nicht weiter durch die Ordnung der Welt unter Garantie gestellt wird." (Ebd.: 154)

Die Verbreitung des Buchdrucks und der Wandel zur funktional differenzierten Gesellschaft begründen schließlich Espositos Modell von „Kultur als Gedächtnis". Diese Terminologie hatte schon Luhmann in seinen Ausführungen zur Entwicklung des Gedächtnisses etabliert und vorgeschlagen, den Begriff der Kultur als Bezeichnung für das Gedächtnis der (modernen) Gesellschaft aufzufassen: Vieles spreche dafür, „daß Kultur in der Tat nichts anderes ist als das Gedächtnis der Gesellschaft, also der Filter von Vergessen/Erinnern und die Inanspruchnahme von Vergangenheit zur Bestimmung der Variationsrahmen der Zukunft." (1997: 588) Während vormoderne Gesellschaften zwar schon Gedächtniskulte pflegten, konnten sie nach

Luhmann „ihre Abhängigkeit von einem selbstproduzierten Gedächtnis" (ebd.: 586) nicht vollständig erfassen. Erst die moderne Gesellschaft entwickelt einen allgemeinen Begriff von Kultur, und sie „erfindet" diesen geradezu, „um ihr Gedächtnis zu bezeichnen" (ebd.: 587).

So argumentiert auch Esposito. Der Buchdruck führe zu „einer Schriftkultur anderer Art" (2002: 187) und erreiche damit eine tatsächliche „Autonomisierung von Oralität" (ebd.: 192) und eine Asymmetrisierung und Anonymisierung von Kommunikation. Vergleichende Beobachtungen zweiter Ordnung führten in der gesamten Gesellschaft zu einer drastischen Zunahme von Kontingenzerfahrung. Die massenhafte Verbreitung der Texte sichere Redundanz; die Idee einer möglichst identischen Wiederholung in der Rhetorik werde abgelöst durch die Bevorzugung des Neuen, Vergessen werde, wie auch oben bei Luhmann zitiert, zur Hauptfunktion von Gedächtnis.

Allerdings beschreibt Luhmann in diesem Zusammenhang eine ganz anders geartete Krise des Gedächtnisses als sie A. Assmann für die (Post-)Moderne diagnostiziert. Er sieht nicht die *Erinnerungs*leistungen gefährdet, sondern gerade die zentrale Rolle des *Vergessens*. Die Semantik der ‚Kultur' behaupte ab etwa Ende des 18. Jahrhunderts einen Phänomenbereich, der wissenschaftlich ergründbar sei. Mit der Wissenschaft etabliere sich eine neue Unterscheidungstechnik des *Vergleichs*, der auch bei großen Unterschieden noch Gleiches erkennen kann. Wo früher nach ‚naturalen Ähnlichkeiten' gesucht worden sei, widmete sich die Wissenschaft der Erörterung funktionaler Äquivalenzen. (Vgl. Luhmann1997: 590) Luhmann führt als Beispiel die Funktion der Religion an, die in unterschiedlichen Epochen oder unterschiedlichen Gesellschaften als ähnlich beschrieben werden kann. Durch diesen neuen Unterscheidungsmodus werde gesellschaftliche Orientierung nicht mehr über Gleichheit, sondern über Vergleichbarkeit gewährleistet, wobei im Vergleichen die Annahme unhaltbar wird, „dass es für Urteile über gleich und ungleich überhaupt naturale, im Wesen der Dinge liegende Grundlagen geben könne" (ebd.: 591).

Die Unterscheidungstechnik der Kultur, die aus Vergleichen entsteht und sich auf Vergleiche bezieht, verändert radikal, wie Gesellschaften mit ihrer eigenen Entwicklung umgehen und verhindern nach Luhmann insbesondere das Vergessen, weil nicht mehr verbindlich entschieden werden kann, was für die Gesellschaft als mit der Gegenwart ‚konsistent' gewertet werden soll:

> Es werden nicht mehr nur Wahrheiten dem Sog des Vergessens entrissen, sondern –
> man kann fast sagen: alles Mögliche. Mehr als zuvor wird als gleich erkennbar, aber
> das gibt jetzt kaum noch Orientierungsgewissheit. Damit verliert das Gedächtnis die
> Funktion der Konsistenzprüfung in den laufenden Operationen (Kommunikationen)
> der Gesellschaft. (Ebd.)

Wenn alles erinnerbar, vergleichbar und damit ähnlich wird, können Konsistenzurteile nicht mehr für die Gesellschaft insgesamt gefällt werden. Ob eine Kommunikation in der Gegenwart sinnvoll ist oder nicht, d. h. rekursiv hinreichend auf erfolgreiche vergangene Kommunikationen bezogen werden kann, lässt sich nicht mehr für die Gesellschaft als Ganzes, sondern nur noch im Rahmen spezifischer Funktionssysteme bewerten, die somit ‚Spezialgedächtnisse' ausbilden. Auch Luhmann sieht also für die Gegenwart kein einheitliches soziales Gedächtnis mehr, sondern ebenso viele Gedächtnisse wie soziale Systeme.

Exemplarisch hat etwa Dirk Baecker in einem Aufsatz ein „Gedächtnis der Wirtschaft" (1987) skizziert. Baecker wählt das Wirtschaftssystem als Beispiel, was nicht zuletzt deshalb eine kluge Entscheidung ist, weil gerade dieses System vordergründig gern als rein zukunftsorientiert und somit quasi gedächtnislos eingeschätzt wird. Doch Baecker stellt fest:

> Das zu Geldwirtschaft ausdifferenzierte Wirtschaftssystem der modernen Gesellschaft ist zu voraussetzungsvoll gebaut, um sich in jedem Moment und unter ausschließlichem Bezug auf die Gegenwart rekonstituieren zu können. Das System braucht ein Gedächtnis, um sich dessen vergewissern zu können, was seine Gegenwart ist, und um entscheiden zu können, was *für es* diskreditierbare Vergangenheit ist. (Ebd.: 519)

Hier wird der Anschluss an die Argumentation Luhmanns offenbar. Das Gedächtnis eines (gesellschaftlichen Sub-)Systems ist auch für Baecker das Resultat der fortlaufenden Auseinandersetzung des Systems mit seiner Umwelt, „und zwar insofern und nur insofern, als die Geschichte dieser Auseinandersetzung dem System wie selektiv auch immer zur Verfügung steht und aktuell fortgeschrieben werden kann" (ebd.: 520). Gedächtnis ist nach Baecker gleichzusetzen mit der zunehmenden inneren Organisation von Systemen, die es erlaubt, aus vergangenen Ereignissen induktiv auf zukünftige Ereignisse zu schließen und so die Verlässlichkeit von Annahmen über die Zukunft zu erhöhen.

Gedächtnis wird so verstanden als eine spezifische Form von Reflexivität, als Fähigkeit von Systemen zur Selbstbeobachtung, so dass das System „in die Reproduktion der Ereignisse Informationen über die gelungenen oder misslungenen früheren Ereignisreproduktionen einfließen lassen kann" (ebd.: 521f.). Für das Wirtschaftssystem entwirft Baecker entlang klassischer Luhmann'scher Systemtheorie eine spezifische Form von Gedächtnis. Wirtschaft wird demnach über die gesellschaftliche Einführung und Bewältigung von Knappheit beschrieben, die sozial in der Differenz Haben/Nicht-Haben umgesetzt wird. Vor dieser Folie kann jede Operation danach bewertet werden, ob und für wen sie Knappheit erhöht oder verringert, wobei die Chance auf (temporäre) Reduzierung von Knappheit als ‚Gelegenheit' beschrieben wird, die es zu ergreifen gilt. Und genau hier setzt mit Baecker das Gedächtnis der Wirtschaft an:

> Erfolgreiche Techniken, Gelegenheiten zu ergreifen, werden zu Routinen kondensiert, die durchgehalten werden, auch wenn sich vieles andere ändert. Zugleich und andererseits kann und muss man es im Horizont der Knappheit bereuen, Gelegenheiten zu verpassen, so daß verpaßte Gelegenheiten erinnerungsfähig als Versäumnisse dargestellt und präsent gehalten werden. (Ebd.: 525)

Ein solches hier sehr knapp skizziertes Gedächtnis, das über die reflexive Bezugnahme von Operationen auf Operationen zu einer dynamischen Stabilisierung von Systemen beiträgt, ließe sich analog auch für jedes andere Sozialsystem beschreiben und stellt somit auch für die vorliegende Arbeit ein mögliches Modell dar, Gedächtnis sozialwissenschaftlich zu fassen. Allerdings bleibt insgesamt unbefriedigend, dass Gedächtnis ohne Aktanten gedacht wird und so ein Bezug zu den Kulturwissenschaften schwierig scheint. Holl hat jedoch in ihrem Buch *Semantik und soziales Gedächtnis* (2003) ein Modell vorgeschlagen, in dem sie versucht, die Systemtheorie Luhmanns mit dem Ansatz von A. und J. Assmann zu verbinden. Dieser Entwurf soll im Folgenden als letzte Variante diskutiert werden, bevor zusammenfassend in der Diskussion der bestehenden Modelle eine eigene Perspektive auf Gesellschaft und Gedächtnis vorgeschlagen wird.

Versuche einer Zusammenführung von Systemtheorie und kulturwissenschaftlichem Modell

Luhmanns Systemtheorie mit den Assmann'schen Überlegungen zu verbinden, ist ein überaus ehrgeiziges Ziel – nicht zuletzt da Luhmann, wie beschrieben, den kulturwissenschaftlichen Diskurs mit wenigen Worten als zu vernachlässigende Banalität abtut. Auf den ersten Blick könnte eine Zusammenführung der Ansätze jedoch den Königsweg auch für die vorliegende Arbeit beschreiben: Eine theoretische Integration eines sozialwissenschaftlichen und eines kulturwissenschaftlichen Paradigmas ergäbe dann ein für beide Seiten anschlussfähiges und produktives interdisziplinäres Modell, ja möglicherweise einen medienkulturwissenschaftlichen Ansatz *par excellence*. Zweifel sind jedoch angebracht, ob dies ein plausibles Vorgehen sein kann.

Der ausgesprochen ambitionierte Versuch von Holl, eine solche integrative Perspektive zu entwickeln, kann hier dazu dienen, diese Zweifel auszuräumen – oder zu bestätigen. Holl übernimmt für ihren Entwurf die Systemtheorie als Makrotheorie und will diese um die Terminologie des ‚kulturellen Gedächtnisses' ergänzen. Ausgangspunkt von Holls Überlegungen ist ihr genuin literaturwissenschaftliches Interesse an der Genese von künstlerischer Innovation (zum Beispiel neuer Erzählformen) und deren Zusammenhang mit gesellschaftlichen Entwicklungen in Nachbarsystemen. Solche Interaktionen und Interdependenzen lassen sich für Holl wegen der systemtheoretischen Betonung der funktionalen Differenzierung der Gesellschaft nicht deutlich genug beschreiben. Wegen der hohen Abstraktion der Theorie Luhmanns „entsteht von Seiten der Anwender der Wunsch nach mehr Binnendifferenzierung der Systemtheorie" (2003: 26).

Für diese (vermeintliche) Leerstelle erhofft sich Holl eine Füllung durch das Assmann'sche Modell eines gesellschaftlichen, also systemübergreifenden kollektiven Gedächtnisses. Das kollektive Gedächtnis (oder auch: ‚Geschichtsbilder als intersystemische Problemdiskurse'; vgl. ebd.: 248ff.) dient demnach als integrierender Prozess, der „Wissensevolutionen, Revisionismen und Dialogstrukturen beziehungsweise Kontroversen zwischen verschiedenen sozialen Systemen [...] hervorrufen" (ebd.: 163) kann. Anhand von geschichtsrevisionistischen Romanen zeichnet Holl dann literarische Formen der Geschichtsbeschreibung nach, die zugleich durch die Beobachtung anderer Systeme beeinflusst seien wie auch auf diese zurückwirkten. Literatur wird so als Reflexionssystem beschrieben, das Diskurse anderer Systeme kritisch und ggf. auch folgenreich kommentieren kann.

Die Arbeit von Holl hat Vorzüge, die hier zunächst betont seien: Ihre Konfrontation von Luhmanns Semantikbegriff mit dem Modell des kulturellen Gedächtnisses ist zweifellos innovativ und bietet zahlreiche Anregungen und Herausforderungen, insbesondere für literaturwissenschaftliches Arbeiten. Für den Kontext der vorliegenden Arbeit jedoch bleiben eher die Probleme festzuhalten: Trotz allen Bemühens gelingt es Holl schon im Grundsatz nicht, deutlich zu machen, warum der von ihr betriebene umfangreiche Theorieaufwand, der mit hohen Kosten verbunden ist, erforderlich sein soll. Holls oben knapp skizzierte theoretische Antwort auf die Frage nach der Text/Kontext-Relation hätte sich durchaus auch mit Luhmann und systemtheoretisch orientierten Weiterentwicklungen erreichen lassen.

Stattdessen importiert Holl mit dem Assmann'schen Modell einen Ansatz, der einen grundsätzlich anderen Gedächtnisbegriff pflegt und auch eine vollkommen andere gesellschaftliche Beobachtungsebene einnimmt. Vor allem die Behauptung eines intersystemischen Zentraldiskurses ist ausgesprochen fragwürdig, hier hat Luhmanns expliziter Hinweis auf die Systemspezifität von gesellschaftlichem Gedächtnis deutlich mehr Überzeugungskraft. Anstelle eines Leitdiskurses der Geschichtsbilder, der Innovationen zwischen dem Literatursystem und anderen gesellschaftlichen Systemen erklären soll, wäre es wohl adäquater, die Beziehung zwischen den verschiedenen Systemen – etwa als ‚Systemflirts' (vgl. Schmidt/Spieß 1994: 81) – und deren jeweils spezifischen Konstruktionen von Vergangenheit detaillierter zu beschreiben. Zwar konzediert auch Holl die grundsätzliche Unterschiedlichkeit von Luhmanns Theorie und dem Assmann'schen Ansatz (vgl. u. a.

2003: 182); ihre Versuche, „die Argumente abzuwägen und im Zweifelsfall zugunsten der Systemtheorie als umfassendere Rahmentheorie zu bereinigen" (ebd.), bleiben jedoch Reparaturversuche und wirken immer wieder wie Bemühungen, einen Fremdkörper „systemwidrig in die Systemtheorie einzubauen", wie auch der Germanist Daniel Fulda in einer Rezension bemerkt (2005: 6).

Holls Suche nach einer gesellschaftlichen Integrationsfunktion, die die autonomen Systeme so ko-orientiert, dass überhaupt noch sinnvoll von Gesellschaft gesprochen werden kann, soll durch diese Kritik nicht diskreditiert werden. Die Relevanz dieser Frage zeigt sich auch gesellschaftlich immer wieder, beispielsweise an Debatten über ‚Leitkulturen' oder ‚Parallelgesellschaften'.[6] Fragwürdig erscheint lediglich Holls Lösungsvorschlag mittels der Behauptung eines Zentraldiskurses. Selbst wenn man einen solchen akzeptieren möchte, muss dieser nicht zwingend mit einer historischen Semantik operieren, für moderne (also eben nicht primär traditionsorientierte) Gesellschaften wäre eine nicht-historische Orientierung sogar deutlich plausibler.

Anstelle einer Zusammenführung zweier völlig konträrer Modelle erscheint insgesamt ein Ansatz nützlicher, der die Differenz zwischen System- und Handlungstheorie gar nicht erst aufmacht, sondern beide Ebenen integriert, statt beständig eine der (sich nur vermeintlich ausschließenden) Perspektiven ausmerzen zu wollen. Mit dem hier bevorzugten Konzept von Kultur als Programm beispielsweise kann die von Holl bei Luhmann diagnostizierte Leerstelle mit der Unterscheidung zwischen zentralen und peripheren Kategorien plausibler gefüllt werden.[7]

Gedächtnis – Vorschlag einer Fundierung

Bis hier sind nun verschiedene Alternativen für einen Gedächtnisbegriff benannt worden. Die Optionen reichen von einem vollständigen Verzicht auf das Konzept ‚Gedächtnis' über eine Modellierung als Konnektivität zwischen Systemkomponenten oder als Rekursivität von Kommunikationen

---

6   Bemerkenswert bleibt, dass die gesellschaftliche Integration in diesen Debatten fast ausschließlich als durch ethnische Differenzen gefährdet dargestellt wird, nicht jedoch entlang sozialer Unterschiede.

7   Hier wird eben kein Super-Diskurs postuliert, stattdessen werden im Rahmen des Kulturprogramms zentrale Kategorien angenommen, die innerhalb einer Gesellschaft (auch subsystemübergreifend) als verbindlich gesetzt werden; periphere Kategorien dagegen bleiben flexibel für (sub-)systemspezifische Dynamisierungen. Es lässt sich so lange plausibel von Gesellschaft reden, wie noch systemübergreifend eine Orientierung an zumindest wenigen zentralen Kategorien beobachtbar ist – fehlen jedoch solche gemeinsamen Orientierungen, fehlt tatsächlich die hinreichende Integration verschiedener Systeme, um sie noch unter dem Singular-Begriff ‚Gesellschaft' subsumieren zu können.

bis hin zu einer Fusion der Überlegungen Luhmanns und A. und J. Assmanns. Die letztgenannte Variante allerdings soll aufgrund der bereits genannten Kritikpunkte für die vorliegende Arbeit verworfen werden. Die Integration zweier derart verschiedener Modelle bringt offenbar deutlich mehr theoretische Probleme mit sich, als sie zu lösen in der Lage wäre.

Das heißt jedoch nicht, dass das Themenfeld, auf das sich A. und J. Assmann beziehen, aus der vorliegenden Arbeit komplett ausgeschlossen werden sollte. Allerdings wird hier die Meinung vertreten, dass die bisher noch oft unter den Oberbegriffen ‚kollektives‘, ‚kulturelles‘ Gedächtnis usw. fallenden Phänomene besser unter dem Erinnerungsbegriff subsumiert werden können. Damit wird der Gedächtnisbegriff frei für eine abstraktere und funktional breitere Bestimmung, wie sie etwa Hejl oder Luhmann vorgelegt haben. Ein kritischer Vergleich dieser beiden Perspektiven dient im Folgenden als Grundlage für einen eigenen Begriffsvorschlag, der in Kapitel 5.2.2 vorgestellt wird.

Vergleich der Perspektiven von Hejl und Luhmann

Insofern, wie dargelegt, an metaphorische Begriffe ohnehin kein Wahrheitsanspruch gestellt werden kann, sondern lediglich Kriterien wie ‚Wissenschaftlichkeit der Begründung‘ und ‚Nützlichkeit für Problemlösungen‘ für eine Bewertung der Konzepte herangezogen werden sollten, muss an dieser Stelle nun kein abschließendes Urteil gefällt werden, in dem einer der vorgestellten Ansätze als ‚falsch‘ verworfen, ein anderer als ‚richtig‘ zugrunde gelegt wird. Die zu stellende Frage bleibt somit: Was wird durch die verschiedenen Vorschläge beobacht- und beschreibbar, und was fällt jeweils aus dem Sichtfeld, wenn man sich für eines der Modelle entscheidet?

Der Hejl'sche Gedächtnisentwurf hat hier einige Vorzüge. Wie bereits herausgestellt worden ist, ist dabei vor allem die Einbeziehung von Aktanten in seine Version der Systemtheorie zu nennen.[8] Zugleich hat das Modell den Vorzug, durch die direkte Anknüpfung an das auch in den Kognitionswissenschaften prominente Modell der Konnektivität sozusagen metaphorische Plausibilität und Autorität zu gewinnen. Hier kommt das von Luhmann betonte Prinzip des Vergleichs, der Behauptung funktionaler Äquivalenzen zwischen Phänomenen besonders reibungslos zum Tragen. Für Gehirne wie Gesellschaften können mit Hejl konnektive Strukturen postuliert werden, in denen sich Gedächtnis realisiert. Diese Strukturen können geradezu visuell verdeutlicht werden: In einer Familie etwa führen Ereignisse (z. B.: die Katze

---

8   Die Probleme, die sich aus einem Modell sozialer Systeme, das nur über Kommunikationen argumentiert, ergeben können, sind jedenfalls hinlänglich diskutiert (vgl. beispielsweise Schmidt 1996: 50).

ist verschwunden) zu einer Aktivierung von recht stabilen Konnektivitäten, die entlang etablierter ‚Verbindungen' erfolgen (z. B.: Es werden erst die Kinder befragt, dann die Nachbarn, dann das Tierheim, während die Kinder wiederum Freunden vom Verschwinden der Katze erzählen usw.). Gleiches lässt sich exemplarisch auf der politischen Ebene beschreiben. Auch eine überraschende Äußerung (z. B. die Ankündigung von Neuwahlen durch den Bundeskanzler) führt meist verlässlich zur Aktivierung wenig überraschender, weil in der Vergangenheit etablierter Konnektivitäten (z. B. die Nachricht wird über Presseagenturen schnell verbreitet, in den Parteien werden die relevanten Entscheidungsträger umgehend informiert, die wiederum Stellungnahmen abgeben, die wiederum von den erwartbaren Aktanten rezipiert und kommentiert werden usw. usf.).

Dies beschreibt auch der Journalist Ijoma Mangold in seiner Analyse der gesellschaftlichen Reaktionen auf ein Interview der rechtskonservativen Zeitschrift *Junge Freiheit* mit dem Schriftsteller Rolf Hochhuth. In dem Gespräch würdigte Hochhuth den Historiker David Irving. Hochhuth wusste offenbar nicht, dass Irving, der früher ein durchaus angesehener Zeitgeschichtsforscher war, später in mehreren Publikationen den Holocaust leugnete und dafür auch rechtskräftig verurteilt wurde. Hochhuths Äußerungen führten zu der erwartbaren breiten gesellschaftlichen Empörung, in der Hochhuth selbst u. a. von Paul Spiegel als Holocaust-Leugner bezeichnet wurde – ein Vorwurf, der für den Autor des Theaterstücks *Der Stellvertreter*, das den Holocaust zum ersten Mal in Deutschland auf der Bühne thematisierte, vorher undenkbar war. In seiner Analyse des Skandals befindet Mangold:

> Das Ärgerliche an dieser überflüssigen Geschichte ist dies: Sie zeigt, dass unsere streng durchformalisierte Erinnerungskultur zu einem zu großen Teil nur aus Formeln und Reflexen sich zusammensetzt. Wenn nicht in den Grenzen bestimmter Formeln über die Nazi-Verbrechen gesprochen wird, dann reagiert diese Erinnerungskultur immer mit den gleichen Reflexen [oder mit Hejl: Konnektivitäten; MZ]. Für ein kalt denkendes Organ wie die *Junge Freiheit* ist das leider ein gefundenes Fressen. Sie muss nur in aller unschuldsvollen Bonhomie Fragen an einen bizarr Uninformierten wie Hochhuth stellen, um diesen Vergangenheitsdiskurs in seiner reflexhaften Blindheit vorzuführen. (Mangold 2005: 17)

Mangolds Ausführungen können aber nicht nur als ein weiteres Beispiel für gesellschaftliche Konnektivitäten dienen. Vor allem taugen sie zu einer wichtigen terminologischen Klarstellung: Die gesellschaftliche *Gedächtnis*leistung ist mit Hejl auch im geschilderten Fall nicht primär die Thematisierung von Vergangenheit, sondern die Auslösung bestimmter gesellschaftlicher Reaktionen (Konnektivitäten) auf das Interview. Spätestens damit wird deutlich, dass sich ein solcher Gedächtnisbegriff radikal von kulturwissenschaftlichen Thematisierungen unterscheidet.

Ein Problem stellt allerdings in diesem Zusammenhang Hejls Erinnerungsbegriff dar. Hejl spricht von der Aktivierung von gesellschaftlichen Konnektivitäten als ‚Erinnerung‘. Diese Redeweise ist jedoch wenig hilfreich, genauer gesagt ist ihr Erinnerungsbegriff sehr weit und damit insbesondere für den kulturwissenschaftlichen Diskurs kaum anschlussfähig. Auch wenn mit Roth für den Menschen das Gedächtnis das wichtigste Wahrnehmungsorgan ist und erst die Kontinuität der Wahrnehmung ermöglicht, würde man wohl kaum davon sprechen, ein Mensch ‚erinnert‘ sich, was ein Tisch ist, wenn er eine aktuelle Wahrnehmung entsprechend vergangener Erfahrungen und unter Nutzung von Gedächtnisfunktionen als Tisch konstruiert. Bei Hejl aber wird jede gesellschaftliche Aktualisierung von Konnektivität als ‚Erinnerung‘ bezeichnet, womit der Begriff letztlich hinfällig wird. Hier wäre eine klarere Differenzierung wünschenswert, die zwischen verschiedenen Prozessen, die Gedächtnis in Anspruch nehmen, unterscheidet und nicht alle als ‚gesellschaftliche Erinnerungen‘ ausflaggt.

Luhmanns Gedächtnisentwurf und die Weiterentwicklungen durch Esposito und Baecker unterscheiden sich einerseits deutlich von Hejls Modell, andererseits aber weisen sie auch unübersehbare Ähnlichkeiten auf. Der zentrale Unterschied liegt, wie dargelegt, in dem grundsätzlich anderen systemtheoretischen Theoriebau: hier Kommunikationen als Systemkomponenten, dort Aktanten. So gerät bei Luhmann unter dem Stichwort ‚Gedächtnis‘ eben nicht die Konnektivität, die Interaktion von Aktanten entlang etablierter Strukturen, sondern die Reflexivität von Kommunikation in den Blick. Damit wird mit Luhmanns Modell eine andere Form von Strukturbildung beobachtbar, der Mechanismus funktioniert jedoch sehr ähnlich. Luhmann selbst erläuterte zu seinem Gedächtnisbegriff: „Immer geht es dabei [.] um Voraussetzungen des jeweils aktuellen Operierens" (1997: 580). Und diese Aussage trifft ganz offensichtlich auch auf Hejls Modell zu.

An einem alltäglichen Beispiel, etwa einem Autounfall, wird schnell deutlich, wie mit Hejl und Luhmann für eine soziale Situation jeweils unterschiedliche Aspekte von ‚Gedächtnis‘ beobachtbar werden. Mit Hejl richtet sich der Blick in der Beschreibung des Unfalls und der nachfolgenden Ereignisse auf die verschiedenen Interaktionen der beteiligten Aktanten, die sich an in der Vergangenheit etablierten Konnektivitäten orientieren. Man hat gelernt: Die Polizei ist bei Unfällen zuständig und wird also herbeigeholt, die Versicherung muss informiert werden, der Arbeitgeber muss erfahren, dass man zu spät kommen wird; Familie und Freundeskreis werden am Abend eine aufregende Geschichte erzählt bekommen usw. Jeder dieser Kontakte zu anderen Aktanten kann wieder zu weiteren Kontakten mit neuen Aktanten führen, und zwar entlang erwartbarer, weil in der Vergangenheit etablierter Muster. Mit Luhmann liegt der Fokus dagegen nicht auf den Aktanten, sondern auf den Kommunikationsprozessen, die in ganz unterschiedlichen sozialen Systemen auf der Basis von ganz unterschiedlichen – qua Gedächtnis etablierten – Semantiken verlaufen. So lässt sich beobachten und beschreiben, wie und warum zwischen den Unfallbeteiligten ganz anders kommuniziert wird als mit dem Polizisten, wiederum anders mit Versicherung, Arbeitgeber, Familie usw.

Bemerkenswert ist, dass selbst bei seinem sehr abstrakten Entwurf die Versuchung offenbar auch für Luhmann noch groß ist, ‚Gedächtnis' anhand des Bezugs auf Riten, Feste, Mythen oder Orte zu erläutern (vgl. 585f.), wie dies in den Kulturwissenschaften üblich ist. Es soll aber noch einmal betont werden: Das von Luhmann skizzierte soziale Gedächtnis ist nicht auf explizite Thematisierungen von Vergangenheit in der Kommunikation angewiesen. Es beschreibt vielmehr, wie prinzipiell jede Kommunikation (also jede Systemoperation) in der Gegenwart Gedächtnis in Anspruch nimmt, um Sinn erzeugen und stabilisieren zu können. Damit bleibt auch bei Luhmann offen, wie die Inanspruchnahme von Gedächtnis durch spezifische *erinnernde* Kommunikationen zu modellieren ist.

Für moderne Gesellschaften bezeichnet Luhmann überdies ‚Kultur' als ‚Gedächtnis'. Diese Gleichsetzung erscheint in dem hier angestrebten Modell als wenig sinnvoll, weil sie die produktive Differenz der Konzepte zur Beobachtung und Beschreibung von Gesellschaft preisgibt. Für die vorliegende Arbeit liegt im Begriff der ‚Kultur' gar der Schlüssel, um einen allgemeinen und abstrakten Gedächtnisbegriff zu entwickeln, der sowohl an Hejl als auch an Luhmann anschließen kann.

Gedächtnis als Voraussetzungszusammenhang und als Perspektive auf Kultur

Wie dargelegt, beschreiben beide systemtheoretischen Modellierungen den Grundmechanismus, wie in der Vergangenheit etablierte Strukturen (Konnektivitäten oder Semantiken) in der Gegenwart Prozesse orientieren, d. h. Kontingenz bearbeiten können. In der vorliegenden Arbeit wurde das Konzept von Kultur als Programm im Anschluss an Schmidt als zentrales Mittel der gesellschaftlichen Kontingenzbearbeitung zugrunde gelegt. Ein zentraler Mechanismus, auf dem dieser Theorieentwurf basiert, ist der Zusammenhang von Setzungen und Voraussetzungen, der hier nur kurz skizziert werden soll.[9]

Schmidt startet mit einem basalen Axiom und formuliert: „Was immer wir tun, wir tun es in Gestalt einer Setzung: Wir tun dieses und nicht etwas anderes, obwohl wir auch etwas anderes hätten tun können" (2003b: 27).

---

9   Vgl. für eine ausführlichere Darstellung Schmidt 2003: 27ff.

Dabei gibt es für einzelne Aktanten im Lauf eines Lebens keine erfahrbare ‚erste Setzung', immer ist jeder Setzung bereits eine vorherige vorausgegangen. Die Summe aller bisherigen Setzungen bildet einen ‚Setzungszusammenhang' unserer gesamten Lebenserfahrung, der künftige Setzungen insofern orientiert, als er sich „in jeder aktuellen Situation als Erwartungen an künftige Erfahrungen [und Setzungen; MZ] auswirk[t]" (ebd.). Spätestens mit dieser Überlegung ist klar: „Jede Setzung macht zumindest eine Voraussetzung." (Ebd.)

Schmidt spricht hier von einem ‚strikt komplementären' Verhältnis, da der Zusammenhang von Setzung und Voraussetzung autokonstitutiv ist: Keiner der Begriffe ist ohne den jeweils anderen denkbar, denn keine Voraussetzung ohne Setzung, für die die Voraussetzung Voraussetzung wäre – und umgekehrt. Zugleich geht jede vollzogene Setzung nach ihrem Vollzug in den Voraussetzungszusammenhang ein und orientiert damit künftige Setzungen. Dabei lassen sich die konkreten Voraussetzungen einer Setzung immer erst im Nachhinein in einer reflexiven Bezugnahme beobachten (vgl. ebd.: 28; auch Jünger 2002: 24ff.), was den Mechanismus von Setzung und Voraussetzung erneut aktiviert, da auch die Beobachtung und Beschreibung von Voraussetzungen eine neue Setzung darstellt.

Diese Überlegungen können für die hier angestellten Überlegungen zum Gedächtnis nutzbar gemacht werden, denn der basale, abstrakte Mechanismus von Setzung und Voraussetzung scheint ideal, um im Anschluss an die erläuterten soziologischen Überlegungen einen sozialwissenschaftlichen Gedächtnisbegriff zu etablieren. Als ‚Gedächtnis' soll hier allgemein der Voraussetzungszusammenhang verstanden werden, den jede neue Setzung notwendig in Anspruch nimmt. Ebenso wie beim individuellen Gedächtnis, das bei jeder kognitiven Operation orientierende Funktionen übernimmt, nimmt auch jede soziale Operation Voraussetzungen in Anspruch, die (nur im Nachhinein) beobachtet und dann als Gedächtnis beschrieben werden können. Je nach Beobachtungsinteresse und beobachtetem Setzungstypus (Handlungen/Kommunikationen) geraten dabei etwa mit Hejl in der Vergangenheit etablierte Konnektivitäten oder mit Luhmann Semantiken in den Blick, die als gesellschaftliche Voraussetzungen für spezifische Operationen dienen.

Über das Konzept von Kultur als Programm, wie es bereits skizziert worden ist, können diese allgemeinen Überlegungen konkretisiert werden. Kultur wird, wie dargelegt, als Programm zur Bearbeitung von Kontingenz verstanden. Im Akt der Anwendung ist Kultur als Programm zwar „lernunwillig", wie Schmidt formuliert, sie kann Verhalten aber nicht determinieren, sondern leistet lediglich „verbindliche Orientierung" (2003b: 39).[10] In einer langfristigen Perspektive ist dabei das Kulturprogramm durchaus lernfähig, weil „das Programm über die Beobachtung und Bewertung seiner Anwendungsresultate beobachtet und (bewusst oder unbewusst) *reflexiv* nachjustiert bzw. verändert werden kann" (ebd.).

Es ist dabei zu betonen, dass eine solche Modellierung Kultur keine „gegenständliche Existenz" zuschreibt. Vielmehr „vollzieht sich" Kultur

> in konkreten Aktantenhandlungen in Form von *Optionseröffnungen* und *Optionsschematisierungen* für Bezugnahmen auf das Wirklichkeitsmodell für alle Aktanten in einer Gesellschaft, die genau diese Leistungen in Anspruch nehmen und erwarten, dass alle anderen *grosso modo* ebenso verfahren. (Ebd.: 41)

Damit ist jeder Aktant insofern ‚Träger' des Kulturprogramms, als es sich nur durch immer neue Setzungen von Aktanten bestätigen und fortschreiben lässt. Zugleich ‚besitzt' kein Aktant vollständige Kenntnis des Kulturprogramms; seine bindende Wirkung erlangt es allein durch die reflexive Annahme, jedes Mitglied einer Gesellschaft beziehe sich wohl ähnlich wie man selbst auf das Wirklichkeitsmodell – eine typische *operative Fiktion*.

Auch wenn von Kultur als Programm hier bisher stets im Singular gesprochen wurde, ist es wichtig zu betonen, dass sich für moderne Gesellschaften eine starke Ausdifferenzierung von Sub- und Teilprogrammen beobachten lässt: So ist durchaus die Rede von verschiedenen Kulturen in verschiedenen sozialen Systemen oder auch von Organisationskulturen sinnvoll. Von ‚Gesellschaft' im Singular als Einheit der Differenz von Wirklichkeitsmodell und Kulturprogramm zu sprechen ist, wie bereits skizziert, nur plausibel, solange die Subprogramme nicht völlig losgelöst von oder konträr zu einem (wenn auch möglicherweise kleinen) Kern an zentralen, übergreifend verbindlichen Programmierungen sind. ‚Die' Kultur ist damit nicht mehr als eine ‚Diskursfiktion', sie ist nie ‚als solche' beobachtbar, sondern immer nur in ihrer Anwendung in spezifischen Setzungen und in spezifischen Geschichten- und Diskurszusammenhängen (vgl. ebd. 42ff.).

Auf der Ebene einer Beobachtung zweiter Ordnung lässt sich Kultur dann in ihrer Anwendung beobachten als Mittel zur Bearbeitung von Kontingenz, indem sie Aktanten in ihren Operationen orientiert. Zugleich aber werden diese Orientierungsoptionen der Kultur selbst als kontingent sichtbar: Auch die Kultur der Gegenwart ist, wie sie ist, eine gewordene und keine ‚natürliche' oder ‚unveränderliche'. Schmidt erläutet, Kultur als Kulturprogramm könne unter zwei Perspektiven betrachtet werden: Sie ist entweder auf ihre bisherigen Anwendungen hin beobacht- und beschreibbar, also mit

---

10   Mit der Unterscheidung von zentralen und peripheren Kategorien modelliert Schmidt unterschiedliche Verbindlichkeitsgrade der kulturellen Orientierungsleistung bzw. unterschiedlich starke zu erwartende Sanktionen bei ‚Verstößen' gegen das Kulturprogramm.

der Perspektive der Tradition,[11] oder im Hinblick auf die möglichen künftigen alternativen Anwendungsoptionen, also unter Aspekten der Innovation. Für das Thema der vorliegenden Arbeit ist dies ein zentraler Gedanke. Auf der Grundlage der bisherigen Überlegungen lässt sich ,soziales Gedächtnis' – verstanden als der Voraussetzungszusammenhang für jede aktuelle Setzung – als eine spezifische Perspektive auf Kultur verstehen. Unter dem Begriff ,Gedächtnis' können dann die bisher realisierten Programmanwendungen gefasst werden, die für jede künftige Anwendung des Kulturprogramms als Voraussetzung dienen, wobei ein Aktant bei einer Setzung keineswegs bewusst auf bestimmte Voraussetzungen Bezug nehmen muss.

Wie auch Kultur soll Gedächtnis als Voraussetzungszusammenhang dabei nicht als Entität, womöglich gar als ,Speicher' aller früheren Erfahrungen einer Gesellschaft verstanden werden, die (mit dem zitierten Ausspruch von Marx) wie ein Alb auf der Gesellschaft lastet, sie erdrückt und alle Operationen determiniert. Gedächtnis als Struktur des Voraussetzungszusammenhangs einer Gesellschaft ist nicht mehr als eine Diskursfiktion, die alle gesellschaftlichen Prozesse im Hinblick auf ihre Voraussetzungen orientiert. Zeitlich wirksam wird Gedächtnis damit stets gleichzeitig mit gesellschaftlichen Setzungen. Dabei kann Gedächtnis abstrakt zwar als Zusammenhang ,aller' bisheriger Kulturprogrammanwendungen gefasst werden, im Akt einer spezifischen Setzung werden aber (wie auf der kognitiven Ebene auch) nie alle bisherigen gesellschaftlichen Setzungen, sondern immer nur bestimmte Voraussetzungen in Anspruch genommen und damit überhaupt erst in der Gegenwart relevant gemacht. Als operative Fiktion ist Gedächtnis damit eine dauerhafte Struktur, die jedoch immer nur für Prozesse in der Gegenwart wirksam wird bzw. von diesen in Anspruch genommen wird und sich so in diesen spezifisch aktualisiert.[12] Damit ist Gedächtnis auch nicht auf die Vergangenheit bezogen, sondern hat ausschließlich eine Orientierungsfunktion in der Gegenwart, was, wie gesagt, nur im Modus der reflexiven Bezugnahme im Nachhinein konstatiert werden kann. Gesellschaftliches Gedächtnis ,an sich' ist damit (ebenso wie Kultur) nicht beobachtbar, sondern wird im Vollzug von Setzungen in Anspruch genommen.

---

11   Und mit eben dieser Perspektive kommt Luhmann plausibel zu seiner Gleichsetzung von ,Kultur als Gedächtnis', die allerdings die alternative Beobachtung der Innovationsmöglichkeiten begrifflich verstellt.

12   Zwar sind Voraussetzungen als frühere realisierte Programmanwendungen in der Regel zeitlich ,älter' als die Setzung, die sie in Anspruch nimmt, die Gleichzeitigkeit von Setzung und Voraussetzung ergibt sich aber daraus, dass erst die Inanspruchnahme die Voraussetzung überhaupt in der Gegenwart relevant macht. Es ist dabei streng genommen nicht einmal in allen Fällen nötig und ohnehin in der Gegenwart unüberprüfbar, ob jede Voraussetzung aus ,tatsächlichen' vergangenen Programmanwendungen stammt. Dies lässt sich zum Beispiel an interkulturellen Fauxpas verdeutlichen, die als Setzung sozusagen ,falsche', d. h. kulturinadäquate, Voraussetzungen in Anspruch nehmen.

Mit einer solchen Begriffsexplikation lassen sich zentrale Probleme des kulturwissenschaftlichen Diskurses entschärfen: Zunächst baut dieser Gedächtnisbegriff mit dem Konzept von Kultur als Programm auf einem klar benennbaren Theoriemodell auf, so dass der Gedächtnisbegriff hinreichend explizit beschrieben und erläutert werden kann. Zugleich steht nun ein Begriff zur Verfügung, der breiter als der Erinnerungsbegriff angelegt ist. Mit ihm lässt sich die prinzipielle Bedeutung von Gedächtnis für *jede* gesellschaftliche Operation verdeutlichen, ohne dass man auf historisierende Zusammenhänge festgelegt ist. Jede Setzung im Rahmen eines Kulturprogramms ist dann zwar nicht notwendig eine ‚Erinnerung‘, sondern ganz allgemein eine Operation in der Gegenwart, die aber Gedächtnis (verstanden als Voraussetzungszusammenhang) in Anspruch nimmt. Damit ist der Begriff auch plausibel analog zum Herkunftsgebiet der Metapher modelliert.

Auch wird die Trägerschaft des sozialen Gedächtnisses in diesem Konzept deutlich: Damit Kultur als Programm sich fortschreiben kann, ist Gesellschaft auf Gedächtnis angewiesen, denn jeder Aktant, der Kulturprogramme zur Anwendung bringt, tut dies und kann dies nur tun, indem er auf Basis von Voraussetzungen Setzungen vornimmt:

> Handlungsleitend werden Kategorien und semantische Differenzierungen [.] erst dann, wenn [...] ‚Aktanten‘ [...] in konkreten Handlungs- und Kommunikationszusammenhängen diese Orientierungsoptionen auch tatsächlich zu Bezugnahmen, also zu Unterscheidungen und Benennungen nutzen, dadurch Aktantenbezogene Setzungen vollziehen und dabei diese semantischen Voraussetzungen in Anspruch nehmen. (Ebd.: 33)

Wie Kultur als Programm ist somit das Gedächtnis in den Aktanten verortet. So wie kein einzelner Aktant vollständig über das Kulturprogramm verfügt, kann auch niemand vollständig Kenntnis des Voraussetzungszusammenhangs seiner Kultur(programme) haben. Das Gedächtnis ist somit nirgendwo vollständig verkörpert, sondern aktualisiert sich in der Anwendung des Kulturprogramms durch Aktanten stetig selbst, insofern jede Setzung die für sie notwendigen Voraussetzungen aktualisiert und dann selbst in den Voraussetzungszusammenhang eingeht. Das Gedächtnis wirkt somit wie Kultur nur auf der Grundlage der reflexiven Annahme, dass andere auf Basis der gleichen Kultur, also der gleichen Voraussetzungen, wie ich selbst handeln. Auch ein soziales Gedächtnis ist damit nur als operative Fiktion denkbar.

Ein weiterer Vorzug dieses Begriffentwurfs ist, dass er nicht normativ und statisch argumentiert. Damit führt er nicht in vorzeitige Krisendebatten, wie sie im kulturwissenschaftlichen Diskurs zu beobachten sind. Mit dem hier vorgestellten Begriff sind zunächst keine Krisen des Gedächtnisses beschreibbar, sondern Entwicklungen im Umgang mit gesellschaftlichem Gedächtnis. Fragen nach solchen gesellschaftlichen Veränderungsprozessen können dabei wie jede Kulturbeschreibung stets nur in einem autologischen

Verhältnis zu Kultur und Gedächtnis gestellt und beantwortet werden. Das Gedächtnis, das eine neue Beschreibung von gesellschaftlichem Gedächtnis selbst in Anspruch nimmt, bleibt stets der blinde Fleck der Beschreibung.

Mögliche Kategorien, nach denen diachrone Entwicklungen von Gesellschaften untersucht oder auch synchrone Vergleiche angestellt werden können, sind u. a.:

- Ausdifferenzierung: Jedes Sub- und Teilprogramm von Kultur lässt sich jeweils auf seine spezifischen Voraussetzungszusammenhänge hin perspektivieren. Damit stellt sich auch im Kontext von Gedächtnis die Frage nach unterschiedlichen Ausdifferenzierungsgraden von gesellschaftlichem Gedächtnis.

- Thematisierung von Gedächtnis: Wird das Gedächtnis als Voraussetzungszusammenhang für gesellschaftliche Operationen in Beobachtungen zweiter Ordnung thematisiert, oder bleibt es unbeobachtet? Unter dieser Überschrift lassen sich u. a. sozusagen explizit als gesellschaftliche Erinnerung ausgeflaggte Kommunikationen behandeln, wobei der Erinnerungsbegriff in Kapitel 5.3 noch ausführlicher diskutiert wird.

- Selektivität: Damit soll auf die Frage verwiesen sein, welche vergangenen Operationen als Voraussetzungen für neue Setzungen relevant gemacht werden. Dieser Punkt verweist somit implizit auf das gesellschaftliche Vergessen: Vergangene Setzungen, die nicht mehr als Voraussetzungen für neue Setzungen in Anspruch genommen werden, kommen gesellschaftlich nicht mehr vor. In diesem Zusammenhang ist die gesellschaftliche Machtfrage zu stellen: Wer kann Relevanz für Voraussetzungen behaupten und wer nicht? (Vgl. auch Kapitel 5.3.3).

- Kontingenzbewusstsein: Auch wenn Voraussetzungszusammenhänge durch Beobachtungen zweiter Ordnung gesellschaftlich thematisiert werden, schließt dies nicht zwingend ein Kontingenzbewusstsein ein. Gerade vormoderne Gesellschaften operieren mit einer Vielzahl von auch thematisierten Voraussetzungen (etwa der Erbfolge von Königshäusern), die jedoch nicht als kontingent, sondern als ‚natürlich' verstanden werden, womit eine weitere wichtige Unterscheidungskategorie angesprochen ist:

- Traditions- vs. Innovationsorientierung von Kulturen: Sind Kulturprogramme eher auf Verbindlichkeit und damit auf Gedächtnisorientierung programmiert, also traditionell organisiert, oder sind sie offen für nicht-traditionelle neue Optionen, die weniger unmittelbare Voraussetzungen in Anspruch nehmen, und damit auf Innovation orientiert?

Gedächtnis vs. Fundus – zusammenfassender Begriffsabgleich

Zu Beginn dieses Kapitels wurde erwogen, den Gedächtnisbegriff nicht mehr auf Gesellschaften zu beziehen, doch diese ‚radikale' Option ist begründet verworfen worden. Stattdessen ist eine Alternative entwickelt worden, mit der Gedächtnis als Voraussetzungszusammenhang in der Anwendung von Kulturprogrammen beschrieben wird. Für die Kulturwissenschaften würde dieses Konzept allerdings zwar keine Abschaffung des Begriffes als solchen, wohl aber eine Aufgabe ihrer etablierten (wenn auch oft vagen) Modellierungen von Gedächtnis bedeuten. Schließlich hat das hier vorgestellte Modell wenig mit den z. B. von A. und J. Assmann angestellten Überlegungen zu einem ‚kulturellen Gedächtnis' gemein.

Wenn nun aber ein ganz neuer Begriff eingeführt wird, mag man fragen, inwiefern noch davon die Rede sein kann, der kulturwissenschaftliche Diskurs solle in der vorliegenden Arbeit durch eine medienkulturwissenschaftliche Perspektivierung auch für die Kommunikationswissenschaft attraktiv gemacht werden: Was bleibt von den kulturwissenschaftlichen Ansätzen? Da bisher ‚lediglich' ein auf sozialwissenschaftlichen Theorien aufbauender abstrakter Gedächtnisbegriff entwickelt worden ist, soll nun erläutert werden, welchen Ort die kulturwissenschaftlichen Thematisierungen in diesem Konzept haben können. Da unter dem kulturwissenschaftlichen Gedächtnisbegriff mindestens zwei verschiedene Aspekte gefasst werden, werden diese getrennt behandelt.

Der größte Bereich des kulturwissenschaftlichen Diskurses bezieht sich, wie bereits dargelegt worden ist, nicht eigentlich auf ‚Gedächtnis', sondern auf konkrete Erinnerungsprozesse. Wenn ‚Gedächtnis' jedoch Erinnerungsprozesse meint, ist der Begriff wenig hilfreich gewählt, Gleiches gilt für die Verwendung als vager Ober- und Sammelbegriff für Erinnerungen. Auf einen solchen verengten Gedächtnisbegriff lässt sich leicht verzichten. Plausibler ist es, wie hier vorgeschlagen, davon zu reden, dass Erinnerungsprozesse wie auch alle anderen gesellschaftlichen Prozesse auf Gedächtnis angewiesen sind, um sich dann wissenschaftlich der Erläuterung der *spezifischen* Inanspruchnahme von Gedächtnis (als Voraussetzungszusammenhang) in Erinnerungsprozessen zu widmen. Dies soll in Kapitel 5.3 geschehen.

Eine zweite Variante des Gedächtnisbegriffs der Kulturwissenschaften ist die Verwendung von ‚Gedächtnis' als Summe aller Materialien, die als Anlässe für Erinnerungselaborationen dienen können, seien es Denkmäler, literarische Texte oder historische Dokumente. Gesellschaftliches Gedächtnis wird hier verstanden als die Summe materialer Erinnerungsanlässe, Artefakte oder auch, mit Nora, als die Summe aller Gedächtnisorte. In diesem Verständnis sind die Materialitäten das ‚externalisierte' Gedächtnis der Gesellschaft. Aus der Perspektive der vorliegenden Arbeit ist es kein großer Verlust, einen solchen Gedächtnisbegriff aufzugeben und stattdessen den Begriff des ‚Archivs' oder, besser noch, des ‚Fundus' zu verwenden, da der Begriff des Fundus (zumindest alltagssprachlich[13]) ein größeres Spektrum bereitgehaltener Materialien und eine geringere interne Organisation und Systematik impliziert.[14] Dass Medien eine wichtige Rolle für gesellschaftlich relevante Erinnerungsprozesse spielen, ist eine zentrale Überzeugung auch der vorliegenden Arbeit, die in Kapitel 6 näher erläutert wird. Zu suggerieren, Medienangebote und andere Artefakte seien selbst bereits ‚das Gedächtnis', führt eher in die Irre, nicht zuletzt, weil eine solche Redeweise wieder eine Determinierung der Rezeptions- und Nutzungsprozesse suggeriert und auf eine Speichermetaphorik (nach der etwa Gedächtnisorte bestimmte Erinnerungsbedeutungen speichern) hinausläuft. Eine private Bibliothek ist ebenso wenig ‚das Gedächtnis' ihres Besitzers wie die Summe aller Materialitäten ‚das Gedächtnis' einer Gesellschaft darstellen kann. Mit gleichem Recht ließe sich behaupten, sämtliche aufbewahrten Kostüme und Requisiten einer früheren Theateraufführung seien bereits die Inszenierung selbst. Die Kostüme und Requisiten aber sind gar nichts, solange sie nicht von Menschen in der Gegenwart performativ für eine Wiederaufnahme (die niemals mit der Premiere identisch sein kann) oder auch eine Neuinszenierung genutzt werden. Und so sind auch die unsystematisch angehäuften ‚Gedächtnisorte' einer Gesellschaft nur dann bedeutsam, wenn sie von Menschen in der Gegenwart als Erinnerungsanlässe genutzt werden. Je mehr solche Materialitäten als potentielle Erinnerungsanlässe von einer Gesellschaft erhalten werden, desto größer ist ihr kreatives Potential, erinnernd ihre Vergangenheit zu thematisieren: Je größer also der Fundus, desto differenzierter, widersprüchlicher können in der Gegenwart Erinnerungsanlässe genutzt werden, desto flexibler kann eine Gesellschaft auch auf Veränderungen in der Gegenwart mit einer Veränderung ihres Erinnerungsmanagements reagieren, indem sie andere Erinnerungsanlässe nutzt und so neue Elaborationen ermöglicht. So ist ein ergiebiger Fundus eine Voraussetzung für vielfältige, dynamische Erinnerungsprozesse – aber er ist eben nicht selbst ‚das Gedächtnis'.

---

13 Mitarbeiter von gut organisierten Theatern und Opernhäusern werden dieser Verwendung des Begriffs womöglich widersprechen. Anders als das immer strukturierte und über Kataloge reflexiv repräsentierte Archiv weckt der Begriff des Fundus aber *alltagssprachlich* – wohl auch wegen seiner Nähe zur ‚Fundgrube' – Assoziationen, die der unüberschaubaren, unsystematischen Menge an Materialitäten adäquat sind, die eine Gesellschaft im Laufe ihrer Entwicklung als Texte, Monumente usw. herstellt.

14 Zu diesem Fundus ‚materieller' Erinnerungsanlässen gehören dabei auch ‚performative Texte', wie in Oralität vermittelte Volkslieder oder theatrale Riten, die ihre Materialität nur in dem Moment der Performanz erhalten. Sie sind allerdings, wenn sie in der Gegenwart nicht mehr für Erinnerung genutzt werden, notwendig viel flüchtiger als etwa Denkmäler und historische Schriften und verschwinden daher deutlich schneller aus dem gesellschaftlichen Fundus als andere potentielle Erinnerungsanlässe.

Vor diesem Hintergrund lässt sich das umfangreiche Begriffsinventar der Kulturwissenschaften drastisch reduzieren. Die normativen und statischen Unterscheidungen wie kulturelles vs. kommunikatives Gedächtnis könnten wegfallen, sie sind, wie gezeigt worden ist, für die Gegenwart ohnehin empirisch wie theoretisch problematisch. Das Assmann'sche Speichergedächtnis bezeichnet genau das, was hier als Fundus möglicher Erinnerungsanlässe verstanden wird, wobei letztlich alles zum Erinnerungsanlass werden kann, wie sich ja auch an den ausufernden Begriffen der ‚Erinnerungsorte‘ oder der ‚Medien des Gedächtnisses‘ zeigt. Das Funktionsgedächtnis nach Assmann aber bezieht sich auf die aus dem Fundus aktuell genutzten Elemente, die identitätskonstituierend in der Gegenwart relevant gemacht werden. Dies aber kann nur über Erinnerungsprozesse erfolgen, so dass nicht von einem statischen Gedächtnisbegriff gesprochen werden sollte, sondern eben von Erinnerung(en), die sich ggf. auf Erinnerungsanlässe des gesellschaftlichen Fundus beziehen. ‚Erinnerung‘ ist damit offenbar der Begriff, an dem die Kernpunkte des kulturwissenschaftlichen Diskurses anschlussfähig gemacht werden können, so dass zwar teilweise eine begriffliche Neuorientierung (von Gedächtnis zu Erinnerung) erfolgt, die behandelten Themen aber keineswegs irrelevant werden.

Erinnerung

Bis hier wurde vorgeschlagen, gesellschaftliches Gedächtnis als Voraussetzungszusammenhang von Kultur zu verstehen. Für alle Arten von Setzungen dient Gedächtnis in der Gegenwart als Orientierung, zugleich ‚gibt‘ es kein Gedächtnis, wenn es nicht *für* Setzungen in der Gegenwart in Anspruch genommen und damit relevant gemacht wird.

Wenn Gedächtnis somit für *jede* Setzung relevant ist, kann es nicht in einem privilegierten Verhältnis zu ‚Erinnerungen‘ als deren ‚Speicher‘ stehen, wie auch immer man die spezifische Setzungsart ‚Erinnerung‘ konzeptualisieren mag. Dennoch werden die beiden Begriffe, auch im Bereich individuellen Gedächtnisses und individueller Erinnerung, zumeist eng verknüpft gedacht bis hin zu einer diffusen Vermischung der Konzepte. Wie also lässt sich die spezifische Relation von Gedächtnis und Erinnerung fassen, so dass die traditionell besonders enge Verbindung der Begriffe deutlich wird und dennoch eine klare Differenzierung aufrechterhalten werden kann? Eine solche Erläuterung soll zunächst auf einer abstrakten Ebene versucht werden, bevor explizit gesellschaftliche Erinnerungsprozesse in den Fokus geraten.

Erinnerung als Beobachtung zweiter Ordnung

Nicht selten wird Erinnerung als ein Zugriff auf die Vergangenheit verstanden. Dass solche Konzepte heute nicht mehr hilfreich sind, ist bereits im Kontext individueller Erinnerung verdeutlicht worden. Erinnerungen müssen stattdessen streng als Prozesse in der Gegenwart verstanden werden, die in der Gegenwart ‚Vergangenheit' thematisieren (und letztlich damit erst Vergangenheit für die Gegenwart präsent machen). Erinnerungen können Vergangenes nicht abrufen, sie stellen vielmehr erst *in der* Gegenwart her, was *für die* Gegenwart als Vergangenheit gelten soll. Mithin thematisieren sie genau das (bzw. einen Ausschnitt dessen), was in der vorliegenden Arbeit als Gedächtnis verstanden wird: relevante Vergangenheit, also relevante Voraussetzungen für Setzungen in der Gegenwart.

Aus dieser Perspektive lassen sich Erinnerungen zunächst ganz allgemein und abstrakt sozusagen als Beobachtungen zweiter Ordnung, nämlich als Beobachtungen (und bei Erinnerungselaborationen als Beschreibungen) des jeweils aktuellen Voraussetzungszusammenhangs, beschreiben. Terminologisch noch avancierter fasst es Sebastian Jünger. Anschließend an ihn kann man Erinnerungen grundlegend ausgehend von der Gegenwart perspektivieren: ‚Aktualität' als Ganzes ist strukturlos, ununterbrochen und damit für uns unbeobachtbar. Erst durch aktives Strukturieren, d. h. durch Setzungen (Unterscheidungen, Bezugnahmen), bilden wir ständig ‚Strukturkomplexe', um (ganz wörtlich:) *unsere* Gegenwart überhaupt erschließen zu können:

> Die Strukturkomplexe können aber nur in Relation zum jeweils Nicht-Beobachteten diskontinuiert werden und etablieren somit eine elementare Verweisstruktur, die ihre Wirksamkeit ermöglicht. Das bedeutet zum Beispiel, dass solche Strukturkomplexe durch die reflexive Stabilisierung von Diskontinuierungen eine Kontinuität möglicher Diskontinuierungen erlauben. Auf manche der sedimentierten Strukturkomplexe können wir als Erinnerungen immer wieder von neuem Bezug nehmen, sie sind kontinuierlich diskontinuierbar. (Jünger 2002: 52)

Erinnerung wird damit als spezifische Form der Diskontinuierung von Prozessen verstanden, die sich auf ‚sedimentierte Strukturkomplexe' bezieht, d. h. auf in der Vergangenheit durch Diskontinuierung etablierte Strukturen. Solche sedimentierten Strukturkomplexe resultieren also aus Unterscheidungen (i. e. Setzungen) in der Vergangenheit und sind damit für die aktuelle Gegenwart (und in der Terminologie der vorliegenden Arbeit) die oben angeführten relevanten Voraussetzungszusammenhänge. Die relative Stabilität von Erinnerungen bei wiederholtem Erinnern lässt sich hier mit Jünger durch die ‚reflexive Stabilisierung von Diskontinuierungen' erklären: Die wiederholte Bezugnahme auf und das damit verbundene Relevant-Machen von Voraussetzungszusammenhängen etabliert die ‚Kontinuität der Diskontinuierung'. Dabei bleiben Erinnerungen stets Prozesse in der und damit Teil der Gegenwart, nicht der Vergangenheit.

All diese Überlegungen über Erinnerungen als Beobachtungen zweiter Ordnung bzw. als Bezugnahmen auf relevante Voraussetzungszusammenhänge in der Gegenwart mögen zunächst hochtrabend oder kryptisch klingen, doch ist beispielsweise die Erzählung einer Kindheitserinnerung nichts anderes als eben der (zumeist unausgesprochene) Hinweis: Seht her, das habe ich in der Vergangenheit erlebt, dieses Erlebnis gehört für mich zu dem, der ich heute bin. Solche Thematisierungen können sich auf lange zurückliegende, als grundsätzlich verstandene Voraussetzungen (z. B. prägende Kindheitserinnerungen oder gar Traumata) oder auf nur temporär Belangreiches beziehen, doch immer sind sie in dem Moment des Erzählens als relevante Voraussetzung für die Gegenwart zu verstehen, denn warum sonst sollten sie aktualisiert werden?

Dabei ist der Voraussetzungsbegriff hier – wie auch allgemein im Konzept der Setzungen und Voraussetzungen *sensu* Schmidt – nicht als Determinationsmechanismus misszuverstehen. Vergangene Gegenwarten, die heute als Voraussetzungen der Gegenwart wirken, dienen der Orientierung, nicht der unabänderlichen Festlegung neuer Setzungen. Auch muss die Kindheitserinnerung nicht kausal erklären, wer ich heute bin, um für mich heute relevant zu sein. Sie kann für mich auch Relevanz besitzen, weil sie besonders untypisch ist, besonders prägnant, besonders unterhaltsam, emotional usw. usf. Wichtig ist in diesem Zusammenhang aber durchaus, *welche* Voraussetzungen als für die Gegenwart relevant thematisiert werden und *wie* ihre Bedeutung behauptet wird – und auch dies hängt eben vor allem von den Motiven in der Gegenwart ab, nicht von der Vergangenheit.

Für die individuelle Ebene ist dabei bereits gezeigt worden, dass die Elaboration von Erinnerungen nicht zu trennen ist vom fortlaufenden Prozess des Herstellens und Darstellens der eigenen Identität, also dem eigenen Identitätsmanagement. Wir machen uns mit dem Management und dem Arrangement unserer Erinnerung kohärent, d. h. wir beschreiben bestimmte Erlebnisse als Voraussetzungen für unsere Gegenwart und lassen andere (bewusst oder unbewusst) unerwähnt.

Dabei ist von einer mindestens doppelten Selektivität auszugehen: Schon Gedächtnis ist insofern selektiv, als, wie beschrieben, nie alle bisherigen Setzungen in der Gegenwart relevant sind, sondern für konkrete aktuelle Setzungen nur jeweils bestimmte Voraussetzungen, die aber nicht (oder nicht alle) bewusst sein müssen. Erinnerungen als Beobachtungen zweiter Ordnung, die den Voraussetzungszusammenhang der Gegenwart thematisieren, operieren dann wiederum selektiv, indem sie kaum alle relevanten Voraussetzungen thematisieren können: Man denke an die Probleme jedes Biographen oder Historikers, der nie alles anführen kann, was potentiell bedeutsam sein könnte. Auf welche Voraussetzungen ich mich beziehe und, nicht minder wichtig, wie ich diese arrangiere, ist stets eine kontingente Auswahl aus einer nahezu unbegrenzten Zahl von Möglichkeiten.

Die Frage des Arrangements des Voraussetzungszusammenhangs verweist auf den wichtigen Aspekt, dass die sozusagen ‚klassische‘ Form, um Erinnerungen als Beobachtungen zweiter Ordnung kommunikativ zu formulieren, die Narration ist. Hier sei nur auf die bereits angeführten Überlegungen zu individueller Erinnerung verwiesen, die gezeigt haben, dass Erinnerungselaborationen zumindest im Kontext westlicher Kulturprogramme kaum anders als in der Struktur einer Geschichte denkbar sind. In der kommunikativen Formulierung von Erinnerungen muss also ebenso selektiert (und arrangiert) werden. Das zeigt, dass auch Erinnerung nie vollständig ‚Gedächtnis‘ beschreiben kann, sondern jeweils eine Perspektive auf die Voraussetzungen konstituiert, was zunächst nicht mehr heißt, als dass jede (Erinnerungs-)Geschichte auch anders erzählbar wäre und eben keine Absolutheit oder ‚Objektivität‘ für sich beanspruchen kann.

Dabei ist anzufügen, dass die Form einer Erinnerung (die Geschichte) nicht von ihrem Inhalt (den thematisierten Voraussetzungen der Gegenwart) zu trennen ist: Andere Selektivitäten und Arrangements von Voraussetzungen führen nicht einfach zu einer anderen Akzentuierung einer vermeintlich ‚absoluten‘ Erinnerung, sondern sie bedeuten vielmehr eine *andere* performative Konstituierung von Erinnerung (und damit: eine *andere* Erinnerung), was noch verstärkt die Kontingenz von Erinnerungselaborationen unterstreicht. Vor diesem Hintergrund kann eine Theorie der Geschichten und Diskurse in Anlehnung an den bereits zitierten Schapp davon sprechen, wir seien stets ‚in Geschichten verstrickt‘.

Wenn Aktanten ihr Alltagshandeln unterbrechen, um in einer Beobachtung zweiter Ordnung die Voraussetzungen ihrer Gegenwart zu beobachten, dann ‚sind‘

> unsere Geschichten [.] das, in dem wir uns vorfinden bzw. genauer: in das wir uns versetzen, wenn wir uns reflexiv auf einen möglichen Zusammenhang unserer Handlungen beziehen und uns in diesem Bezug zu lokalisieren und zu interpretieren versuchen. (1985: 49)

Schon hier sollte deutlich geworden sein, dass Geschichten nicht primär nach ihrer ‚Korrektheit‘ bewertet werden können, sondern vor allem nach ihrer Plausibilität und Viabilität. So konstatiert auch der Organisationspsychologe Karl E. Weick, ein großer Teil der Aktivität von Organisationen (als stabilen sozialen Gruppen) bestehe daraus, „im nachhinein plausible Geschichten zu rekonstruieren, um zu erklären, wo sie gerade stehen, selbst wenn keine derartige Geschichte sie genau an diese Stelle gebracht hat" (1995: 14).

Doch warum sollten laufende Prozesse überhaupt unterbrochen werden, um eine solche Geschichte zu rekonstruieren, also eine Beobachtung zweiter

Ordnung anzustellen und die Voraussetzungen der Gegenwart zu thematisieren? Hierfür bedarf es offenbar eines Erinnerungsanlasses. Erneut ist zu betonen, dass solche Anlässe Erinnerungen weder inhaltlich determinieren noch Erinnerungsprozesse ,erzwingen' können. Erinnerungsanlässe sind vielmehr überhaupt erst dann Erinnerungsanlässe, wenn sie tatsächlich als Anlass für eine Erinnerungselaboration *genutzt* werden und können daher strenggenommen auch als solche immer erst *ex post* bezeichnet werden.

Dabei können Erinnerungsanlässe ganz unterschiedlicher Art sein. Individuelle Probleme oder auch kommunikative, interpersonelle Konflikte können Anlass geben, zu reflektieren, welche Voraussetzungen die problematische Gegenwart bestimmen. In solchen Fällen ist der Prozessfluss von Setzung zu Setzung gestört, so dass, um wieder viable Setzungen vornehmen zu können, Erinnerung als Beobachtungen zweiter Ordnung sozusagen als Therapieversuch dienen. Doch auch vergleichsweise ,unproblematische' Situationen oder kommunikative Konstellationen können Erinnerungen wahrscheinlich machen und eignen sich daher, um als Erinnerungsanlass genutzt zu werden. Besonders plastische Beispiele mögen Jubiläen, Geburtstage usw. sein. Schließlich kann alles, was in den Kulturwissenschaften wechselnd als ,Medien des Gedächtnisses' oder als ,Erinnerungsorte' firmiert, im Kontext der vorliegenden Arbeit als potentieller Erinnerungsanlass gefasst werden. (Wiederholte) Besuche an einem (dann) relevanten Ort, das Betrachten von Urlaubsfotos, das Ansehen einer Dokumentation im Fernsehen wären Beispiele, die im individuellen Bereich als Anlässe für Erinnerungen dienen können. Dies verdeutlich, dass Erinnerungen ganz unterschiedlichen Zwecken dienen können: erklärenden, argumentativen, nostalgischen, therapeutischen, unterhaltenden usw. usf.

Bis hier sind nun Erinnerungen abstrakt als reflexiver Beobachtungsmechanismus beschrieben worden, wobei die Illustrationen stets aus dem Kontext individueller Erinnerung gewählt wurden. Die bisherigen Überlegungen waren daher vor allem eine Neuformulierung der Überlegungen aus dem Kapitel zur individuellen Erinnerung in der Terminologie des hier vorgelegten Entwurfs. Inwiefern aber kann man auch sinnvoll von ,gesellschaftlicher Erinnerung' sprechen? Diese Frage soll im Folgenden untersucht werden, um dann die in diesem Kapitel bisher nur angerissenen Themen unter einer gesellschaftlichen Perspektive diskutieren zu können.

Gesellschaftliche Erinnerungsprozesse

Haben Gesellschaften Erinnerungen? Diese Frage klingt nicht nur befremdlich, es sollte deutlich geworden sein, dass sie von vorneherein falsch gestellt ist. Ebenso wie ,Kultur' und ,Gedächtnis' ist auch ,Gesellschaft' nicht als

Entität zu verstehen, die als Ganzes beobachtbar wäre oder gar ‚realer‘ Träger von Erinnerungsprozessen sein könnte. Es braucht aber gesellschaftliche Erinnerung nicht in einem ontologischen Sinn zu ‚geben‘, um sinnvoll von ihr sprechen zu können.

Um ‚gesellschaftliche Erinnerung‘ begrifflich zu beschreiben, wird hier von einer Grundannahme ausgegangen: Auch *gesellschaftliche* Erinnerung kann nur von *Aktanten* realisiert werden – von wem sonst? Die zu beschreibenden Zusammenhänge werden zwar komplizierter, wenn man darauf besteht, auf die Aktantengebundenheit auch gesellschaftlicher Prozesse hinzuweisen, der erhöhte theoretische Aufwand ist jedoch berechtigt. Es ist eben nicht selbstverständlich, darauf hinzuweisen, dass gesellschaftliche Strukturen – und damit auch die Strukturkomplexe der Voraussetzungszusammenhänge – nicht ohne Aktanten denkbar sind, deren Handlung gleichermaßen die Strukturen erst erzeugt, die weiteres Handeln ermöglichen und einschränken. Wenn man bereit ist, diese scheinbar banale Feststellung theoretisch ernst zu nehmen, kann man im Kontext von gesellschaftlicher Erinnerung nicht mehr nur noch Medienangebote ohne Berücksichtigung der Bedingungen ihrer Herstellung, Verbreitung, Rezeption und Nutzung betrachten. Die verschiedenen Rezeptionen und Nutzungen von Erinnerungsanlässen sind beispielsweise der zentrale Aspekt, der Subversion in gesellschaftlicher Erinnerungspolitik ermöglicht. Bei einem Einbezug von Aktanten in theoretische Überlegungen wird die Relevanz von Emotionen unübersehbar, die klassische systemtheoretische Rationalisierungen in Frage stellen kann, aber in den Kulturwissenschaften bisher wenig gewürdigt wurde. Da, wie schon einleitend gezeigt worden ist, etwa mit den Arbeiten Schmidts oder Giddens’ heute Entwürfe vorliegen, die soziale, aus Aktantenhandeln resultierende Strukturen beschreiben, ist die geforderte Überwindung einer rein handlungs- *oder* systemtheoretischen Orientierung auch theoretisch einlösbar.[15]

Die Erinnerungen einzelner Aktanten, soviel ist spätestens seit Halbwachs deutlich, sind immer schon ‚soziale Erinnerungen‘ insofern, als sie sich auf in Gesellschaft Erlebtes beziehen und in Gesellschaft kommunikativ elaboriert werden, wobei all dies stets nur unter Bezugnahme auf ein Kulturprogramm sinnvoll denkbar ist. Aber lässt sich im Rahmen des hier vorgestellten Ansatzes plausibel in einem breiteren Sinn von gesellschaftlichen Erinnerungsprozessen sprechen, der über die von Luhmann lapidar abgetane soziale Rahmung individueller Erinnerung hinausgeht?

Hier lassen sich nun kulturwissenschaftliche Überlegungen anschließen, die Kommunikationen, wie gezeigt, als gesellschaftliche Erinnerungen bezeichnet, wenn sie für eine Gruppe ‚identitätskonkret‘ und ‚rekonstruktiv‘

---

15 In der Terminologie Giddens’ lassen sich die Voraussetzungszusammenhänge auch als ‚Strukturprinzipien‘ verstehen, die für die Stabilisierung konsistenter gesellschaftlicher Ordnungen sorgen (vgl. 1997: 240).

sind. Dem ‚kulturellen Gedächtnis' werden dabei von Assmann nur jene Kommunikationen zugerechnet, die auch die Kriterien der ‚Geformtheit', der ‚Organisiertheit', der ‚Verbindlichkeit' und der ‚Reflexivität' erfüllen (vgl. Kapitel 4.2.2). Auch wenn diese Kommunikationen nicht ohne Aktanten auskommen, die sie auf Basis ihrer individuellen Gedächtnisleistungen formulieren, lassen sich doch durchaus von Aktanten getragenen Erinnerungen unterschiedliche soziale Relevanz zusprechen: Meinen Erinnerungen an meine Sommerurlaube als Kind dürften außerhalb meiner Familie und (bestenfalls) meines Freundeskreises wenig Relevanz zugemessen werden. Wenn ich jedoch etwas über das Dritte Reich oder über die Gründung der Bundesrepublik lese, dann gehe ich aus guten Gründen davon aus, dass dies relevante Vergangenheit nicht nur für mich thematisiert. Gleiches gilt für die Erinnerung an bestimmte Ereignisse, die man zu Lebzeiten selbst miterlebt hat, wie zum Beispiel die Terroranschläge vom 11. September 2001, die als gesellschaftlich bedeutsam betrachtet werden. Wieso?

Offenbar handelt es sich bei dieser Annahme um den reflexiven Mechanismus der operativen Fiktion: Ich kann nur (u. a. durch Mediensozialisation und frühere Erinnerungselaborationen) begründet, aber unüberprüfbar unterstellen, dass es Themen gibt, die ich der Vergangenheit zurechne, die gesellschaftlich (oder subsystemspezifisch) relevant sind, also von anderen Aktanten gleichermaßen für bedeutsam gehalten werden. Gesellschaftliche Erinnerung kann so immer nur ein durch Aktanten getragener Prozess sein, der bestimmte Voraussetzungszusammenhänge thematisiert und entweder dieser spezifischen Thematisierung oder zumindest dem Thema über den reflexiven Modus der operativen Fiktion systemspezifische Relevanz zurechnet.

Die Unterscheidung zwischen (spezifischer) Thematisierung und (allgemeinem) Thema soll darauf verweisen, dass Konstellationen denkbar sind, in denen ein Thema, also bestimmte Voraussetzungen, konsentiert als relevant für eine Gesellschaft oder eine Gruppe gehalten werden, nicht aber deren spezifisches Arrangement, also die Thematisierung: So sind (nahezu) unbestritten die Vertreibungen von Menschen aus ihrer Heimat nach dem Zweiten Weltkrieg ein vom Politiksystem als relevant eingestuftes Thema für die deutsche Gesellschaft, bisher hat sich aber noch keine Form der Thematisierung etabliert, die auch nur annähernd konsentiert wäre.[16] Andererseits kann es durchaus etablierte Thematisierungen geben, die kaum umstritten sein dürften: Gründungsmythen etwa in Unternehmen sind hier ein Beispiel.

Daraus folgt, dass Aktanten nicht identische Erinnerungen haben müssen (was ohnehin gleichermaßen unwahrscheinlich wie unüberprüfbar wäre),

---

16   Das zeigt etwa die heftige und über Jahre andauernde Debatte um das vom *Bund der Vertriebenen* geplante „Zentrum gegen Vertreibungen" (vgl. u. a. die Berichterstattung der *Süddeutschen Zeitung*: Kahlweit 2005; Dahn 2004; Seibt 2003).

damit gesellschaftliche Erinnerungen systemintegrierend wirken. Die reflexive Relevanzannahme für (gegenwärtige) Systemvergangenheit kann sich auf unterschiedlich verbindlich strukturierte Voraussetzungszusammenhänge beziehen.

Weil davon auszugehen ist, dass für moderne Gesellschaften die Thematisierung von verbindlicher Vergangenheit vor allem durch Medien erfolgt, wird dieser Zusammenhang in Kapitel 6 ausführlich betrachtet. Hier sei aber bereits darauf hingewiesen, dass Medienangebote für gesellschaftliche Erinnerungsprozesse offenbar eine Doppelrolle spielen. Sie können selbst Resultate von Erinnerungsprozessen sein und formulieren oftmals, was gesellschaftlich als relevante Voraussetzungszusammenhänge angesehen werden soll. In der Rezeption durch Aktanten ‚sind' Medienangebote aber nicht Erinnerungen, sie können nur wiederum in der Nutzung als Erinnerungsanlässe dienen.

Erinnerungsanlässe sind auf der gesellschaftlichen Ebene somit zweifach perspektivierbar: In der Regel muss zunächst eine Instanz (ein Aktant oder eine Gruppe von Aktanten) einen ersten Erinnerungsanlass nutzen, um eine Erinnerungselaboration zu formulieren und medial zu lancieren, der dann, um systemweit als verbindlich gelten zu können, von den Rezipienten als Erinnerungsanlass angenommen werden muss. Somit kommt Medien eine wichtige Rolle in der Bereitstellung von gesellschaftlichen Erinnerungsanlässen zu. Ihre Funktion als ‚Gatekeeper' auch in diesem Kontext unterstreicht aber zugleich ihre erinnerungspolitische Bedeutung in der Gesellschaft. Ein Nationalfeiertag wird gesellschaftlich eben nicht schon allein bedeutsam, weil er einer Elite einen Anlass für Erinnerungsprozesse (Festreden, Empfänge usw.) bietet. Diese müssen auch medial distribuiert werden und dann auf Rezipienten treffen, die bereit sind, die dargestellten (und zunächst nur behaupteten) Voraussetzungen der Gegenwart als relevant zu akzeptieren. Allein *dass* Medien Erinnerungsanlässe zu einem Thema bereitstellen, ist aber für Rezipienten ein gewichtiges Indiz, das Thema als bedeutsam anzuerkennen. Anders formuliert: Wer für (s)ein Thema gesellschaftliche Relevanz behaupten will (etwa bestimmte Opfergruppen usw.) muss in der Lage sein, medial Erinnerungsanlässe zu lancieren, die im Idealfall institutionalisiert wiederholt werden sollten, etwa an Gedenktagen usw.

Dabei wird die in der Kommunikationswissenschaft bekannte Unterscheidung von Rezeption und Nutzung aktuell[17]: Die Doppelrolle von Me-

---

17 Vgl. hierzu z. B. Zurstiege 2005: 167f. Zurstiege verdeutlicht den Unterschied zwischen Rezeption und Nutzung am Beispiel einer Tagesschau-Sendung, die von praktisch allen kompetenten Mediennutzern vergleichbar *rezipiert* werde, da kaum jemand daran zweifle, „dass dies Nachrichten sind und dass es hier irgendwie um Ereignisse geht, die von Belang sind" (ebd.). Rezeptionsweisen werden somit in Mediensozialisation weitgehend einheitlich erworben, so dass zum Beispiel auch selten strittig ist, wovon zum Beispiel eine spezifische Nachricht han-

dienangeboten (Erinnerungselaboration *und* Erinnerungsanlass sein zu können) erzwingt für eine Systemintegration eben nicht, dass in der Rezeption von als relevant eingeschätzten Medienangeboten alle System-Mitglieder die gleiche Nutzung vornehmen müssen, sozusagen die gleichen Erinnerungen ausformulieren. Es reicht vielmehr für eine Systembindung aus, dass sie gegenseitig unterstellen, die im Medienangebot erzählte Voraussetzungsgeschichte vergleichbar rezipiert zu haben, und zugleich reflexiv angenommen wird, der Erinnerungsanlass thematisiere für alle gleichermaßen relevante Voraussetzungen. Die Broschüre zur Firmengeschichte in einem traditionsbewussten Unternehmen muss eben nicht von allen Mitarbeitern mit emphatischer Begeisterung auf gleiche Art gelesen (kommunikationswissenschaftlich: genutzt) werden und zu gleichen individuellen Erinnerungsanschlüssen führen. Es reicht völlig zur Integration aus, wenn alle Mitarbeiter die hier thematisierte Vergangenheit als Voraussetzung für ihre rollenrelevanten Handlungen akzeptieren und sich Gleiches gegenseitig unterstellen.

Ähnlich argumentiert auch Gizinski im Kontext der Identitätsbildung von Organisationen durch Erinnerung:

> Aktanten in sozialen Systemen unterstellen sich kollektiv, dass bestimmte Erinnerungsanlässe [...] bedeutsam sind, so dass die Identität der Organisation als Ergebnis dieser reflexiven Operationen von allen beobachtbar und für alle handlungsleitend wird. Identität wird damit zu einem Resultat kollektiver Erinnerung – und ist einmal mehr als operative Fiktion ausgewiesen. Dieses theoretisch zwar hoch fragile, operativ aber ausgesprochen stabile Konstrukt kann als Konglomerat der Geschichten verstanden werden, in die eine Organisation [wie auch jedes System; MZ] verstrickt ist. (2005: 113)

Die Selektivität von Erinnerung gilt auch bzw. gar verschärft für gesellschaftliche Zusammenhänge – und dies in verschiedenen Dimensionen: Wer was wie aus welchem Anlass wann erfolgreich als gesellschaftlich relevante Erinnerung formulieren kann, ist hochgradig selektiv und damit kontingent. Die *Funktion* von Erinnerungsprozessen, die, wie gezeigt wurde, im individuellen Bereich ganz unterschiedliche Zwecke erfüllen können, scheint allerdings im sozialen Kontext meist weniger variabel. Da gesellschaftlich das Problem der Identität sich nicht nur diachron (mit der notwendigen Integration verschiedener historischer Erfahrungen), sondern stets auch synchron (mit der notwendigen Integration verschiedener Aktanten) stellt, ist die explizite gesellschaftliche Thematisierung der eigenen Systemvoraussetzungen wohl noch mehr Teil eines fortlaufenden Identitäts- und damit auch Integrationsmanagements als auf individueller Ebene. ‚Belanglose' Erinnerungen sind auf

---

delt. Das heißt aber noch nicht, dass die Nachrichten von den Zuschauern auch vergleichbar *genutzt* wird – hier werden sich Nutzer bei spezifischen Nachrichten etwa nach ihren politischen Präferenzen deutlich unterscheiden, bei Medienangeboten allgemein, aber zum Beispiel auch nach Nutzungsmotiven usw.

privater Ebene noch vorstellbar, denn nicht jedes Alltagserlebnis etwa an der Supermarktkasse wird, wenn es erzählt wird, zwingend dem Erzähler als identitätsrelevant zugerechnet. Gesellschaftliche Erinnerungen aber kennzeichnen sich ja eben dadurch, dass sie im System reflexiv als bedeutsam unterstellt werden, dadurch sind gesellschaftliche Erinnerungen in dieser Modellierung immer schon mit identitätspolitischer Bedeutung verbunden. Schon hier sei darauf verwiesen, dass es damit durchaus Thematisierungen von Geschichte beispielsweise in Medienangeboten geben kann, die nicht als gesellschaftliche Erinnerung bezeichnet werden sollten, wenn sie nicht zumindest innerhalb einer gesellschaftlichen Gruppe für gegenwartsrelevant gehalten werden.[18]

Abschließend ist zu betonen, dass die Rede von ,gesellschaftlicher' Erinnerung nicht implizieren soll, in modernen Gesellschaften sei Erinnerung im Singular, sozusagen eine zentralistische Erinnerung, erwartbar. Der oben diskutierte Entwurf von Holl ist nicht zuletzt deshalb problematisch, weil er einen gesellschaftlichen Zentraldiskurs annimmt, der systemübergreifend ,Vergangenheit' thematisiert. So unplausibel diese Integration des Assmann'schen Modells in Luhmanns Systemtheorie ist, ist es doch ein instruktiver Verweis darauf, dass in bisherigen kulturwissenschaftlichen Modellen Erinnerung zwar zunehmend als plural und umstritten angesehen, aber doch gesellschaftlich zentral verortet wird.

Plausibler ist es, davon auszugehen, dass jedes gesellschaftliche System seine spezifische Vergangenheit (i. e. seine spezifischen Voraussetzungen) ,hat' und diese auf spezifische Weise thematisiert. Soziales Gedächtnis als Voraussetzungszusammenhang ist theoretisch zwingend als ebenso ausdifferenziert anzunehmen wie das gesellschaftliche Kulturprogramm, dessen bisherige Anwendungen es perspektiviert und Gleiches muss für Erinnerungen als Thematisierungen des Gedächtnisses gelten. Wie betont worden ist, erfordert die Rede von ,Gesellschaft' zwar einen subsystemübergreifenden kulturellen Minimalkonsens zentraler Kategorien und deren Dynamisierungen. Aber genau diese zentralen Kategorien dürften in der Regel kulturell als so selbstverständlich markiert sein, dass sie zumeist keiner expliziten Thematisierung durch Erinnerung bedürfen.[19] So findet der Großteil gesellschaftlicher Erinnerungsprozesse auf der Ebene von Subsystemen statt, was die Unübersichtlichkeit der Erinnerung in differenzierten Gesellschaften entscheidend befördert. Auch Schmidt stellt in einer kurzen Betrachtung der Entwicklung sozialer Formen von Erinnerung fest:

---

18   Vgl. hierzu ausführlicher Kapitel 6.
19   Es ist vielleicht sogar davon auszugehen, dass in differenzierten Gesellschaften nur solche Kategorien zentrale Geltung haben können, die nicht explizit thematisiert werden (müssen). Schließlich würde jede Thematisierung in systemspezifischen Semantiken gedeutet werden und somit gerade die systemübergreifende Bindungsfunktion in Frage stellen.

> Die sich ausdifferenzierenden gesellschaftlichen Teilsysteme betrieben zunehmend eine eigenständige Gedächtnispolitik, sie schafften sich zunehmend ihre systemspezifischen Kategorien und Strategien des Erinnerns und Nicht-Erinnerns am Leitfaden systemspezifischer Kompetenzen, Interessen, Werte und Intentionen. (2000: 109f.)

Gerade die Systemspezifik der Erinnerungsprozesse ist in bisherigen kulturwissenschaftlichen Modellen nicht deutlich genug hervorgehoben worden: Der Holocaust als wohl zentrales Thema der deutschen Erinnerungsforschung ist zweifellos eine handlungsrelevante Voraussetzung für das deutsche Politiksystem, etwa wenn es um die Beziehungen zu Israel oder Polen oder um die Beteiligung an Kriegen geht; schon im Wirtschaftssystem etwa wird er aber erst dann bedeutsam, wenn es um *Zahlungen* geht, wenn also zum Beispiel Entschädigungen für Zwangsarbeiter eingefordert werden.

Bis hier ist nun ein grundlegendes Verständnis von gesellschaftlichen Erinnerungsprozessen entwickelt worden. Im Folgenden soll der Aspekt der Selektivität von Erinnerung vertiefend betrachtet werden, der zwingend aus der Perspektive auf Erinnerungen als Setzungen in der Gegenwart, d. h. als kontingente Unterscheidungen, folgt. Im Anschluss daran wird auf die Rolle von Kultur für die Orientierung von Erinnerungsprozessen eingegangen. Beide Themen werden hier noch, bewusst verkürzt, unabhängig von medialen Zusammenhängen betrachtet und werden später in der Diskussion um Medien und Erinnerung erneut aufgenommen.

Erinnerung und Selektivität: Erinnerungspolitik und gesellschaftliches Vergessen

Wie schon skizziert worden ist, sind Erinnerungsprozesse auf verschiedenen Ebenen, die sich zumindest analytisch trennen lassen, selektiv. Während die Funktion der gesellschaftlichen Erinnerungsprozesse, sozusagen das ‚Wozu‘, recht stabil als Identitätsmanagement bzw. Systemintegration und -abgrenzung beschrieben werden kann, sind unter anderem folgende (nur analytisch zu trennende) Fragen variabel:

- Kommunikator (‚Wer?‘): Welche Instanzen verfügen über die entsprechende Macht, Erinnerungselaborationen zu lancieren bzw. erfolgreich die Relevanz von Erinnerungsanlässe zu behaupten?
- Voraussetzungszusammenhänge/Themen (‚Was?‘): Welche erfolgten Setzungen werden in der Gegenwart thematisiert und damit als Voraussetzungen der Gegenwart explizit relevant gemacht?
- Narrativierung/Thematisierung (‚Wie?‘): Wie werden Voraussetzungen zu Geschichten arrangiert, in welchen Darstellungsformen, mittels wel-

cher Medientechnologien und mit welchem Grad von Verbindlichkeit werden sie medial distribuiert?
- Erinnerungsanlass („Wann?'): Welche Konstellationen/Situationen/Zeitpunkte dienen als Erinnerungsanlass zur medialen Formulierung von gesellschaftlichen Erinnerungselaborationen (die dann wiederum in der Rezeption für individuelle Erinnerungsanschlüsse genutzt werden können)?
- Systemspezifität („Wo?'): Für welches gesellschaftliche (Sub-)System ist eine Erinnerung als Thematisierung von Voraussetzungen relevant?

Gesellschaftliche Erinnerungsprozesse können im Hinblick auf all diese Fragestellungen als selektiv und damit kontingent beschrieben werden, was zugleich bedeutet, dass jede dieser Fragen auch als gesellschaftliche Machtfrage, mithin als Frage der *Erinnerungspolitik* einer Gesellschaft bzw. eines Systems gelesen werden kann. Auch im sozialen Kontext bezieht sich der Begriff der ‚Erinnerungs*politik*' dabei nicht exklusiv auf das politische System, sondern soll abstrakt darauf verweisen, dass kontingente Erinnerungen unter Machtaspekten diskutiert und in Frage gestellt werden können. Dabei ist davon auszugehen, dass in allen gesellschaftlichen Systemen eine eigenständige Erinnerungspolitik, also eine Strategie der Lancierung von Erinnerungsanlässen und -elaborationen im Dienste einer positiven Herstellung und Darstellung von Identität, erfolgt; das Politiksystem betreibt somit ebenso Erinnerungspolitik wie das Wirtschafts- oder Kunstsystem.

Mit Hilfe einer solchen differenzierten Perspektive können dann gesellschaftliche Beobachtungen systematisiert werden, wobei es nochmals zu betonen gilt, dass die oben aufgeführten Ebenen nicht als unverbunden betrachtet werden sollten: Wer über die Macht verfügt, Erinnerungsthemen zu setzen, hängt zusammen mit der Art der Präsentation, dem (behaupteten) Anlass und dem adressierten gesellschaftlichen System als (fiktivem) ‚Ort' der Erinnerung – und *vice versa*.

Im Zusammenhang mit dem Phänomen der Selektivität von Erinnerungen und dem Begriff ‚Erinnerungspolitik' ist auch auf gesellschaftlicher Ebene das Thema ‚Vergessen' wichtig. Hier kann an die Überlegungen für den kognitiven Bereich angeschlossen werden. Zunächst ist jede Erinnerung als Setzung auch im Hinblick auf das Ausgeschlossene, das Nicht-Erinnerte beobachtbar, das ‚vergessen' werden muss, damit Erinnerung überhaupt möglich ist: Totale, also allumfassende Erinnerung ist schlichtweg unvorstellbar (oder allenfalls als Horrorvision denkbar).

Vergessen ist also nur vor dem Hintergrund von Erinnertem thematisierbar: Wo nichts erinnert wird – d. h. mit der vorliegenden Arbeit, wo Gedächtnis kein Thema ist – wird auch nichts vergessen; zugleich ist Vergessen die notwendige Kehrseite der Erinnerung. Wird Erinnerung aber als selektiver Prozess erkannt, der stets (und im gesellschaftlichen Kontext in besonderem Maße) mit Machtfragen verbunden ist, kann jede Erinnerung unter Motivverdacht gestellt werden: Warum wird von X der Voraussetzungszusammenhang Y (und nicht Z) thematisiert, also Z vergessen?

Auf gesellschaftlicher Ebene ist es in diesem Zusammenhang ebenfalls problematisch, Vergessen mit den Begriffen der Manipulation, des Verdrängens usw. zu verbinden, handelt es sich doch hierbei wiederum um Zuschreibungskategorien, die politisch zu bewerten sind und nicht im Hinblick auf ihre ‚Wahrheit‘. Dass gesellschaftlich ein Thema verdrängt wird, kann ja nur konstatieren, wer es eben *nicht* vergessen hat, wer also genau an dieses Thema aus bestimmten erinnerungspolitischen Gründen erinnert. Und auch Manipulation ist in der Gegenwart kaum im Hinblick auf vermeintlich ‚historische‘ Wahrheit zu beurteilen, sondern lediglich im Bezug auf gegenwärtige Diskurswahrheiten, die wiederum von Machtverhältnissen abhängen. Bezichtigt eine Gruppe eine andere der Manipulation oder des Verdrängens, lässt sich hier mehr von einem erinnerungspolitischen Disput sprechen als von gesellschaftlichem Vergessen. Dabei kann davon ausgegangen werden, dass derartige Dispute, also sozusagen Aushandlungen, was in der Gegenwart als relevante Vergangenheit gelten soll, in dem Maße wahrscheinlicher werden und zunehmen, wie die Kontingenz von Erinnerung erkannt und thematisiert wird, wie also über Erinnerungsprozesse gesellschaftlich reflektiert wird.

Eine derartige Inflation von Erinnerungsprozessen wird heute wiederum oft allgemein als ‚mangelndes Vergessen‘ bezeichnet, wobei es bei einer solchen Sichtweise nicht mehr um das Vergessen spezifischer Themen geht, sondern um die Gefahr einer gesellschaftlichen Selbstblockade durch die Fixierung auf Voraussetzungen, die die Möglichkeiten der Innovation in Setzungen einschränkt. Dies ließe sich jedoch weniger als Problem des spezifischen (Nicht-)Vergessens beschreiben, sondern als Problem der kulturellen Präferenz von Innovation vs. Tradition; hierauf wird im nächsten Kapitel unter dem Stichwort ‚Erinnerungskultur‘ vertiefend eingegangen.

Zur Vergessensthematik bleibt festzuhalten, dass nur scheinbar gilt, dass je mehr erinnert, desto weniger vergessen wird. Vielmehr wird, je mehr erinnert wird, desto deutlicher, dass nie alles erinnert werden kann, und desto virulenter wird damit auch die Vergessensproblematik. Darüber hinaus sollte aber nicht übersehen werden, dass fehlende explizite Thematisierungen nicht zwangsläufig gesellschaftliche Irrelevanz von Voraussetzungen bedeuten müssen. Wie schon angedeutet, ist es plausibel anzunehmen, dass gerade die grundlegenden Orientierungen als so selbstverständlich vorausgesetzt werden, dass sie eben keiner ‚Erinnerung‘, also keiner expliziten Thematisierung, bedürfen.

Erinnerung und Erinnerungsvoraussetzungen: Erinnerungskultur

Die Bedeutung von Kultur für individuelle Erinnerungsprozesse wurde bereits dargelegt, und es ist im Kontext der Argumentation der vorliegenden Arbeit fast schon banal, auf die Bedeutung von Kultur auch für gesellschaftliche Erinnerungsprozesse (und umgekehrt) hinzuweisen: Gesellschaftliches Gedächtnis, verstanden als Traditionsperspektive auf bisherige Kulturprogrammanwendungen, ist *per definitionem* aufs engste mit Kultur verbunden, indem es als Perspektive auf Kultur beschrieben worden ist. Beobachtet man mit den hier entwickelten Begriffen gesellschaftliche Erinnerungsprozesse, so ist damit von einem doppelten Autologieverhältnis auszugehen: Gesellschaftliche Erinnerungsprozesse werden selbst bereits als Beobachtung zweiter Ordnung verstanden. Der wissenschaftliche Beobachter dieser Prozesse, sozusagen ein Beobachter ‚dritter Ordnung‘, ist damit selbst nicht nur in seiner Beobachtung *von* Kultur *auf* Kultur angewiesen, bei gesellschaftlichen Erinnerungsprozessen beobachtet er vielmehr zugleich sozusagen die Selbstbeobachtung von Kulturprogrammen im Hinblick auf bisherige Anwendungen. Erinnerungen als Setzungen in der Gegenwart müssen selbst wieder Voraussetzungen in Anspruch nehmen, um Voraussetzungen beobachten zu können.

Die gesellschaftlichen Möglichkeiten dieser Selbstbeobachtung von Kultur müssen wiederum ihrerseits von Kultur geregelt werden. Unter den Begriffen ‚Traditions-‘ vs. ‚Innovationsorientierung‘ ist bereits auf zwei unterschiedliche Optionen für Gesellschaften hingewiesen worden, die entscheidende Konsequenzen für die Relevanz von Voraussetzungszusammenhängen und die Thematisierung von Gedächtnis haben. Welche dieser (nicht als binär zu verstehenden) Optionen eine Gesellschaft verfolgt, kann wiederum nur durch das Kulturprogramm und dessen Asymmetrierung eben dieser Unterscheidung geregelt werden.

Dabei ist nicht zwingend davon auszugehen, dass ‚moderne‘ Gesellschaften nie oder nur kaum traditionsorientiert sind. Wie gezeigt, ist hier die These einer ‚Krise des Gedächtnisses‘ viel zu undifferenziert und greift somit zu kurz. Gerade in den USA setzt sich diese Überzeugung auch zunehmend in der Wissenschaft durch. Marita Sturken etwa stellt fest: "American culture is not amnesiac but rather replete with memory, [.] cultural memory is a central aspect of how American culture functions and how the nation is defined." (1997: 2) Wie bereits oben skizziert, äußert sich Maier gar besorgt über eine zunehmende politische Bedeutung von Erinnerungen in Amerika. Maier sieht im Amerika des ausgehenden zwanzigsten Jahrhunderts das Ende der Idee eines einheitlichen *modern nation-state*‘, der mehr auf zukunftsorientierten

Werten basierte als auf ethnischer Zugehörigkeit (vgl. 1993: 147f.).[20] In absehbarer Zukunft spiele dagegen Ethnizität eine immer wichtigere Rolle, und in diesem Zusammenhang sieht Maier eine Dominanz primär leidensbezogener Erinnerungen: "In fact, modern American politics [...] has become a competition for enshrining grievances. Every group claims its share of public honor and public funds by pressing disabilities and injustices. [...] The point is that memories are a larger and larger component of politics." (Ebd.: 147)

Die zunehmende Konkurrenz um Anerkennung auf der Grundlage von erlittenem Unrecht versperre zunehmend den Blick auf die Zukunft und gemeinsame gesellschaftliche Ziele und Werte: "[T]he surfeit of memory is a sign not of historical confidence but of a retreat from transformative politics. It testifies to the loss of a future orientation." (Ebd.: 150) Maier ist mit seinen Ausführungen ganz offensichtlich (und unvermeidlich) bereits selbst verstrickt in die *politische* amerikanische Debatte. Seine Thesen illustrieren aber die zwangsläufige erinnerungspolitische Diskussion und das gesellschaftliche Aushandeln dessen, was in der Gegenwart als relevante Vergangenheit zählen soll. Dabei benötigen offenbar unterschiedliche soziale Verbunde unterschiedlich explizite Thematisierung von Vergangenheit.

Mit Maier lässt sich das Ideal des modernen 'nation state' als Prototyp einer Gesellschaft lesen, die innovationsorientiert ist und der Erinnerung nur begrenzt bedarf: Schließlich spielen Voraussetzungen für solche Gesellschaften ohnehin keine entscheidende bindende Rolle, außerdem ist davon auszugehen, dass solche 'nation states' *idealiter* auf verlässliche zentrale kulturelle Kategorien bauen können, die keiner expliziten Thematisierung bedürfen, sondern als selbstverständlich gelten (wie z. B. Menschenrechte, Demokratie). Ist die Identitätsbildung (und die gesellschaftliche Integration) auf dieser Basis jedoch nicht erfolgreich – wie dies Maier für die Vereinigten Staaten konstatiert –, orientieren sich Gruppenidentitäten traditional und setzen etwa auf das Identitätspotential ethnischer Voraussetzungszusammenhänge. Solche Entwicklungen sind über Veränderungen der kulturellen Programmierung des Umgangs mit der eigenen Kultur beschreibbar.

Weitere relevante Beobachtungskategorien für den Zusammenhang von gesellschaftlichen Erinnerungsprozessen und Kultur ergeben sich aus dem oben umrissenen Konzept der Wirklichkeitsmodelle im Sinne von Schmidt. Als wichtigste der von Wirklichkeitsmodellen zu systematisierenden Dimensionen nennt Schmidt den Umgang mit Umwelt(en), mit Aktanten, Verge-

---

20   Maiers Argumentation kann hier nur sehr verkürzt wiedergegeben werden. Er erkennt durchaus an, dass auch in den Staaten der Moderne Ethnizität eine wichtige Rolle gespielt hat. Er schränkt jedoch ein: "Nonetheless, even when they [nations in the modern era; M.Z.] were hierarchical and stratified by ethnicity and class [...], they encompassed larger aspirations than ethnicity." (1993: 148)

sellschaftungsformen, Emotionen und moralischen Orientierungen (vgl. Schmidt 2003b: 35).

Gedächtnis und Erinnerung sind in vielfacher Weise unmittelbar mit den kulturspezifischen Anwendungen dieser Dimensionen von Wirklichkeitsmodellen verbunden. Insofern Kultur als das Problemlösungsprogramm einer Gesellschaft verstanden werden kann und erst die systemspezifische Regelung der Differenzen System/Umwelt und System/System die Identität von Systemen herstellen und erhalten kann (vgl. ebd.: 36), tragen kollektive Erinnerungen erfolgreicher Problemlösungen in der Vergangenheit (im Modus einer operativen Fiktion) entscheidend zur Kohärenz und Kontinuität der Identitätskonstitution von Systemen bei.

Dabei ist es naheliegend, auch im Hinblick auf die kulturell bestimmten Vergesellschaftungsformen davon auszugehen, dass diese die Möglichkeiten sozialer Erinnerungselaborationen beeinflussen. Je nachdem, welche Handlungsmöglichkeiten und -beschränkungen Aktanten kulturell zugesprochen werden, werden auch die gesellschaftlichen Erinnerungsgeschichten ganz unterschiedliche Ausprägungen haben und – plakativ formuliert – eher personenbezogene Heldengeschichten oder aber gemeinschaftsbezogene Erzählungen beispielsweise als Gründungsmythen favorisieren.

Darüber hinaus betonen sowohl Ciompi als auch Schmidt die zentrale Rolle, die Emotionen auf sozialer Ebene zukommt. Schmidt geht zunächst davon aus, dass Kulturprogramme in ihrer Bezugnahme auf Wirklichkeitsmodelle auch die Frage nach dem Umgang mit Emotionen und „deren Stellenwert, Ausdrucksmöglichkeiten, Ansprüchen und Einschränkungen" (ebd.: 35) systemspezifisch und verbindlich klären müssen. Ciompi wiederum unterstreicht die entscheidende Bedeutung, die Affekten als „kontinuitätsschaffende Öffner und Schließer von kollektiven Gedächtnispforten" (1999: 250) zukomme.

Obschon der Begriff der ‚kollektiven Gedächtnispforten' zunächst in seiner Metaphorik befremdlich wirkt, gelingt es Ciompi doch, plausibel darzulegen, „wie ungeheuer denk- und verhaltenswirksam solche affektbefrachteten Rückbesinnungen auf selektive Aspekte der eigenen Geschichte bis in aktuellste Tagesfragen hinein sein können" (ebd.: 251). Ciompi nennt als Beispiele die Bezugnahme auf altgermanische Mythen im Nationalsozialismus, die Betonung der afrikanischen Wurzeln in der Emanzipationsbewegung der afro-amerikanischen Bevölkerung in den USA oder die Suche nach historisch bedeutsamen Frauenfiguren für die Emanzipationsbewegung (vgl. ebd.). Hier zeigt sich, wie eng auf sozialer Ebene die (kulturell geregelte) Rolle von Emotionen verwoben ist mit der Selektivität von Erinnerungselaborationen, die wieder unmittelbar auf die zuvor diskutierte politische Dimension verweist. Erinnerungsanlässe und -geschichten sind nicht nur grundsätzlich kulturell affektiv bewertet, auch die Frage, welche Erinnerungsanlässe gesellschaftlich überhaupt akzeptiert werden und welche selektiven Erinnerungsgeschichten erzählt und als sozial relevant betrachtet werden, hängt entscheidend ab von der aktuellen ‚Mentalität' einer Gesellschaft, die Ciompi als die „Art der Verknüpfung von bestimmten kognitiven Inhalten mit bestimmten Affekten" (ebd.) bestimmt.[21]

Zu den von Schmidt genannten zentralen Bezugnahmebereichen lassen sich im Kontext sozialer Formen von Erinnerung noch weitere relevante Beobachtungskategorien hinzufügen. Hier ist beispielsweise die kulturell programmierte Konstruktion von Zeit und Vergangenheit zu nennen. Schmidt verweist in Bezug auf das Phänomen ‚Zeit' zunächst im Anschluss an McLuhan an die „all-inclusive nowness"aller beobachtbaren Prozesse: „Was immer geschieht, geschieht notwendiger Weise in der Gegenwart von Beobachtern." (2003b: 84) Es wäre in diesem Zusammenhang eine lohnende Aufgabe, die kulturelle Bezugnahme auf Vergangenheit und kulturell programmierte Konzepte von ‚Dauer', die über Erinnerungselaborationen in der Gegenwart aktualisiert werden, zu untersuchen.[22]

Ein Komplex schließlich, der im Zentrum aller medienkulturwissenschaftlichen Fragestellungen steht, die Relation nämlich von Kulturprogramm und Medien selbst, ist auch für die Frage nach dem Zusammenhang zwischen Kultur und gesellschaftlicher Erinnerung zentral. Kulturprogramme sind in differenzierten Gesellschaften nicht ohne Medien denkbar, denn Medien sorgen für eine kontinuierliche Thematisierung der Anwendungen des Kulturprogramms, wenn auch unter den Bedingungen des Mediensystems (vgl. Schmidt 2003: 362). Da diese Bedingungen auch von Medium zu Medium beispielsweise im Hinblick auf jeweils adäquate Erzählschemata oder präferierte Modi der Produktion, Distribution, Rezeption und Nutzung[23] von Medien- und Erinnerungsangeboten variieren, ist eine Analyse

---

21   Die Historikerin Ute Frevert plädierte denn auch für die Geschichtswissenschaft dafür, „keine Angst vor Gefühlen zu haben" (2000: 105) und sie in die historische Analyse einzubeziehen (vgl. 2000).

22   Der Anthropologe Maurice E. F. Bloch liefert in seiner Studie How We Think They Think (1998) ein Beispiel für eine reflektierte Auseinandersetzung mit kulturell unterschiedlichen Formen von Erinnerung und der Konstruktion von ‚Zeit' und ‚Vergangenheit' am Beispiel der Zafimaniry auf Madagaskar. Dabei weist er darauf hin, dass auch innerhalb einer Gesellschaft sehr unterschiedliche Formen von Erinnerungs-Narrationen verfügbar sein können, die jeweils andere Bezüge zu Vergangenheit herstellen und unterschiedliche Vorstellungen von Vergangenheit konstruieren können (vgl. ebd.: 100ff.). In Zeit und Tradition untersucht auch A. Assmann (1999a) die kulturelle Konstruktion von Zeit und gibt unter anderem Beispiele für nicht-lineare Zeitkonstruktionen (vgl. ebd.: 18ff.). Zelizer verweist ebenfalls auf verschiedene Studien, die den Zusammenhang von gesellschaftlicher Erinnerung und der Konstitution sozialer Zeit untersuchen (vgl. 1995: 222f.).

23   Der Aspekt der Weiterverarbeitung, also etwa der Fernsehkritik von medialen Erinnerungsanlässen bleibt in dieser Arbeit weitgehend ausgeblendet, da der Fokus hier zunächst auf der Beschreibung der Erinnerungsprozesse selbst liegen soll.

des Zusammenhangs von Kultur und Gedächtnis kaum möglich, ohne eine Betrachtung des Zusammenhangs von Medialität und Erinnerung, die im Folgenden geleistet wird. Zum Abschluss dieses Kapitels sollen jedoch die zentralen Überlegungen noch einmal knapp zusammengefasst werden.

Zusammenfassung und Differenzierungsmöglichkeiten

Bis hier ist nun ein explizites Vokabular entwickelt worden, mit dem auch für den gesellschaftlichen Kontext von ‚Gedächtnis' und ‚Erinnerung' gesprochen werden kann. Die vorgeschlagene Modellierung schließt dabei an drei Bereiche an: Sie bezieht sich erstens auf die einleitenden wissenschafts- und metapherntheoretischen Überlegungen und schließt zweitens vor diesem Hintergrund den Herkunftsbereich der Begriffe aus der Kognition ein. Zugleich fußt sie drittens auf einer kritischen Betrachtung sowohl kulturwissenschaftlicher als auch sozialwissenschaftlicher Ansätze. Die angestrebte medienkulturwissenschaftliche Perspektive, die auf der Basis sozial- und spezifisch kommunikationswissenschaftlicher Kompetenzen vorgenommen wird, soll damit anschlussfähig für die Kulturwissenschaften bleiben und das Interesse der bisher kaum involvierten Sozialwissenschaften für das Themengebiet verstärken. Dabei geht es nicht darum, ein ‚richtigeres' Konzept von Gedächtnis und Erinnerung im sozialen Kontext zu bieten, sondern eines, das sich um Anschlussfähigkeit bemüht, indem es mit auch sozialwissenschaftlich etablierten Theorien argumentiert und dabei einige Defizite der Kulturwissenschaft vermeidet.

Es handelt sich bei dem entwickelten Vokabular um ein Konzept für die Gegenwart, das sein Analysepotential für moderne Gesellschaften entfalten soll. Damit soll es andere Ansätze nicht ersetzen, sondern lediglich eine alternative Perspektive bieten. Konkret sind folgende Vorschläge entwickelt worden:

1. Eine spezifisch ‚traditionsorientierte' Perspektive auf Kultur als Programm bekommt ‚gesellschaftliches Gedächtnis' in den Blick, das als Resultat der bisherigen Programmanwendungen, als die Struktur des Voraussetzungszusammenhang der Gegenwart, beschrieben werden kann. Gedächtnis ist in einem solchen Verständnis eine Diskursfiktion, die aber in der Gegenwart für Setzungen, die immer Voraussetzungen in Anspruch nehmen müssen, wirksam wird. Im Akt einer spezifischen Setzung werden dabei immer nur bestimmte Voraussetzungen der bisherig realisierten Setzungen in Anspruch genommen, also relevant gemacht. Somit ist ein Gedächtnisbegriff entwickelt, der gegenwartsbezogen und prozessorientiert ist und Vorstellungen von Gedächtnis als einem ‚Sam-

melbecken' von Erinnerungen übersteigt. Stattdessen ist Gedächtnis für jede gesellschaftliche Setzung relevant als Voraussetzungszusammenhang und damit als Basis der Sinnorientierungen im Rahmen bisheriger Programmanwendungen.

2. Der kulturwissenschaftliche Gedächtnisbegriff wird in diesem Vorschlag verworfen, die bisherigen Studien der Kulturwissenschaften lassen sich stattdessen in der hier entwickelten Terminologie weitgehend unter dem Begriff der gesellschaftlichen Erinnerung einbeziehen. Für den in den Kulturwissenschaften oftmals auch als Gedächtnis bezeichneten Aspekt von Materialitäten (wie Medienangeboten) als ‚externalisiertem' Gedächtnis wird stattdessen der Begriff des ‚Fundus' vorgeschlagen.

3. Erinnerung wird als nicht primär vergangenheitsbezogen, sondern als Prozess in der Gegenwart betrachtet. Dabei werden Erinnerungen hier als reflexive Thematisierung von Gedächtnis, also von gesellschaftlichen Voraussetzungszusammenhängen, beschrieben. Erinnerungsprozesse nehmen so Gedächtnis allgemein als Setzungen selbst in Anspruch und thematisieren dabei zugleich bestimmte Aspekte des gegenwärtigen Voraussetzungszusammenhangs.

4. Gesellschaftliche Relevanz erhalten Erinnerungsanlässe und Erinnerungsgeschichten jeweils nur im Modus der operativen Fiktion, d. h. als reflexive, unüberprüfbare, aber hochgradig wirksame Unterstellung durch Aktanten. Dauerhafte Relevanz können vor allem solche Erinnerungen erlangen, für die gesellschaftlich institutionalisierte Anlässe geschaffen werden und die dadurch auch zuverlässiger für Anschlüsse genutzt werden.

5. Die wichtigste Funktion von gesellschaftlichen Erinnerungsprozessen ist das gesellschaftliche Identitätsmanagement und die gesellschaftliche Integration über Raum und Zeit. Dabei ist in modernen Gesellschaften davon auszugehen, dass Erinnerungen kaum systemübergreifend sein können, sondern dass sie auf der Ebene von (Sub-)Systemen Bedeutung zugeschrieben bekommen. Gesellschaftliche Erinnerungen sind damit ebenso ausdifferenziert wie Kulturprogramme.

6. Als (notwendig selektive) Setzungen sind gesellschaftliche Erinnerungen kontingent. Vor diesem Hintergrund lassen sich alle Selektionen im Hinblick auf ihre erinnerungs- und identitätspolitische Bedeutung auch als Machtfragen betrachten, so etwa die Fragen nach den Urhebern von Erinnerungen, den thematisierten Voraussetzungen, deren narrativem Arrangement, den genutzten Erinnerungsanlässen usw.

7. Die gesellschaftliche Beobachtung der Voraussetzungen der Gegenwart ist selbst als (autologisch) durch das Kulturprogramm geregelt zu verstehen, wobei Gesellschaften kulturell u. a. zwischen einer grundsätzlichen Traditions- vs. Innovationsorientierung, aber auch im Hinblick auf z. B.

emotionale und moralische Bewertungen von Erinnerungen gesteuert werden. Durch die kulturelle Regelung von Erinnerung fundieren sich so auch gesellschaftliche Zeitstrukturen.

In der analytischen Anwendung kann das hier entwickelte Erinnerungskonzept auf verschiedenen Ebenen ausdifferenziert werden. So lässt sich synchron etwa die identitätspolitische Funktion von Erinnerungen unterteilen in die Thematisierung von ‚positiven‘ und ‚negativen‘ Voraussetzungen der Gegenwart. ‚Positive‘ Voraussetzungen wären hier solche, die sich affirmativ in die Geschichte der Gruppe einfügen lassen (z. B. die Gründungsmythen oder vergangene Erfolge), ‚negative‘ Voraussetzungen haben identitätspolitisch nicht affirmativen, sondern mahnenden Charakter und thematisieren zu vermeidende Setzungen (z. B. Kriegserlebnisse).

Es lassen sich verschiedene Arten von Erinnerungsanlässen, wie etwa historisch bedeutsame Orte, kalendarische Anlässe wie Jahrestage oder auch Medienangebote (die wieder nach Medientechnologien, Gattungen usw. differenziert werden können), typologisieren. Schließlich können ‚soziale‘ Erinnerungen sich auf ganz unterschiedliche gesellschaftliche Ebenen beziehen – von der Mikroebene (wie Familien) zur Mesoebene (wie kleine gesellschaftliche Gruppen bzw. Organisationen) über gesellschaftliche Subsysteme bis hin zur gesamtgesellschaftlichen Makroebene, für die sicherlich, wenn überhaupt, nur wenige übergreifend relevante Erinnerungen bestimmt werden können.

Diese Differenzierungen lassen sich wiederum zueinander in Bezug setzen. So ist davon auszugehen, dass soziale Erinnerungen auf einer Mikroebene, die stark durch face-to-face-Kommunikation geprägt sein kann, andere Erinnerungsanlässe in Anspruch nehmen als solche, denen von großen Gruppen Relevanz zugeschrieben wird. Hier sind es vor allem massenmediale Anlässe, die für Erinnerungselaborationen genutzt werden.

Diachron lassen sich unterschiedliche denkbare thematische ‚Erinnerungskarrieren‘ aufzeigen. Abbildung 4 stellt exemplarisch verschiedene, stark schematisierte, prototypische Karrieren dar. Diese Übersicht unterstreicht noch einmal den Gedanken, dass vergangene ‚Ereignisse‘ (d. h. Programmanwendungen, also Setzungen) in der Gegenwart nur dann als relevante Voraussetzung (d. h. als Erinnerung) thematisiert werden, wenn sie in der Gegenwart relevant *gemacht* werden. Solche Relevanzzuweisungen erfolgen auf sozialer Ebene über die Herstellung von Erinnerungsanlässen *und* deren Akzeptanz innerhalb des entsprechenden gesellschaftlichen Systems in Form von Anschlüssen, also der Nutzung der (potentiellen) Erinnerungsanlässe für konkrete Erinnerungselaborationen.

Ereignis (Zeitpunkt X) Gesellschaftlich zugerechnete Relevanz für Gegenwart	„Erinnerungskarriere"	Erinnerung (Zeitpunkt X+n) Gesellschaftlich zugerechnete Relevanz als Voraussetzung der Gegenwart
① ⇧ hoch	Kontinuierliche Relevanzzuweisung über Erinnerungsanlässe und Anschlüsse	⇧ hoch
② ⇧ hoch	„Vergessen" / Abbruch der Erinnerung, fehlende Anlässe oder Anschlüsse	⇩ niedrig
③ ⇩ niedrig	„Entdeckung" eines Themas / Einsetzende Relevanzzuweisung über Anlässe oder Anschlüsse	⇧ hoch
④ ⇩ niedrig	Keinerlei als gesellschaftlich relevant eingeschätzte Thematisierung	⇩ niedrig

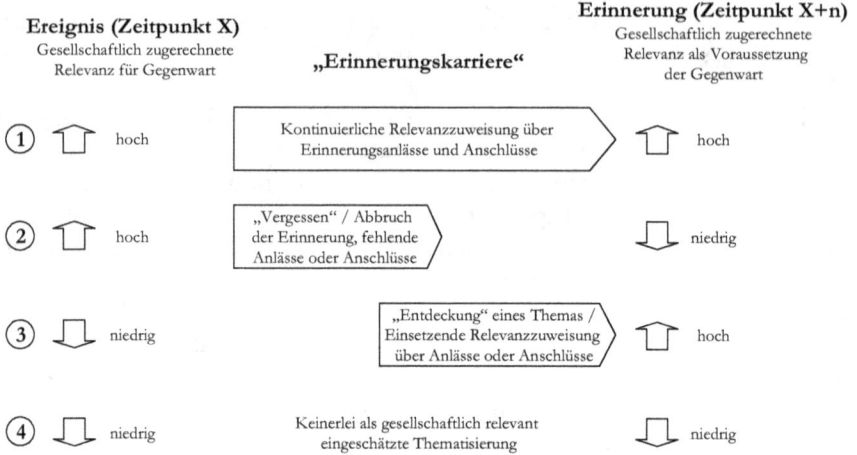

Abbildung 4: Differenzierung von Erinnerungskarrieren[24]

Dabei können in der Gegenwart vergangene Setzungen als relevant gelten, denen bereits als Setzung eine hohe Relevanz zugeschrieben wurde (Fall 1 in Abbildung 4).[25] Ein Beispiel wäre hier die Erinnerung an das Ende des Zweiten Weltkriegs in Deutschland. Hier wird gleichzeitig deutlich, dass eine kontinuierlich hohe Relevanz keineswegs eine kontinuierliche Identität der spezifischen Erinnerung bedeutet, wie etwa die Debatte um das Kriegsende als ‚Tag der Befreiung' im Anschluss an die Rede des damaligen Bundespräsidenten Richard von Weizsäcker zeigt.

Fall 2 der Abbildung verweist auf das Nicht-Erinnern von im Moment der Setzung zum Teil als hochgradig relevant angesehenen Setzungen.[26] Möglicherweise ließe sich heute schon der Mauerbau in Berlin als Beispiel für eine jedenfalls im Abstieg begriffene Erinnerungskarriere anführen, finden

---

24   Quelle: eigene Darstellung.

25   Das hier aufgestellte Schema ist dabei insofern stark vereinfachend, als die angegebene ‚tatsächliche' Relevanz eines Ereignisses in *seiner* Gegenwart (‚X') zum Zeitpunkt seiner Erinnerung (‚X+n') nicht unabhängig von der Erinnerungskarriere des Ereignisses bestimmt werden kann. Schließlich wird in der Gegenwart der Erinnerung in der Regel auch die *angenommene* Relevanz des Ereignisses in der Vergangenheit bewertet, wobei die historische Korrektheit dieser Wertungen weitgehend irrelevant ist.

26   Prinzipiell lässt sich dabei, wie gezeigt wurde, ‚Vergessen' immer nur von jemandem thematisieren, der die spezifische, vermeintlich vergessene Voraussetzung eben *nicht* vergessen hat – als institutionalisiertes System der Gesellschaft ist für solche Beobachtungen des gesellschaftlichen Umgangs mit Vergangenheit u. a. die Geschichtswissenschaft als Beobachter zweiter Ordnung prädestiniert.

sich doch heute kaum noch gesellschaftlich akzeptierte Erinnerungsanlässe zum Mauerbau.[27]

Ebenso wie die gesellschaftlich zugeschriebene Relevanz von Voraussetzungen nachlassen kann, so können auch Themen und Voraussetzungen in der Gegenwart ‚neu' oder wieder entdeckt werden (Fall 3), während der sicherlich größte Teil aller gesellschaftlichen Setzungen schon zu seiner Gegenwart wenig Aufmerksamkeit erhält und auch in der Folge meist keine große Relevanz beigemessen bekommt (Fall 4). Das Tableau der Vergangenheits-Themen einer Gesellschaft oder einer sozialen Gruppe, deren Formen der Thematisierung, ihre verflochtenen Verbindungen mit ihren diskursiven Relevanzgewichtungen ließe sich mit der Terminologie der vorliegenden Arbeit dann als (in seiner Gänze stets unbeobachtbares) Gedächtnis, eben als der gegenwärtige Voraussetzungszusammenhang dieser Gesellschaft, beschreiben.

---

27   Von der Mauer selbst als Erinnerungsort fehlt in Berlin fast jede Spur, es gibt bis heute keine allgemein akzeptierte Form der Erinnerung, keine etablierte Gedenkstätte (abgesehen von einem abgelegenen Mahnmal an der Bernauer Straße) und keinen relevanten Gedenktag. Solange die Mauer in Berlin stand, war sie schlicht qua Existenz dauerhafter Erinnerungsanlass, doch seit ihrem Fall scheint sie in Vergessenheit zu geraten: Jüngst wurde auch ein privat geschaffenes Mahnmal in der Nähe des Checkpoint Charlie polizeilich abgeräumt (vgl. z. B. Bullion 2005; Christ 2005).

Medien und gesellschaftliche Erinnerung

Wie gezeigt wurde, ist die Diskussion des Zusammenhangs von (insbesondere ‚neuen‘, also elektronischen und digitalen) Medien mit gesellschaftlichen Erinnerungsprozessen bis heute von einigen theoretischen Defiziten gekennzeichnet.[1] Wenn die im vorigen Kapitel entwickelte Terminologie für Beschreibungen von Erinnerungsprozessen der Gegenwart angemessener als bisherige Entwürfe sein soll, so muss sie insbesondere im Hinblick auf den bisher nicht befriedigend analysierten Zusammenhang von Gedächtnis, Erinnerung und Medien plausiblere Antworten liefern können, zumal der entwickelte Ansatz sich als ‚medienkulturwissenschaftlich‘ versteht.

Im Folgenden soll erprobt werden, inwiefern sich mit dem hier entwickelten Vokabular ein höheres Beschreibungs- und Analysepotential für diesen Kontext ergibt. Da bisherige Ansätze offenbar vor allem in der Analyse der Moderne zu zum Teil drastischen Verkürzungen bis hin zu dramatischen, aber kaum argumentativ entwickelten Krisenszenarien geführt haben, soll auf der Suche nach alternativen Beschreibungen der Blick auf das eng verwandte Thema der ‚Tradition‘ und dessen Thematisierung in der Soziologie gerichtet werden. In einem knappen Exkurs wird auf den Zusammenhang zwischen Medien und Moderne und deren paradoxe Entwicklungen, insbesondere im Hinblick auf Traditionsorientierung und Erinnerung, eingegangen werden.

Bei der Betrachtung früher soziologischer Perspektiven fällt auf, dass diese wie die heutige Kulturwissenschaft von einem Ende aller Traditionen in der (eben post-traditionalen) Moderne ausgingen. Diese Prognosen vom Ende der Tradition sind in der Soziologie jedoch längst durch differenziertere Positionen abgelöst worden. Vielmehr wird deutlich, dass die Moderne ihren Anfang unter anderem darin nahm, ihre eigenen Traditionen zu ‚erfinden‘. Ein Ende jeder gesellschaftlichen Vergangenheitsthematisierung scheint damit nicht in Sicht – und mit dieser Perspektive im Hintergrund können im Anschluss an den Exkurs zur Tradition in der Moderne die *Veränderungen* der Thematisierung von Voraussetzungen in den Blick genommen werden, anstatt pauschale Untergangsszenarien zu proklamieren.

---

1   Vgl. insbesondere Kapitel 4.3 und 4.4.4 der vorliegenden Arbeit.

Exkurs: Tradition, Moderne und Medien

Geht man von frühen Modernisierungstheorien aus, ist es erstaunlich, dass heute Wissenschaftler überhaupt von einer ‚Krise des Gedächtnisses' sprechen – angeblich braucht die moderne Gesellschaft als post-traditionale Gesellschaft diesen Theorien zufolge (und sehr überspitzt formuliert) überhaupt keine Traditionen und somit auch kein Gedächtnis. So fasst der britische Soziologe John B. Thompson verschiedene Thesen klassischer Modernisierungstheorien prägnant zusammen: "Tradition, it is assumed, is a thing of the past (in more ways than one)." (2003: 179)

Wie bereits in der Darstellung der Forschungsgeschichte gezeigt wurde, ist das Thema ‚Tradition' bzw. gesellschaftliche Traditionsorientierung kaum sozialwissenschaftlich bearbeitet worden.[2] In den 1950er und 1960er Jahren hatte sich in der Soziologie, anschließend vor allem an Marx und Weber, eine strenge Unterscheidung zwischen den Begriffen ‚traditionell' und ‚modern' als sich ausschließende Oppositionen etabliert. Unter den richtigen Bedingungen würde sich ein kontinuierlicher sozialer Wandel von einer traditionsorientierten zu einer (dynamischen, rationalen) modernen Gesellschaft vollziehen, so die Annahme dieser Ansätze. (Vgl. ebd.: 182)

In jüngeren Arbeiten haben u. a. Soziologen wie Ulrich Beck oder Anthony Giddens eine differenziertere Sicht auf Modernisierungsprozesse entwickelt (vgl. Giddens 2001; 1996; Beck/Giddens/Lash 1996). Hier wird die starre Opposition von Tradition/Moderne aufgegeben und die wichtige Bedeutung von Traditionen gerade in frühen Phasen der Modernisierung aufgezeigt; beide Autoren halten jedoch an der These fest, dass Traditionen in modernen Gesellschaften tendenziell ihre Bedeutung verlieren.

Thompson zweifelt grundlegend an dieser Behauptung und verweist auf die empirisch beobachtbar große Rolle, die Traditionen in vielen gesellschaftlichen Bereichen bis heute haben. Vor dem Hintergrund einer klassischen Modernisierungstheorie erscheinen solche traditionalen Praktiken als reaktionäre Überbleibsel einer vergangenen Zeit, während Thompson insistiert, Traditionen seien „an integral part of the present" (2003: 183).

Dabei zeigen sich augenfällige Widersprüche, wenn man den soziologischen Modernisierungsdiskurs mit der kulturwissenschaftlichen Erinnerungsdebatte vergleicht: In vielen soziologischen Theorien wird Tradition als rückständig betrachtet, während in den Kulturwissenschaften das mögliche Ende einer erinnernden Bezugnahme auf die Vergangenheit oft gefürchtet wird. Auch führt Thompson gerade die Rolle der Medien für den *Erhalt* von

---

2   Vgl. Kapitel 4.1. Eine Ausnahme von dem weitgehenden Desinteresse der Sozialwissenschaften an dem Thema ‚Tradition' stellt die oben zitierte umfassende Studie von Edward Shils (1981) dar.

Traditionen an, um seine Skepsis gegenüber klassischen Modernisierungsthesen zu untermauern (vgl. ebd.: 184), während in den Kulturwissenschaften gerade das moderne Mediensystem oft als eine der größten *Bedrohungen* für gesellschaftliche Erinnerung gesehen wird.

Um eine differenziertere Perspektive auf den Zusammenhang von Moderne und Tradition zu entwickeln, unterscheidet Thompson vier Aspekte des Traditionsbegriffs. An ‚Traditionen' lassen sich demnach vier Funktionen (wenn auch nur analytisch) getrennt beschreiben:[3]

1. *Sinnorientierung durch Tradition bzw. Tradition als Interpretationsrahmen*
    In der Terminologie der vorliegenden Arbeit lässt sich dieser Aspekt auch mit dem Begriff des ‚Voraussetzungssystems' bezeichnen, das, wie gezeigt wurde, jede Setzung in der Gegenwart auf bisherige Setzungen bezieht und so auf Sinn orientiert. In dieser Perspektive markiert die Epoche der Aufklärung nicht das Ende aller Tradition, sondern eine (Weltanschauungs-)Tradition neben anderen, „that is, a set of taken-for-granted assumptions which provide a framework for understanding the world" (ebd.: 185).

2. *Normative Wirkung von Tradition*
    Traditionen können normativ wirken, wenn sie durch unreflektierte, routinisierte Praktiken oder explizite Bezüge auf die Vergangenheit Setzungen in der Gegenwart verbindlich orientieren. Während der erste Aspekt der Sinnorientierung mehr auf die Deutung von Erfahrungen durch Traditionen zielt, bezieht sich Thompson hier vor allem auf die konkrete, verbindliche Handlungsorientierung.

3. *Legitimation von Macht und gesellschaftlichen Strukturen durch Tradition*
    Thompson verweist hier auf die bekannten Überlegungen von Max Weber, nach dem eine Ordnung aus affektueller Akzeptanz eines charismatischen Herrschers, aus Glaube an die ‚Legalität' der Ordnung oder eben kraft ‚Tradition', die Weber als „Geltung des immer Gewesenen" beschreibt (2005 [1922]: 26), von Handelnden als legitim angesehen werden kann.

---

3   Die folgende Darstellung orientiert sich an den Überlegungen von Thompson (vgl. 2003: 184ff.), ergänzt diese jedoch und integriert sie in die Terminologie der vorliegenden Arbeit. Es sei noch einmal betont, dass die von Thompson benannten vier Aspekte nicht beanspruchen, trennscharf zu sein oder unabhängig voneinander zu bestehen. Sie dienen jedoch einer differenzierteren Beschreibung der Rolle von Traditionen in der Moderne und erweisen sich hierfür als produktiv.

4. *Herstellung von Identität*

Wie in der vorliegenden Arbeit schon gezeigt worden ist, ist die kontinuierliche Herstellung und Darstellung von Identität sowohl für Aktanten wie auch für gesellschaftliche Gruppen[4] eine fortwährende Aufgabe, die insofern immer vergangenheits- bzw. traditionsorientiert sein muss, als bisherige Identitätsgeschichten die Freiheiten für künftige einschränken und neue Erlebnisse in den Kontext bisheriger Erzählungen integriert werden müssen. Etablierte Traditionen können in diesem Kontext in modernen Gesellschaften eine große Entlastung darstellen, weil sie, solange sie akzeptiert werden, die Kontingenz von Identitätsbildungsprozessen zuverlässig invisibilisieren können.

Allgemein kann Tradition in diesem Zusammenhang als das Fortwirken früherer Setzungen verstanden werden, die sich in der Regel durch kontinuierliche, vergleichbare Wiederholung stabilisieren und deren Wiederholung in der Gegenwart anhält. Beispiele hierfür können gleichermaßen die Thronfolgemechanismen von Königshäusern wie familienspezifische Details von Weihnachtsfeiern sein. Traditionen sind in der Perspektive der vorliegenden Arbeit damit eine bestimmte Form sozialer Erinnerung, nämlich eine Thematisierung vergangener Setzung durch die bewusste (,erinnernde') Wiederholung des vergangenen Setzungs-Procedere in dem Kontext der jeweils aktuellen Gegenwart.[5] Ein solches Fortwirken früherer Setzungen über (vergleichbare) Wiederholungen kann sich dabei auf verschiedene der oben benannten Ebenen beziehen.

Vor dem Hintergrund eines derart differenzierten Traditions-Begriffs kann nun eine differenziertere Beschreibung von *Veränderungen* der Rolle von Traditionen in der Moderne vorgenommen werden. Anschließend an Thompson ist es plausibel, davon auszugehen, dass die Bedeutung von Traditionen im Hinblick auf ihr normatives Wirken und ihre Legitimationsfunktion zurückgeht. Dies heißt aber eben nicht, dass Traditionen grundsätzliche *jede* Bedeutung verlieren; insbesondere zur Sinnorientierung und für individuelles wie kollektives Identitätsmanagement behalten sie eine wichtige Funktion. Dies ist auch insofern plausibel, als bis hier mehrfach gezeigt worden ist, dass die Bearbeitung von Kontingenz über Kultur und damit die Sinnorientierung von Handlungen notwendig über die Inanspruchnahme von

---

4 Ausführliche Überlegungen zur Relevanz von Erinnerung für Organisationen und deren Identitätsmanagement finden sich bei Gizinski (vgl. 2005: 109ff.).

5 Da die Wiederholung von früheren Setzungen nicht zwingend eine tiefgehende Reflexion impliziert, könnte man Traditionen als tendenziell eher unreflektierte Form gesellschaftlicher Erinnerung bezeichnen. Daher auch ihre Ablehnung in frühen soziologischen Modernisierungstheorien, die den Aspekt der Rationalität betonten.

Voraussetzungen erfolgt und das kontinuierliche Konstruieren von Identität immer nur in einer Geschichte mit ihren Voraussetzungen und Vor-Geschichten erfolgen kann. Es kann in der Gegenwart ohne eine angenommene Vergangenheit weder Sinn noch Identität geben.

Dabei überrascht es jedoch nicht, dass die in der Moderne unübersehbare Kontingenz der Voraussetzungen der Gegenwart zu einer Abnahme der Verbindlichkeit und damit verbunden auch der Legitimationsfunktion von Traditionen führt. Dass man etwas ‚immer schon so' gemacht hat, hilft in der Regel, Handeln als sinnvoll zu erfahren und die Identität von Personen oder Gruppen zu stabilisieren. Im Konfliktfall – und nur dann stellt sich die Frage nach der Verbindlichkeit von Orientierungen oder der Legitimation – wird aber in der kontingenzbewussten Moderne deutlich, dass man ‚es' immer auch schon anders hätte machen können; hier reicht in der Moderne der Verweis auf Traditionen eben nicht mehr als Argument aus. Im Alltag aber stellen sich weniger Legitimitäts- und Normativitätsprobleme als vielmehr kontinuierlich das Sinnorientierungs- und Identitätsproblem. Schon dies zeigt, dass Traditionen kaum jemals völlig ihre Bedeutung verlieren werden. Eine traditionslose Gesellschaft käme einer voraussetzungslosen Gesellschaft gleich – und diese ist schlicht undenkbar.[6]

Bei der Veränderung der Rolle von Traditionen in der Gesellschaft kommt Medienentwicklungen nach Thompson eine ambivalente Rolle zu. Unter anderem an politischen Entwicklungen im Mittleren Osten zeigt Thompson, dass Medien nicht zwingend Modernisierung auf Kosten von Traditionen befördern. Durch Medien beförderte Kontingenzerfahrungen können eine Traditionsorientierung sogar stärken, und diese selbst kann wiederum mit Medien vorangetrieben werden, wie etwa die Revolution gegen den Schah gezeigt hat, bei der die Revolutionäre eine Mobilisierung der Bevölkerung intensiv über die Verbreitung von Audiokassetten und Flugblättern erreichten (vgl. ebd.: 192). Für das heutige China – eine Gesellschaft, die kaum westlichen Ideen der ‚Moderne' entspricht – hat der Medienwissenschaftler Stefan Kramer gezeigt, wie historische Fiktionen im Fernsehen wirksam zum Traditionsbewusstsein und dem Gefühl „einer historischen Kontinuität der chinesischen Nation" beitragen (2004: 384). Auch die anhaltende (und heute vielfach gar wieder zunehmende) Bedeutung von Religionen in westlichen Gesellschaften verdeutlicht, dass Medien nicht zwingend das Ende von Traditionen bedeuten: "It is not difficult to provide examples of the way in which media have been used effectively in the service of tradition, from the diffusion of printed bibles and prayer books in early modern Europe to the tele-evangelism of today." (Thompson 2003: 195) Und gerade

---

6   Auch Hobsbawm hat bereits 1972 die Position vertreten, eine Gesellschaft ohne jeden Bezug zur Vergangenheit sei kaum denkbar (vgl. 1972).

Fundamentalisten zeigen heute, wie effektiv sich neueste Medien für ‚verkapselte Tradition'[7] einsetzen lassen (vgl. auch Giddens 2001: 65f.).

Ein illustratives Beispiel für eine Veränderung der Traditionen einer Gesellschaft im Zuge der Medienevolution findet sich bei dem englischen Historiker David Cannadine in seinem Aufsatz über Rituale in der englischen Monarchie (vgl. 1983). Er weist darauf hin, dass die heute so beliebten Rituale wie königliche Hochzeiten, Krönungs- oder Beerdingungszeremonien keineswegs schon immer in repräsentativer, pompöser Form vollzogen wurden. Die aufwendigen Inszenierungen sind vielmehr erst als Folge medialer Berichterstattung und der dadurch ermöglichten überregionalen Aufmerksamkeit entstanden. Bis ins mittlere 19. Jahrhundert wurden die Rituale vor allem für eine kleine, aristokratische Elite vor Ort durchgeführt. Als zu Beginn des 19. Jahrhunderts die aufkommende überregionale Presse begann, von Zeremonien zu berichten, war die Berichterstattung verheerend, die Monarchie erschien wie in einer Karikatur:

> In 1817, at the funeral of Princess Charlotte, the daughter of Prince Regent, the undertakers were drunk. When the duke of York died, ten years later, the Chapel at Windsor was so damp that most of the mourners caught cold, Canning contracted rheumatic fever and the bishop of London died. (Cannadine: 1983: 117)

Die Krönungen von George IV., William IV. und Viktoria beschreibt Cannadine als ungeprobt und schlecht durchgeführt, so dass sie ebenfalls scharf kritisiert wurden. Erst in den späten 1870er Jahren mühte man sich im englischen Königshaus um eine bessere Durchführung der zentralen Rituale, und vor allem die Einführung des Radios und das Engagement des ersten Direktors der BBC, John Reith, führten zu mediengerechteren Zeremonien (vgl. ebd.: 142). Die Könighaus-Berichterstattung im Fernsehen, die heute als Blick auf uralte Rituale erscheint, ist in erster Linie ein Event, das erst durch Massenmedien zu seiner Form kam und nur durch Medien in die Wahrnehmung außerhalb eines kleinen, elitären Zirkels in London geraten konnte. Erst diese medialisierte Tradition ermöglichte es, dass die Monarchie in England insbesondere nach dem Ersten Weltkrieg als „impartial embodiment of national unity" erscheinen konnte, wie es Thompson formuliert (2003: 200).

Andere vermeintlich lang etablierte Traditionen erweisen sich bei genauerer Forschung ebenfalls als erstaunlich jung, und zahlreiche von ihnen sind gerade mit Hilfe medialer Unterstützung etabliert worden. Der englische Historiker Eric J. Hobsbawm prägte den Begriff der ‚invented traditions'; in einem Sammelband zu dem Thema finden sich zahlreiche Beispiele für solche ‚erfundenen' Traditionen (vgl. Hobsbawm/Ranger 1983), ein beson-

---

7   So bezeichnet Giddens Fundamentalismus, da der Fundamentalist „die Tradition auf traditionelle Weise [verteidigt] – unter Verweis auf ihre rituelle Wahrheit" (2001: 65).

ders anschauliches sind die schottischen Highland-Traditionen und insbesondere die ‚Kilts', die Schottenröcke mit ihren clanspezifischen Mustern, den ‚Tartans': Was heute wichtiger Bestandteil schottischer Identität ist und als seit Jahrhunderten etabliert scheint, ist weitgehend eine Erfindung des frühen 19. Jahrhunderts, für deren Etablierung vor allem Bücher eine zentrale Rolle spielten, die (weitgehend fiktive) Bezüge zwischen Tartan-Mustern und Clans herstellten (vgl. Trevor-Roper 1983; Thompson 2003: 199).

Diese Beispiele zeigen, dass moderne Gesellschaften nicht in binärer Opposition zu Traditionen stehen, sondern im Gegenteil selbst Traditionen schaffen und offenbar der Traditionen bedürfen. Gerade moderne Gesellschaften, so weist Hobsbawm überzeugend nach, reagieren auf typisch moderne Phänomene wie Unsicherheit und Risiko mit der Etablierung neuer Traditionen (vgl. Hobsbawm 1983: 264f.). Dabei sollte bis hier hinreichend deutlich geworden sein, dass sich die Rolle von Traditionen in modernen Gesellschaften durchaus verändert hat, nur verschwindet sie eben nicht.[8]

Die anfangs angeführten Ambivalenzen also bleiben: Selbst wenn manche Beobachtungen der Moderne nahelegen, wir würden in einer ‚absoluten Gegenwart' leben[9], ist doch die Vergangenheit immer wieder ein relevantes Thema in der Gegenwart. Die hier skizzierten ambivalenten Tendenzen fügen sich in ein Bild der ‚Spätmoderne' *sensu* Giddens, die von widersprüchlichen und paradoxen Entwicklungen geprägt ist.[10] In der Analyse der Rolle von gesellschaftlichen Erinnerungsprozessen für moderne Gesellschaften sollte man offenbar sensibel für derart ambivalente Entwicklungen bleiben. Wenn in der vorliegenden Arbeit im Folgenden der Zusammenhang von Medien und gesellschaftlichen Erinnerungsprozessen genauer untersucht wird, können also kaum klare, eindeutige Antworten erwartet werden. Vielmehr kann es nur darum gehen, die Veränderungen von Erinnerungsprozessen mit ihren widersprüchlichen Entwicklungen zu beschreiben. Damit müssen die Analysen deutlich differenzierter ausfallen als die bisher in vielen kulturwissenschaftlichen Arbeiten diskutierten Szenarien.

---

8   Nicht überzeugend ist der (bisweilen bei Hobsbawm selbst durchklingende) Einwand, bei den ‚erfundenen' Traditionen der Moderne handele es sich um nicht authentische, ungenuine Traditionen, die daher nicht eigentlich als Traditionen bezeichnet werden sollten. Vielmehr ist prinzipiell jede Tradition letztlich eine ‚erfundene', wie auch Giddens argumentiert (vgl. 2001: 55). ‚Natürliche' Traditionen gibt es nicht, und im historischen Vergleich zeigt sich, dass auch die stabilsten Traditionen veränderlich sind.

9   Eine besonders prägnante und besorgte Formulierung dieser Sicht findet sich in Zygmunt Baumans bemerkenswertem Buch *Flüchtige Moderne* (vgl. 2003: 153).

10   Für eine konzise Übersicht zu Giddens' Überlegungen zu paradoxen Entwicklungen in der Spätmoderne vgl. 1992, insbes. 44ff.; für ausführlichere Erläuterungen vgl. etwa 1996; 2001.

Medien und Erinnerung: Differenzierung der Beobachtung

Um gesellschaftliche Erinnerungsprozesse in der Gegenwart adäquater beschreiben zu können, soll im Folgenden zunächst die bisher pauschale Rede von ‚den Medien' differenziert werden. Dafür kann auf die in der vorliegenden Arbeit bereits angesprochenen Überlegungen von Schmidt zum Medienbegriff als Kompaktbegriff und die anschließende erinnerungstheoretische Vertiefung von Erll zurückgegriffen werden.

Dabei wurde bereits darauf verwiesen, dass Erlls Ausführungen vor allem systematisierende Funktion haben, indem sie etwa zwischen der materialen Dimension und der sozialen Dimension des Medienbegriffs differenzieren. Problematisch bleibt insbesondere die nicht uneingeschränkt tragfähige Erweiterung des Schmidt'schen Konzepts auf einen fast grenzenlos gedehnten Medienbegriff (vgl. Kapitel 4.5.2). Darüber hinaus birgt die weiter differenzierende Systematisierung Erlls die Gefahr der zu deutlichen Abgrenzung der einzelnen Ebenen voneinander. Die dezidiert *integrative* Perspektive, die die Ebenen des Kompaktbegriffs als miteinander untrennbar verwoben beschreibt, droht in der Variante bei Erll verloren zu gehen. Dies legen jedenfalls die zu den einzelnen Ebenen angeführten Beispiele nahe, wenn Erll etwa auf Forschungen verweist, die sich *ausschließlich* mit der Evolution von Medientechnologien oder mit der Analyse konkreter Medienangebote befassen (vgl. 2005: 132ff.). Gerade solche Ansätze aber, die einen einzelnen Bereich der komplexen Medienzusammenhänge losgelöst von seinen Abhängigkeiten mit anderen Ebenen untersuchen, sind nicht mit einem integrativen Ansatz vereinbar. Sie können, wie gezeigt wurde, etwa bei der undifferenzierten Betrachtung allein einer Medientechnologie wie den elektronischen Medien zu pauschalen Urteilen führen, die die unterschiedlichen Aneignungs- und Nutzungsformen vollständig ausblenden. Daher ist auch in einer Ausdifferenzierung des Medienbegriffs Wert darauf zu legen, die Zusammenhänge zwischen den unterschiedenen Bereichen zu unterstreichen.

Ein wichtiger Vorzug von Erlls Vorschlag für den Kontext der vorliegenden Arbeit ist es aber, dass sie die Rezeptionsseite in den Medienbegriff integriert. Im Zusammenhang von Medien und Erinnerung ist die Rezeptionsseite von zentraler Bedeutung, denn erst in der Rezeption entscheidet sich, ob ein Medienangebot als potentieller Erinnerungsanlass auch tatsächlich für einen entsprechenden Anschluss genutzt wird. Diese Erweiterung wie auch Erlls Hinweis auf unterschiedliche produktions- und rezeptionsseitige Funktionalisierungen von Medienangeboten für Erinnerungsprozesse sollen im Folgenden aufgenommen werden.

Ausgehend von den vier von Schmidt benannten Aspekten des Medienkompaktbegriffs konkurrieren für die vorliegende Arbeit schließlich noch zwei verschiedene, nicht nur formal relevante Darstellungsoptionen:

Schmidts Entwurf, in Abbildung 5 grafisch dargestellt, stellt Medienangebote an das Ende der Trias aus Kommunikationsinstrument, Medientechnologie und sozialsystemischer Institutionalisierung und verweist so darauf, dass jedes Medienangebot stets aus dem Zusammenwirken der drei genannten Ebenen hervorgeht (vgl. Schmidt/Zurstiege 2000: 170).

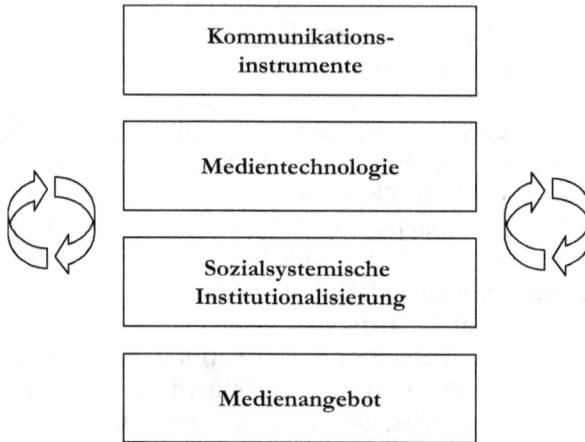

Abbildung 5: Die Ebenen des Medienkompaktbegriffs nach Schmidt[11]

Erll systematisiert dagegen materiale Dimensionen vs. soziale Dimensionen und trennt damit potentiell die Ebene des Medienangebots und seiner Materialität und technischen Disponiertheit von den sozialen Kontexten seiner Herstellung, Verbreitung, Rezeption und Nutzung (vgl. auch Abbildung 6).[12]

Wie auch Erll betont, scheint für eine Untersuchung gesellschaftlicher Erinnerungsprozesse eine Fokussierung der *sozialen* Zusammenhänge relevant. Dabei sind mindestens zwei soziale Kontexte zu trennen: die Produktion und Distribution eines Medienangebots (unter den Bedingungen der genutzten Kommunikationsinstrumente und technischen Dispositive) wie die (oft auch historisch von der Produktion zeitlich weit getrennte) Rezeption und Nutzung des Medienangebots im Kontext gesellschaftlicher Erinnerung.

---

11   Quelle: eigene Darstellung.

12   Erll trennt den sozialen Kontext (zumindest in einer überspitzten, kritischen Lesart) vom autonomen, materialen Medienangebot und plausibilisiert so indirekt weiterhin auch solche Ansätze, die allein ,werkorientiert' (also zum Beispiel mit Fotos, Filmen, Literatur usw.) arbeiten – auch wenn Erll selbst die Relevanz des sozialen Kontexts betont.

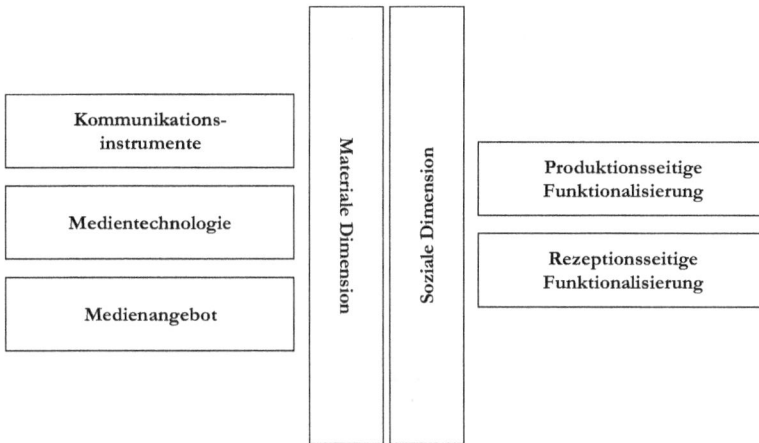

Abbildung 6: Der ,erinnerungskulturwissenschaftliche Medienkompaktbegriff' nach Erll[13]

Darüber hinaus ist, wie mehrfach betont wurde, insbesondere die Rezeption und Nutzung im Gegensatz zur notwendig systemisch homogenen Produktion und Distribution nicht als gesellschaftlich einheitlich zu modellieren. Vielmehr entscheidet sich innerhalb der ausdifferenzierten sozialen Systeme erst, welche Angebote überhaupt für identitätsrelevante Erinnerungsprozesse genutzt werden – wobei ein Angebot ganz unterschiedliche Nutzungen und Kontextualisierungen in verschiedenen sozialsystemischen Zusammenhängen erfahren kann. Wichtig ist es jedoch, bei der Betrachtung der sozialen Zusammenhänge im Blick zu behalten, dass Rezeption und Nutzung stets geprägt sind von den Ermöglichungsverhältnissen, die durch die Kommunikationsinstrumente und technischen Dispositive im Medienangebot konstituiert werden.

In Abbildung 7 wird der – zugegebenermaßen mühevolle – Versuch unternommen, die verschiedenen skizzierten Ebenen des Medienkompaktbegriffs für eine erinnerungsorientierte Perspektive grafisch darzustellen.[14] Eine solche Variante des Medienkompaktbegriffs, die Erweiterungen von Erll aufnimmt und gleichzeitig den integrativen Ansatz unterstreicht, erlaubt es, bei Analysen eine klare Positionierung des Forschungsinteresses vorzunehmen und zugleich anzugeben, welche Zusammenhänge unbeobachtet bleiben. Ein derart integrativer und zugleich explizit differenzierter Begriff

---

13 Quelle: eigene Darstellung.
14 Die konsequente grafische Umsetzung der Interdependenz jeder Ebene mit allen anderen würde eine Komplexität erfordern, die eine zweidimensionale Darstellung bei weitem überfordert. Die Zusammenhänge sollen durch die Wechselwirkungen kennzeichnenden Pfeile und transparenten Ebenen zumindest angedeutet werden.

erscheint für eine kommunikationswissenschaftliche Auseinandersetzung mit dem Zusammenhang zwischen Medien und sozialen Formen von Erinnerung besonders geeignet, weil er eine entsprechend komplexe Analyse ermöglicht.

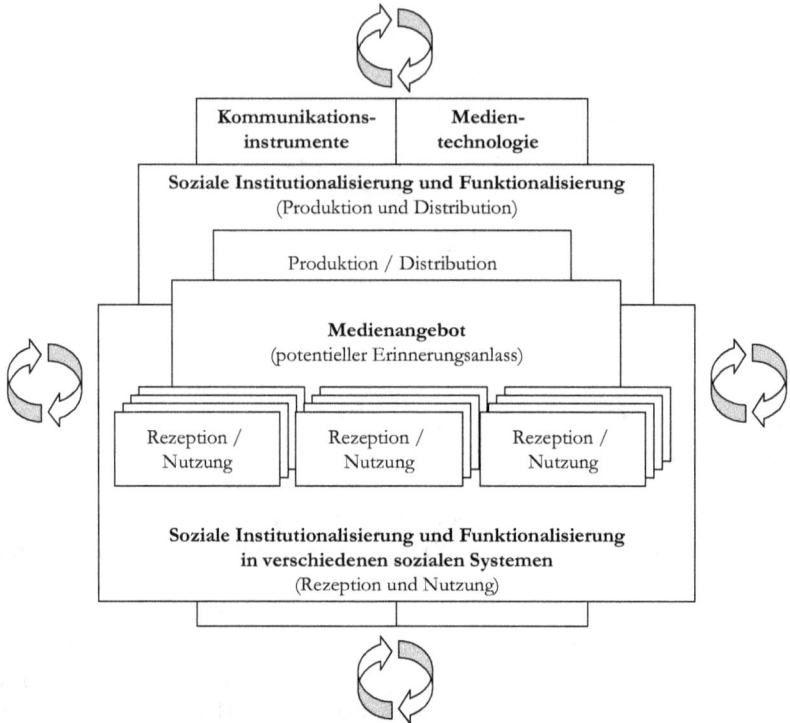

Abbildung 7: Die Ebenen des Medienkompaktbegriffs im Kontext sozialer Erinnerungsprozesse[15]

Forschung, die dieses Konzept ernst nimmt, kann nicht in verkürzenden Untersuchungen allein auf einen einzelnen Aspekt (etwa technologische Entwicklungen) des gesellschaftlichen Erinnerungszusammenhangs eingehen, sondern muss stets Relationen von Phänomenen beobachten und beschreiben. Es ist in der Analyse möglich, an jedem Punkt des Modells einzusteigen und die Beziehungen zu anderen Ebenen anzugeben. Bei der Analyse eines Medienangebotes wird so deutlich, dass dieses einerseits vor dem Hintergrund der Bedingungen seiner Produktion und Distribution gesehen werden muss, andererseits sich eine Vielzahl von verschiedenen

---

15   Quelle: eigene Darstellung.

Rezeptions- und Nutzungsweisen in verschiedenen sozialen Systemen anschließen können. Die zur Herstellung der Medienangebote verwendeten Kommunikationsinstrumente und Medientechnologien sind dabei für alle Ebenen prägende Faktoren; zwischen Medientechnologien und ihren Verwendern (sowohl in der Herstellung als auch der Rezeption/Nutzung von Medienangeboten) besteht dabei ein ambivalentes Verhältnis: Einerseits sind Medien ohne Nutzer (und auch menschliche Erfinder bzw. Entwickler) nicht sinnvoll denkbar, zugleich verdeutlicht der oben skizzierte komplexe Zusammenhang der verschiedenen Medienaspekte, dass die Nutzung der Medien keine unbegrenzten Freiheiten lässt:

> Menschen können mit den Medien nur genau das machen, was die Medien ihnen im Rahmen des Zusammenwirkens ihrer [...] Komponentendimensionen zu machen erlauben. Insofern sind Medien Bedingungen von Möglichkeiten und in diesem Sinne Aprioris, die jeder Nutzung vorausliegen und sie bestimmen. (Schmidt 2000: 96)

Somit sind gerade bezogen auf Erinnerungsprozesse auch Medienwirkungen deutlich differenzierter zu bestimmen: Es genügt nicht, lediglich nach der Wirkung von einzelnen Medienangeboten zu fragen. Eine Erforschung der *Medium-Wirkungen*' im Zusammenspiel aller jeweils verfügbaren Medientechnologien ist mindestens ebenso erforderlich und im Kontext einer Analyse sozialer Formen von Erinnerung besonders relevant.

Dabei sollte aber nicht allein McLuhans Diktum *the medium is the message*' gelten, insofern Medientechnologien, wie gezeigt, zwar nur bestimmte Nutzungen ermöglichen und andere verhindern, dadurch aber keine linear kausalen Determinismen für konkrete gesellschaftliche Nutzungen abzuleiten sind. Für die Frage nach Medien und Erinnerung ist hier von besonderem Interesse, welche Medien aus dem großen Spektrum der verfügbaren Technologien als sozial relevante Erinnerungsanlässe bevorzugt genutzt werden bzw. welche Formen von Erinnerungselaborationen sie ermöglichen, welche realisiert werden, wie diese rezipiert und genutzt werden usw.

Ein solch differenzierter Ansatz könnte zu einer ausgewogeneren Bewertung der Rolle von Erinnerung in der Gegenwart führen. Hier sollte gelten, was Schmidt in Bezug auf seinen differenzierten Medienkompaktbegriff allgemein feststellt:

> Diese Argumentationsvariante hat gegenüber der medientheoretischen Hypostasierung der Medien meines Erachtens den Vorteil, daß einige (nicht nur) rhetorische Übertreibungen vermieden werden können. Weder müssen Medien totalisiert werden [...] noch Verschwörungstheorien und Todes- wie Verschwindensszenarien kultiviert werden, ohne die latenten wie manifesten, dispositiv-strukturellen wie semantischen Wirkungspotentiale von Medien zu unterschätzen. (Ebd.: 100f.)

Im Folgenden sollen nun einzelne Ebenen des hier beschriebenen Medienkompaktbegriffs jeweils in ihrer Relation zu gesellschaftlichen Erinnerungsprozessen näher betrachtet werden. Dabei können stets nur erste theoretische Überlegungen angestellt werden, die auf die Skizzierung möglicher anschließender empirische Forschung ausgerichtet sind. Zunächst sollen dabei die technischen Dispositive und ihre Rolle im Zusammenspiel der Ebenen des Medienkompaktbegriffs für Erinnerungsprozesse in den Blick genommen werden. Da, wie dargelegt wurde, im Kontext der Gedächtnisforschung elektronische und digitale Medientechnologien bisher am wenigsten untersucht wurden, ihnen zugleich aber die stärksten Auswirkungen für gesellschaftliche Erinnerungsprozesse zugeschrieben werden, wird im Folgenden der Fokus auf diese ‚neuen' Medientechnologien gelegt. Dabei soll gezeigt werden, dass die verschiedenen Nutzungsmöglichkeiten, die die Technologien eröffnen, ganz unterschiedliche Konsequenzen für Thematisierungen von Vergangenheit haben können.

Im Anschluss soll theoretisch die bereits angedeutete Doppelperspektive auf Medienangebote vertieft werden, die gleichzeitig auf der Produktionsseite Resultat von und auf der Rezeptionsseite Anlass für Erinnerungsprozesse sein können. Dabei müssen notwendig die jeweiligen produktions- und rezeptionsseitigen Systembedingungen in den Blick geraten: Es ist eine erste zentrale Aufgabe, zu untersuchen, unter welchen Bedingungen Erinnerungsanlässe im Mediensystem für die Herstellung von Medienangeboten genutzt werden, das heißt u. a. welchen medienspezifischen Selektions- und Inszenierungsprozessen sie unterworfen sind. Zugleich stellt sich die Frage, auf welche unterschiedlichen Weisen die so entstandenen Medienangebote in verschiedenen sozialen Systemen genutzt werden – oder auch nicht.

‚Neue' Medientechnologien: Ende der Erinnerung?

Wenn im Folgenden Medientechnologien als Apriori jeder konkreten gesellschaftlichen Mediennutzung näher betrachtet werden sollen, so setzt diese Analyse im Prinzip schon eine Ebene zu spät an. Zunächst müssten die unterschiedlichen semiosefähigen Kommunikationsinstrumente untersucht werden, ohne die keine Medientechnologie zur Herstellung von Medienangeboten genutzt werden könnte – in erster Linie sind hier Sprachcodes, Bilder und auch Musik bzw. Töne zu nennen. So gilt fraglos, dass gerade Bilder und Töne in vielen Fällen im Kontext von Erinnerung besonders relevante Kommunikationsinstrumente sind – man denke an nahezu reflexhafte Erinnerungsanschlüsse an bestimmte Musikstücke oder an die Bedeutung von Fotoalben für die Erinnerungsgeschichten vieler Familien.[16]

---

16 Dass Musik Erinnerungen stabilisieren kann, nutzt nicht zuletzt die Werbung mit Jingles und der Unterlegung von Spots mit Musik usw. Auch die Kognitionsforschung zeigt in verschiedenen Studien, dass zumindest kurzfristig Texte besser erinnert werden können, wenn sie durch

Andererseits können diese Kommunikationsinstrumente für die hier betrachteten modernen Gesellschaften nur dann erinnerungsrelevant werden, wenn sie sich über eine Medientechnologie materialisieren und so zeitlich stabilisieren können. Auf sie kann und muss daher immer auch schon im Zusammenhang mit Technologien eingegangen werden, denn ein ‚Bild', das über einen alten Schwarz-Weiß-Abzug materialisiert ist, ist keineswegs identisch mit einem digitalen ‚Bild' etwa auf einem Computerbildschirm. Digitale Bilder haben praktisch überhaupt keine stabile ‚Identität' jenseits ihres reproduzierbaren binären Codes. Ihr Aussehen auf dem Display hängt ab von Zoomeinstellungen, Monitor-Farbkalibrierungen usw., so dass etwa das Versenden eines digitalen Bildes per Mail in der Darstellung eine Vielzahl an unterschiedlichen Bildern erzeugt, während ein per Post versandter Abzug in der Regel keine derartigen Veränderungen erfährt. Dies verdeutlicht exemplarisch die grundsätzliche Abhängigkeit der Kommunikationsinstrumente von ihrer technologischen Materialisierung.[17]

Neue Technologien, beginnend mit dem Film über Fernsehen bis hin zum Internet in seinen Spielarten, ermöglichen zunehmend die Integration verschiedenster Kommunikationsinstrumente. Selbst das primär für die Sprachübertragung entwickelte Mobiltelefon wurde schnell mit Datenschnittstellen, Displays usw. ausgestattet und ist längst zum Multimedia-Gerät avanciert. Vor diesem Hintergrund mag es sogar überraschen, dass in den aktuellen Medienentwicklungen eine Bedrohung für Erinnerungsprozesse gesehen wird. Naiv ließe sich fragen, ob nicht das primär schriftorientierte Buch angesichts der emotionalen Multimedia-Inszenierungen etwa des Fernsehens vergleichsweise mangelhaft als potentieller Erinnerungsanlass erscheinen muss?

Wie oben erwähnt, soll der Fokus im Folgenden genau auf solchen aktuellen medientechnologischen Entwicklungen liegen, um deren Rolle als Ermöglicher und/oder Verhinderer von Erinnerungsprozessen zu evaluieren. Bis hier sind schon viele Beispiele für unreflektierte, verkürzte und kaum haltbare apokalyptische Szenarien angeführt worden, die das Ende aller Erinnerung beschwören. Solche Positionen basieren zumeist auf einer klaren Opposition zwischen ‚alten' Medien, die Erinnerung angeblich befördern, und ‚neuen' Medien, die sie angeblich verhindern. Sehr prägnant lässt sich diese Haltung etwa bei der in diesem Zusammenhang schon mehrfach zitierten Aleida Assmann finden: „So wie das Internet den Rahmen für

---

Musik begleitet werden (vgl. Wallace 1994; für Musik in Werbung exemplarisch auch Yalch 1991). Sobald es Medientechnologien gibt, die zuverlässig Gerüche integrieren können, dürften auch diese ein sehr spannendes Forschungsfeld für die Erinnerungsforschung bieten.

17 Eine Reflexion über den Zusammenhang zwischen fotografischen Bildern und Erinnerung leistet Jens Ruchatz (vgl. 2004), jedoch ohne dabei auf die hier im Vordergrund stehenden technologischen Entwicklungen einzugehen.

Kommunikation über räumliche Abstände geschafft hat, schafft das kulturelle Gedächtnis den Rahmen für Kommunikation über zeitliche Abstände hinweg." (Assmann 2004: 47) Hier wird das Internet in diametraler Opposition zum kulturellen Gedächtnis beschrieben. Diese Unterscheidung verweist auf eine grundsätzlich plausible Analysekategorie für die Beobachtung des Zusammenhangs zwischen Medien und Erinnerung, die auf den kanadischen Medientheoretiker Harold A. Innis zurückgeht, der zwischen raum- und zeitöffnenden Medien unterschieden hat. Wolfgang Müller-Funk vertieft im Kontext von Medien und Erinnerung in der Gegenwart diese Dichotomie (vgl. Müller-Funk 2002: 88; exemplarisch auch Innis 1997 [1951]). Raumöffnende Medien ermöglichen, hier verkürzt formuliert, eine breite Zirkulation in der Gegenwart, während zeitöffnende Medien, wie etwa steinerne Schrifttafeln, Jahrhunderte und länger überdauern können, wobei ein Vorteil auf der einen Seite der Differenz mit einem Defizit auf der anderen Seite einhergeht: Steine sind langlebig, aber schlecht transportabel, Papierrollen oder gar gedruckte Bücher massenhaft und leicht zu verteilen, aber vergleichsweise beschleunigtem Zerfall ausgesetzt.

Diese von Innis formulierte Differenz ist heute noch aktuell. Sie kann nicht nur zur Typologisierung verschiedener Medientechnologien dienen, sondern lässt sich auch zur Beschreibung der kulturellen Bewertung von Erinnerung nutzen und kann so eine erste Beobachtungskategorie für den Zusammenhang von Medien und Erinnerung darstellen: Wie A. Assmann sieht auch Müller-Funk „unsere gegenwärtige Kultur [.] von der Obsession der Raumöffnung beseelt", die Wahl zwischen der „Kommunikation zwischen Raumgenossen" (über Generationen) versus jener zwischen den Zeitgenossen" sei zugunsten der Zeitgenossen durch die „den Raum transzendierenden telematischen Maschinerien" schon gefallen (2002: 88). Doch stellt Müller-Funk in der Gegenwart durchaus auch eine Orientierung an der Zukunft fest, verbunden mit einer „Panik des Vergessens", für die der „Druck auf die Speichertaste [.] zum kulturellen Beruhigungsmittel" geworden sei (ebd.: 93). Wäre es für eine rein gegenwartsorientierte Gesellschaft plausibel, eine solche ‚Panik' zu diagnostizieren? Ist die Nullsummenrechnung Zeit- kontra Raumöffnung heute noch in dieser Form gültig? In Bezug auf elektronische Medien wird hier oft die Frage nach der Dauerhaftigkeit der Medienangebote unserer Zeit gestellt. Die kulturwissenschaftlichen Krisenszenarien sind dabei bisweilen nicht nur von mangelnder Differenzierung und der Anwendung statischer, normativer Konzepte gekennzeichnet, sondern zum Teil auch von geringen Kenntnissen der zugrunde liegenden Technologien.

Dies zeigt sich etwa in einer häufigen synonymen Verwendung von Begriffen wie ‚elektronischen' bzw. ‚digitalen' Medien oder der Gleichsetzung des Internets mit ‚der Digitalisierung'. Demgegenüber stellt der Medienwissenschaftler Frank Hartmann klar, dass diese Begriffe zu trennen sind. Auch analoge Schaltungen können mit Elektrizität realisiert werden, was sowohl einfache Anwendungen wie Dimmer, aber auch die Radio- und Fernsehtechnologie, bei der erst heute nach und nach Digitaltechnologie Anwendung findet, beweisen. Selbst Computer müssen nicht zwingend digital sein, vielmehr muss eine Menge von Kriterien erfüllt sein, um von ‚Digitalität' zu sprechen. Dies ist mit Hartmann erst sinnvoll, „wenn binäre Arithmetik elektronisch geschaltet wird." (Hartmann 2003: 124) Dabei ist solche Digitaltechnik auch keineswegs rein ‚virtuell', ein weiteres beliebtes Schlagwort in diesem Zusammenhang. Zumindest beruht sie auf einer sehr realen Infrastruktur, nämlich dem Stromnetz – eine Tatsache, die meist erst beim Ausfall eben dieser Infrastruktur in den Blick gerät (vgl. ebd.: 129).

Bewertungen, welche Auswirkungen elektronische und die sich zunehmend durchsetzenden digitalen Medien für gesellschaftliche Erinnerungsprozesse haben, sollten die Spezifika der Technologien differenziert berücksichtigen. Vor allem reicht es nicht, ein Merkmal der Technologie allein zu betrachten und daraus umfassende Thesen abzuleiten. Dies betont auch die Kulturwissenschaftlerin Franziska Sick in einem richtungsweisenden Aufsatz:

> Heutige Computersysteme sind intrasystemisch so komplex und sie betreffen extrasystemisch aufgrund ihrer Multimedialität das digitale Gedächtnis in so heterogener und zum Teil widersprüchlicher Weise, dass aus keinem Einzelmerkmal des Systems eine Prognose abzuleiten ist. (2004: 44)

Auch Sick kritisiert die bisherigen kulturwissenschaftlichen Thematisierungen von neuen Medienentwicklungen im Gedächtnisdiskurs als unzulänglich und plädiert für eine „trockene Systemanalyse im Sinne der Informatik", anstelle bisheriger essayistischer „Metaphorologie" (ebd.: 46). So greife bereits die häufig zu findende Assoziationskette Digitaltechnik und elektrisches Signal gleich ‚Flüchtigkeit' oder ‚Vergänglichkeit' deutlich zu kurz, weil sie nur die *Verarbeitungsweise* von Signalen in Computern betrachtet, die tatsächlich und notwendig flüchtig ist. Verarbeitungseinheiten in allen Digitaltechnologien sind eben „funktionell und nicht essentiell transitorisch" (ebd.: 47).

Wären aber die Speichermedien dieser Technologien ebenso flüchtig wie elektrische Signale, sie hätten sich wohl kaum jemals durchsetzen können. Bei Festplatten, DVDs, CD-ROMs usw. muss die Untersuchung von neuen Medientechnologien primär ansetzen, wenn es um ihre Auswirkungen auf Erinnerungsprozesse geht, denn hier können Erinnerungsanlässe über die Zeit präsent gehalten werden – oder eben nicht.

Doch auch diese dürfen nicht isoliert von ihrem Systemzusammenhang, der verwendeten Software, den sozialen Kontexten, deren Verwendung und anderen Faktoren betrachtet werden. Im Folgenden sollen hierzu anschließend an die Hinweise von Sick erste Überlegungen angestellt werden, die eine mögliche Richtung für anschließende empirische Forschung aufzeigen können.

Die Dauerhaftigkeit der Hardware digitaler Medienangebote

Oben wurden bereits vorsichtige Zweifel formuliert, ob die klassische Opposition zwischen raum- und zeitöffnenden Medien auch für digitale Medien noch Gültigkeit hat. Rein formal lässt sich argumentieren, dass mit der digitalen Technik erstmals eine raum- *und* zeitüberbrückende Medientechnik entwickelt wurde. Schließlich verbessert Digitaltechnik die bisherige Nachrichtentechnik in mehrfacher Hinsicht: Die Einführung diskreter, binärer Signale führt zu einer deutlich stabileren Speicherung und Übermittlung von Signalen als bei früheren elektrischen Technologien. Dazu eröffnet die Möglichkeit der Fehlerkorrektur, ein ‚perfektes‘ Signal zu rekonstruieren und somit jedes Rauschen, das in der Übermittlung oder durch die Speicherung entsteht, aus den Daten herauszurechnen: Das Signal kommt störungsfrei an oder gar nicht. Dies gilt gleichermaßen für räumliche wie zeitliche Distanzen, wenn es nur gelingt, eine stabile Verbindung oder ein stabiles Speichermedium zu nutzen. Sick spricht in diesem Zusammenhang schlicht nur noch von einem allgemeinen ‚Distanzmedium‘, „das in bisher nicht gekanntem Maße in der Lage ist, das Rauschen distanzierter Kommunikation herauszufiltern, mag dieses räumlich oder zeitlich verursacht sein." (Sick 2004: 48)

Ist also statt Krisenszenarien ein neuer Optimismus angebracht? Aus den rein technischen Verbesserungen folgt keineswegs, dass das Gesamtsystem digitaler Medien geeignet ist, zeitlich stabil Erinnerungsanlässe zu erhalten. Zunächst müssen die physischen Datenträger auch hinlänglich stabil sein, denn bei einer zerstörten Festplatte kann auch keine Fehlerkorrektur mehr Daten erhalten. Eben diese Frage der Dauerhaftigkeit der Träger ist es, die bisher die größte Skepsis bei Erinnerungsforschern und beispielsweise auch Archivaren weckt. Im *Library Journal* beschwört Stewart Brand die Gefahr eines „Digital Dark Age" (1999) unter Verweis auf die kurze Haltbarkeit digitaler Datenträger.[18]

Dabei ist abzusehen, dass der physische Verfall nicht einmal das größte Problem darstellt. Vielmehr führt die rapide technische Evolution zu einem derart schnellen Verfall der Lesegeräte, dass zum Beispiel selbst für eine völlig intakte 5¼-Zoll-Diskette, die kaum zwei Jahrzehnte alt ist, heute kaum noch entsprechende Lesegeräte vorhanden sind. Andreas Bernard (2003) berichtet in der *Süddeutschen Zeitung* eindrucksvoll von den Problemen des

---

18   ‚Digital Dark Age‘ ist inzwischen ein viel benutztes Schlagwort. Vgl. für eine Literaturübersicht
     The Long Now Foundation (o. J.).

Deutschen Literaturarchivs in Marbach, den ausschließlich in digitaler Form auf Disketten vorliegenden literarischen Nachlass des Schriftstellers Thomas Strittmatter zu archivieren. Dateien, die in den achtziger Jahren mit einem Atari SM 124 erstellt wurden, können bereits heute nur noch mit größten Mühen erschlossen werden.

Da die Option, zu jeder Speichertechnologie die jeweiligen Lesegeräte mit zu archivieren, kaum durchführbar ist, müssen in der Folge gespeicherte Daten kontinuierlich auf neue Datenträger transferiert werden. Prinzipiell ist dabei heute weder die zur Verfügung stehende Speichermenge noch die Übertragungskapazität für die nötigen Transferleistungen ein technisches Problem. Dennoch stellt sich hier ein bisher kaum beachtetes Selektionsproblem, das einmal mehr die Politizität von Erinnerungsprozessen unterstreicht: Wer wählt aus und entscheidet, welche Daten es ‚wert' sind, erhalten zu werden? Wer sichert den steten Transfer, noch dazu in einer Zeit, in der Erinnerung sich, wie gezeigt, zunehmend pluralisiert und es keine gesellschaftsübergreifende Kanones mehr gibt? Wo früher Verfall, Feuer oder politisch motivierte Zerstörung wie bei Bücherverbrennungen die größten Gefahren für den gesellschaftlichen Fundus an Erinnerungsanlässen waren, besteht die Bedrohung heute „schlicht in Ignoranz" (Sick 2004: 52).

Digitale Rechte und die Lesbarkeit der Software

Es sind noch weitere Aspekte moderner Medien zu beachten, die eine Bedrohung für den Erhalt von Erinnerungsanlässen sein können. Der oben beschriebene ‚perfekte' Erhalt von Daten ist nicht nur durch physischen Verfall der Hardware bedroht. Da die binären Daten von jeder für Menschen direkt verständlichen Semantik befreit sind, stellt sich auch die Frage, wie lange Datenformate als Software, also als Programmiersprachen und Dateiformate, überhaupt lesbar bleiben. Hier ist zunächst auf ein weiteres, wenig diskutiertes Problem für gesellschaftliche Erinnerungsprozesse zu verweisen. Die verwendeten (Programmier-),Sprachen' sind – anders als natürliche Sprachen – Privateigentum. Es handelt sich in der Regel um Patente und proprietäre, durch kommerzielle Interessen gesteuerte Entwicklungen, deren Interesse es gerade nicht sein kann, möglichst leichte Lesbarkeit gespeicherter Daten zu ermöglichen. Die Debatte um *Open-Source*-Software zeigt allerdings, dass hier alternative Modelle möglich sind, bei denen Programmcodes eben nicht primär der Logik des Lizenzrechts unterworfen sind. Und diese Diskussion verdeutlicht so zugleich, dass die Anwendungsweisen von technischen Entwicklungen keineswegs durch die Technik selbst vollständig determiniert sind, sondern sozial und kulturell geformt sind (vgl. Hartmann 2003: 143).

Dabei führt die Entwicklung der Software, deren Geschwindigkeit der Evolution der Hardware in nichts nachsteht, dazu, dass selbst erhaltene Daten in kurzer Zeit unlesbar werden können. Der amerikanische Journalist Anick Jesdanun schildert einen Fall, bei dem ein Forscher auf gut erhaltenen Magnetbändern gespeicherte Daten der NASA-‚Viking' -Mars-Mission von 1976 zur Auswertung komplett neu von Ausdrucken per Hand eingeben (lassen) musste, weil kein Techniker mehr in der Lage war, die früheren Dateiformate zu entschlüsseln (vgl. 2003: o. S.).

Andererseits kann Software auch gerade Funktionen zur Verfügung stellen, die Daten zugänglich macht, die eigentlich gelöscht scheinen. *Microsofts Word* etwa, de-fakto-Standard in der Textverarbeitung, erhielt bis zur Veröffentlichung der nun aktuellen Programmversion in seinen Dateien auch Kopien von gelöschten Textpassagen.[19] In Frankreich wurde mit dem Programm *Genèse du texte* bereits 1993 eine Software entwickelt, die das Entstehen von Texten vollständig nachvollziehbar macht – einschließlich jeder Änderung, des zeitlichen Ablauf des Schreibens mit Schreibpausen und Cursorbewegungen (vgl. Association française pour la lecture 1993: o. S.). Im Rahmen des gleichen Projekts ist das Programm *Idéographix 2* geplant, das diese Funktionen sogar noch übersteigt und ein umfassendes Analysetool für Textdokumente darstellt, das nicht nur für die Literaturwissenschaft von herausragendem Interesse sein könnte (vgl. Association française pour la lecture 2005: o. S.): Es macht den gesamten Entstehungsprozess von Texten vollständig ‚erinnerbar'.

Doch selbst ohne solche Software, die kaum zum Standard der Textverarbeitung werden wird, führt die digitale Textverarbeitung zu gewichtigen Veränderungen im Hinblick auf die erinnernde Auseinandersetzung etwa mit dem ‚Werk' von Schriftstellern. Da Texte zunehmend nicht mehr handschriftlich verfasst werden und erst im Anschluss gesetzt werden, fallen viele Aufgaben der philologischen Textedition weg, die jedoch durch andere Herausforderungen ersetzt werden. Oftmals lässt sich durch verschiedene Dateiversionen das Entstehen der Texte viel detaillierter nachvollziehen, als dies bisher möglich war. Für den Bereich der Literatur wirft dabei die Archivierung digitaler Texte weitere grundsätzliche Fragen auf, angefangen bei dem Status (und der Ausstellbarkeit) des Originaltextes bis hin zur Benennung von Dateien als Werktitel. (Vgl. Bernard 2003)

---

19 Ein kurzer Test mit *MS Word* führt dabei sogar zu einem überraschenden Ergebnis: Wenn man bei *Word* in ein leeres Dokument zwei Sätze eingibt, den ersten anschließend wieder löscht, das Dokument speichert und anschließend in einem Text-Editor aufruft, findet sich der gelöschte Satz mitunter bis zu dreimal in dem Dokument, während der nicht-gelöschte Satz in der Regel nur ein- bis zweimal im Wortlaut zu finden ist – was der besonderen Bedeutung, die Word Eröffnungssätzen in Dokumenten beimisst, geschuldet ist. Es hängt also auch maßgeblich von der Software und deren Programmierung ab, wie ‚vergesslich' Computer sind, und bisweilen bleiben sogar Texte gespeichert, die der Nutzer bewusst löschen möchte.

Schließlich ist festzustellen, dass die bereits angesprochene Kommerzialisierung der Programmiersprachen sich zunehmend auch auf den ‚Content', die Inhalte der Daten erstreckt. Neue Dateistandards verwalten meist auch die digitalen Rechte an den Daten, so dass es etwa nicht mehr ungewöhnlich ist, dass die Nutzungsrechte an einer Datei erheblich eingeschränkt werden. Solche Einschränkungen reichen von Funktionen, die Kopien oder Ausdrucke verhindern, bis hin zu einer zeitlichen Begrenzung der Nutzungsdauer: So erlauben manche Online-Musikanbieter die Nutzung der heruntergeladenen Dateien nur solange der Nutzer seine Mitgliedschaft aufrecht erhält, manche PDF-Textdokumente lassen sich nach einer bestimmten Anzahl an Zugriffen nicht mehr öffnen, die Nutzung von Filmen ist an einen spezifischen Computer gebunden usw. Die auch im Kontext von Erinnerung oft als bedrohlich angesehene Ununterscheidbarkeit von Original und digitaler Kopie[20] scheint im Zeitalter von digitalem Rechte-Management schon wieder Vergangenheit zu sein: Kopien enthalten in der Dateistruktur versteckte ‚Wasserzeichen', die auf das Original und dessen Rechteinhaber verweisen, oder sie zerstören sich gar nach dem Ansehen selbst.

Weil sie vor allem die individuelle Nutzung von Medienangeboten einschränken, scheinen diese Beschränkungen zunächst nur Auswirkungen auf individuelle Erinnerungsprozesse zu haben. Sick skizziert das Szenario einer künftigen digitalen privaten Bibliothek, für die in Zeiten des restriktiven digitalen Rechte-Managements gelten könnte: „Wenn jemand stirbt, verschwinden seine Bücher." (2004: 59)

Doch sind gesellschaftliche Erinnerungsprozesse, wie gezeigt worden ist, stets auf individuelle Realisierungen angewiesen, und es ist kaum zu bestreiten, dass die Verknappung der Zugriffsmöglichkeiten auf bestimmte Dokumente, die künftig nur noch temporär verfügbar sein könnten, kaum überschätzbare Konsequenzen für gesellschaftliche Erinnerung haben kann. Dauerhaften Zugriff hätten alleine die kommerziellen Firmen, die die Dateien zur (nach freier Wahl des Anbieters eingeschränkten) Nutzung anbieten. Eine ungeahnte, für Erinnerungsmöglichkeiten produktive Verbreitung von Erinnerungsanlässen, bei denen jeder Interessierte eine fehlerfreie Kopie des entsprechenden Medienangebots nutzen könnte, ist technisch durch die Digitalisierung möglich geworden. Verhindert wird sie nicht *per se* durch die Technologie, sondern durch deren Kommerzialisierung.

Dies kann auch insofern zu einem Problem werden, als, wie gezeigt worden ist, die technische Entwicklung einen steten Transfer der Daten auf aktuelle Standards und Datenträger notwendig macht. Technisch könnte dies jeder Nutzer vornehmen, so dass verbreitete, relevante Daten vielfach gesi-

---

20 Die These der Ununterscheidbarkeit von Original und digitaler Kopie vertritt u. a. Reck (vgl. 2000: 217), Fehrmann u. a. bezeichnen solche Positionen angesichts der auch hier beschriebenen Entwicklungen als nicht länger haltbare „postmodernistische Gemeinplätze" (2004: 7).

chert wären. In den Modellen digitaler Rechtevergabe aber kann diese Aufgabe allein der Lizenzgeber übernehmen; der Bestand und der Erhalt der Daten hängt dann von seinen kommerziellen Interessen ab – und von seinem kommerziellen Erfolg. Es ist denkbar, dass etwa mit einem insolventen Musikanbieter auch dessen digital gespeicherte Musik komplett verschwinden könnte.

Die technische Individualisierung der Erinnerung:
Das Leben als Mitschnitt

Neue Medientechnologien eröffnen neue Möglichkeiten der Nutzung, die erst nach und nach ausgelotet werden. In der Regel orientieren sich die ersten Anwendungen an dem Umgang mit etablierten Medientechnologien, und erst mit der Zeit werden die kreativen Handlungsoptionen ausgeschöpft.[21] So steht auch die Nutzung digitaler Technologien noch am Anfang ihrer Entwicklung, wie Hartmann feststellt: „Digitalkultur heißt derzeit offensichtlich […] lediglich, die traditionellen Speicher des Wissens in digitale Technik zu übersetzen. […] Was aber die wirkliche Dimension der Digitalkultur (oder ihrer Synonyme wie Netzkultur, Cyberkultur etc.) ist, bleibt vorerst unklar." (2003: 150)

Dies verdeutlicht, dass bisher die Digitaltechnik eher im Dienste eines Erhalts von Medienangeboten genutzt wurde als um eigene Anwendungen zu etablieren. Wenn auch eine digitale Kopie eines ‚klassischen' Medienangebots sich in der Zukunft nicht re-materialisieren lassen wird und somit wichtige Aspekte durch digitale Speicher nicht erhalten werden, scheint der Trend zur Digitalisierung durchaus geeignet, eine Vielzahl an Medienangeboten vor dem Verfall zu bewahren – wenn auch die oben benannten Bedenken und Einschränkungen bleiben.

Es zeichnen sich jedoch bereits völlig neue Anwendungen digitaler Technik ab, die Erinnerungsprozesse stark beeinflussen könnten. Sowohl *Microsoft* als auch die *Defense Advanced Research Projects Agency* (DARPA), eine Grundlagenforschungsabteilung des amerikanischen Verteidigungsministeriums, arbeiten an Projekten, die es möglich machen sollen, als nahezu vollständig externalisiertes Gedächtnis das Leben von Menschen aufzuzeichnen. Solche Vorhaben mögen heute noch unvorstellbar scheinen, doch auch eine Umsetzung in Teilen könnte gravierende Veränderungen der Umstände, wie

---

21   Ein plakatives Beispiel ist die Entwicklung der Werbespots im Radio: Die ersten Werbebeiträge unterschieden sich kaum von vorgelesenen Zeitungsannoncen, es dauerte Jahre, bis die Möglichkeiten des Hörfunks durch vorproduzierte Spots mit Musik, Jingles und Sprache umfassend genutzt wurden (vgl. Maatje 2000).

Menschen sich erinnern, bewirken. Sie sollen hier daher nicht unerwähnt bleiben.[22]

Microsofts Projekt *MyLifeBits* soll ein Protokoll all dessen aufzeichnen, was der Benutzer medial nutzt, ob Texte, Musik, Filme oder andere Medienangebote. Auf der Projekthomepage heißt es vollmundig: "MyLifeBits is a lifetime store of *everything.*" (Microsoft o. J.: O.S.) Dabei sollen stets auch die Medienangebote selbst gespeichert werden, so dass ein Benutzer nachvollziehen kann, welche Musik er wann gehört hat, welche Fotos er an einem bestimmten Tag betrachtet hat usw. An diesem Projekt bleiben zwar viele Fragen ungeklärt, nicht zuletzt solche des Lizenzrechts für die aufgezeichneten Mitschnitte der genutzten Medienangebote. Dennoch lässt sich die Vision eines Lebens erahnen, in dem nichts mehr vergessen wird. Nicht nur würde die Umsetzung von *MyLifeBits* die Tendenz zur Pluralisierung von Erinnerungen dramatisch verstärken, jeder Einzelne könnte wohl kaum noch des von ihm selbst angesammelten Datenmaterials, das unterscheidungslos angehäuft würde, Herr werden. Derlei Projekte zeigen, dass die Verweise der Kulturwissenschaften auf eine Krise des Gedächtnisses möglicherweise unter umgekehrten Vorzeichen berechtigt sind: Nicht der Verfall flüchtiger, weil elektronischer Medienangebote wäre das Problem, sondern das ungehemmte Ansammeln wirklich jedes potentiellen Erinnerungsanlasses. Somit wird die bereits oben angesprochene These Luhmanns weiter plausibilisiert, dass gerade die Tendenz, alles erinnern zu können, die größte Gefahr für die Erinnerung darstellen könnte.

Das Projekt *LifeLog* der *DARPA* wirkt im Vergleich zu *Microsofts* schon ambitioniertem Vorhaben noch weitreichender (vgl. Gage o. J.). Das Online-Magazin *Wired News* vermeldet:

> LifeLog is the Defense Advanced Research Projects Agency's effort to gather every conceivable element of a person's life, dump it all into a database, and spin the information into narrative threads that trace relationships, events and experiences. It's an attempt, some say, to make a kind of surrogate, digitized memory. (Shachtman 2003a: o. S.)

Letztlich geht es der DARPA darum, Erfahrungen von Menschen so weit wie möglich übertragbar zu machen. Alle Daten aus dem Leben eines Menschen sollen durch *LifeLog* gesammelt, zusammengeführt und narrativ arrangiert werden. Für die Forschungseinrichtung des Verteidigungsministeriums sind potentielle Anwendungen einer solchen Technik leicht ersichtlich:

---

22 Auch Sick setzt sich mit dem Problem auseinander, Prognosen über technische Entwicklungen in wissenschaftlichen Arbeiten zu berücksichtigen, und formuliert: „Wenn Weizenbaums Theorem stimmt, dass der Computer die Lösung für ein Problem darstellt, das wir noch gar nicht kennen, kann und muss heutige Prognostik, mit welchem Risiko auch immer, die kühnsten Projektionen der Informatik aufnehmen. Jede andere Prognosetechnik würde nur den Ist-Zustand in die Zukunft fortschreiben." (2004: 153)

Beispielsweise könnten Schulungen für Piloten an den Daten tatsächlicher Kriseneinsätze durchgeführt werden. Kritiker fürchten hingegen ein omnipräsentes Überwachungssystem (vgl. Shachtman 2003). Das Beispielszenario, mit dem die *DARPA* arbeitet, besteht darin, einen Linienflug eines Menschen vollständig zu protokollieren.[23] Dabei sollen alle Daten von dem System selbständig systematisiert werden – bis schließlich als Ergebnis einer rein computergesteuerten Auswahl, Segmentierung und Organisation der Daten narrativ strukturierte Episoden und Geschichten entstehen. Allerdings sieht die bisherige Projektskizze vor, dass die Auswahl und das Arrangement der Daten für den Nutzer ersichtlich und variabel bleiben soll. Dennoch handelt es sich hierbei um das vielleicht erste Projekt, das zumindest in Teilen Visionen eines ‚externalisierten Gedächtnisses‘ verwirklichen soll, das selbständig in der Lage ist, aus Erlebnissen eines Menschen Erinnerungen zu formulieren – eine Vision, die sich gleichermaßen als Heils- wie als Horrorszenario bewerten lässt.

Selbst wenn *MyLifeBits* und *LifeLog* niemals so realisiert werden, wie die Forscher dies heute anstreben, ist absehbar, dass künftige Technologien mit ihren steigenden Speicherkapazitäten die Zahl der individuell verfügbaren Aufzeichnungen von Medienangeboten oder Mediennutzungsprotokollen deutlich erhöhen werden.[24] Auch die Individualisierung von Erinnerungsbiographien scheint damit vorprogrammiert: Angesichts einer stetig zunehmenden Kapazität, im weitesten Sinn ‚textgebundene‘ Erinnerungsanlässe zu speichern, und angesichts der nicht zu überschauenden Zahl potentiell nutzbarer medialer Erinnerungsanlässe zu jedem gegebenen Zeitpunkt ist es immer unwahrscheinlicher, dass Erinnerungsanlässe in einer Gruppe kollektiv als relevant angesehen werden. So befindet auch Schmidt, derart sinke „der sinnvolle Anspruch jedes einzelnen Medienangebots, als effizienter Erinnerungsanlaß genutzt zu werden" (Schmidt 2000: 110).

---

23   Die Ausschreibung, mit der die DARPA externe Firmen an dem Projekt beteiligen wollte, ist mittlerweile nicht mehr über die Homepage der DARPA verfügbar. Sie findet sich jedoch online über das *Internet Archive* (vgl. Gage 2004) – ein instruktives Beispiel für ein funktionierendes digitales Archiv.

24   Die bisweilen geäußerte Sorge, Teile von Alltagskommunikation wie E-Mail oder SMS würden, anders als zu Zeiten von Briefen und Notizbüchern, nicht gespeichert werden, erscheint zunehmend unbegründet. Abgesehen davon, dass Utopien vom ‚papierlosen Leben‘ sich bis heute nicht einmal im Ansatz verwirklichen ließen und die Alltagskommunikation hier nach wie vor ihre materiellen Spuren hinterlässt, gibt es zunehmend auch Möglichkeiten E-Mails, SMS usw. zu archivieren. Auch hier ist also eher von einem unübersehbaren Überfluss an Medienangeboten als von einem kompletten Verlust aller Erinnerungsanlässe auszugehen.

Ambivalenzen und Widersprüche

Die oben beschriebenen Entwicklungen zeigen, dass eine eindeutige Bewertung ,neuer' Medien als Gefahr oder Heilsbringer für Erinnerungsprozesse nicht möglich ist. Während etwa die grundsätzliche Notwendigkeit, Software zu nutzen, zunächst eine Barriere für die Lesbarkeit von Dokumenten durch Nutzer aufbaut, gibt es doch spezifische Softwareprodukte, die faszinierende neue Möglichkeiten auch für die Reflexion über vergangene Setzungen eröffnen. Gleichermaßen ambivalent ist die Möglichkeit der stetig steigenden Speichermöglichkeiten zu bewerten, die einerseits kaum geahnte Potentiale der Archivierung eröffnet und genau dadurch die Notwendigkeit von Selektion unterstreicht. Ebenso kann die irreversible Digitalisierung von Dokumenten in ihrer Entmaterialisierung von Artefakten bedrohlich wirken, weil doch die ,verschwundene' Materialität konstituierender Bestandteil jedes Buches, Bildes usw. ist – und andererseits ist es oft die Digitalisierung, die beispielsweise verfallende Tondokumente, Bilder oder Filme überhaupt erst wieder zugänglich macht. Ja, es lässt sich sogar vielfach die Tendenz feststellen, dass Menschen privat Dokumente nicht mehr aufbewahren, weil man wie selbstverständlich davon ausgeht, sie zu einem späteren Zeitpunkt im (andernorts als gedächtnislos gescholtenen) Internet wieder finden zu können (vgl. Ernst 2000: 178).

So sind die neuen Entwicklungen geprägt von widersprüchlichen Tendenzen und – es ist ein Gemeinplatz, der angesichts der kursierenden Krisenszenarien aber offenbar doch betont werden muss – von Risiken *und* Chancen gleichermaßen. Da im Erinnerungsdiskurs insgesamt hauptsächlich die Risiken hervorgehoben wurden, sollen im Folgenden noch einige Beispiele für produktive Nutzungsweisen von ,neuen' Medien für Erinnerungsprozesse aufgezeigt werden. Damit sollen die kritischen Stimmen nicht widerlegt werden, vielmehr soll der Blick für die unterschiedlichen und vielschichtigen Entwicklungen geöffnet werden; und sicher sind es zum Teil auch gerade die vielfach geäußerten Bedenken und die Visionen eines ,Digital Dark Age', die selbst erst zu Gegenbewegungen angeregt haben und die Suche nach Möglichkeiten bestärkt haben, ,neue' Medien für Erinnerungsprozesse zu nutzen.

Dabei ist zunächst die Fixierung auf elektronische und digitale Medien für Analysen der Gegenwart in Frage zu stellen. Die kaum vorstellbaren Zahlen, die über die Datenmenge allein im Internet kursieren,[25] verleiten leicht dazu, zu übersehen, dass dennoch bei weitem mehr Medienangebote in nicht digitaler Form existieren. So unterstreicht der Bibliothekar Axel Halle, zwar steige der Anteil der ,klassischen' Dokumente (Bücher, Schriftrollen,

---

25 Schon die Suchmaschine *Google* reklamiert für sich, allein 8 Milliarden Seiten zu indexieren (vgl. Google o. J.). Und der *Technology Review* vermeldet obendrein, die von Google offiziell genannten Zahlen seien „absurd klein" (Garfinkel 2004: o. S.).

aber auch Filme, Fotos usw.), die auch digital vorliegen, jedoch bleibe dieser Anteil „im Verhältnis zum Gesamtbestand der bibliothekarisch relevanten Gedächtnismedien gering" (2004: 36). Aus einer bibliothekarischen Perspektive wird offenkundig, dass die Digitalisierung das Auffinden und den Zugang zu Erinnerungsanlässen erheblich erleichtern kann. Auch nicht digitale Dokumente werden durch Online-Kataloge besser recherchier- und dadurch auffindbar, in digitalen Texten kann heute sogar vielfach im Volltext gesucht werden. Eine Suche in solchen Katalogen ist meist um ein Vielfaches einfacher als in den komplexen Band- und Zettelkatalogen; hier hat sich die Digitalisierung als erfolgreicher Ermöglicher von Erinnerung durch die Erschließung neuer Recherchemöglichkeiten erwiesen (vgl. ebd.: 35). Gerade weil die Suche in digitalen Katalogen derart komfortabel ist und diese dementsprechend bevorzugt genutzt werden, birgt die Nicht-Digitalisierung klassischer Texte die Gefahr deren Verschwindens, weil zunehmend gilt, dass nur gefunden wird, was auch über elektronische Kataloge gesucht werden kann.

Auch für andere Kommunikationsinstrumente als Sprache könnten durch die Digitalisierung in absehbarer Zeit Rechercheaufgaben sehr vereinfacht werden. Digitale Bilder können heute in Unmengen gespeichert werden, oft bleiben sie jedoch unsortiert und damit kaum auffindbar.[26] Doch sollten die Bemühungen zahlreicher Forscherteams erfolgreich sein, Bilder oder Musik nicht mehr nach textlichen Meta-Beschreibungen, sondern über ähnliche Bilder oder vergleichbare Musikstücke recherchierbar zu machen, könnten sich hier ungeahnte Erschließungstiefen für vorher kaum nutzbare Erinnerungsanlässe eröffnen.[27] Je einfacher öffentliche und private Dokumente (online) recherchierbar werden, desto mehr könnte man sogar optimistisch von einer Demokratisierung der Archive sprechen; und viele Museen versprechen sich von der Digitalisierung ihrer Dokumente genau diesen Effekt des vereinfachten Zugriffs (vgl. Jesdanun 2003: o. S.).

Ambivalenzen finden sich auf fast allen Ebenen digitaler Technik und deren Nutzung. So wird das oben beschriebene Problem der Lesbarkeit von

---

26   Dies ist im Übrigen wohl kaum eine Eigenheit digitaler Bilder, auch wenn die heutige Diskussion um die Digitalfotografie dies nahe legt. Wie viele Schuhkartons mit unsortierten Fotos allein in deutschen Familien auf Dachböden und in Kellern lagern, ist jedoch nie hinreichend untersucht worden, wogegen sich Statistiken über die fotografierten Datenmengen seit Einführung der Digitalfotografie leicht hochrechnen lassen.

27   Vgl. für eine grundlegende Skizze der Herausforderungen von ‚Audio-', und ‚Image-Indexing' den Aufsatz der Oxforder Forscher Fitzgibbon und Reiter 2003. Im Internet startete jüngst das Projekt *pandora.com*, das Nutzern nach der Angabe nur eines Lieblingssongs oder -künstlers über Stunden per Webradio mit individuell ausgesuchter, ‚ähnlicher' Musik versorgt; bei diesem Projekt wird die Analyse und Kategorisierung der einzelnen Musikstücke jedoch noch von Menschen vorgenommen, nur die Auswahl vergleichbarer Songs erfolgt per Computer aus der Datenbank.

proprietären Dateiformaten bei *Open-Source*-Softwareprojekten, deren Programmierung offen zugänglich ist, abgeschwächt, da zumindest die Dokumentation der Formate für alle Nutzer gewährleistet ist. Solche Software kann sich in manchen Bereichen, so etwa das Betriebssystem *Linux* oder der Internet-Browser *Firefox*, überraschend erfolgreich behaupten; den Massenmarkt bedienen aber meist weiterhin kommerzielle Anbieter. Zunehmend gibt es Bemühungen, ein Dokumentenformat zu entwickeln, das für die Archivierung von Dateien langfristig unterstützt wird. Hier hat sich die Software-Firma *Adobe* bereit erklärt, das von ihr entwickelte pdf-Dateiformat für eine längerfristige Archivierung bearbeiten zu lassen. Zugleich lässt sich gerade bei diesem Format kaum von einem einfachen System sprechen – die Dokumentation des pdf-Standards umfasst beinahe 1000 Seiten. (Vgl. Jesdanun 2003: o. S.)

So wie es Bestrebungen gibt, Software-Standards nicht kommerziellen Interessen zu unterwerfen, sondern diese öffentlich zugänglich zu halten, gibt es auch starke Bestrebungen, den zunehmenden Einschränkungen der Position von Mediennutzern im Urheberrecht vieler Länder entgegenzuwirken. Im Internet setzt sich die Organisation *Creative Commons* für ein flexibles Recht ein, das einen Mittelweg zwischen den restriktiven gegenwärtigen Modellen und utopischen Forderungen nach einer Abschaffung des Urheberrechts sucht:

> We use private rights to create public goods: creative works set free for certain uses. Like the free software and open-source movements, our ends are cooperative and community-minded, but our means are voluntary and libertarian. We work to offer creators a best-of-both-worlds way to protect their works while encouraging certain uses of them — to declare 'some rights reserved.' (Creative Commons: o. J.)

Andere Initiativen streben danach, für die Angebote des Internet, deren Seiten oft nur vergleichbar kurze Zeit verfügbar sind, ein Archiv zu erstellen. Zwar sind diese Vorhaben im Moment noch kaum koordiniert, der *Technology Review* spricht von einer „verwirrenden Vielzahl von Online-Archiven, die sich oft noch nicht einmal darüber im Klaren sind, was gespeichert werden soll, wie die Inhalte am besten erfasst und aufbewahrt werden und wer anschließend Zugang bekommt" (Technology Review 2004: o. S.). Und doch bietet etwa die *non-profit*-Organisation *Internet Archive* ein inzwischen sehr umfassendes Archiv an, das von Internetseiten über Bilder, Filme, Sounddateien bis hin zu Software reicht (vgl. Internet Archive: o. J.). Über die von ihr entwickelte *Wayback Machine*, die sich in Webbrowser integrieren lässt, können Nutzer von externen Seiten aus direkt auf ältere, bei dem *Internet Archive* gespeicherte Versionen zurückgreifen. Mit der *Wayback Machine* wird es auch möglich, ein beliebiges Jahr seit der Einführung des Programms zu wählen und z. B. durch das Internet des Jahres 1999 zu surfen – sofern die gewählten Seiten gespeichert sind (vgl. Internet Archive: o. J. a).

Die *Long Now Foundation* finanziert mehrere Projekte, die sich für eine langfristige Speicherung digitaler Daten einsetzen. Bereits seit über fünf Jahren finanziert die Stiftung verschiedene Forschungsprojekte, die sich etwa mit der Erhaltung von Alltagsdokumenten wie E-Mails, aber auch mit einem digitalen Archiv aller gesprochenen Sprachen der Welt befassen (vgl. Brand 1998: o. S.).

Die Sorge, dass das vermeintlich rein gegenwartsbezogene Internet das Ende aller Erinnerung bedeuten könne, wird auch durch vielfältige andere Archive und dezidiert der Erinnerung gewidmete Projekte zumindest in Teilen entkräftet. Allein die unterschiedlichen Formen zu untersuchen, in denen im Internet potentielle Erinnerungsanlässe zur Verfügung stehen, wäre ein lohnendes empirisches Forschungsprojekt. Wie oben bereits zitiert, weisen Meyer und Leggewie allein für die Erinnerung an die Terroranschläge des 11. September 2001 eine Vielfalt an verschiedenen Erinnerungsseiten nach (vgl. 2004). Von dem in Kooperation mit der *Library of Congress* geführten *The September 11 Digital Archive*[28] über eine großes ‚Memorial' -Portal bei CNN[29] bis hin zu Seiten, die die Medienberichterstattung nach den Anschlägen dokumentieren,[30] findet sich ein breites Angebot – von privaten Erinnerungsseiten ganz zu schweigen.[31] Dieser Befund lässt sich auch auf andere Thematiken ausweiten. So bietet die Gedenkstätte *Yad Vashem* ein umfangreiches Informationsangebot auch online an, darunter die Datenbank *The Central Database of Shoah Victims' Names*.[32] Insgesamt lässt sich im Internet offenbar eine deutliche Entwicklung zur Pluralisierung und Individualisierung von Erinnerungsanlässen erkennen; dass das World Wide Web jedoch jede Erinnerung verbanne, ist kaum festzustellen.

Die zunehmende Individualisierung der Medienangebote im Netz ist wiederum keine eindeutige Entwicklung. So etablieren sich zunehmend Suchtechnologien, die auf sozialer Nähe bzw. gleichartigen Interessen der Nutzer beruhen und so innerhalb von Nutzergruppen beispielsweise von den Nutzern selbst positiv bewertete Seiten oder auch Dateien verfügbar machen. Technologien wie *StumbleUpon*[33], mit denen Nutzer Internetseiten bewerten und selbst auf der Grundlage gemeinsamer Interessen empfohlen bekommen, zeichnen sich meist durch sehr engagierte Mitglieder aus, die über die Plattform auch untereinander kommunizieren können (vgl. etwa Russell 2004). Mit der von Yahoo entwickelten Suchmaschine *MyWeb*[34] werden

---

28   Internet-Adresse: http://911digitalarchive.org/
29   Internet-Adresse: http://www.cnn.com/SPECIALS/2001/memorial/
30   Internet-Adresse: http://www.interactivepublishing.net/september/
31   Zahlreiche weitere Links finden sich bei Meyer/Leggewie 2004.
32   Internet-Adresse: http://www.yadvashem.org/wps/portal/IY_HON_Welcome
33   Internet-Adresse: http://www.stumbleupon.com/
34   Internet-Adresse: http://myweb.search.yahoo.com/

Ergebnisse erstmals primär nach dem Nutzungsverhalten ähnlicher Nutzer individuell sortiert, auf einem ähnlichen Prinzip basiert die Veröffentlichung von Fotos über die Plattform *Flickr*[35]. In einem Aufmacher des Feuilletons der *Süddeutschen Zeitung* jubiliert die Journalistin Sonja Zekri gar bereits, dies – wie auch Blogs oder das Online-Lexikon *Wikipedia* – seien Projekte, „die das modernste und längst hochkommerzielle Medium Internet ausgerechnet durch Werte wie Freundschaft, Privatheit und Intimität revolutionieren. Die Nutzer erobern das Internet zurück." (2005: 13)

Selbst wenn man diesen ungebremsten Optimismus nicht teilen mag, zeichnet sich doch immerhin die Möglichkeit ab, dass sich im Internet tatsächlich auf Interessen basierende Gruppen etablieren können, für deren Stabilisierung durchaus auch Erinnerungsprozesse im Internet denkbar wären. Wieso sollten sich nicht interessierte Nutzer gegenseitig Online-Archive oder relevante Dokumente empfehlen, die für die *Community* kollektiv relevante Erinnerungsanlässe darstellen können?

Aus den bis hier vorgestellten Entwicklungen wird deutlich, dass im Zuge der Etablierung ‚neuer' Medien keine vorschnellen Urteile über deren Auswirkung auf Erinnerungsprozesse gefällt werden sollten. Hier stehen sowohl die Kommunikationswissenschaft wie auch die Kulturwissenschaften noch am Anfang aller Forschung. Dabei ist von vorneherein mit widersprüchlichen und paradoxen Entwicklungen zu rechnen, in denen Tendenzen stets auch Gegenbewegungen hervorrufen, wie etwa die Gleichzeitigkeit kommerzieller, proprietärer Standards und das Bemühen um *Open-Source*-Software gezeigt hat.

Schließlich soll auf eine wichtige Erkenntnis noch einmal hingewiesen werden: Bis heute haben die ‚digitalen' und ‚elektronischen' Medien andere Medientechnologien wie das Buch, Zeitungen oder klassische Fotografie nicht ablösen können – und nichts spricht dafür, dass es in absehbarer Zeit zu einer vollkommenen Verdrängung kommen wird. In vielen gesellschaftlichen Bereichen, nicht zuletzt auch in der Wissenschaft, ist beispielsweise das Buch bis heute aus der täglichen Arbeit nicht wegzudenken. Der Börsenverein des Deutschenbuchhandels etwa vermeldet konstante Umsatzzahlen (vgl. Börsenverein 2004). Gerade im Bezug zum Online-Publishing stellt der Börsenverein in einer Studie fest, dass sich durch digitale Drucklegungsverfahren zwar Kosten bei der Herstellung von Printprodukten senken lassen, dass aber der Online-Bereich keine Erlöse erziele, sondern zum überwiegenden Teil nur zum Marketing diene – und dies gelte für fast alle Verlage auch mittelfristig (vgl. Börsenverein 2004a).[36] Somit darf eine Analyse der Erinne-

---

35   Internet-Adresse: http://www.flickr.com/

36   Der international zu verzeichnende Rückgang der Verkaufszahlen wissenschaftlicher Monographien, der für eine Verdrängung des Buchs zugunsten digitaler Publikationen sprechen könnte, wird ebenfalls von Experten nur zu geringen Teilen auf das Internet zurückgeführt.

rungsprozesse in gegenwärtigen Gesellschaften keinesfalls auf Analysen der derzeit in der Forschung beliebten ‚neuen' Medien beschränkt sein, sie muss, wie mehrfach betont wurde, das gesamte Spektrum der zur Verfügung stehenden Technologien und deren vielfältigen Nutzungsweisen einbeziehen.

Exkurs: Fernsehen, Film, Theater – Hinweise zu drei vernachlässigten Medien der Erinnerungsforschung

Nachdem ausführlich auf aktuelle Tendenzen der Medienentwicklung und deren potentiellen Konsequenzen für Erinnerungsprozesse eingegangen worden ist, sollen im Folgenden noch einige exemplarische Hinweise zu anderen Medien im Kontext von Erinnerung angestellt werden. Hier wurden drei Medientechnologien gewählt, die im bisherigen Diskurs eher unterrepräsentiert waren: Fernsehen, Film und Theater[37]. Fernsehen und Film scheinen für die vorliegende Arbeit besonders relevant, weil sie zugleich zu den meistgenutzten Alltagsmedien zählen und im kulturwissenschaftlichen Erinnerungsdiskurs oft ähnlich kritisch bewertet werden wie computerbasierte Medientechnologien und die allgemeinen Tendenzen zur Digitalisierung. Das Theater bietet die Möglichkeit, den Horizont kommunikationswissenschaftlicher Fragestellungen um ein performatives Medium zu erweitern, das darüber hinaus als Ort der künstlerischen Reflexion gesellschaftlicher Voraussetzungen besonders geeignet scheint.

Die Ausführungen werden jedoch bewusst knapp und exemplarisch gehalten. Sie dienen nicht dazu, bereits Forschungsergebnisse zu präsentieren, sondern sollen primär die Notwendigkeit eines empirischen Forschungsprojektes unterstreichen. Die verschiedenen Nutzungsmöglichkeiten, die die hier angesprochenen Medien eröffnen, sind so unterschiedlich, dass rein theoretische Überlegungen das breite Spektrum tatsächlicher Aneignungen nicht vollständig ausloten können. Für das Fernsehen etwa wäre es notwendig, empirisch detaillierter als bisher zu untersuchen, wie Erinnerungsanlässe von Fall zu Fall hergestellt und genutzt werden. Ein möglicher, gerade auch kommunikationswissenschaftlich reizvoller Aspekt könnte hier eine genauere Untersuchung des in der Einleitung erwähnten Trends zu historisierenden Themen im Fernsehen sein. Von der senderübergreifenden

---

Vielmehr sind es hauptsächlich Sparzwänge bei den Hauptabnehmern wissenschaftlicher Publikationen, den Universitätsbibliotheken, die die Krise der Monographien ausgelöst haben, wie Thompson analysiert (vgl. 2005: o. S.). Möchte man die Krise der Einzelveröffentlichung als eine potentielle Gefahr für die künftige Erinnerungsfähigkeit des Wissenschaftssystems sehen, so scheinen auch in diesem Feld von Tendenzen zur Kommerzialisierung aller Gesellschaftsbereiche die größten Gefahren auszugehen, nicht von rein technologischen Veränderungen.

37 Wobei bei dem performativen Medium Theater der Begriff der ‚Medientechnologie' eher im übertragenen Sinne zu verstehen ist.

Retro-Welle[38] in 1980er- oder 1970er-Jahre Shows über Guido Knopps Dokumentationen und die Suche nach dem ‚größten Deutschen' im *ZDF* bis hin zu Themenabenden auf *arte* findet sich hier ein breites Spektrum, das im Hinblick auf seine Rolle im Kontext sozialer Formen von Erinnerung nicht annähernd erschlossen ist. ‚Geschichtliches Eventfernsehen' ist ein eigenes, lukratives und prestigeträchtiges Genre geworden, mit dem sowohl Quotenkämpfe wie auch Fernsehpreise zu gewinnen sind, wie beispielsweise der ehemalige Kirch-Manager Jan Mojto mit seiner Firma *Eos* beweist (vgl. Keil 2003: 17).

So ließe sich die Frage stellen, ob das Fernsehen angesichts seiner hohen Reichweite und der suggestiven Kraft seiner Bilder nicht heute das *wichtigste* Medium ist, an dem Aktanten lernen können, welche historischen Themen als allgemein bekannt, als kollektive Erinnerungen unterstellt werden können. Und auch wenn die Art und Weise der Präsentation geschichtlicher Themen im Fernsehen „nicht auf kritisch bewertendes Erinnern" zielt (Schmidt 2000: 110), so schließt sich doch zumeist eine ausführliche Debatte in anderen Medien an, wie sich beispielsweise an der zum Teil heftigen Kritik an der *ZDF*-Reihe *Unsere Besten* in Zeitungen, Zeitschriften oder auch im Internet zeigt.[39] Eine (kommunikations- bzw. medienkultur-)wissenschaftliche Beobachtung solcher medialer ‚Latenzbeobachtungen', hier sozusagen eine Beobachtung der Prozesse, in denen Medien andere Medien beim erinnernden Beobachten beobachten (vgl. Schmidt/Zurstiege 2000: 209), dürfte sehr vielversprechend sein. Auch (oder gerade) eine fragwürdige Fernsehserie könnte sich dabei als Anfangspunkt einer produktiven gesellschaftlichen (Erinnerungs-)Diskussion erweisen.

Darüber hinaus erscheint eine Auseinandersetzung mit dem Medium Film (und auch mit Fernsehfilmen) angebracht und lohnend. Der Germanist Anton Kaes hat eine erste Geschichte der Erinnerung im deutschen Nachkriegsfilm skizziert und dabei unter anderem gezeigt, wie einerseits das Medium Film in der sowjetischen Besatzungszone und später in der DDR bereits sehr früh zur (politisch verordneten) Erinnerung und Erziehung genutzt wurde. Andererseits zeigt er an den Filmproduktionen der ersten Jahre der Bundesrepublik, wie eine „Flucht vor der Erinnerung" (1987: 18) in Heimatfilmen und anderen populären Filmgattungen erinnerungspolitisch

---

38   Die Auseinandersetzung mit Retro-Phänomenen könnte auch zu einer produktiven Verknüpfung von Studien zur Popkultur mit der Erinnerungsforschung führen. Christoph Jackes Formulierung, die Popkultur sei „ein schnelllebiger Bereich, der sich über Retro-Phänomene beinahe selbst überholt und dessen Zukunft sich in unserem Rücken abspielt" (2004: 301; vgl. auch Jacke/Zurstiege 2003: 106), ließe sich auch als Hinweis auf eine spezifische Erinnerungskultur und -politik des Pop lesen.

39   Vgl. für eine allgemeine Kritik exemplarisch Jessen 2003; Mohr 2003; Winkler 2003; für eine Auseinandersetzung mit historischen Darstellungen in der Sendung vgl. u. a. Hamm-Brücher 2003.

gedeutet werden kann. Zugleich veranschaulicht er u. a. an der Fernsehserie *Holocaust*, dass filmische Mittel im Fernsehen sehr wohl einen sozial hochgradig relevanten Erinnerungsanlass darstellen können. Die Ausstrahlung von *Holocaust* in der Bundesrepublik habe „aufgedeckt, welche Defizite in der Vergangenheitsaufarbeitung noch Ende der siebziger Jahre herrschten" und zu einer „von vielen verkündete[n] kollektive[n] Katharsis" (ebd.: 42) geführt. Dies habe die Grundlage für zahlreiche weitere Filme gebildet, die sich mit der deutschen Geschichte auseinandergesetzt haben und so als sozial relevante Erinnerungsanlässe dienen konnten.

Exemplarisch seien hier die zahlreichen filmischen Thematisierungen der RAF erwähnt. Sie sind nicht zuletzt geeignet, zu zeigen, wie gesellschaftlich zu jedem Zeitpunkt nach den jeweils *aktuellen* Systembedingungen Erinnerung immer wieder erneut aktualisiert und konstruiert wird. Bereits im Oktober 1977 begann die Arbeit an dem Gemeinschaftsprojekt *Deutschland im Herbst*[40] (1977/78) um Regisseure wie Rainer Werner Faßbinder, Alexander Kluge und Volker Schlöndorff. Diese erste filmische Auseinandersetzung mit dem ‚Deutschen Herbst', der zu diesem Zeitpunkt kaum ‚Vergangenheit', sondern noch sehr gegenwärtig war, konstruiert episodenhaft mit dokumentarischen und fiktionalen Elementen die ambivalente Momentaufnahme einer hysterisierten Gesellschaft. Erklärtes Ziel der Regisseure ist es, Chronik *und* Kommentar zu sein, angesichts der von der Bundesregierung verhängten Nachrichtensperre eine inoffizielle Version der Ereignisse darzulegen (vgl. Kaes 1987: 32). Somit ist *Deutschland im Herbst* sozusagen eine Grundlage für spätere Erinnerungselaborationen.

1985 stellte der Regisseur Reinhard Hauff mit *Stammheim* eine Darstellung des Stammheim-Prozesses anhand von Gerichtsprotokollen vor, die die Motivation der Terroristen wie auch Verfehlungen bis hin zu Absurditäten auf der Seite der Justiz erörtert. Während dieser Film offen die Rolle des Staates thematisiert und kritisiert und so als Erinnerungsanlass auch politischen Anspruch erhebt, wurde in den 1990er Jahren u. a. mit dem *ARD*-Zweiteiler *Todesspiel* von Heinrich Breloer (1997) sozusagen der Fernseh-Krimi im Terror entdeckt. Hier, so ließe sich argumentieren, überwiegt erstmals der Unterhaltungsanspruch des Fernsehens vor dem Wunsch nach bewertender Erinnerung – eine Tendenz, die in der filmischen Thematisierung der RAF mit *Baader* von Christopher Roth (2002) wohl ihren bisherigen Höhepunkt erreicht hat. Hier ist die Biographie von Andreas Baader nur noch Vorbild für eine fiktionale Handlung, in der der Terrorist längst zum Popstar geworden ist, der am Ende im Showdown nicht verhaftet, sondern

---

40   Für ausführliche Quellenangaben zu den hier genannten Filmen vgl. den Anhang der vorliegenden Arbeit.

von der Polizei erschossen wird.[41] In diesem Zusammenhang wäre nicht zuletzt die Rolle von fiktionalen Erzählungen für gesellschaftliche Formen von Erinnerung ein interessanter Aspekt zur Vertiefung.

Abschließend soll noch ein Medium angesprochen werden, dem sowohl in der Kommunikationswissenschaft allgemein wie auch im kulturwissenschaftlichen Gedächtnisdiskurs wenig Aufmerksamkeit geschenkt wird, das aber geradezu als prototypisches Medium kollektiver Erinnerung dienen könnte: das Theater. Seine historische Nähe zu Ritus und Fest, die u. a. A. und J. Assmann als historischen Ausgangspunkt des kulturellen Gedächtnisses sehen (vgl. exemplarisch 1994: 121), der plurimediale Charakter des Theaters, die kollektive Produktions- und Rezeptionssituation sowie der im Schauspieler (bzw. *Performer*) als Erinnerungsfigur kulminierende Aspekt, dass – der Erinnerung ähnlich – jede Aufführung Abend für Abend neu in der jeweiligen Gegenwart hergestellt werden muss, lassen eine Beschäftigung mit der gesellschaftlichen Rolle des Theaters für soziale Formen von Erinnerung reizvoll erscheinen. Hier sind moderne Gesellschaften noch Erinnerungskonstellationen nah, die aus oralen Gesellschaften stammen. Dabei gilt die Nähe von Theater und Erinnerung keineswegs nur für traditionelle, möglicherweise überholte Theaterformen. Der Theaterwissenschaftler Hans-Thies Lehmann macht auch für postdramatische Theater[42] Erinnerung als zentrales Thema aus (vgl. 2002: 19).

Anhand einer Analyse von sozialen Formen von Erinnerung im Kontext des Mediums Theater ließen sich nicht zuletzt aufgrund der Plurimedialität und der komplexen Kommunikationsstruktur Beobachtungskategorien entwickeln, die sich auch in anderen Bereichen bewähren könnten: beispielsweise die Rolle des (Bühnen-)*Raums*, der *Zeit*struktur der Rezeption, die Funktion des (Schauspieler-)Körpers, die einbezogenen Medientechnologien usw.[43] Spannend und auch von exemplarischem Interesse wären ferner Untersuchungen zu Konsequenzen eines Medientransfers. Der Literaturwissenschaftler Peter Seibert untersucht in einem Aufsatz, inwiefern Fernseh-

---

41 Eine Verknüpfung der Starforschung (vgl. exemplarisch Jacke 2004: 270ff.) mit Fragen der sozialen Erinnerung erscheint ebenfalls ein reizvolles Arbeitsfeld zu sein, das sich etwa mit der Erinnerungskarriere von Stars, aber auch mit der Mythisierung und Star-Werdung von Personen in der Erinnerung auseinandersetzen könnte. Andreas Baaders postume Karriere zum Popstar als „der deutschen Medien liebster Terrorist", wie Renée Zucker in der *Frankfurter Rundschau* (2003) süffisant bemerkt, hat jedenfalls immer wieder neue Aktualisierungen erfahren.

42 Für eine Darstellung der szenischen Entwicklung seit den sechziger Jahren und eine Theorie eines postdramatischen Theaters vgl. Lehmann 1999.

43 Eine erste Untersuchung zu Fragen nach Theater und Gedächtnis in der Gegenwart hat der Gießener Theaterwissenschaftler Gerald Siegmund (1996) vorgelegt, die jedoch aufgrund ihres primär psychoanalytischen Theoriehintergrunds nur sehr begrenzt für die vorliegende Arbeit anschlussfähig erscheint.

aufzeichnungen von Inszenierungen für das vergängliche Theater selbst als ‚Gedächtnismedium' dienen können (vgl. 2004). Seine knappen, ersten Hinweise, wie der Medientransfer von der Bühne zum Fernsehen das theatrale Medienangebot verändert, könnten auch für entsprechende Untersuchungen des Verhältnisses zwischen anderen Medientechnologien instruktiv sein.

Systematisierende Zusammenfassung: Konstanten der Medienevolution – Thesen zur Entwicklung gesellschaftlicher Erinnerungsprozesse

Wie gezeigt worden ist, hat die Medienevolution zu ambivalenten Entwicklungen der Reflexion über die Vergangenheit in modernen Gesellschaften geführt. Anders als dies die zitierten Untergangsszenarien des Endes aller Erinnerung suggerieren, erscheint es keinesfalls plausibel, Medien für die Veränderung gesellschaftlicher Erinnerungsprozesse einfache linear-kausale Wirkungen zuzuschreiben. Hier trifft zu, was Schmidt allgemein für die Medienevolution feststellt: „[A]ngesichts der Komplexität der beobachtbaren Prozesse [...] kann bestenfalls von Ko-Evolutionen im Sinne heterarchisch geordneter Kreiskausalitäten gesprochen werden" (2000: 177).

Schmidt und Zurstiege haben als Hypothesen einige Konstanten der Medienevolution formuliert (vgl. 2000: 206; auch Schmidt 2000: 185ff.), die offen für solche ambivalenten Prozesse sind und daher auch für die Beobachtungen von Veränderungen gesellschaftlicher Erinnerungsprozesse relevant sein können. Anschließend an diese Überlegungen lassen sich auf Basis der hier dargelegten Entwicklungen Vermutungen für Veränderungstendenzen gesellschaftlicher Erinnerungsprozesse anstellen, die künftigen empirischen Untersuchungen zur Orientierung dienen können:[44]

1. *Disziplinierung der Wahrnehmung*
   Jedes neue Medium eröffnet bestimmte Nutzungsmöglichkeiten, von denen ein Nutzer nur profitieren kann, wenn er sich auf die spezifischen Bedingungen des Mediums im Sinne einer ‚Disziplinierung der Wahrnehmung' einlässt. Für gesellschaftliche Erinnerungsprozesse legt dies nahe, dass unterschiedliche Medien auch in unterschiedlichem Maße für Erinnerungsprozesse genutzt werden können bzw. verschiedene Formen von Erinnerung begünstigen oder einschränken.

---

44   Im Folgenden werden die Überlegungen von Schmidt und Zurstiege jeweils kurz in Anlehnung an die oben angeführten Quellen vorgestellt und im Hinblick auf ihre Relevanz für gesellschaftliche Erinnerungsprozesse gedeutet.

2. *Demokratisierungsversprechen und Kritik*
Was Schmidt und Zurstiege über die gesellschaftliche Bewertung der
Einführung neuer Medien schreiben, lässt sich wörtlich auch als Kom-
mentar der Debatte zur vermeintlichen ‚Krise des Gedächtnisses' lesen:

> Bei der Einführung jedes neuen Mediums gibt es leidenschaftliche Befürworter
> und Gegner, die immer die gleichen Argumente verwenden. Während die Geg-
> ner einen Verfall der bisherigen Kultur und Gefahren für die Gesellschaft wie
> die Individuen beschwören, werben die Befürworter mit dem Argument, das
> neue Medium werde allen mehr Zugang zu Wissen, Kultur und Unterhaltung
> eröffnen […]. (2000: 207)

Ganz offensichtlich überwiegen im kulturwissenschaftlichen Diskurs
zurzeit die skeptischen Stimmen. Im Licht dieser historischen Bewertung
wirkt die Debatte jedoch nur besonders aufgeregt. Unbestreitbare Veränderungen der Erinnerungsprozesse scheinen jedoch nur zum Teil als
‚Demokratisierung' beschreibbar, sondern vielmehr im Kontext der
nächsten Konstante als Differenzierung bzw. Fragmentierung.

3. *Individualisierung*
Zunehmende Medienevolution führt zu einem zunehmend großen, bisweilen unübersichtlichen Angebot, das sich nach Zielgruppen ausdifferenziert. Diese Tendenz findet ihren Ausdruck z. B. in Sparten-TV-
Sendern, *special interest* Magazinen oder personalisierbaren Internetseiten.
Eine solche Ausdifferenzierung des Medienangebots in einer ohnehin
stark ausdifferenzierten Gesellschaft lässt es plausibel erscheinen, dass
Erinnerungsprozesse ähnlich differenziert stattfinden. Es ist also, wie in
der vorliegenden Arbeit schon angesprochen, kaum mehr von ‚zentralen', gesellschaftsumfassenden Erinnerungsprozessen auszugehen,
sondern von einer Verkleinerung der Reichweite von gesellschaftlicher
Erinnerung durch eine starke Ausdifferenzierung nach sozialen Systemen, Organisationen usw.

4. *Kommerzialisierung*
Der Aspekt der Kommerzialisierung von Medien hängt eng mit der beschriebenen Tendenz zur Individualisierung zusammen. Im Kontext von
Erinnerung verweist er darauf, dass Medien heute erwartbar ökonomische Ziele verfolgen. Sie selektieren Themen (darunter auch erinnerungs-
relevante Themen) dementsprechend nicht primär nach Kriterien, die in
bestimmten Systemen wünschenswert erscheinen, sondern folgen ihrer
spezifischen, weitgehend ökonomisch orientierten Systemlogik (vgl. auch
Schmidt 2003: 362). Darüber hinaus konnten verschiedene Bereiche, wie
restriktive Urheberrechte oder proprietäre, kommerzielle Softwareforma-
te, aufgezeigt werden, die den Erhalt von digitalen Medienangeboten
langfristig gefährden können.

5. *Entkopplung*

    Alle Medientechnologien seit der Schrift haben zu einer Entkopplung
    von Erleben und Handeln auf räumlicher wie zeitlicher Ebene geführt,
    indem sie Kommunikationen über zeitliche und räumliche Distanzen
    ermöglichten. Wie gezeigt wurde, hat sich dabei eine Unterscheidung
    zwischen raum- und zeitöffnenden Medien etabliert, die durch digitale
    Medien potentiell in Frage gestellt wird. Digitale Medien suggerieren,
    gleichzeitig schnelle Kommunikation über große räumliche Entfernung
    zu ermöglichen wie auch dauerhafte Medienangebote zur Verfügung zu
    stellen. Die Dauerhaftigkeit ist jedoch nur unter den Bedingungen eines
    konstanten Datentransfers zu erzielen. Die Entkopplung von Kommu-
    nikationen von ihrem unmittelbaren Raum-/Zeitkontext führt zugleich
    zu der Möglichkeit, Erinnerungsangebote langfristig vorzuhalten, wie zu
    der offenkundigen Notwendigkeit von Selektion, weil zu jedem gegebe-
    nen Zeitpunkt an jedem Ort nur ein Teil der verfügbaren Angebote
    wahrgenommen werden kann. Dieser Aspekt ist eng verknüpft mit der
    nächsten Konstante:

6. *Latenzbeobachtung und progressive Kontingenzerfahrung*

    Mediennutzer sind in der Mediennutzung gezwungen, aus einem zu-
    nehmend breiten Spektrum an möglichen Medienangeboten zu wählen.
    Dieser „Selektionsdruck" (Schmidt 2000: 193), verbunden mit der konti-
    nuierlichen Erfahrung unterschiedlicher Selektions- und Präsentations-
    mechanismen in den Medien selbst, macht für alle beteiligten deutlich,
    „dass man immer auch anderes und anders beobachten könnte"
    (Schmidt/Zurstiege 2000: 209) – Medienevolution führt mithin zu pro-
    gressiven Kontingenzerfahrungen.

    Die vielfältigen Arten, wie Medien gesellschaftliche Voraussetzungen
    thematisieren, führen auch auf der Ebene gesellschaftlicher Erinnerung
    zu dem Bewusstsein von Kontingenz und damit zu der Beobachtbarkeit
    der Selektivität von Erinnerungsprozessen. Welche Voraussetzungen
    von wem wie thematisiert werden, wird somit stets auch als ideologische,
    erinnerungspolitische Frage deutbar. Damit wird die Verbindlichkeit von
    potentiellen Erinnerungsanlässen eingeschränkt, deren Orientierungs-
    funktion in der Regel einer diskursiven (und systemspezifischen) Be-
    gründung bedarf, für die der Verweis auf ‚Tradition' alleine nicht mehr
    ausreicht.

7. *Intermedialität und Reflexivität*

    Mit ‚Intermedialität' und ‚Reflexivität' bezeichnen Schmidt und Zurstiege
    die Tendenz, dass neue Medien bestehende Medien in sich integrieren
    (Hybridisierung), was sich beispielhaft am Internet mit seinen Filmen,
    Tondateien und Texten verdeutlichen lässt, und Medien andere Medien
    reflexiv beobachten und Inhalte anderer Medien übernehmen und

kommentieren. Im Kontext der vorliegenden Arbeit unterstreicht dies erneut, wie wichtig es ist, das gesamte Medienspektrum einer Gesellschaft zu betrachten, wenn man an der Beobachtung von Erinnerungsprozessen interessiert ist. Nicht nur können Nutzer aus dem gesamten Spektrum schöpfen und wählen so gezielt mit unterschiedlichen Motiven und für verschiedene Funktionen unterschiedliche Medien; zugleich können beispielsweise oberflächliche Thematisierungen von vergangenen Ereignissen in einem Medium eine ausführliche und profunde Debatte in einem anderen auslösen.

8. *Autologie der Medienforschung*
Dieser Aspekt verweist auf das grundsätzliche wissenschaftstheoretische Problem, dass jede Medienforschung stets selbst in Medien erfolgt und somit stets in das verwickelt ist, was sie sich zu beobachten und analysieren bemüht. Dieses Problem gilt gleichermaßen für die Analyse des Zusammenhangs von gesellschaftlicher Erinnerung und Medien.[45]

Medienangebote zwischen Produktion und Nutzung

Wie bereits festgestellt worden ist, haben Medienangebote im Kontext von Erinnerungsprozessen eine komplexe Doppelrolle, da sie als mediale Erinnerungselaboration *Ergebnis* von Erinnerungsprozessen auf der Produzentenseite sein können und zugleich für Rezipienten einen Erinnerungs*anlass* darstellen können, an den sich ggf. neue Elaborationen anschließen. Dabei beziehen sich Medienangebote als Erinnerungselaborationen oft auf andere Medienangebote, die selbst erst Anlass für eine Erinnerung waren: Die bereits zitierten Filme zur RAF sind ein illustratives Beispiel dafür, wie bisherige mediale Thematisierungen von Vergangenheit vorherige mediale Angebote als Anlass nehmen können, ein Thema aufzunehmen, zu variieren, zu zitieren usw. Verfolgt man derartige Bezüge konsequent zurück, wird man sehr lange Reihen konstruieren können, wie mediale Thematisierungen von Vergangenheit auf andere mediale Thematisierungen zurückgreifen – nur ein Zugriff bleibt immer ausgeschlossen: der auf ‚die' Vergangenheit oder auf die *eine* ursprüngliche Erinnerung. Doch solche komplexe Referenzstrukturen, in denen ein Medienangebot stets auf andere verweist, sollten nicht den Blick auf andere relevante (technologische, soziale) Kontexte verstellen.

---

45 Womöglich ist die Skepsis mancher kulturwissenschaftlicher Autoren gegenüber neuen Technologien nicht zuletzt auch der über Jahre geübten Affinität zum gedruckten Wort, das schließlich nach wie vor das etablierte und bevorzugte Ausdrucksmittel der Wissenschaft ist, geschuldet?

In Bezug auf Medientechnologien wurde bereits nachgezeichnet, wie eine Technologie ganz verschiedene Verwendungsweisen ermöglichen kann, so dass abstrahiert von allen Kontexten keine zuverlässigen Aussagen über den Zusammenhang zwischen Medientechnologie und gesellschaftlicher Erinnerung getroffen werden können. Gleiches gilt auch für Medienangebote, die als Erinnerungselaboration nicht zu trennen sind von den sozialen, technischen und kommunikationsinstrumentellen Bedingungen ihrer Herstellung und sozial erst selbst zu einem Erinnerungsanlass werden, wenn sie von Rezipienten in entsprechenden sozialen Kontexten als Erinnerungsanlass genutzt werden.

Medienangebote können somit im Kontext von Erinnerungen immer doppelt perspektiviert werden, sie sind gleichsam im Zwischen von Produktion und Rezeption verortet und von beidem nicht zu trennen. Im Folgenden sollen beide Perspektiven skizziert werden, so dass in Verbindung mit den vorangegangenen Überlegungen auch ein empirisches Forschungsprogramm angedeutet werden kann, das gesellschaftliche Erinnerungsprozesse in der Gegenwart untersuchen könnte. Gerade in der Analyse der Zusammenhänge von Medienangeboten mit den Bedingungen ihrer Produktion wie auch ihrer Rezeption kann die Kommunikationswissenschaft auf eine große theoretische wie empirische Tradition und Kompetenz zurückgreifen.

Die Produktion von Erinnerungselaborationen in Medien

Wie kommt Vergangenheit als mediales Thema in die Gegenwart? Dies ist die Frage, die sich in der Auseinandersetzung mit Vergangenheit thematisierenden Medienangeboten stellt. Die Frage verweist darauf, dass es nicht selbstverständlich ist, dass vergangene Voraussetzungen explizit in Medien thematisiert werden und dass bis zur Fertigstellung solcher Medienangebote eine Vielzahl von selektiven Entscheidungen getroffen werden, die sich u. a. auf das Thema, die Medientechnologie, die Darstellungsform usw. beziehen.

Bis heute gibt es kaum empirische Studien, die analysieren, wie ‚Vergangenheit' in Gesellschaften in der Gegenwart medial hergestellt wird. Eine empirisch orientierte, in sozialwissenschaftlicher Tradition stehende Kommunikationswissenschaft erscheint prädestiniert, sich dieser Herausforderung anzunehmen. Dabei gibt es viele Dimensionen, an denen Untersuchungen ansetzen können, von denen im Folgenden einige entwickelt werden sollen.

Um das vielfältige, auch widersprüchliche Spektrum unterschiedlicher Thematisierungen von Vergangenheit in den Blick zu bekommen, erscheint es dabei sinnvoll, zunächst keine zu enge Einschränkung des Forschungsfeldes vorzunehmen und stattdessen das Spektrum möglicher Ausdifferenzierungen des breiten Feldes zu beschreiben. Insbesondere sollten nicht von vorneherein z. B. ‚unterhaltende', nicht einmal fiktionale Thematisierungen ausgeschlossen werden, vielmehr ist es insgesamt von Interesse, wie Gesellschaften in der Gegenwart erzählend eine Vergangenheit *für die* Gegenwart herstellen.

Wenn konkrete Medienangebote untersucht werden sollen, lässt sich die Frage nach deren Relevanz für die Gesellschaft oder bestimmte gesellschaftliche Gruppen nicht ohne Berücksichtigung der konkreten Nutzungen des Angebots bestimmen. Allein *dass* auf der Produzentenseite aber dieses Medienangebot hergestellt wurde, impliziert, dass zumindest die Produzenten von dem Interesse einer bestimmten Zielgruppe ausgehen. Dabei wurde bereits betont, dass die Systemlogik des Mediensystems ihre Selektion stets nach ihren eigenen Kriterien durchführt, nicht nach möglichen Wünschen von Wissenschaftlern, Politikern usw. Zweifelsfrei ist die medienökonomische Logik kaum auf eine Optimierung der Erinnerungsmöglichkeiten einer Gesellschaft (oder irgendeines anderen kulturellen, politischen oder sozialen Ziels) ausgerichtet, sondern bei kommerziellen Geschäftsmodellen an der Bindung von Aufmerksamkeit der jeweiligen, möglichst ‚werberelevanten' Zielgruppe.

Doch gerade wenn Vergangenheit als Thema nicht genutzt wird, um reflektierte Erinnerung zu befördern, sondern um eine quotenstarke, spannende Erzählung zu erstellen, lässt sich daraus etwas über die Entscheidungsprinzipien des entsprechenden Mediensystems, aber auch etwas über die Relevanz eines Themas für die Gesellschaft sagen. Denn die Medien werden nur solche Themen bearbeiten, für die sie ein Interesse in der Gesellschaft erwarten können und stets solche Präsentationsformen wählen, für die sie gesellschaftliche Akzeptanz antizipieren. In jeder Gesellschaft gibt es für Setzungen der Vergangenheit unterschiedliche kulturelle Bewertungen. Unterschiedliche frühere Setzungen können u. a.

1. als zentral bewertet werden – für solche Voraussetzungen sind in der Regel bestimmte Inszenierungsformen (z. B. Komödien, Satiren usw.) Tabu;
2. als bekannt, jedoch als nicht von zentraler Bedeutung bewertet werden – diese können beispielsweise unterhaltend oder satirisch thematisiert werden und eignen sich z. B. als Hintergrund für fiktionale, spannende Darstellungsformen;
3. ‚vergessen' worden sein – vergangene Setzungen, die lange nicht mehr thematisiert worden sind, können dann in ganz verschiedenen Kontexten medial ‚wiederentdeckt' werden– oft im Rahmen von Jubiläen, an denen dann eine Vielzahl von Darstellungsmodi die entsprechende Vergangenheit thematisiert.

Vor diesem Hintergrund war es beispielsweise bemerkenswert und auch für eine Beobachtung von Gesellschaft aussagekräftig, als die ersten Komödien über den Holocaust im Kino oder Fernsehen erschienen sind.[46]

Jenseits der Thematisierung bestimmter Voraussetzungen wäre es aber zunächst wünschenswert, ganz allgemein zu untersuchen, wie Thematisierungen von Vergangenheit in die Medien kommen. Dabei ist die Medienproduktion in modernen Gesellschaften hochgradig differenziert. Das, was im Rahmen der Differenzierung des Medienbegriffs als ‚sozialsystemische Institutionalisierung‘ bezeichnet wurde, mag nach einer sozialen Einheit klingen, muss aber selbst noch ausdifferenziert werden. Eine empirische Untersuchung, die nach den verschiedenen medialen Thematisierungen von Vergangenheit fragt, müsste zunächst zum Beispiel die verschiedenen genutzten Medientechnologien unterscheiden, auf deren zentrale Bedeutung oben bereits verwiesen wurde.

Weitere Ausdifferenzierungen in der Beobachtung der sozialsystemischen Dimension der Medienproduktion im Kontext von Erinnerungsprozessen müssten u. a. geleistet werden im Hinblick auf:

1. Systemzugehörigkeit: Im Rahmen welcher Systeme (u. a. Journalismus, Kunst, Wirtschaft usw.) werden massenmedial Thematisierungen von Vergangenheit erstellt; welche systembedingten Selektionskriterien wirken?

2. Geschäftsmodell: Außerhalb des Wirtschaftssystems gibt es auch innerhalb von Systemen wie dem Journalismus ganz unterschiedliche ökonomische Organisationsmodelle zwischen kommerzieller und *non-profit*-Ausrichtung, wobei im Rundfunk in Deutschland öffentlich-rechtliche Sendeanstalten wiederum eine Sonderrolle innehaben. Auch hier ist zu fragen, inwiefern unterschiedliche Geschäftsmodelle die Selektionsweisen beeinflussen.

3. Differenzierungsgrad/Reichweite: Auch innerhalb des journalistischen Bereichs kann wiederum differenziert werden nach Reichweiten und interner Differenzierung, etwa zwischen *special-interest*-Anbietern und *general-interest*-Anbietern. Angesichts einer allgemeinen Tendenz zur Ausdifferenzierung und Pluralisierung gesellschaftlicher Erinnerungsprozesse wäre es relevant zu untersuchen, wie weit diese Ausdifferenzierung

---

46 Dabei ist die Figur ‚Adolf Hitler‘ schon lange kein Tabu mehr. Nach Charlie Chaplin haben sich viele Filmemacher satirisch der Person genähert, selbst der Film *Gespräch mit dem Biest* (1996), in dem Armin Mueller-Stahl einen 103-jährigen Hitler spielt, der sich in einem Keller in Berlin versteckt, hatte fast keinerlei kritische Resonanz. Als Roberto Benigni dagegen ein Jahr später *Das Leben ist schön* produzierte und erstmals das Leben im KZ im Genre einer romantischen (Tragik-)Komödie darstellte, sorgte der Film für eine heftige Debatte, ob eine Komödie dem Thema angemessen sein könne.

schon in der Produktion von medialen Erinnerungselaborationen angelegt ist.

Vergangenheit kann dabei medial nicht nur mit verschiedenen Medientechnologien in verschiedenen sozialen Systemen auf verschiedenen Ebenen
thematisiert werden – auch die gewählten Themen und deren Präsentation
sind wiederum hochgradig selektiv. Relevante Fragen hier sind zum Beispiel
der grundsätzliche Aspekt der Themenselektion (Welche Voraussetzungen
werden thematisiert?) und der Form der Themenpräsentation (Welche
Darstellungs-/Inszenierungsform wird gewählt?). In diesem Zusammenhang
wäre es zum Beispiel interessant, empirisch verschiedene Darstellungsformen
zu systematisieren, mit denen Vergangenheit medial thematisiert werden
kann.

Auf welche Weise die zeitliche Ebene ‚Vergangenheit‘ in der Darstellung
medial realisiert wird, ist ein weiterer relevanter Aspekt. Hier gibt es ganz
unterschiedliche mögliche Strategien, wie das Einbinden von Archivmaterial,
das Befragen von Zeitzeugen, das Nachstellen historischer Szenen mit Erläuterung, aber auch schlicht das Nennen von Jahreszahlen usw.

Schließlich bleibt zu fragen, welche Erinnerungsanlässe von den Medien
selbst für die Herstellung von Medienangeboten über Vergangenheit genutzt
werden. Dies können routinisierte Anlässe wie Jahrestage und Jubiläen,
aktuelle Anlässe wie Todesfälle, aber auch eher inhaltliche Anlässe wie Konflikte sein, die historisch erläutert oder kontrastiert werden sollen.

Zu allen diesen Fragen gibt es bisher im deutschsprachigen Raum keine
systematische Forschung. Fast überrascht es, dass die Kommunikationswissenschaft nicht schon längst systematisch die mediale Selbstbeobachtung der
Gesellschaft im Hinblick auf ihre Voraussetzungen wissenschaftlich beobachtet hat. Künftige empirische Studien werden dabei zunächst kaum *alle*
hier angesprochenen Ebenen einbeziehen können, aber bereits eine Stich-
probe bestimmter journalistischer Medienangebote, der Thematisierungen
von Vergangenheit im Rahmen einer Medientechnologie in einem bestimmten Zeitraum oder etwa der medialen Thematisierung von Vergangenheit in
einer Organisation wären instruktive und lohnende erste Schritte. Dabei
könnte die Kommunikationswissenschaft auf Kompetenzen des Fachs in der
Tradition z. B. der Nachrichtenwertforschung zurückgreifen, die allgemeine
Theorien zur Systemlogik der Selektionen (zumindest des journalistischen
Teils) des Mediensystems formuliert hat.[47] Wie erwähnt wurde, gibt es erste

---

47   So wie es professionelle journalistische Selektionskriterien für Themen gibt, dürften sich auch
      in anderen Bereichen durchaus institutionalisierte systemspezifische Formen der Selektion von
      Thematisierung von Vergangenheit entwickelt haben, so zum Beispiel im angesprochenen Be-
      reich des Pop, der in der Form der Cover-Versionen oder des Sampling eigene Formen der
      Bezugnahme auf Vergangenheit in der Gegenwart entwickelt hat.

Studien amerikanischer Kommunikationswissenschaftler, die sich mit der Rolle von Journalismus für gesellschaftliche Erinnerung auseinandersetzen. Zelizer etwa hat in ihrer Studie *Remembering to forget* (1998) die Rolle journalistischer Bilder für gesellschaftliche Erinnerung untersucht. Bereits vorher hat sie in *Covering the Body* die erinnerungspolitisch relevante Frage bearbeitet, mit welchen rhetorischen Strategien Journalisten die Autorität herstellen, Vergangenheit für die Gesellschaft verbindlich thematisieren zu können (vgl. 1992: 192ff.). Hier wären in Europa und insbesondere im deutschsprachigen Raum Anschlüsse der hiesigen Kommunikationswissenschaft an die Arbeiten in den USA wünschenswert.

Im Kontext der Produktion von Medienangeboten muss abschließend die Distribution der Angebote beachtet werden. Auch hier sind die Möglichkeiten zunächst abhängig von den Medientechnologien. Insbesondere die Archivierung, sozusagen die Erhaltung und Distribution von Medienangeboten über zeitliche Distanzen, ist im Kontext von Erinnerungsprozessen von besonderer Relevanz und hat eine zentrale erinnerungspolitische Bedeutung. Der Philosoph Hans Ulrich Reck etwa berichtet von einem Projekt ‚Virtuelles Mitglied des Bundestages‘, das an der Kunsthochschule für Medien konzeptionell entwickelt worden ist, jedoch nie realisiert wurde. Ziel des Projektes war es, „das gesamte Film-Audio-Archiv z. B. des WDR zur Verfügung zu haben, um Tagespolitik im Bundestag aktuell durch direkten Zugriff zu kommentieren oder zu konterkarieren" (2000: 201). Bedauernd fügt Reck an, dies sei ein Vorhaben, das „keine TV-Anstalt je genehmigen wird" (ebd.) – und genau hier setzt Erinnerungspolitik, in diesem Fall als restriktive Politik der Zugangsbeschränkung für Archivmaterial, an. Es stellt sich also stets die Frage, wer den Zugriff auf archivierte Medienangebote regulieren kann und somit die Verbreitung von potentiellen Erinnerungsanlässen kontrolliert.

Die Nutzung von Medienangeboten als Erinnerungsanlässe

Wie mehrfach betont wurde, entscheidet sich die gesellschaftliche Relevanz von Erinnerungsprozessen erst in der konkreten Nutzung von Erinnerungsanlässen durch Aktanten, die anderen Aktanten im Modus der operativen Fiktion reflexiv unterstellen, die thematisierten Voraussetzungen gleichermaßen für relevant zu halten. Dabei ist davon auszugehen, dass viele Thematisierungen von Vergangenheit keine gesamt-gesellschaftliche Relevanz beanspruchen können, sondern nur für Teilgruppen relevant sind. Medienangebote haben in diesem Kontext wiederum eine Doppelfunktion: Einerseits können sie konkret als Erinnerungsanlass für Gruppen dienen, zugleich lernen Aktanten in der Mediensozialisation oft erst, welche Themen in der

Gegenwart gesellschaftliche Relevanz zu haben scheinen. Grundsätzlich können nicht nur Medienangebote als Erinnerungsanlass dienen, die selbst explizit Vergangenheit thematisieren. Auch ein rein gegenwartsbezogenes Medienangebot kann in einem konkreten sozialen Kontext als Erinnerungsanlass genutzt werden, etwa wenn journalistische Nachrichten über einen Krieg in Familien für Kommunikationen über frühere Kriegserlebnisse und deren Auswirkung auf die Familien genutzt werden.

Ebenso wie die Produktion medialer Erinnerungselaborationen bisher nicht systematisch empirisch für moderne Gesellschaften untersucht worden ist, ist auch die Rezeption und Nutzung von Medienangeboten als Erinnerungsanlässe bisher kaum sozialwissenschaftlich analysiert worden. Angesichts der Pluralisierung und Ausdifferenzierung gesellschaftlicher Erinnerungsprozesse kann auch hier keine Studie darauf angelegt sein, ‚die gesellschaftliche Erinnerung‘ in Gänze zu untersuchen. Wünschenswert wäre aber zumindest die Beobachtung beispielsweise eines exemplarischen Teilsystems im Hinblick auf ihre Nutzung von Medienangeboten als Erinnerungsanlässe für gruppenidentitätsrelevante Erinnerungselaborationen. Dies könnte zum Beispiel auf der Ebene einer Organisation, von Familien usw. durch sozialwissenschaftlich etablierte qualitative und quantitative Methoden wie teilnehmende Beobachtungen, Befragungen usw. erfolgen.

In jedem Fall sollte es ein Ziel derartiger Studien sein, nicht mehr wie bisher in den Kulturwissenschaften oft üblich, lediglich beispielsweise ‚Vergangenheit in den Filmen von XY‘ anhand einer isolierten Betrachtung allein des Medienangebotes zu untersuchen, sondern die ganze Breite der Rezeptions- und Nutzungsformen von solchen Medienangeboten in ihren konkreten sozialen Kontexten zu beobachten und zu beschreiben.

Auch die Einschätzung der Zusammenhänge zwischen der technologischen Medienevolution und gesellschaftlicher Erinnerung leidet bisher, wie gesehen, unter einer Überbewertung der Bedeutung einzelner Technologien. Die britischen Medienwissenschaftler Hugh Mackay und Darren Ivey haben jüngst die Studie *Modern Media in the home* (2004) vorgelegt, die ausführlich die – sehr variablen – Nutzungsmuster des gesamten jeweils verfügbaren Medienspektrums in zehn walisischen Haushalten aufzeichnet. Schon an dieser Studie lässt sich ablesen, dass keine einzelne Medientechnologie ausschließlich von den Aktanten genutzt wird, sondern jeweils für unterschiedliche Bedürfnisse unterschiedliche Medien gewählt werden.[48] Dies unterstreicht nachdrücklich die Relevanz differenzierter qualitativer Studien zur Nutzung

---

48 Mackay und Ivey zeigen auch, wie relevant Mediennutzung auf ganz unterschiedlichen Ebenen für die Herstellung und Darstellung von Identität sein kann. So ist für einige der Teilnehmer die Nutzung dezidiert walisischer Medien Teil des persönlichen Identitätsmanagements als *Waliser*, für alle Teilnehmer haben Medien eine wichtige Bedeutung etwa für die Konstitution zeitlicher Rhythmen, persönlicher Räume innerhalb des Haushalts usw. (vgl. 2004: 107ff.).

von Medienangeboten aus dem gesamten Spektrum verfügbarer Technologien für Erinnerungsanschlüsse. Auch hier kann insbesondere die Kommunikationswissenschaft mit ihrer Tradition der quantitativen wie qualitativen Rezeptions- und Mediennutzungsforschung einen wichtigen Beitrag auf einem Gebiet leisten, das bisher durch die Kulturwissenschaften noch nicht einmal im Ansatz bearbeitet worden ist.

Des Weiteren wäre eine exemplarische Untersuchung zu einem konkreten Medienthema und dessen Nutzung in verschiedenen Systemen vielversprechend, weil so die unterschiedlichen Relevanzen von Themen in einer ausdifferenzierten Gesellschaft deutlich werden können und sich so empirisch die These der Pluralisierung von Erinnerungsprozessen nachvollziehen ließe. Dass einem medial distribuierten Erinnerungsanlass tatsächlich gesamtgesellschaftliche Relevanz zugesprochen wird, dürfte nur noch in den seltensten Fällen anzunehmen sein. Dennoch kann ein Thema in unterschiedlichen Systemen auf unterschiedliche Weise für relevant gehalten werden – als plakatives Beispiel ließe sich die unterschiedliche Nutzung von medialen Thematisierungen der Terroranschläge des Elften September etwa in unterschiedlichen sozialen (Sub-)Systemen anführen, deren Bedeutung etwa zwischen (und innerhalb von) Politik-, Wirtschafts- oder Kunstsystem deutlich variiert und sich bis heute stetig verändert.[49]

Angesichts der hier immer wieder betonten Pluralität und Differenzierung der möglichen Nutzungsformen von medialen Erinnerungsanlässen sollen hier nun keine Spekulationen über konkrete gesellschaftliche Nutzungen angestellt werden. Gerade in diesem Bereich wäre es wünschenswert, im Anschluss an die in der vorliegenden Arbeit geleisteten theoretischen Überlegungen empirische Studien anzuschließen.

Zusammenfassung und Systematisierung: Erinnerung – Medien – Kultur

Zu Beginn dieses Kapitels sollte ein Exkurs über sozialwissenschaftliche Thesen zur Bedeutung von Traditionen in modernen Gesellschaften sensibel für paradoxe und widersprüchliche Entwicklungen machen, um eine alternative Perspektive gegen die bisherigen, oft sehr einseitigen Thematisierungen von Erinnerungsprozessen in modernen, durch Medien geprägten Gesellschaften setzen zu können. Vor diesem Hintergrund ist deutlich geworden,

---

49   David Childs, der leitende Architekt des Wiederaufbaus von *Ground Zero*, bemerkte jüngst in einem Interview der *Süddeutschen Zeitung*, die Entwürfe für das Projekt hätten sich während der letzten vier Jahre auch deshalb stark verändert, weil sich die Erinnerung an die Terroranschläge kontinuierlich verändert (vgl. Childs 2005: 15).

dass an die Stelle von Pauschalurteilen ein deutlich komplexeres Beobachtungsinstrumentarium treten muss.

Nach der notwendigen Differenzierung des Medienbegriffs ist gezeigt worden, dass kein einzelner Aspekt aus den integrativen Zusammenhängen eines komplexen Medienkonzeptes isoliert betrachtet werden kann: Die Wirkungen der Technologien hängen ab von den konkreten Verwendungsweisen in der Produktion und Nutzung von Medienangeboten, die stets kontingent und kulturell variabel sind. Unabhängig davon, an welchem Punkt des ausdifferenzierten Medienbegriffs eine Untersuchung also ansetzt, sie muss sich stets der komplexen Abhängigkeiten der verschiedenen Dimensionen bewusst sein und – wenn schon eine ,Total-Analyse' nicht möglich scheint – doch möglichst viele Relationen in ihre Überlegungen einbeziehen, und sie muss transparent machen, welche Fragen nicht behandelt wurden.

Anschließend an diese grundsätzlichen Überlegungen ist gezeigt worden, dass insbesondere die bisher wenig und viel zu undifferenziert untersuchten ,neuen' Medientechnologien selbst sehr widersprüchliche Entwicklungen ausgelöst haben, die einerseits ganz neue Formen von Erinnerungsprozessen beispielsweise durch die individuelle und unkomplizierte Verfügbarkeit von Medienangeboten im Internet ermöglichen. Andererseits sind besorgte Stimmen durchaus berechtigt, die die langfristige Verfügbarkeit von digitalen Daten in Frage stellen; hier konnte jedoch verdeutlicht werden, dass gerade dieser Zusammenhang entscheidend von der Frage der Technologienutzung und deren Weiterentwicklung abhängt. Es ist eben nicht allein eine Frage der Technologie, sondern auch eine Frage der kulturellen Bearbeitung von Kontingenz, ob eine Gesellschaft kommerzielle Aspekte von Mediennutzung vor ,kulturelle' Interessen wie die Verfügbarkeit bestimmter gesellschaftlich relevanter Medienangebote stellt oder nicht. Digitale Technologien ermöglichen gleichermaßen eine weitreichende Verbreitung von Medienangeboten wie eine restriktive Regelung der Nutzungsmöglichkeiten, und derzeit sind zwischen *Open-Source*-Projekten und *Creative Commons*-Lizenzen einerseits und restriktivem neuem Urheberrecht und digitalem Rechte-Management andererseits alle Optionen verfügbar.

Auch wenn Technologien also als Apriori ihrer Nutzung nur bestimmte Verwendungsweisen erlauben – das beschriebene Spektrum der Möglichkeiten ist dennoch groß, und es wird von den gesellschaftlichen Entscheidungen in diesen Fragen abhängen, wie wir in zehn, zwanzig oder auch hundert Jahren die heute noch neuen Technologien für Erinnerungsprozesse nutzen können. Hier wird deutlich, dass solche Entwicklungen eben nicht determiniert sind, und damit steht die Bedeutung von kulturellen Programmierungen und langfristiger gesellschaftlicher Erinnerungspolitik im Vordergrund.

Derartige kulturelle, erinnerungspolitische Fragen stellen sich, wie gezeigt, auf allen Ebenen. Für die Technik muss geklärt werden, wie der regelmäßig notwendigen Datentransfer in aktuelle Formate und Speichersysteme gewährleistet werden kann und ob es Grenzen der Kommerzialisierung von Rechten an Programmiersprachen, Dateistandards und einzelnen Daten bis hin zu ganzen Archiven geben wird. Auf der Seite der Produktion sind Aspekte wie die Erinnerungspolitik der Themenselektion und der Inszenierungsstrategien von Bedeutung: Wer hier jeweils in der Lage ist, für seine Erinnerungsanlässe und Erinnerungselaborationen Relevanz zu beanspruchen, und welche (in der Regel mediale) Erinnerungsangebote eine Chance auf soziale Akzeptanz haben, hängt davon ab, wie in den jeweiligen Kultur-(-programm-)en der Umgang mit Vergangenheit und Erinnerungen geregelt wird.

Die Nutzer schließlich können nur die Erinnerungsanlässe nutzen, die verfügbar sind; und auch hier ist gerade im Zuge der Ausdifferenzierung von Erinnerungsprozessen von widersprüchlichen Nutzungsweisen von Erinnerungsanlässen auszugehen. Schließlich sind gesellschaftliche Erinnerungsprozesse eng verbunden mit der stets neu auszuhandelnden und herzustellenden Identität gesellschaftlicher Gruppen und somit als politische Machtfragen zu deuten. Dabei ist es beispielsweise eine Frage der kulturellen Programmierung, auf wie weit zurückliegende Voraussetzungen sich eine Gesellschaft für die Gegenwart beruft. Als plakatives Beispiel lassen sich hier die islamistischen Terroristen anführen, die die Anschläge in Madrid ausübten und, modernste Technik nutzend, auf einem aufgezeichneten Videoband ihre Anschläge mit der Vertreibung der Mauren von der iberischen Halbinsel im 15. Jahrhundert in Verbindung bringen (vgl. Graff 2004: o. S.).[50] Derlei weit zurückreichende historische Bezüge bezeichnen für westeuropäische Kulturprogrammanwender kaum mehr relevante Vergangenheit.

Es ist in diesem Kapitel immer wieder betont worden, dass das breite Spektrum gesellschaftlicher Erinnerungsprozesse im Anschluss an die Entwicklung eines theoretischen Konzepts einer empirischen Analyse bedarf. Für die Beobachtung der Zusammenhänge von Medien und Erinnerungsprozessen sind bis hier erste Beobachtungskategorien entwickelt worden. Hieran anschließend wäre eine umfangreiche Studie denkbar, die beispielsweise Vergangenheit thematisierende Medienangebote inhaltsanalytisch untersucht, die Produzentenseite und die Rezipientenseite jeweils mit qualitativen oder quantitativen Befragungen bzw. gar teilnehmenden Beobachtungen analysiert – genauso ist aber auch zunächst möglich, exemplarisch kleine Bereiche wie Erinnerungsprozesse in einer Organisation nur unter einer bestimmten Fragestellung zu analysieren.

---

50   Laut Angaben der Netzeitung bezieht sich die Videobotschaft gar auf die Vertreibungen als *jüngste* Vergangenheit: „Ihr kennt den spanischen Kreuzzug gegen die Moslems, die Vertreibung von Al Andalus und die Tribunale der Inquisition, vor nicht allzu langer Zeit." (Vgl. Netzeitung.de 2004: o. S.).

In jedem Fall sollte deutlich geworden sein, dass ein Ende der Erinnerung auch in der Gegenwart nicht abzusehen ist. Wohl mögen sich die Funktionen der Vergangenheitsbezüge verändern, weniger verbindlich und deutlich ausdifferenzierter werden – ohne Voraussetzungen und ohne eine Thematisierung mancher Voraussetzungen kommt die Gesellschaft auch heute nicht aus. Dabei müssen die Veränderungen keineswegs so negativ bewertet werden, wie dies in den Kulturwissenschaften derzeit offenbar *en vogue* ist.

Wie oben gezeigt worden ist, sind Erinnerungselaborationen *immer* und notwendig selektiv, konstruktiv inszeniert und in einem weiten Sinn (identitäts- und biographie-)politisch, dies ist keine Eigenheit neuerer Medientechnologien. Dass die unvermeidliche Kontingenz von Erinnerung durch Medien beobachtbar wird, mag zunächst den Geltungsanspruch einzelner Erinnerungsanlässe und –elaborationen schwächen. Doch wenn man akzeptiert, dass Erinnerung, die soziale Relevanz beanspruchen will, der Systemlogik der Medien nicht entkommen kann, dann werden in dieser, wie auch Schmidt formuliert, „scheinbar ausweglosen Situation" auch „tröstende [...] Aspekte deutlich" (2003a: 17): Die (immer schon nötige) Entscheidung, welche Erinnerungsanlässe akzeptiert und genutzt werden, kann heute *bewusst* im Modus der Beobachtung zweiter Ordnung gefällt werden. Sie wird dabei kaum mehr zentral und für ganze Gesellschaften verbindlich getroffen und durchgesetzt werden können, sondern nur noch innerhalb einzelner Subsysteme und nach Maßgabe deren spezifischer Interessen, Werte usw.

Von Gedächtnis und Erinnerung auf gesellschaftlicher Ebene kann man also nach wie vor sprechen – jedoch nicht mehr im Singular. Selbst wenn fraglich ist, ob dies jemals sinnvoll möglich war, so sind die Kontingenz und Pluralität von Gedächtnis und Erinnerung heute besonders deutlich. Rhetorische Übertreibungen sind jedoch nicht angebracht; man könnte durchaus argumentieren, ein derartiger Pluralismus der Erinnerung stehe demokratischen Gesellschaften gut an. Reflektierte, kontingenzbewusste Erinnerungspraktiken scheinen dabei nicht durch einzelne Medientechnologien gefährdet, sondern viel eher durch die kommerzielle Instrumentalisierung des gesamten Mediensystems. Dabei ist die zunehmende Kommerzialisierung zwar keineswegs determiniert, allerdings mag die Hoffnung auf nicht-kommerzielle Verwendungsweisen von Medien, nüchtern betrachtet, eher gering sein, ist doch die Kommerzialisierung bisher, wie oben mit Schmidt und Zurstiege beschrieben, eine Konstante der Medienevolution. Auch und gerade um solche gesellschaftlichen Entwicklungen künftig differenzierter beschreiben zu können, sollten Kultur- wie Kommunikationswissenschaft sich auf eine medienkulturwissenschaftliche Perspektive einlassen und systematischer als bisher beobachten, wie Gesellschaften in der Gegenwart medial ihre Voraussetzungen thematisieren.

Fazit und Ausblick – Für eine Zukunft der Erinnerung in der Kommunikationswissenschaft

In der Kommunikationswissenschaft herrscht ein besonderes Bewusstsein für das Phänomen, dass die Wissenschaft mit ihren Beobachtungen – laut einem gängigen Diktum – fast immer zu spät kommt; sie ist geübt in der unvermeidlich *verspäteten* Auseinandersetzung mit einem sich rasant entwickelnden Mediensystem. Im Kontext des Gedächtnisdiskurses allerdings scheint die Kommunikationswissenschaft nicht nur verspätet, vielmehr hat sie bisher die Diskussion in den Nachbardisziplinen weitgehend ignoriert.

Wissenschaftliche Problemstellungen sind notwendig kontingent, und die Frage, welche Gebiete für eine Disziplin relevant sind, hängt zusammen mit der Problem- und Problemlösungsgeschichte des jeweiligen Fachs. Daher lässt sich weder per Dekret verordnen noch objektiv bestimmen, welcher Themen sich welche Disziplin annehmen soll. In der vorliegenden Arbeit ist der Versuch unternommen worden, argumentativ darzulegen, warum Aspekte der Gedächtnisforschung für die Kommunikationswissenschaft, insbesondere im Kontext einer medienkulturwissenschaftlichen Orientierung, relevant sein können und inwiefern das Fach sich hier ein fruchtbares Forschungsfeld erschließen und zugleich die interdisziplinäre Diskussion bereichern kann.

Dieses Ziel ist in mehreren Schritten verfolgt worden: Zunächst sollten die bisherigen Ansätze des Gedächtnisdiskurses angemessen vorgestellt werden, um eine Grundlage für Anschlüsse bzw. alternative Perspektiven zu legen. Ein wissenschafts- und metapherntheoretischer Exkurs zu Beginn diente der Orientierung, wie eine metaphorische Übertragung des Gedächtnisbegriffs auf gesellschaftliche Kontexte wissenschaftlich reflektiert möglich sein kann. Nicht zuletzt auf Grundlage dieser Überlegungen schien es angebracht, die kulturwissenschaftlichen Modelle nicht isoliert zu diskutieren, sondern zunächst auf aktuelle Tendenzen der psychologischen und neurobiologischen Forschung zu Gedächtnis und Erinnerung einzugehen. Aus den dort derzeit diskutierten Ansätzen konnten grundsätzliche Anregungen für die Theoriebildung und erste Beobachtungskategorien zur Einschätzung des kulturwissenschaftlichen Diskurses abgeleitet werden. So ist deutlich geworden, dass Gedächtnis heute kaum noch plausibel in Speichermetaphern beschrieben werden kann. Vielmehr sollte eine prozessorientierte Perspektive gewählt werden, die die Begriffe Gedächtnis (als an allen Prozessen beteiligte

Funktion) und Erinnerung (als spezifische Form der Inanspruchnahme von Gedächtnis) klar unterscheidet. Schließlich ist der auch im gesellschaftlichen Kontext relevante Zusammenhang von Erinnerung mit Prozessen der Herstellung und Darstellung von Identität herausgearbeitet worden, wobei ein besonderer Fokus auf die Selektivität und Konstruktivität dieser Prozesse gelegt wurde. Erinnerungen, das zeigt bereits die Auseinandersetzung mit dem kognitiven Bereich, sind nicht als Zugriffe auf die Vergangenheit zu konzipieren, sondern als kontingente Erzählungen in der Gegenwart, die durch Kultur orientiert werden und stets im Hinblick auf ihre erinnerungspolitische Relevanz betrachtet werden können.

Vor diesem Hintergrund sind dann die bisherigen kulturwissenschaftlichen Ansätze vorgestellt und bewertet worden. Dabei wurden zwei zentrale Problemfelder herausgearbeitet, die eine Herausforderung für kommunikationswissenschaftliche Perspektiven darstellen: Zum einen gründet der bisherige Gedächtnisdiskurs nicht auf einer hinreichenden theoretischen Fundierung mit expliziten Grundbegriffen, zum anderen erscheinen insbesondere die Thematisierungen moderner Medienentwicklungen im Zusammenhang von Gedächtnis und Erinnerung als zu pauschal und weder theoretisch noch empirisch hinreichend entwickelt. Hier ist ein Vorschlag für eine differenzierte Terminologie entwickelt worden, die Gedächtnis in Anlehnung an neurobiologische Modelle und systemtheoretische Überlegungen als das gesellschaftliche Voraussetzungssystem beschreibt, das jede Setzung in der Gegenwart zur Sinnorientierung rekursiv in Anspruch nehmen muss. Gedächtnis ist dann kein Speicher von Erinnerungen mehr, sondern eine Funktion, die an allen gesellschaftlichen Prozessen beteiligt ist und die Kontinuierung von Sinnorientierungen gewährleistet. Erinnerungen werden in dieser Terminologie als eine explizite Bezugnahme auf den Voraussetzungszusammenhang von Gesellschaften verstanden, die im Modus der Beobachtung zweiter Ordnung selektiv bestimmte Voraussetzungen der Gegenwart thematisieren.

Die bisherigen statisch-normativen Konzepte, die bestimmte Eigenschaften von Gedächtnis und Erinnerung postulierten, konnten Veränderungen nicht angemessen in den Blick bekommen, sondern nur als Krisen beschreiben. Die hier vorgelegte Terminologie hat demgegenüber den Vorzug eines hohen Abstraktionsniveaus, so dass die spezifischen Entwicklungen der Formen von Gedächtnis und Erinnerung differenzierter beobachtet und beschrieben werden können. Insofern der hier vorgelegte Entwurf an ein grundlegendes Konzept zur Etablierung einer Medienkulturwissenschaft anknüpft, kann er auf dieser Basis für verschiedene Disziplinen als Grundlage einer Auseinandersetzung mit Gedächtnis und Erinnerung dienen.

Für medienorientierte Fragestellungen ist in diesem Kontext ein an Schmidt und Erll anknüpfendes integratives Medienkonzept vorgestellt worden, mit dem die verschiedenen Ebenen des Zusammenhangs von Medien und gesellschaftlichen Erinnerungsprozessen differenzierter dargestellt werden können. Vor diesen Hintergrund lassen sich auch die einseitig pessimistischen Prognosen über die Auswirkungen ‚neuer‘ Medien für Gedächtnis- und Erinnerungsprozesse relativieren. Angesichts der vielen widersprüchlichen Tendenzen und des Trends zur Pluralisierung von Erinnerungsprozessen scheint der Zusammenhang von Medien mit Gedächtnis und Erinnerung in einem gesellschaftlichen Kontext jedoch nicht allein mit theoretischen Überlegungen hinreichend beschreibbar zu sein, sondern bedarf einer differenzierten empirischen Beobachtung. Die Kommunikationswissenschaft mit ihrer Forschungstradition ist prädestiniert dafür, die mediale Thematisierung von Vergangenheit und die damit verbundenen Prozesse der Produktion und Rezeption entsprechender Medienangebote zu untersuchen. Sie sollte sich diesem Thema nicht nur widmen, weil sie so eine Lücke im Gedächtnisdiskurs schließen könnte, sondern vor allem, weil die Beobachtung der medialen Herstellung von Vergangenheit in der Gegenwart eine hochgradig aufschlussreiche Form der Beobachtung von Gesellschaft sein kann – schließlich konstituieren Gesellschaften bzw. gesellschaftliche Subsysteme mit der Thematisierung ihrer Voraussetzungen ihre gegenwärtige Identität.

Ein Ausblick auf noch zu leistende Forschung ist bereits in den vorherigen Kapiteln geleistet worden. Selbst wenn das Thema Gedächtnis und Erinnerung derzeit vielerorts ein Modethema ist, so ist es doch insbesondere mit Blick auf die Analyse *gegenwärtiger* Gesellschaften und deren Mediensystemen ein kaum bearbeitetes Feld. Wenn die Überlegungen der vorliegenden Arbeit als Anstoß dienen, eine theoretische Diskussion in der Kommunikationswissenschaft anzuregen und erste empirische Studien zu initiieren, hätte sie ihr wichtigstes Ziel schon erreicht. Es ist in diesem Zusammenhang zudem wünschenswert, dass die Chance ergriffen wird, im Sinne einer medienkulturwissenschaftlichen Öffnung die Diskussion mit anderen Disziplinen zu suchen und die theoretischen Grundkonzepte wie empirische Forschungsdesiderate eingehend zu diskutieren, damit an die Stelle vieler unverbundener Arbeiten ein systematisches transdisziplinäres Programm treten kann. Der enge Zusammenhang zwischen Gedächtnis, Erinnerung, Medien und Kultur sowie die grundlegende Bedeutung von Erinnerung für das notwendig selektive und politische Identitätsmanagement sowohl von Aktanten als auch von sozialen Systemen machen Gedächtnis und Erinnerung zum fast schon idealtypischen Forschungsgebiet einer Medienkulturwissenschaft.

Bereits vorab ist betont worden, dass hier keine abschließende Theorie vorgestellt werden soll, sondern ein Entwurf vorgelegt wird, der darauf angelegt ist, Interesse zu wecken und (auch kontroverse) Diskussionen anzuregen. Aus argumentativen Gründen ist der bisherige kulturwissenschafliche Diskurs als eine Einheit präsentiert worden. Die behauptete Einheitlichkeit des Diskurses und die geleistete Kritik sollte als diskursive Strategie gelesen werden, die nicht allen, insbesondere nicht avancierten aktuellen Tendenzen (die in Teilen zumindest skizziert wurden), gerecht werden kann. Der Hinweis, für die Kommunikationswissenschaft sei eine medienkulturwissenschaftliche Öffnung wünschenswert, ist in diesem Zusammenhang als klares Bekenntnis zu verstehen, dass für künftige Arbeiten zum Thema Medien, Kultur und Erinnerung eine Beteiligung der in der vorliegenden Arbeit viel gescholtenen Kulturwissenschaften unverzichtbar ist.

Es soll abschließend noch bemerkt werden, dass die hier oft eingeforderte Differenzierung der Bewertung ‚neuer‘ Medientechnologien und die Kritik an allzu pessimistischen Prognosen über die Zukunft der gesellschaftlichen Erinnerung in einem bestimmten Kontext zu sehen ist: Die vorliegende Arbeit ist auch aus einer Unzufriedenheit mit der Pauschalität mancher Urteile über die Konsequenzen neuer Medientechnologien entstanden. Vor diesem Hintergrund erschien es notwendig, ein Beobachtungsinstrumentarium zu entwickeln, das die vielfältigen und ambivalenten Entwicklungen präziser in den Blick bekommen kann, als dies bisherige Ansätze leisten. Die eingeforderte Abkehr von normativen Urteilen zugunsten einer differenzierten, dynamischen und nicht-normativen Beschreibung der Veränderungen gesellschaftlicher Erinnerungsprozesse ist ein notwendiger erster Schritt, wenn die Wissenschaft mehr bieten möchte als ein feuilletonistisches Lamento.

Diese wertfreie Beobachtung muss jedoch nicht der letzte Schritt bleiben. Zunächst ist ein differenzierteres Bild der gesellschaftlichen Gegenwart mit größerer analytischer Schärfe nötig. Auf dieser Grundlage sind dann auch wieder kritische Überlegungen sinnvoll. In der vorliegenden Arbeit ist beispielsweise gezeigt worden, dass die stetig voranschreitende Kommerzialisierung gravierende Einschränkungen bewirken kann, wie wir kulturell unsere Vergangenheit (und damit unsere Identität) thematisieren können. Hier sollte sich die Wissenschaft nicht grundsätzlich jeder Kritik enthalten. Es ist daher eine bedeutende Aufgabe für die Zukunft, eine reflektierte Position zu entwickeln, von der aus Gesellschaft *wissenschaftlich-kritisch* beschrieben werden kann. Die Frage, wie Gesellschaften ihre Voraussetzungen medial thematisieren, wird dabei ein wichtiger Aspekt sein. Eine solche *kritische* Medienkulturtheorie steht jedoch bis heute aus.

Anhang

Tabellenverzeichnis

Abbildungsverzeichnis

Literaturverzeichnis

Acham, Karl (1988): „Fragmentarisches Erinnern und selektives Vergessen. Einige Betrachtungen am Beispiel österreichischer zeitgeschichtlicher Gegebenheiten". In: *politicum* 8, Nr. 40 (Dezember 1988), 4-10.

Aquin, Thomas von (1937): *Summa Theologica.* Band 6. Salzburg; Leipzig: Pustet.

Aristoteles (1994): *Poetik.* Stuttgart: Philipp Reclam jun.

Armstrong, G. Blake; Sopory, Pradeep (1997): "Effects of background television on phonological and visuo-spatial working memory". In: *Communication Research.* 24, Nr. 5, 459-480.

Assmann, Aleida (1991): „Zur Metaphorik der Erinnerung". In: Dies.; Harth, Dietrich (Hrsg.): *Mnemosyne. Formen und Funktionen der kulturellen Erinnerung.* Frankfurt am Main: Fischer, 13-35.

– (1996): "Texts, Traces, Trash: The Changing Media of Cultural Memory". In: *Representations.* Nr. 56, Fall 1996, 123-134.

– (1999): *Erinnerungsräume. Formen und Wandlungen des kulturellen Gedächtnisses.* München: C. H. Beck.

– (1999a): Zeit und Tradition. Kulturelle Strategien der Dauer. Köln u. a.: Böhlau.

– (2002): „Gedächtnis als Leitbegriff der Kulturwissenschaften". In: Musner, Lutz; Wunberg, Gotthart (Hrsg.): *Kulturwissenschaften. Forschung – Praxis – Positionen.* Wien: WUV, 27-45.

– (2003): „Druckerpresse und Internet. Auf dem Weg von einer Gedächtniskultur zu einer Kultur der Aufmerksamkeit: Oberfläche, Geschwindigkeit und Supermarkt". In: *Frankfurter Rundschau.* 18. Januar 2003, 19.

– (2004): „Zur Mediengeschichte des kulturellen Gedächtnisses". In: Erll, Astrid; Nünning, Ansgar (Hrsg.): *Medien des kollektiven Gedächtnisses. Konstruktivität – Historizität – Kulturspezifität.* Berlin; New York: Walter de Gruyter, 45-60.

– (2004a): „Die digitale Bibliothek brennt immer!". In: *Cicero. Magazin für politische Kultur.* URL: http://cicero.de/page_print.php?ress_id=7&item=232 (Stand 18. Mai 2005).

– (2004b): *Das Kulturelle Gedächtnis an der Milleniumsschwelle.* [Sic!] *Krise und Zukunft der Bildung.* Konstanz: UVK.

Assmann, Aleida; Assmann, Jan (1983): „Schrift und Gedächtnis". [Nachwort.] In: Dies.; Hardmeier, Christof (Hrsg.): *Schrift und Gedächtnis. Beiträge zur Archäologie der literarischen Kommunikation.* München: Wilhelm Fink, 265-284.

– (1994): „Das Gestern im Heute. Medien und soziales Gedächtnis". In: Merten, Klaus; Schmidt, Siegfried J.; Weischenberg, Siegfried (Hrsg.): *Die Wirklichkeit der Medien. Eine Einführung in die Kommunikationswissenschaft.* Opladen: Westdeutscher Verlag, 114-140.

Assmann, Aleida; Assmann, Jan; Hardmeier, Christof (Hrsg.) (1983): *Schrift und Gedächtnis. Beiträge zur Archäologie der literarischen Kommunikation.* München: Fink [=Archäologie der literarischen Kommunikation, 1].

Assmann, Aleida; Weinberg, Manfred; Windisch, Martin (Hrsg.) (1998): *Medien des Gedächtnisses.* Stuttgart, Weimar: Metzler [=Deutsche Vierteljahrsschrift für Literaturwissenschaft und Geistesgeschichte, 72. Jg., Sonderheft].

Assmann, Jan (1988): „Kollektives Gedächtnis und kulturelle Identität". In: Ders.; Hölscher, Tonio (Hrsg.): *Kultur und Gedächtnis.* Frankfurt am Main: Suhrkamp, 9-19.

– (⁴2002 [1992]): *Das kulturelle Gedächtnis. Schrift, Erinnerung und politische Identität in frühen Hochkulturen.* München: C. H. Beck.

– (2002a): „Nachwort". In: Esposito, Elena (2002): *Soziales Vergessen. Formen und Medien des Gedächtnisses der Gesellschaft.* Frankfurt am Main: Suhrkamp, 400-414.

Association française pour la lecture (1993): *Genèse du texte. Analyse de l' acte d' écriture.* URL: http://www.lecture.org/genese(bis).htm (Stand 22. August 2005).

– (2005): *Idéographix. Plate-forme 2 ›étude et production d'écrits‹.* URL: http://www.lecture.org/ideograph2(bis).htm (Stand 22. August 2005).

Baecker, Dirk (1987): „Das Gedächtnis der Wirtschaft". In: Ders. u. a. (Hrsg.): *Theorie als Passion. Niklas Luhmann zum 60. Geburtstag.* Frankfurt am Main: Suhrkamp, 519-546.

– (1997): „Das wirkliche Problem ist, daß wir keine Probleme haben!" In: Bardmann, Theodor M. (Hrsg.): *Zirkuläre Positionen. Konstruktivismus als praktische Theorie.* Opladen: Westdeutscher Verlag, 91-106.

Bakhurst, David (1990): "Social Memory in Soviet Thought". In: Middleton, David; Edwards, Derek (Hrsg.): *Collective Remembering.* London u. a.: Sage, 203-226.

Barnhurst, Kevin G.; Wartella, Ellen (1998): "Young citizens, American TV newscasts and the collective memory". In: *Critical studies in mass communication.* 15 (1998), Nr. 3, 279-305.

Bartlett, Frederic C. (1961 [1932]): *Remembering. A Study in Experimental and Social Psychology.* Cambridge: University Press.

Bauman, Zygmunt (2003): *Flüchtige Moderne.* Frankfurt am Main: Suhrkamp.

Beck, Ulrich; Giddens, Anthony; Lash, Scott (1996): *Reflexive Modernisierung. Eine Kontroverse.* Frankfurt am Main: Suhrkamp.

Benjamin, Walter (1991): *Das Passagen-Werk. Gesammelte Schriften, Band V.1.* Hrsg. v. Rolf Tiedemann. Frankfurt am Main: Suhrkamp.

Bernard, Andreas (2003): „Der unsichtbare Nachlass. Thomas Strittmatter ist der erste deutsche Schriftsteller, dessen literarisches Vermächtnis in digitaler Form vorliegt: Wie verändert sich das Bild des dichterischen Werks?" In: *Süddeutsche Zeitung.* 26. Mai 2003, 16.

Black, Max (1962): *Models and Metaphors.* Ithaca, New York: Cornell University Press.

– (1983): „Die Metapher". In: Anselm Haverkamp (Hrsg.): *Theorie der Metapher.* Darmstadt: Wissenschaftliche Buchgesellschaft, 55-79.

Bloch, Marc (1925): „Mémoire collective, tradition et coutume. A propos d' un livre récent". In: *Revue de Synthèse Historique.* Bd. 40 (neue Serie Bd. 14), Dezember 1925, 73-83.

– (1982 [1939]): *Die Feudalgesellschaft.* Frankfurt am Main u. a.: Propyläen.

Bloch, Maurice E. F. (1998): *How We Think They Think. Anthropological Approaches to Cognition, Memory and Literacy.* Boulder, Colorado; Oxford: Westview Press.

Böhme, Hartmut; Peter Matussek; Lothar Müller (2000): *Orientierung Kulturwissenschaft. Was sie kann, was sie will.* Reinbek: Rowohlt.

Böhme-Dürr, Karin (1999): „Wie vergangen ist die Vergangenheit? Holocaust-Erinnerungen in amerikanischen und deutschen Nachrichtenmagazinen". In: Wilke, Jürgen (Hrsg.): *Massenmedien und Zeitgeschichte.* Konstanz: UVK, 247-259.

Börsenverein [des Deutschen Buchhandels] (2004): *Buchmarkt.* URL: http://www.boersenverein.de/de/64626 (Stand 23. August 2005).

– (2004a): *Branchenbarometer Elektronisches Publizieren 2004.* URL: http://www.boersenverein.de/sixcms/media.php/686/AKEP_Branchenbarometer2004.pdf (Stand 23. August 2005).

Bolz, Norbert (1993): *Am Ende der Gutenberg-Galaxis. Die neuen Kommunikationsverhältnisse.* München: Fink.

– (1995): „Am Ende der Gutenberg-Galaxis". [Vortrag.] In: *Homepage der Vereinigung Österreichischer Bibliothekarinnen und Bibliothekare (VÖB), Universität Innsbruck.* URL: http://www.uibk.ac.at/sci-org/voeb/texte/bolz.html (Stand: 14. November 2003).

Bourdon, Jérome (1992): "Television and political memory". In: *Media culture & society.* 14 (1992), Nr. 4, 541-560.

Brand, Stewart (1998): *The Long Now Foundation. Purpose.* URL: http://www.longnow.org/10klibrary/library.htm (Stand 23. August 2005).

– (1999): "Escaping the Digital Dark Age". In: *Library Journal.* Vol. 124, Nr. 2 (1999), 46-49.

Braunwarth, Matthias (2002): *Gedächtnis der Gegenwart. Signatur eines religiös-kulturellen Gedächtnisses. Annäherung an eine Theologie der Relationierung und Relativierung.* Münster u. a.: Lit.

Bredenkamp, Jürgen (1998): *Lernen, Erinnern, Vergessen.* München: C. H. Beck.

Brown, Roger W.; Kulik, James (1977): "Flashbulb memories" In: *Cognition.* Nr. 5, 1977, 73-99.

Buck-Morss (1989): *The Dialectics of Seeing: Walter Benjamin and the Arcades Project.* Cambridge, Mass.: MIT Press.

Bullion, Constanze (2005): „Trauer um die Mauer". In: *Süddeutsche Zeitung.* 6. Juli 2005, 3.

Burkart, Roland (⁴2002): *Kommunikationswissenschaft. Grundlagen und Problemfelder. Umrisse einer interdisziplinären Sozialwissenschaft.* Köln u. a.: Böhlau.

Burke, Peter (1989): "History as Social Memory". In: Butler, Thomas (Hrsg.): *Memory. History, Culture and the Mind.* Oxford, New York: Basil Blackwell, 97-113.

Cannadine, David (1983): "The Context, Performance and Meaning of Ritual: The British Monarchy and the 'Invention of Tradition'". In: Hobsbawm, Eric; Ranger, Terence (Hrsg.): *The Invention of Tradition.* Cambridge: Cambridge University Press, 101-164.

Childs, David (2005): „Der perfekte Turm". In: *Süddeutsche Zeitung.* 29. September 2005, 15.

Christ, Sebastian (2005): „Mauer-Mahnmal. Abriss zwischen Wut und Tränen". In: *SPIEGEL online.* URL: http://www.spiegel.de/politik/deutschland/ 0,1518,363752,00.html (Stand 7. August 2005).

Cicero, Marcus Tullius (1976): *De Oratore. Über den Redner.* Stuttgart: Philipp Reclam Junior.

Ciompi, Luc (⁴1994 [1982]): *Affektlogik. Über die Struktur der Psyche und ihre Entwicklung. Ein Beitrag zur Schizophrenieforschung.* Stuttgart: Klett-Cotta.

– (²1999 [1997]): *Die emotionalen Grundlagen des Denkens. Entwurf einer fraktalen Affektlogik.* Göttingen: Vandenhoeck & Ruprecht.

Confino, Alon (1997): "Collective Memory and Cultural History: Problems of Method". In: *The American Historical Review.* Bd. 102, Nr. 5, Dezember 1997, 1386-1403.

Connerton, Paul (1989): *How Societies remember.* Cambridge: Cambridge University Press.

Coulmas, Florian (2004): „Das Leben mit Velozifer. Zerstört die Digitalisierung die Erinnerungskultur? Manfred Osten klagt darüber jedenfalls gelehrt und elegant". In: *Süddeutsche Zeitung.* 20. Dezember 2004, 18.

Crane, Diana (Hrsg.) (²1995): *The Sociology of Culture. Emerging Theoretical Perspectives.* Oxford u. a.: Blackwell.

Crane, Susan A. (1997): "Writing the Individual Back into Collective Memory". In: *The American Historical Review.* Bd. 102, Nr. 5, Dezember 1997, 1372-1385.

Creative Commons (o. J.): *About. 'Some Rights Reserved': Building a Layer of Reasonable Copyright.* URL: http://creativecommons.org/about/history (Stand 23. August 2005).

Dahn, Daniela (2004): „Da liegt kein Segen drauf. Zum geplanten Zentrum gegen Vertreibung". In: *Süddeutsche Zeitung.* 6. Februar 2004, 11.

Damasio, Antonio (2000 [1994]): *Descartes' Error. Emotion, Reason and the Human Brain.* New York: Quill.

DGPuK (o. J.): *Homepage der DGPuK.* URL: http://www.dgpuk.de/ (Stand: 10. Februar 2005).

Dörner, Dietrich (2000): „Bewußtsein und Gehirn". In: Elsner, Norbert; Lüer, Gerd (Hrsg.): *Das Gehirn und sein Geist.* Göttingen: Wallstein, 147-165.

Draaisma, Douwe (1999): *Die Metaphernmaschine. Eine Geschichte des Gedächtnisses.* Darmstadt: Primus.

Durkheim, Emile (1994 [1915]: *Die elementaren Formen des religiösen Lebens.* Frankfurt am Main: Suhrkamp.

Eakin, Paul John (1999): *How Our Lives Become Stories: Making Selves.* Ithaca; London: Cornell University Press.

Ebbinghaus, Hermann (1985 [1885]): *Über das Gedächtnis. Untersuchungen zur experimentellen Psychologie.* Darmstadt: Wissenschaftliche Buchgesellschaft.

Edgerton, Gary R.; Rollins, Peter C. (Hrsg.) (2001): *Television Histories. Shaping Collective Memory in the Media Age.* Lexington, Kentucky: University Press of Kentucky.

Edy, Jill A. (1999): "Journalistic uses of collective memory". In: *Journal of Communication.* 49 (1999), Nr. 2, 71-85.

Eggers, Michael (2001): „Trauma". In: Pethes, Nicolas; Ruchatz, Jens (Hrsg.): *Gedächtnis und Erinnerung. Ein interdisziplinäres Lexikon.* Reinbek: Rowohlt, 603-604.

Eisenstein, Elizabeth L. (1993): *The printing press as an agent of change. Communications and cultural transformations in early-modern Europe.* Cambridge u. a.: Cambridge University Press.

Erll, Astrid (2003): „Kollektives Gedächtnis und Erinnerungskulturen". In: Nünning, Ansgar; Nünning, Vera (Hrsg.): *Konzepte der Kulturwissenschaften.* Stuttgart; Weimar: Metzler, 156-185.

– (2004): „Medium des kollektiven Gedächtnisses – ein (erinnerungs-) kulturwissenschaftlicher Kompaktbegriff". In: Dies.; Nünning, Ansgar (Hrsg.): *Medien des kollektiven Gedächtnisses. Konstruktivität – Historizität – Kulturspezifität.* Berlin; New York: Walter de Gruyter, 3-22.

– (2005): *Kollektives Gedächtnis und Erinnerungskulturen.* Stuttgart; Weimar: Metzler.

Erll, Astrid; Nünning, Ansgar (Hrsg.) (2004): *Medien des kollektiven Gedächtnisses. Konstruktivität – Historizität – Kulturspezifität.* Berlin; New York: Walter de Gruyter.

– (2004a): „Vorwort und Dank". In: Dies. (Hrsg.): *Medien des kollektiven Gedächtnisses. Konstruktivität – Historizität – Kulturspezifität.* Berlin; New York: Walter de Gruyter, V-VI.

Ernst, Wolfgang (2000): „Archivbilder". In: Darsow, Götz-Lothar (Hrsg.): *Metamorphosen. Gedächtnismedien im Computerzeitalter.* Stuttgart: frommann-holzboog, 175-193.

Esposito, Elena (2002): *Soziales Vergessen. Formen und Medien des Gedächtnisses der Gesellschaft*. Frankfurt am Main: Suhrkamp.

Evans-Pritchard, Edward E. (⁸1976 [1940]): *The Nuer. A description of the modes of livelihood and political institutions of a Nilotic people*. Oxford, New York: Oxford University Press.

Fauser, Markus (2003): *Einführung in die Kulturwissenschaft*. Darmstadt: Wissenschaftliche Buchgesellschaft.

Fehrmann, Gisela; Linz, Erika; Schuhmacher, Eckhard; Weingart, Brigitte (2004): „Originalkopie. Praktiken des Sekundären – Eine Einleitung". In: Dies. (Hrsg.): *Originalkopie. Praktiken des Sekundären*. Köln: DuMont, 7-17.

Fentress, James; Wickham Chris (1992): *Social Memory*. Oxford u. a.: Blackwell.

Fitzgibbon, Andrew; Reiter, Ehud (2003): '*Memories for life'. Managing information over a human lifetime*. URL: http://www.nesc.ac.uk/esi/events/Grand_Challenges/proposals/Memories.pdf (Stand: 23. August 2005).

Fleckner, Uwe (1995): *Die Schatzkammern der Mnemosyne: ein Lesebuch mit Texten zur Gedächtnistheorie von Platon bis Derrida*. Dresden: Verlag der Kunst.

Florey, Ernst (1991): „Gehirn und Zeit". In: Schmidt, Siegfried J. (Hrsg.): *Gedächtnis. Probleme und Perspektiven der interdisziplinären Gedächtnisforschung*. Frankfurt am Main: Suhrkamp, 170-189.

Foerster, Heinz von (1985): „Gedächtnis ohne Aufzeichnung". In: Ders.: *Sicht und Einsicht. Versuche zu einer operativen Erkenntnistheorie*. Braunschweig; Wiesbaden: Vieweg, 133-171.

Foucault, Michel (2003 [1974]: *Die Ordnung der Dinge*. Frankfurt a. M.: Suhrkamp.

François, Etienne; Schulze, Hagen (Hrsg.) (2001): *Deutsche Erinnerungsorte*. 3 Bände. München: C. H. Beck.

Freud, Sigmund (1982): „Notiz über den ‚Wunderblock'". In: Ders.: *Psychologie des Unbewußten*. Frankfurt am Main: Fischer, 363-369 [=Studienausgabe, 3].

Frevert, Ute (2000): „Angst vor Gefühlen? Die Geschichtsmächtigkeit von Emotionen im 20. Jahrhundert". In: Nolte, Paul; Hettling, Manfred; Kuhlemann, Frank-Michael; Schmuhl, Hans-Walter (Hrsg.): *Perspektiven der Gesellschaftsgeschichte*. München: C. H. Beck, 95-111.

Fulda, Daniel (2005): „‚Empirisierung der Systemtheorie.' Zu einem Versuch, Luhmann mit Assmann zu kombinieren". In: *IASL Online*. URL: http://iasl.uni-muenchen.de/rezensio/liste/Fulda3826024478_921.html (Stand: 27. Mai 2005).

Gage, Doug (2004): *BAA # 03-30. LifeLog. Proposer Information Pamphlet*. URL: http://web.archive.org/web/20030603173339/http%3a//www.darpa.mil/i pto/Solicitations/PIP_03-30.html [Verfügbar über *Internet Archive*, (Stand: 22. August 2005)].

– (o. J.): *LifeLog Program*. URL: http://www.darpa.mil/ipto/Programs/lifelog/ (Stand: 22. August 2005).

Garfinkel, Simson (2004): „Geheimniskrämerei bei Google?" In: *Technology Review.* URL: http://www.heise.de/tr/aktuell/meldung/print/46973 (Stand 23. August 2005).

Gedi, Noa; Elam, Yigal (1996): "Collective Memory – What Is It?" In: *History & Memory.* Bd. 8, Nr. 1, 30-50.

Gibbons, Jeffrey A.; Vogl, Rodney J.; Grimes, Tom (2003): "Memory misattributions for characters in a television news story". In: *Journal of broadcasting & electronic media.* 47 (2003), Nr. 1, S. 99-112.

Giddens, Anthony (1992): *Kritische Theorie der Spätmoderne.* Wien: Passagen.

– (1996): *Konsequenzen der Moderne.* Frankfurt am Main: Suhrkamp.

– (³1997 [1984]): *Die Konstitution der Gesellschaft. Grundzüge einer Theorie der Strukturierung.* Frankfurt am Main; New York: Campus.

– (2001): *Entfesselte Welt. Wie die Globalisierung unser Leben verändert.* Frankfurt am Main: Suhrkamp.

Gizinski, Maik (2005): *Das Problem der Organisation – Die Organisation des Problems.* Münster u. a.: Lit.

Goody, Jack; Watt, Ian; Gough, Kathleen (1986): *Entstehung und Folgen der Schriftkultur.* Frankfurt am Main: Suhrkamp.

Google (o. J.): *Google Web Search Features.* URL: http://www.google.com/intl/en/help/features.html (Stand 23. August 2005).

Goschke, Thomas (2001): „Konnektivität". In: Pethes, Nicolas; Ruchatz, Jens (Hrsg.): *Gedächtnis und Erinnerung. Ein interdisziplinäres Lexikon.* Reinbek: Rowohlt, 313-314.

Graff, James (2004): "Terror's Tracks". In: *Time Magazine.* 19. April 2004. URL: http://www.time.com/time/europe/magazine/article/0,13005,901040419-610023,00.html (Stand 28. August 2005).

Gunter, Barrie; Tohala, Tala; Furnham, Adrian (2001): "Television violence and memory for TV advertisements". In: *Communications.* 26, Nr. 2, 109-127.

Gutzeit, Angela (2005): „Eine Frage der menschlichen Identität". In *Frankfurter Rundschau.* 26. April 2005, URL: http://www.fr-aktuell.de/ressorts/kultur_und_medien/das_politische_buch/?cnt=667947 (Stand 27. April 2005).

Habermas, Jürgen (⁴1993): „Eintritt in die Postmoderne: Nietzsche als Drehscheibe". In: Ders.: *Der philosophische Diskurs der Moderne. Zwölf Vorlesungen.* 4. Auflage. Frankfurt am Main: Suhrkamp, 104-129.

Haken, Hermann (1991): „Konzepte und Modellvorstellungen der Synergetik zum Gedächtnis". In: Schmidt, Siegfried J. (Hrsg.): *Gedächtnis. Probleme und Perspektiven der interdisziplinären Gedächtnisforschung.* Frankfurt am Main: Suhrkamp, 190-205.

Halbwachs, Maurice (1966 [1925]): *Das Gedächtnis und seine sozialen Bedingungen.* Berlin; Neuwied: Luchterhand.

– (1967 [1939]): *Das kollektive Gedächtnis.* Stuttgart: Ferdinand Enke.

Halle, Axel (2004): „Medium und Gedächtnis aus bibliothekarischer Sicht". In: Sick, Franziska; Ochsner, Beate (Hrsg.): *Medium und Gedächtnis. Von der Überbietung der Grenzen.* Frankfurt am Main u. a.: Peter Lang, 31-42.

Hamm-Brücher, Hildegard (2003): „Rummel und Klischees". In: *Süddeutsche Zeitung.* 27. November 2003, 15.

Harth, Dietrich (Hrsg.) (1991): *Die Erfindung des Gedächtnisses. Texte, zusammengestellt und eingeleitet von Dietrich Harth.* Frankfurt am Main: Keip.

Hartmann, Frank (2003): *Mediologie. Ansätze einer Medientheorie der Kulturwissenschaften.* Wien: WUV.

Hausberger, Michael (1998): „Ein Sitzplatz im Gedächtnis. Über das Verfalldatum von Slogans". In: Merten, Klaus; Ahrens, Rupert (Hrsg.): *Das Handbuch der Unternehmenskommunikation.* Neuwied: Luchterhand, 178-185.

Havelock, Eric Alfred (1963): *Preface to Plato.* Cambridge, Mass.: Belknap Press of Harvard University Press.

Hebb, Donald O. (1975): *Einführung in die moderne Psychologie.* Weinheim: Beltz.

Hejl, Peter M. (1991): „Wie Gesellschaften Erfahrungen machen oder: Was Gesellschaftstheorie zum Verständnis des Gedächtnisproblems beitragen kann". In: Schmidt, Siegfried J. (Hrsg.): *Gedächtnis. Probleme und Perspektiven der interdisziplinären Gedächtnisforschung.* Frankfurt am Main: Suhrkamp, 293-336.

Hell, Wolfgang (1993): „Gedächtnistäuschungen". In: Ders.; Fiedler, Klaus; Gigerenzer, Gerd (Hrsg.): *Kognitive Täuschungen. Fehl-Leistungen des Urteilens, Denkens und Erinnerns.* Heidelberg; Berlin: Spektrum, 13-38.

Hobbes, Thomas (1996 [1651]): *Leviathan.* Hg. von Hermann Klenner. Hamburg: Meiner.

Hobsbawm, Eric J. (1972): "The social function of the past". In: *Past & Present. A journal of historical studies.* Nr. 55, Mai 1972, 3-17.

– (1983): "Mass-Producing Traditions: Europe, 1870-1914". In: Ders.; Ranger, Terence (Hrsg.): *The Invention of Tradition.* Cambridge: Cambridge University Press, 263-307.

Hobsbawm, Eric J.; Ranger, Terence (Hrsg.) (1983): *The Invention of Tradition.* Cambridge: Cambridge University Press.

Holl, Mirjam-Kerstin (2003): *Semantik und Soziales Gedächtnis. Die Systemtheorie Niklas Luhmanns und die Gedächtnistheorie von Aleida und Jan Assmann.* Würzburg: Königshausen & Neumann.

Hoppe, Ralf (2003): „Das gierige Gehirn". In: *DER SPIEGEL.* Nr. 39, 22. September 2003, 74-82.

Hoskins, Andrew (2003): "Signs of the Holocaust exhibiting memory in a mediated age". In: *Media culture & society.* 25 (2003), Nr. 1, 7-22.

Hurrelmann, Bettina (1999). „Sozialisation: (individuelle) Entwicklung, Sozialisationstheorien, Enkulturation, Mediensozialisation (-erziehung), literarische Sozialisation". In: *Kölner Psychologische Studien.* Nr. 4, 1999, 105-116.

Hutton, Patrick H. (1993): *History as an art of memory.* Hanover, HA u. a.: University of Vermont Press.

Huyssen, Andreas (1995): *Twilight memories. Marking time in a culture of amnesia.* New York u. a.: Routledge.

Iggers, Georg (1993): *Geschichtswissenschaft im 20. Jahrhundert. Ein kritischer Überblick im internationalen Zusammenhang.* Göttingen: Vandenhoeck & Ruprecht.

IMPZ (2004): WiWi. Wege in die Wissenschaft. Befragung. URL: http://ipmz.netzkiste.ch/wiwi/fragebogen.php (Stand: 22. Juni 2004).

Innis, Harold A. (1997 [1951]): „Das Problem des Raumes". In: Barck, Karlheinz (Hrsg.) (1997): *Harold A. Innis – Kreuzwege der Kommunikation. Ausgewählte Texte.* Wien; New York: Springer, 147-181.

Internet Archive (o. J.): *About the Internet Archive.* URL: http://www.archive.org/about/about.php (Stand: 23. August 2005).

– (o. J. a): *What is the Internet Archive Wayback Machine?* URL: http://www.archive.org/about/faq.php?faq_id=3 (Stand 23. August 2005).

Iran-Nejad, Ashgar; Homaifar, Abdollah (1991): „Assoziative und nicht-assoziative Theorien des verteilten Lernens und Erinnerns". In: Schmidt, Siegfried J. (Hrsg.): *Gedächtnis. Probleme und Perspektiven der interdisziplinären Gedächtnisforschung.* Frankfurt am Main: Suhrkamp, 206-249.

Jacke, Christoph (2004): *Medien(sub)kultur. Geschichten – Diskurse – Entwürfe.* Bielefeld: transcript.

Jacke, Christoph; Zurstiege, Guido (2003): „Vom erfolgreichen Scheitern". In: Dies. (Hrsg.): *Hinlenkung durch Ablenkung. Medienkultur und die Attraktivität des Verborgenen.* Münster: Lit, 97-106.

Jaeger, Friedrich; Liebsch, Burkhard (2004): *Handbuch der Kulturwissenschaften.* 3 Bände. Stuttgart, Weimar: Metzler.

Jesdanun, Anick (2003): "Coming Soon: A Digital Dark Age?" In: *CBS News Online* vom 21. Januar 2003. URL: http://www.cbsnews.com/stories/2003/01/21/tech/main537308.shtml (Stand 22. September 2005).

Jessen, Jens (2003): „Organisierte Verachtung. Bei der Wahl der zehn ‚besten Deut-
    schen' hat vor allem das ZDF verloren". In: *DIE ZEIT*. 13. November
    2003, 41.

Jünger, Sebastian (2002): *Kognition, Kommunikation, Kultur. Aspekte integrativer Theoriear-
    beit.* Wiesbaden: DUV.

– (2006): *Kulturtheorie und Müllmetapher. Essay zur Kritik der Simulation.* In: Jacke, Chris-
    toph; Kimminich, Eva; Schmidt, Siegfried J. (Hrsg.): *Kulturschutt. Über das Re-
    cycling von Theorien und Kulturen.* Bielefeld: transcript [o. S., in Vorbereitung].

Kaes, Anton (1987): *Deutschlandbilder. Die Wiederkehr der Geschichte als Film.* München:
    edition text + kritik.

Kahlweit, Cathrin (2005): „Erinnern mit Hindernissen. Netzwerk soll Gedenken an
    Vertreibungsopfer koordinieren". In: *Süddeutsche Zeitung*. 2. Februar 2005, 1.

Karpf, Ernst; Kiesel, Doron; Visarius, Karsten (Hrsg.) (1998): *Once upon a time... Film
    und Gedächtnis.* Marburg: Schüren [=Arnoldshainer Filmgespräche, 15].

Keil, Christopher (2003): „...und es werde Licht. Seit einem Jahr verkauft der frühere
    Kirch-General Jan Mojto auf eigene Faust geschichtliches Eventfernsehen –
    jetzt erhält er zwei wichtige Preise". In: *Süddeutsche Zeitung*. 22. Mai 2003, 17.

Kellermann, Kathy (1985): "Memory Processes in Media Effects". In: *Communication
    Research*. Bd. 12, Nr. 1, Januar 1985, 83-131.

Kierkegaard, Søren (1955): „Die Wiederholung". In: Ders.: *Die Wiederholung. Drei
    erbauliche Reden 1843.* Düsseldorf: Diederichs, 1-97 [=Gesammelte Wer-
    ke, 5/6].

Kirchmann, Kay; Filk, Christian (2000): „Wie erinnerungsfähig ist das Fernsehen?
    Thesen zum Verhältnis von Geschichte, Medien und kulturellem Gedächt-
    nis". In: *Funk-Korrespondenz*, 48, Nr. 42, 3-9.

Kitch, Carolyn (1999): "Twentieth-century tales newsmagazines and American
    memory". In: *Journalism & communication monographs*. 1 (1999), Nr. 2, 119-155.

– (2000): "'A news of feeling as well as fact': Mourning and memorial in American
    newsmagazines". In: *Journalism*. 1 (2000), Nr. 2, 171-195.

– (2003): "Generational Identity and Memory in American Newsmagazines". In:
    Journalism. 4 (2003), Nr. 2, 185-202.

Klein, Kerwin Lee (2000): "On the Emergence of *Memory* in Historical Discourse". In:
    Representations. Nr. 69, Winter 2000, 127-150.

Korte, Martin (2001): „Hebb, Donald O.". In: Pethes, Nicolas; Ruchatz, Jens (Hrsg.):
    Gedächtnis und Erinnerung. Ein interdisziplinäres Lexikon. Reinbek: Rowohlt,
    251-252.

– (2001a): „Konsolidierung". In: Pethes, Nicolas; Ruchatz, Jens (Hrsg.): *Gedächtnis und
    Erinnerung. Ein interdisziplinäres Lexikon.* Reinbek: Rowohlt, 315.

Kotre, John (1995): *White Gloves. How we create ourselves through memory.* New York u. a.:
    The Free Press.

– (2001): *Lebenslauf und Lebenskunst. Über den Umgang mit der eigenen Biographie.* München; Wien: Carl Hanser.

Kramer, Stefan (2004): *Vom Eigenen und Fremden. Fernsehen und kulturelles Selbstverständnis in der Volksrepublik China.* Bielefeld: transcript.

Kuhn, Thomas S. (1993): "Metaphor in science". In: Andrew Ortony (Hrsg.): *Metaphor and Thought.* Cambridge: Cambridge University Press, 533-542.

Lang, Annie; Dhillon, Kuljinder; Dong, Qingwen (1995): "The effects of emotional arousal and valence on television viewers' cognitive capacity and memory". In: *Journal of broadcasting & electronic media.* 39 (1995), Nr. 2, 313-327.

Lang, Annie; Friestad, Marian (1993): "Emotion, hemispheric specialization, and visual and verbal memory for television messages". In: *Communication research.* 20 (1993), Nr. 5, 647-670.

Lang, Annie; Geiger, Seth; Strickwerda, Melody (1993): "The effects of related and unrelated cuts on television viewers´ attention, processing capacity, and memory". In: *Communication research.* 20 (1993), Nr. 1, 4-29.

Lang, Kurt; Lang, Gladys Engel (1990): "Collective memory and the news". In: Kraus, Sidney (Hrsg.): *Mass communication and political information processing.* Hillsdale, New Jersey u. a.: Erlbaum, 19-35.

Lashley, Karl Spencer (1960 [1950]): "In Search of the Engram". In: Beach, Frank A.; Hebb, Donald O.; Morgan, Clifford T.; Nissen, Henry W. (Hrsg.) (1960): *The Neuropsychology of Lashley. Selected Papers of K. S. Lashley.* New York; Toronto; London: McGraw-Hill, 478-505.

LeDoux, Joseph (1998): *Das Netz der Gefühle. Wie Emotionen entstehen.* München; Wien: Carl Hanser.

Lehmann, Hans-Thies (1999): *Postdramatisches Theater.* Frankfurt am Main: Verlag der Autoren.

– (2002): „Wie politisch ist postdramatisches Theater? Warum das Politische im Theater nur die Unterbrechung des Politischen sein kann". In: Ders.: *Das Politische Schreiben. Essays zu Theatertexten.* Berlin: Theater der Zeit [=Recherchen, 12], 11-21.

Leshner, Glenn; Coyle, James R. (2000): "Memory for television news match and mismatch between processing and testing". In: *Journal of broadcasting & electronic media.* 44 (2000), Nr. 4, 599-613.

Loftus, Elizabeth F.; Feldman, Julie; Dashiell, Richard (1995): "The Reality of Illusory Memories". In: Schacter, Daniel L. (Hrsg.): *Memory Distortion. How Minds, Brains and Societies Reconstruct the Past.* Cambridge, Mass.; London: Harvard University Press, 47-68.

Lord, Albert Bates (1960): *The singer of tales.* Cambridge, Mass.: Harvard University Press [=Harvard studies in comparative literature; 24].

Ludes, Peter (1998): *Einführung in die Medienwissenschaft. Entwicklungen und Theorien.* Berlin: Erich Schmidt.

– (1999): „Kollektives Gedächtnis und kollektive Vernachlässigung". In: Ders. (Hrsg.): *Medienwissenschaften und Medienwertung*. Opladen: Westdeutscher Verlag, 171-196.

Luhmann, Niklas (1990): *Die Wissenschaft der Gesellschaft*. Frankfurt am Main: Suhrkamp.

– (1997): *Die Gesellschaft der Gesellschaft*. 2 Bände. Frankfurt am Main: Suhrkamp.

– (2000): *Organisation und Entscheidung*. Opladen/Wiesbaden: Westdeutscher Verlag.

Maatje, Christian (2000): *Verkaufte Luft. Die Kommerzialisierung des Rundfunks. Hörfunkwerbung in Deutschland (1923-1936)*. Potsdam: Verlag für Berlin-Brandenburg [=Schriftenreihe des Deutschen Rundfunkarchivs, 32].

Mackay, Hugh; Ivey, Darren (2004): *Modern media in the home. An ethnographic study*. Rom: John Libbey Publishing.

Maier, Charles S. (1993): "A Surfeit of Memory? Reflections on History, Melancholy and Denial". In: *History & Memory*. Bd. 5, Nr. 2, 136-151.

Maines, David R.; Sugrue, Noreen M.; Katovich, Michael A. (1983): "The Sociological Import of G. H. Mead's Theory of the Past". In: *American Sociological Review*. Nr. 48 (1983), 161-173.

Mangold, Ijoma (2005): „In die Falle getreten. Es gibt keinen Anlass, Rolf Hochhuth einen Holocaust-Leugner zu nennen". In: *Süddeutsche Zeitung*. 5./6. März 2005, 17.

Mann, Klaus ([17]2001): *Der Wendepunkt: ein Lebensbericht*. Reinbek: Rowohlt.

Markowitsch, Hans-Joachim (1992): *Neuropsychologie des Gedächtnisses*. Göttingen u. a.: Hogrefe.

– (2000): "Neuroanatomy of Memory". In: Tulving, Endel; Craik, Fergus I. M. (Hrsg.): *The Oxford Handbook of Memory*. Oxford u. a.: Oxford University Press, 465-484.

– (2001): „Bewußte und unbewußte Formen des Erinnerns. Befunde aus der neurowissenschaftlichen Gedächtnisforschung". In: Welzer, Harald (Hrsg.): *Das soziale Gedächtnis. Geschichte, Erinnerung, Tradierung*. Hamburg: Hamburger Edition, 219-239.

– (2002): *Dem Gedächtnis auf der Spur. Vom Erinnern und Vergessen*. Darmstadt: Primus.

Marx, Karl (1946 [1852]): *Der achtzehnte Brumaire des Louis Bonaparte*. Berlin: JHW Dietz Nachfolger.

Maturana, Humberto R. (2000 [1970]): „Biologie der Kognition". In: Ders. (2000 [1998]): *Biologie der Realität*. Frankfurt am Main: Suhrkamp, 22-92.

McClelland, James L. (2000): "Connectionist Models of Memory". In: Tulving, Endel; Craik, Fergus I. M. (Hrsg.): *The Oxford Handbook of Memory*. Oxford u. a.: Oxford University Press, 583-596.

McGaugh, James L. (1995): "Emotional Activation, Neuromodulatory Systems, and Memory". In: Schacter, Daniel L. (Hrsg.): *Memory Distortion. How Minds, Brains and Societies Reconstruct the Past*. Cambridge, Mass.; London: Harvard University Press, 255-273.

McLuhan, Marshall (1986): *The Gutenberg galaxy. The making of typographic man.* Toronto: University of Toronto Press.

Mead, George Herbert (1969 [1932]): „Die Philosophie der Sozialität". In: Ders.: *Philosophie der Sozialität. Aufsätze zur Erkenntnisanthropologie.* Hrsg. v. Hansfried Kellner. Frankfurt am Main: Suhrkamp, 229-324.

Merten, Klaus (1999): *Einführung in die Kommunikationswissenschaft. Bd. 1: Grundlagen der Kommunikationswissenschaft.* Münster; Hamburg; London: Lit.

Merten, Klaus; Schmidt, Siegfried J.; Weischenberg, Siegfried (Hrsg.) (1994): *Die Wirklichkeit der Medien. Eine Einführung in die Kommunikationswissenschaft.* Opladen: Westdeutscher Verlag.

Meuter, Norbert (1995): *Narrative Identität. Das Problem der personalen Identität im Anschluß an Ernst Tugendhat, Niklas Luhmann und Paul Ricœur.* Stuttgart: M&P Verlag.

Meyer, Erik; Leggewie, Claus (2004): „„Collecting Today for Tomorrow'. Medien des kollektiven Gedächtnisses am Beispiel des ‚Elften September'". In: Erll, Astrid; Nünning, Ansgar (Hrsg.): *Medien des kollektiven Gedächtnisses. Konstruktivität – Historizität – Kulturspezifität.* Berlin; New York: Walter de Gruyter, 278-291.

Microsoft (o. J.): *MyLifeBits Project.* URL: http://research.microsoft.com/research/barc/MediaPresence/MyLifeBits.aspx (Stand: 22. August 2005).

Middleton, David; Edwards, Derek (Hrsg.) (1990): *Collective Remembering.* London u. a.: Sage.

Mohr, Reinhard (2003): „Goethe im Sinkflug". In: *SPIEGEL online.* URL: http://www.spiegel.de/kultur/gesellschaft/0,1518,274599,00.html (Stand: 19. November 2003).

Müller, Georg Elias (1911-1917): *Zur Analyse der Gedächtnistätigkeit und des Vorstellungsverlaufes.* 3 Bände. Leipzig: Teubner.

Müller-Funk, Wolfgang (2002): *Die Kultur und ihre Narrative. Eine Einführung.* Wien; New York: Springer.

Müller-Richter, Klaus; Larcati, Arturo (1996): *„Kampf der Metapher!" Studien zum Widerstreit des eigentlichen und uneigentlichen Sprechens.* Wien: Österreichische Akademie der Wissenschaften.

Neisser, Ulric (1982): *Memory observed. Remembering in Natural Contexts.* San Francisco: W. H. Freeman and Company.

– (1988): "Five Kinds of Self-knowledge". In: *Philosophical Psychology.* Nr. 1, 1988, 35-59.

Netzeitung.de [ohne Autor] (2004): „Video der Madrider Terroristen gefunden".
URL: http://www.netzeitung.de/spezial/kampfgegenterror/281287.html
(Stand 28. August 2005).

Neumann, Birgit (2005): *Erinnerung, Identität, Narration. Gattungstypologie und Funktionen kanadischer Fictions of Memory.* Berlin; New York: Walter de Gruyter.

Nietzsche, Friedrich (1980): „Ueber Wahrheit und Lüge im aussermoralischen Sinne".
In: Ders.: *Sämtliche Werke. Kritische Studienausgabe in 15 Bänden.* Hg. von Giorgio Colli und Mazzino Montinari. Bd. 1. München; Berlin; New York: dtv, 873-890.

Noelle-Neumann, Elisabeth; Schulz, Winfried; Wilke, Jürgen (Hrsg.) (1994): *Das Fischer Lexikon. Publizistik. Massenkommunikation.* Frankfurt am Main: Fischer.

Nölle, Anselm (2004): *Übertragungen. Metaphorik und Wissenschaftssprache.* Münster: Unveröffentlichte Magisterarbeit, Westfälische Wilhelms-Universität.

Nora, Pierre (Hrsg.) (1984-1992): *Les lieux de mémoire.* 7 Bände [in drei Teilen]. Paris: Gallimard.

– (1998 [1990]): *Zwischen Geschichte und Gedächtnis.* Frankfurt am Main: Fischer.

Novick, Peter (1999 [1989]): *That noble dream: The 'objectivity question' and the American historical profession.* Cambridge u. a.: Cambridge University Press.

Nünning, Ansgar; Nünning, Vera (2003): „Kulturwissenschaften: Eine multiperspektivische Einführung in einen interdisziplinären Diskussionszusammenhang". In: Dies. (Hrsg.): *Konzepte der Kulturwissenschaften.* Stuttgart; Weimar: Metzler, 1-18.

Oesterle, Günter (²2001): „Erinnerung, kulturelle". In: Nünning, Ansgar (Hrsg.): *Metzler Lexikon Literatur- und Kulturtheorie. Ansätze – Personen – Grundbegriffe.* Zweite, überarbeitete und erweiterte Auflage. Stuttgart; Weimar: Metzler, 149-150.

Olick, Jeffrey K. (1999): "Collective Memory. The Two Cultures". In: *Sociological Theory.* Bd. 17, Nr. 3, 333-348.

Olick, Jeffrey K.; Robbins, Joyce (1998): "Social Memory Studies: From 'Collective Memory' to the Historical Sociology of Mnemonic Practices". In: *Annual Review of Sociology.* 24 (1998), 105-140.

Ong, Walter (1982): *Orality and literacy: the technologizing of the world.* London u. a.: Methuen.

Ort, Claus-Michael (2003): „Kulturbegriffe und Kulturtheorien". In: Nünning, Ansgar; Nünning, Vera (Hrsg.): *Konzepte der Kulturwissenschaften.* Stuttgart; Weimar: Metzler, 19-38.

Osten, Manfred (2004): *Das geraubte Gedächtnis. Digitale Systeme und die Zerstörung der Erinnerungskultur.* Frankfurt am Main; Leipzig: Insel.

Owen, A. Susan (2002): "Memory, war and American identity. Saving Private Ryan as cinematic jeremiad". In: *Critical studies in media communication*. 19 (2002), Nr. 3, 249-282.

Parry, Milman (1987): *The making of Homeric verse. The collected papers of Milman Parry*. Oxford u. a.: Oxford University Press.

Pasemann, Frank (1996): „Repräsentation ohne Repräsentation. Überlegungen zu einer Neurodynamik modularer kognitiver Systeme". In: Rusch, Gebhard; Schmidt, Siegfried J.; Breidbach, Olaf (Hrsg.): *Interne Repräsentation. Neue Konzepte der Hirnforschung*. Frankfurt am Main: Suhrkamp [=DELFIN 1996], 42-91.

Paul, Jean (1978 [1812]): „Impromptu's, welche ich künftig in Stammbücher schreiben werde". In: Ders.: *Sämtliche Werke. Abteilung II. Jugendwerke und vermischte Schriften. Dritter Band. Vermischte Schriften II*. Hrsg. v. Norbert Miller. München: Carl Hanser, 814-823.

Peri, Yoram (1999): "The media and collective memory of Yitzhak Rabin's remembrance". In: *Journal of Communication*. 49 (1999), Nr. 3, 106-124.

Pethes, Nicolas; Ruchatz, Jens (Hrsg.) (2001): *Gedächtnis und Erinnerung. Ein interdisziplinäres Lexikon*. Reinbek: Rowohlt.

– (2001a): „Zur Einführung – anstelle der Stichworte ‚Gedächtnis' und ‚Erinnerung'". In: Dies. (Hrsg.): *Gedächtnis und Erinnerung. Ein interdisziplinäres Lexikon*. Reinbek: Rowohlt, 5-19.

Platon (1993): „Theätet". In: Ders. *Sämtliche Dialoge*. Hrsg. von Otto Apelt. Band IV. Hamburg: Meiner, 1-195.

Quante, Michael (Hrsg.) (1999): *Personale Identität*. Paderborn u. a.: Schöningh.

– (1999a): „Einleitung: Personale Identität als Problem der analytischen Metaphysik". In: Ders. (Hrsg.): *Personale Identität*. Paderborn u. a.: Schöningh, 9-29.

Quintilian, Marcus Fabius (1975): *Institutionis oratoriae. Libri XII / Ausbildung des Redners. Zwölf Bücher*. Hrsg. v. Helmut Rahn. 2. Band. Darmstadt: Wissenschaftliche Buchgesellschaft.

Ratcliff, Roger; McKoon, Gail (2000): "Memory Models". In: Tulving, Endel; Craik, Fergus I. M. (Hrsg.): *The Oxford Handbook of Memory*. Oxford u. a.: Oxford University Press, 571-581.

Reck, Hans Ulrich (1997): *Erinnern und Macht. Mediendispositive im Zeitalter des Techno-Imaginären*. Wien: WUV.

– (2000): „Metamorphosen der Archive/Probleme digitaler Erinnerung". In: Darsow, Götz-Lothar (Hrsg.): *Metamorphosen. Gedächtnismedien im Computerzeitalter*. Stuttgart: frommann-holzboog, 195-236.

Reinhardt, Jan D.; Jäckel, Michael (2005): „Massenmedien als Gedächtnis- und
    Erinnerungs‚generatoren' – Mythos und Realität einer ‚Mediengesellschaft'".
    In: Rössler, Patrick; Krotz, Friedrich (Hrsg.): *Mythen der Mediengesellschaft.* –
    The Media Society and ist Myths. Konstanz: UVK [=Schriftenreihe der Deut-
    schen Gesellschaft für Publizistik- und Kommunikationswissenschaft, 32],
    93-112.

Richards, Ivor A. (1936): *The philosophy of rhetoric.* Oxford u. a.: Oxford University
    Press.

Ricœur, Paul (1991): *Zeit und Erzählung.* 3 Bände, 3. Bd.: Die erzählte Zeit. München:
    Fink.

Riepl, Wolfgang (1972 [1913]): *Das Nachrichtenwesen des Altertums. Mit besonderer Rück-
    sicht auf die Römer.* Hildesheim: Olms.

Roediger, Henry L. (1980): „Memory metaphors in cognitive psychology". In: *Memory
    & Cognition.* 8. Jg., Nr. 3, 231-246.

Roth, Gerhard (1986): „Selbstorganisation – Selbsterhaltung – Selbstreferentialität:
    Prinzipien der Organisation der Lebewesen und ihre Folgen für die Bezie-
    hung zwischen Organismus und Umwelt". In: Dress, Andreas; Hendrichs,
    Hunert; Küppers, Günter (Hrsg.): *Selbstorganisation. Die Entstehung von Ordnung
    in Natur und Gesellschaft.* München: Piper, 149-180.

– (1990): „Gehirn und Selbstorganisation". In: Krohn, Wolfgang; Küppers, Günter
    (Hrsg.): *Selbstorganisation. Aspekte einer wissenschaftlichen Revolution.* Braun-
    schweig; Wiesbaden: Vieweg, 167-180.

– (1991): „Neuronale Grundlagen des Lernens und des Gedächtnisses". In: Schmidt,
    Siegfried J. (Hrsg.): *Gedächtnis. Probleme und Perspektiven der interdisziplinären Ge-
    dächtnisforschung.* Frankfurt am Main: Suhrkamp, 127-158.

– (⁵1996 [1994]): *Das Gehirn und seine Wirklichkeit. Kognitive Neurobiologie und ihre philoso-
    phischen Konsequenzen.* Frankfurt am Main: Suhrkamp.

– (2001): *Fühlen, Denken, Handeln. Wie das Gehirn unser Verhalten steuert.* Frankfurt am
    Main: Suhrkamp.

– (2003): *Aus Sicht des Gehirns.* Frankfurt am Main: Suhrkamp.

Ruchatz, Jens (2004): „Fotografische Gedächtnisse. Ein Panorama medienwissen-
    schaftlicher Fragestellungen". In: Erll, Astrid; Nünning, Ansgar (Hrsg.): *Me-
    dien des kollektiven Gedächtnisses. Konstruktivität – Historizität – Kulturspezifität.*
    Berlin; New York: Walter de Gruyter, 83-105.

Rüsen, Jörn; Jaeger, Friedrich (2001): „Erinnerungskultur". In: Korte, Karl-Rudolf;
    Weidenfeld, Werner (Hrsg.): *Deutschland Trend Buch. Fakten und Orientierungen.*
    Bonn: Bundeszentrale für politische Bildung, 397-428.

Rusch, Gebhard (1987): *Erkenntnis, Wissenschaft, Geschichte. Von einem konstruktivistischen
    Standpunkt.* Frankfurt am Main: Suhrkamp.

– (1991): „Erinnerungen aus der Gegenwart". In: Schmidt, Siegfried J. (Hrsg.): *Gedächtnis. Probleme und Perspektiven der interdisziplinären Gedächtnisforschung.* Frankfurt am Main: Suhrkamp, 267-292.

– (2002): „Medienwissenschaft als transdisziplinäres Forschungs-, Lehr- und Lernprogramm. Plädoyer für eine integrierte Medien- und Kommunikationswissenschaft". In: Ders. (Hrsg.): *Einführung in die Medienwissenschaft. Konzeptionen, Theorien, Methoden, Anwendungen.* Wiesbaden: Westdeutscher Verlag, 69-82.

Russell, Kate (2003): "Webscape". In: *BBC World Online.* URL: http://bbcworld.com/content/clickonline_archive_30_2004.asp?pageid=66 6&co_pageid=6 (Stand 23. August 2005).

Schacter, Daniel L. (1995): "Memory Distortion. History and Current Status". In: Ders. (Hrsg.): *Memory Distortion. How Minds, Brains and Societies Reconstruct the Past.* Cambridge, Mass.; London: Harvard University Press, 1-43.

– (1995a) (Hrsg.): *Memory Distortion. How Minds, Brains and Societies Reconstruct the Past.* Cambridge, Mass.; London: Harvard University Press.

– (1999): *Wir sind Erinnerung. Gedächtnis und Persönlichkeit.* Reinbek: Rowohlt.

Schacter, Daniel L.; Wagner, Anthony D.; Buckner, Randy L. (2000): "Memory Systems of 1999". In: Tulving, Endel; Craik, Fergus I. M. (Hrsg.): *The Oxford Handbook of Memory.* Oxford u. a.: Oxford University Press, 627-643.

Schapp, Wilhelm (³1985 [1953]): *In Geschichten verstrickt. Zum Sein von Mensch und Ding.* Wiesbaden: B. Heymann.

Schmidt, Patrick (2004): „Zwischen Medien und Topoi: Die Lieux de Memoire und die Medialität des kulturellen Gedächtnisses". In: Erll, Astrid; Nünning, Ansgar (Hrsg.): *Medien des kollektiven Gedächtnisses. Konstruktivität – Historizität – Kulturspezifität.* Berlin; New York: Walter de Gruyter, 25-43.

Schmidt, Siegfried J. (Hrsg.) (1991): *Gedächtnis. Probleme und Perspektiven der interdisziplinären Gedächtnisforschung.* Frankfurt am Main: Suhrkamp.

– (1991a): „Gedächtnisforschungen: Positionen, Probleme, Perspektiven". In: Ders. (Hrsg.): *Gedächtnis. Probleme und Perspektiven der interdisziplinären Gedächtnisforschung.* Frankfurt am Main: Suhrkamp, 9-55.

– (1991b): „Gedächtnis – Erzählen – Identität". In: Assmann, Aleida; Harth, Dietrich (Hrsg.): *Mnemosyne. Formen und Funktionen der kulturellen Erinnerung.* Frankfurt am Main: Fischer, 378-397.

– (1992): „Medien, Kultur, Medienkultur. Ein konstruktivistisches Gesprächsangebot". In: Ders. (Hrsg.): *Kognition und Gesellschaft. Der Diskurs des Radikalen Konstruktivismus 2.* Frankfurt am Main: Suhrkamp, 425-450.

– (²1996 [1994]): *Kognitive Autonomie und soziale Orientierung. Konstruktivistische Bemerkungen zum Zusammenhang von Kognition, Kommunikation, Medien und Kultur.* Frankfurt am Main: Suhrkamp.

– (1996a): *Die Welten der Medien. Grundlagen und Perspektiven der Medienbeobachtung.* Braunschweig; Wiesbaden: Vieweg.

– (2000): *Kalte Faszination. Medien, Kultur, Wissenschaft in der Mediengesellschaft.* Weilerswist: Velbrück Wissenschaft.

– (2001): „Gedächtnis und Gedächtnistheorien". In: Nünning, Ansgar (Hrsg.): *Metzler Lexikon Literatur- und Kulturtheorie. Ansätze – Personen – Grundbegriffe.* 2., überarbeitete und erweiterte Auflage. Stuttgart; Weimar: Metzler, 211-213.

– (2002): „Vom Anfang. (Von Franz Josef Czernin lernend)". In: Ders.: *Erfahrungen. Österreichische Texte beobachtend.* Klagenfurt; Wien: Ritter, 7-16.

– (2002a): „Es gibt keine Kultur – aber wir brauchen sie". In: Göttlich, Udo; Albrecht, Clemens; Gebhardt, Winfried (Hrsg.): *Populäre Kultur als repräsentative Kultur. Die Herausforderung der Cultural Studies.* Köln: Herbert von Halem, 105-124.

– (2002b): „Medienwissenschaft und Nachbardisziplinen". In: Rusch, Gebhard (Hrsg.): *Einführung in die Medienwissenschaft. Konzeptionen, Theorien, Methoden, Anwendungen.* Wiesbaden: Westdeutscher Verlag, 53-68.

– (2003): „Medienkulturwissenschaft". In: Nünning, Ansgar; Nünning, Vera (Hrsg.): *Konzepte der Kulturwissenschaften.* Stuttgart; Weimar: Metzler, 351-369.

– (2003a): „Über die Fabrikationen von Identität". In: Kimminich, Eva (Hrsg.): *Kulturelle Identität. Konstruktionen und Krisen.* Frankfurt am Main u. a.: Peter Lang, 1-19.

– (2003b): *Geschichten & Diskurse. Abschied vom Konstruktivismus.* Reinbek: Rowohlt.

– (Hrsg. für die Münsteraner Arbeitsgruppe Werbung) (2004): *Handbuch Werbung.* Münster: Lit.

Schmidt, Siegfried J.; Spieß, Brigitte (1994): *Die Geburt der schönen Bilder. Fernsehwerbung aus der Sicht der Kreativen.* Opladen: Westdeutscher Verlag.

Schmidt, Siegfried J.; Zurstiege, Guido (2000): *Orientierung Kommunikationswissenschaft. Was sie kann, was sie will.* Reinbek: Rowohlt.

Schooler, Jonathan W.; Eich, Eric (2000): "Memory for Emotional Events". In: Tulving, Endel; Craik, Fergus I. M. (Hrsg.): *The Oxford Handbook of Memory.* Oxford u. a.: Oxford University Press, 379-392.

Schudson, Michael (1992): *Watergate in American Memory. How we remember, forget, and reconstruct the past.* New York: Basic Books.

– (Hrsg.) (1997): *Cultural Memory. A Special Issue.* [=Sonderausgabe des *Communication review.* Bd. 2 (1997), Nr. 1].

– (1997a): "Lives, laws, and language commemorative versus non-commemorative forms of effective public memory". In: *Communication review.* Bd. 2 (1997), Nr. 1, 3-17.

Schürer-Necker, Elisabeth (1994): *Gedächtnis und Emotion. Zum Einfluß von Emotionen auf das Behalten von Texten.* Weinheim: Beltz, Psychologie Verlags Union [=Fortschritte der psychologischen Forschung, 22].

Schwartz, Barry (1996): "The Expanding Past". In: *Qualitative Sociology.* Bd. 19, Nr. 3, 275-282.

Seibert, Peter (2004): „„Fernseh-Ruhmeshalle fürs Theater'. Das Fernsehen als Gedächtnismedium des Theaters". In: Sick; Franziska; Ochsner, Beate (Hrsg.):
Medium und Gedächtnis. Von der Überbietung der Grenzen. Frankfurt am Main
u. a.: Peter Lang, 173-193.

Seibt, Gustav (2003): „Heimat und Totengedenken. Muss es ein Mahnmal für die
Vertriebenen geben?" In: *Süddeutsche Zeitung.* 18. Juli 2003, 13.

Serres, Michel; Farouki, Nayla (Hrsg.) (1991): *Thesaurus der exakten Wissenschaften.*
Frankfurt am Main: Zweitausendeins.

SFB Erinnerungskulturen (o. J.): *Homepage.* URL: http://www.uni-
giessen.de/erinnerungskulturen/home/Sfb-Konzept.php (Stand: 10. Februar 2005).

Shachtman, Noah (2003): "A Spy Machine of DARPA's Dreams". In: *Wired News.*
URL: http://www.wired.com/news/business/0,1367,58909,00.html (Stand
22. August 2005).

– (2003a): "Pentagon Alters LifeLog Project". In: *Wired News.* URL:
http://www.wired.com/news/politics/0,1283,59607,00.html (Stand 22. August 2005).

Shils, Edward (1981): *Tradition.* London, Boston: Faber & Faber.

Sick, Franziska (2004): „Digitales Recht und digitales Gedächtnis". In: Dies.; Ochsner,
Beate (Hrsg.): *Medium und Gedächtnis. Von der Überbietung der Grenzen.* Frankfurt am Main u. a.: Peter Lang, 43-69.

Siegmund, Gerald (1996): *Theater als Gedächtnis. Semiotische und psychoanalytische Untersuchung zur Funktion des Dramas.* Tübingen: Narr [=Forum modernes Theater,
20].

Singer, Wolf (1991): „Die Entwicklung kognitiver Strukturen – ein selbstreferentieller
Lernprozeß". In: Schmidt, Siegfried J. (Hrsg.): *Gedächtnis. Probleme und Perspektiven der interdisziplinären Gedächtnisforschung.* Frankfurt am Main: Suhrkamp, 96-126.

– (2002 [1998]): „Auf dem Weg nach innen. 50 Jahre Hirnforschung in der Max-
Planck-Gesellschaft". In: Ders. (2002): *Der Beobachter im Gehirn. Essays zur
Hirnforschung.* Frankfurt am Main: Suhrkamp, 9-33.

– (2002a [1990]): „Das Jahrzehnt des Gehirns". In: Ders. (2002): *Der Beobachter im
Gehirn. Essays zur Hirnforschung.* Frankfurt am Main: Suhrkamp, 34-42.

– (2002b [2000]): „Vom Gehirn zum Bewußtsein". In: Ders. (2002): *Der Beobachter im
Gehirn. Essays zur Hirnforschung.* Frankfurt am Main: Suhrkamp, 60-76.

– (2002c [2000]): „Wahrnehmen, Erinnern, Vergessen. Über den Nutzen und Vorteil
der Hirnforschung für die Geschichtswissenschaft". In: Ders. (2002): *Der
Beobachter im Gehirn. Essays zur Hirnforschung.* Frankfurt am Main: Suhrkamp,
77-86.

– (2002d [2000]): „Neurobiologische Anmerkungen zum Konstruktivismus-Diskurs". In: Ders. (2002): *Der Beobachter im Gehirn. Essays zur Hirnforschung*. Frankfurt am Main: Suhrkamp, 87-111.

– (2002e [1997]): „Der Beobachter im Gehirn". In: Ders. (2002): *Der Beobachter im Gehirn. Essays zur Hirnforschung*. Frankfurt am Main: Suhrkamp, 144-170.

– (2003 [1999]): „Hoffnung für Querschnittsgelähmte". In: Ders. (2003): *Ein neues Menschenbild? Gespräche über Hirnforschung*. Frankfurt am Main: Suhrkamp, 46-53.

– (2003a [2001]): „Das falsche Rot der Rose". In: Ders. (2003): *Ein neues Menschenbild? Gespräche über Hirnforschung*. Frankfurt am Main: Suhrkamp, 54-66.

Spitzer, Manfred (2000): *Geist im Netz. Modelle für Lernen, Denken und Handeln*. Heidelberg; Berlin: Spektrum.

Squire, Larry R.; Kandel, Eric R. (1999): *Gedächtnis. Die Natur des Erinnerns*. Heidelberg; Berlin: Spektrum.

Stadler, Michael; Kruse, Peter (1991): „Visuelles Gedächtnis für Formen und das Problem der Bedeutungszuweisung in kognitiven Systemen". In: Schmidt, Siegfried J. (Hrsg.): *Gedächtnis. Probleme und Perspektiven der interdisziplinären Gedächtnisforschung*. Frankfurt am Main: Suhrkamp, 250-266.

Sturken, Marita (1997): *Tangled Memories. The Vietnam War, the AIDS Epidemic, and the Politics of Remembering*. Berkeley u. a.: University of California Press.

Sundar, Shyam S. et. al. (1998): "Does web advertising work? Memory for print vs. online media". In: *Journalism & Mass Communication Quarterly*. 75, Nr. 4, 822-835.

Technology Review (ohne Autor) (2004): *Online in die Vergangenheit*. URL: http://www.heise.de/tr/artikel/print/54303 (Stand 23. August 2005).

Terdiman, Richard (1993): *Present Past. Modernity and the Memory Crisis*. Ithaca; London: Cornell University Press.

The Long Now Foundation (o. J.): *Digital Dark Age: Digital Data Loss and Preservation Resources*. URL: http://www.longnow.org/10klibrary/darkage.htm (Stand 23. August 2005).

Thomä, Dieter (1999): „Segeln mit dem Gedächtnisschoner. Aleida Assmann in den Untiefen der ‚Erinnerungsräume'". In: *Neue Zürcher Zeitung*. 7. September 1999, 68.

Thompson, John B. (2003 [1995]): *The Media and Modernity. A Social Theory of the Media*. Cambridge: Polity Press.

– (2005): "Survival Strategies for Academic Publishing". In: *The Chronicle of Higher Education. The Chronicle Review*. URL: http://chronicle.com/free/v51/i41/41b00601.htm (Stand 23. August 2005).

Toth, Jeffrey P. (2000): "Nonconscious Forms of Human Memory". In: Tulving, Endel; Craik, Fergus I. M. (Hrsg.): *The Oxford Handbook of Memory*. Oxford u. a.: Oxford University Press, 245-261.

Trevor-Roper, Hugh (1983): "The Invention of Tradition: The Highland Tradition of Scotland". In: Hobsbawm, Eric; Ranger, Terence (Hrsg.): *The Invention of Tradition*. Cambridge: Cambridge University Press, 15-41.

Tulving, Endel (1972): "Episodic and Semantic Memory". In: Ders.; Donaldson, Wayne (Hrsg.): *Organization of Memory*. New York, London: Academic Press, 382-403.

– (1983): *Elements of episodic memory*. Oxford u. a.: Oxford University Press.

Vansina, Jan (1965): *Oral Tradition: a study in historical methodology*. Chicago: Aldine.

– (1985): *Oral tradition as history*. London: Currey.

Vaterrodt, Bianca (1992): *Skripts und Gedächtnis*. Frankfurt am Main u. a.: Peter Lang.

Veyne, Paul (1990 [1971]): *Geschichtsschreibung – Und was sie nicht ist*. Frankfurt am Main: Suhrkamp.

Wagenaar, Willem A. (1988): *Identifying Ivan: A case study in legal psychology*. New York u. a.: Harvester Wheatsheaf.

Wagner-Egelhaaf, Martina (2000): *Autobiographie*. Stuttgart; Weimar: Metzler.

Waldmann, Michael R. (1990): *Schema und Gedächtnis. Das Zusammenwirken von Raum- und Ereignisschemata beim Gedächtnis für Alltagssituationen*. Heidelberg: Roland Asanger.

Wallace, Wanda T. (1994): "Memory for music: Effect of melody on recall of text". In: *Journal of Experimental Psychology: Learning, Memory & Cognition*. Nr. 20 (1994), 1471-1485.

Warner, W. Lloyd (1975 [1959]): *The Living and the Dead. A Study of Symbolic Life of Americans*. Westport, Connecticut: Greenwood Press.

Weber, Max (2005 [1922]): *Wirtschaft und Gesellschaft. Grundriss der verstehenden Soziologie*. Zwei Teile in einem Band. Neu Isenburg: Melzer [Lizenzausgabe für Zweitausendeins, Frankfurt am Main].

Weick, Karl E. (1995): *Der Prozeß des Organisierens*. Frankfurt am Main: Suhrkamp.

Weinrich, Harald (1964): „Typen der Gedächtnismetaphorik". In: *Archiv für Begriffsgeschichte*. Nr. 9 (1964), 23-26.

Weiskrantz, Lawrence (2000): "Epilogue. The Story of Memory, and Memory of the Story". In: Tulving, Endel; Craik, Fergus I. M. (Hrsg.): *The Oxford Handbook of Memory*. Oxford u. a.: Oxford University Press, 645-648.

Welzer, Harald (Hrsg.) (2001): *Das soziale Gedächtnis. Geschichte, Erinnerung, Tradierung*. Hamburg: Hamburger Edition.

– (2001a): „Das soziale Gedächtnis". In: Ders. (Hrsg.): *Das soziale Gedächtnis. Geschichte, Erinnerung, Tradierung*. Hamburg: Hamburger Edition, 9-21.

– (2002): *Das kommunikative Gedächtnis. Eine Theorie der Erinnerung.* München: C. H. Beck.

Wende, Waltraud (Hrsg.) (2002): *Geschichte im Film. Mediale Inszenierungen des Holocaust und kulturelles Gedächtnis.* Stuttgart; Weimar: Metzler.

Wenzel, Eike (2000): *Gedächtnisraum Film. Die Arbeit an der deutschen Geschichte in Filmen seit den sechziger Jahren.* Stuttgart; Weimar: Metzler.

Wetzel, Michael (1991): *Die Enden des Buches oder die Wiederkehr der Schrift. Von den literarischen zu den technischen Medien.* Weinheim: VCH Acta humaniora.

White Hayden V. (1986): *Auch Klio dichtet oder die Fiktion des Faktischen: Studien zur Tropologie des historischen Diskurses.* Stuttgart: Ernst Klett.

– (1987): *The Content of the Form. Narrative Discourse and Historical Representation.* Baltimore; London: Johns Hopkins University Press.

Winkler, Willi (2003): „Der Alte. Die ZDF-Hitparade ‚Unsere Besten' ist nicht schlimmer gewesen als eine normale Volksmusiksendung, nur viel wertvoller – für Deutschland". In: *Süddeutsche Zeitung.* 1. Dezember 2003, 21.

Wyer; Robert S.; Srull, Thomas K. (1989): *Memory and cognition in its social context.* Hillsdale, New Jersey: Lawrence Erlbaum Associates.

Yalch, Richard F. (1991): "Memory in a jingle jungle: Music as a mnemonic device in communicating advertising slogans". In: *Journal of Applied Psychology.* Nr. 76 (1991), 268-275.

Yerushalmi, Yosef Hayim (1988): *Zachor: Erinnere Dich! Jüdische Geschichte und jüdisches Gedächtnis.* Berlin: Wagenbach.

Zekri, Sonja (2005): „Stunde der Amateure. Flickr, Vlogs und Wikipedia: Dank neuer Techniken plaudert, filmt und fachsimpelt jetzt jeder im Internet drauflos". In: *Süddeutsche Zeitung.* 8. August 2005, 13.

Zelizer, Barbie (1992): *Covering the body. The Kennedy Assassination, the Media, and the Shaping of Collective Memory.* Chicago; London: University of Chicago.

– (1992a): "The Kennedy Assassination through a Popular Eye: Toward a Politics of Remembering". In: *Journal of Communication Inquiry.* 16 (1992), Nr. 2, 21-36.

– (1995): "Reading the past against the grain: the shape of memory studies". In: *Critical Studies in mass communication.* 12 (June 1995), 214-239.

– (1998): *Remembering to forget. Holocaust Memory through the camera's eye.* Chicago; London: University of Chicago Press.

Zierold, Martin (2003): *Gedächtniskultur. Gedächtnispolitik.* Münster: Unveröffentlichte Magisterarbeit, Westfälische Wilhelms-Universität.

Zimmermann, Bernhard (1991): „Fernsehen – ein Medium ohne Gedächtnis?" In: Kreuzer, Helmut (Hrsg.): *Bausteine II. Neue Beiträge zur Ästhetik, Pragmatik und Geschichte der Bildschirmmedien.* Siegen: Universität Siegen, 27-30.

Zucker, Renée (2003): „Der Resopal-Report. Und ewig stöhnt's in den Zellen: Wie ‚taz' und ‚Focus' eine Stammheim-Story aufmöbeln". In: *Frankfurter Rundschau.* 18. November 2003, 23.

Zurstiege, Guido (2005): *Zwischen Kritik und Faszination. Was wir beobachten, wenn wir die Werbung beobachten, wie sie die Gesellschaft beobachtet.* Köln: Herbert von Halem Verlag.

Audiovisuelle Quellen

In der Arbeit angesprochene Filmproduktionen

Satirische Darstellungen zur NS-Zeit:

- *Gespräch mit dem Biest*
  Deutschland, 1996
  Drehbuch und Regie: Armin Mueller-Stahl

- *Das Leben ist schön (La Vita è bella)*
  Italien, 1997
  Drehbuch: Vincenzo Cerami, Roberto Benigni
  Regie: Roberto Benigni

Filme zur RAF:

- *Deutschland im Herbst*
  Deutschland, 1977/78
  Drehbuch und Regie: Alf Brustellin, Hans Peter Cloos, Rainer Werner Faßbinder, Alexander Kluge, Maximiliane Mainka, Beate Mainka-Jellinghaus, Edgar Reitz, Katja Rupé, Volker Schlöndorff, Peter Schubert, Bernhard Sinkel

- *Stammheim*
  Deutschland, 1985
  Drehbuch: Stefan Aust
  Regie: Reinhard Hauff

- *Todesspiel*
  Deutschland, 1997
  Drehbuch und Regie: Heinrich Breloer

- *Baader*
  Deutschland, 2002
  Drehbuch: Christopher Roth, Moritz von Uslar
  Regie: Christopher Roth

www.ingramcontent.com/pod-product-compliance
Lightning Source LLC
Chambersburg PA
CBHW050648270326
41927CB00012B/2931